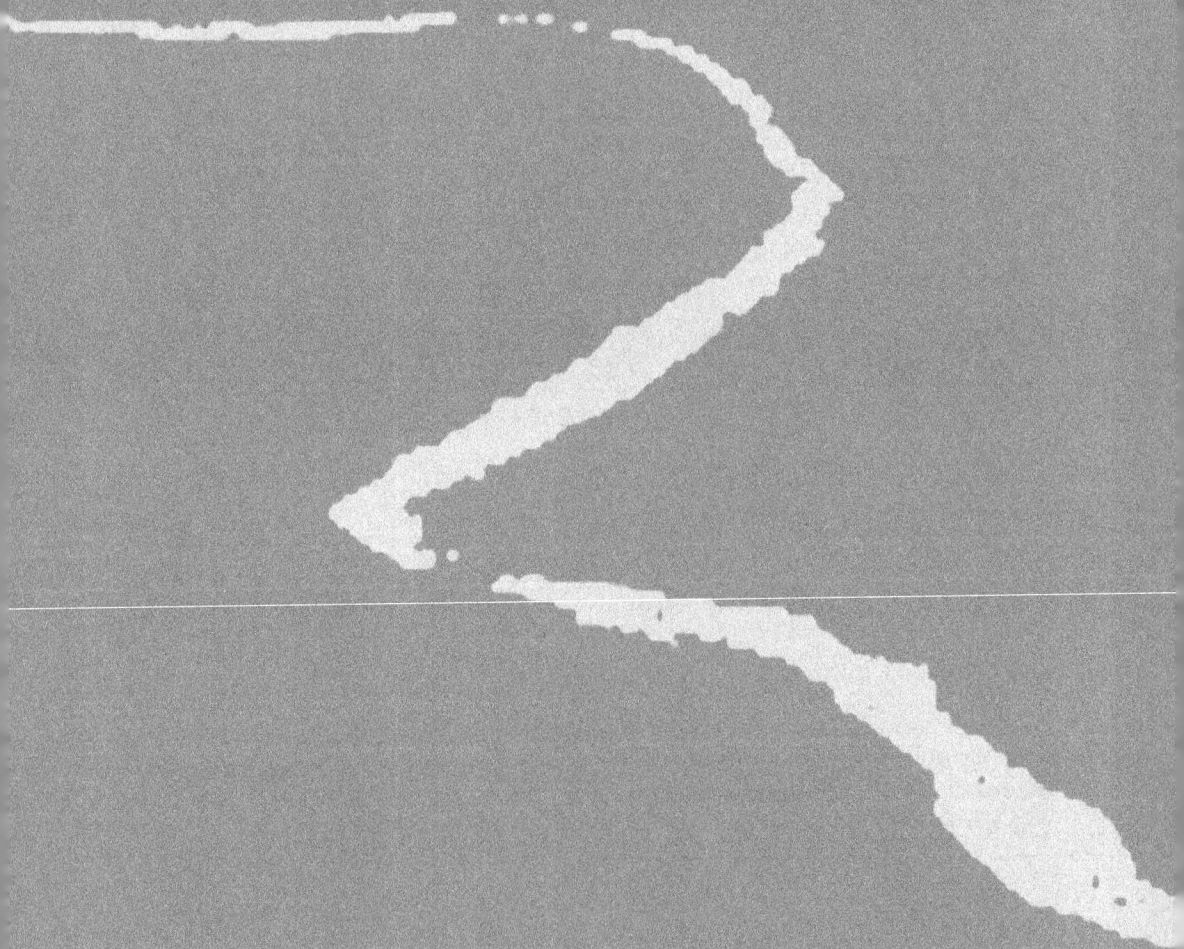

决策溪流论

国家重点基建项目
决策过程的逻辑

王子明

著

江苏大学出版社

镇江

图书在版编目(CIP)数据

决策溪流论：国家重点基建项目决策过程的逻辑 /
王子明著. — 镇江：江苏大学出版社，2017.11
ISBN 978-7-5684-0645-1

Ⅰ.①决… Ⅱ.①王… Ⅲ.①基本建设项目－项目决
策－研究－中国 Ⅳ.①F284

中国版本图书馆 CIP 数据核字(2017)第 267344 号

决策溪流论：国家重点基建项目决策过程的逻辑
Juece Xiliulun：Guojia Zhongdian Jijian Xiangmu Juece Guocheng de Luoji

---

著　　者/王子明
责任编辑/米小鸽　张　冠
出版发行/江苏大学出版社
地　　址/江苏省镇江市梦溪园巷 30 号(邮编：212003)
电　　话/0511-84446464(传真)
网　　址/http：//press.ujs.edu.cn
排　　版/镇江文苑制版印刷有限责任公司
印　　刷/虎彩印艺股份有限公司
开　　本/718 mm×1 000 mm　1/16
印　　张/19.5
字　　数/354 千字
版　　次/2017 年 11 月第 1 版　2017 年 11 月第 1 次印刷
书　　号/ISBN 978-7-5684-0645-1
定　　价/49.00 元

如有印装质量问题请与本社营销部联系(电话：0511-84440882)

致　谢

　　乙酉秋，余有幸师从南京大学政府管理学院黄健荣教授，聚焦20世纪90年代以来国家重点基建项目决策过程，以探究政府决策之学。求学期间，赖恩师悉心策励教导，师母姜秀珍女士关心爱护，本院张永桃教授、童星教授、张凤阳教授、闾小波教授、孔繁斌教授、魏姝教授热诚指导，同道王勇、曾令发、刘伟、胡建刚、钱洁、钟裕民、姚莉、蒋励佳、徐西光、李玲、王君君、廖尹航诸君倾力相助，历几番春秋，俾成拙作。其间情状，历历在目。今于拙作付梓之际，一并致以衷心感谢。

序

王　勇

（温州大学公共管理学院教授，副院长）

尝如哈佛大学费正清中国研究中心主任宋怡明教授感言："从国际关系和历史状况来看，中国崛起是世界历史上独一无二的大事件！"[1]世界银行统计数据显示，1978—2014 年，中国平均 GDP 增长率达到 9.83%，在全球 206 个国家和地区中居于第二位[2]，年人均 GDP 则由改革开放之初不足 200 美元跃升至目前近 9000 美元，步入中等偏上收入国家。习近平总书记做出概括："中国这个世界上最大的发展中国家在短短 30 多年里摆脱贫困并跃升为世界第二大经济体，彻底摆脱被开除球籍的危险，创造了人类社会发展史上惊天动地的发展奇迹，使中华民族焕发出新的蓬勃生机。"

"中国崛起"或曰"中国奇迹"究竟是如何发生的？这一"大事件"不能不引发学者饶有趣味的探讨。20 世纪 90 年代中后期以来，国内外对于中国经济迅猛发展的相关理论阐释不断涌现。一个概括性判断认为，中国之所以呈现"千古未有之大变局"，迎来中华民族伟大复兴曙光，源自中国政府进行了卓有成效的自我革命，亦即邓小平所谓"又一次革命"的渐进式改革及其所采取的分级制政策试验。[3] 倪志伟、欧索菲对此做出总结，"不论是用政府援助、地方政府的社团主义还是发展型国家来刻画这个观点，总是含有一个潜在的观念：在创造和形成用以保障与激励中国经济奇迹的制度方面，政府起到了决定性的作用。一般认为，中国的发展主要依赖于国家主导的制度变革过程，政治精英们创造了提升效率的规则和政策"。[4]

① 张梅：《宋怡明：中国崛起是世界历史上独一无二的大事件》，《环球时报》，2016 年 9 月 14 日。

② 胡健：《那些年，我们一起追过的"GDP"》，《每日经济新闻》，2014 年 10 月 22 日。

③ 韩博天：《通过试验制定政策：中国独具特色的经验》，《当代中国史研究》，2010 年第 3 期。

④ 倪志伟、欧索菲：《自上而下的变革：中国的市场化转型》，北京大学出版社，2016 年，第 3 页。

再往细处推敲，"地方法团主义"①"中国特色的维护市场的经济联邦制"②"事实上的行为联邦制"③"地方市场社会主义"④等认知范式先后被提出，用以具体解读中国奇迹，这些观点各有理论自洽性，为研究者所耳熟能详，实质上一致强调了地方分权尤其是财政分权的独特影响，认为这是中国改革最为成功之处，极大调动了地方政府活力。但是，地方政府不是一种抽象性的存在，从具象角度来说，其是由地方政府官员组成和运作起来的。"虽说财政税收激励无疑构成地方政府的一个重要动力，但作为处于金字塔之中的政府官员，除了关心地方的财政收入之外，自然也关心其在'官场'升迁的机遇，而这种激励在现实中可能是更为重要的。中国政府治理的一个重要特点就是将地方官员的晋升与地方经济发展联系起来，让地方官员为了政治晋升而在经济上相互竞争，形成了政治锦标赛模式。"⑤如此，方可更深刻地理解地方政府为何能成为制度创新的"第一行动集团"，甚至不惜通过"创新性违法"方式与中央博弈，与其他政区展开比拼，纷纷凸显土地财政、地方债务、巨型工程和招商引资等四方面的企业化行为。⑥ 从根本上看，正是地方政府这些行为取向造就了中国奇迹，当然，也造成地方政府在市场化过程中的角色冲突和政府职能转变的困难。⑦ 地方政府选择性履行职能，较为忽视公共服务职能的承担⑧，地方保护主义盛行，跨行政区合作治理难以达成。

"官员晋升锦标赛"范式影响广泛，其传播之广几近于学界"常识"，不足在于，解释力仍不够稳健，甚至陶然等研究者对周黎安等人的发现进行了实证重估，结果并没有找到可以支持经济增长促成官员晋升的证据⑨，"锦标赛制"

① Oi,Jean,"The Evolution of Local State Corporatism", Andrew Walder(eds), Zouping in Transition: The Process of Reform in Rural North China. Harvard University Press,1998.
② Qian Yingyi, Barry Weingast. China's Transition to Market: Market-Preserving Federalism, Chinese Style. Journal of Policy Reform. Vol. 1,1996, PP. 149—185.
③ 郑永年：《中国的"行为联邦制"：中央—地方关系的变革与动力》，东方出版社，2013 年，第42 页。
④ 林南：《地方性市场社会主义：中国农村地方法团主义之实际运行》，《国外社会学》，1996 年第 5—6 期。
⑤ 周黎安：《转型中的地方政府：官员激励与治理》，格致出版社，上海人民出版社，2008 年，第18 页。
⑥ 张三保、田文杰：《地方政府企业化：模式、动因、效应与改革》，《政治学研究》，2014 年第6 期。
⑦ 周黎安：《中国地方官员的晋升锦标赛模式研究》，《经济研究》，2007 年第 7 期。
⑧ 郁建兴：《地方发展型政府的行为逻辑及制度基础》，《中国社会科学》，2012 年第 5 期。
⑨ 陶然，等：《经济增长能够带来晋升吗？——对晋升锦标竞赛理论的逻辑挑战与省级实证重估》，《管理世界》，2010 年第 12 期。

与官员选拔"四化"标准、"德能勤绩廉"考核体系等正式规范也存在张力。实然层面上,有学者认为,官员晋升是能力、关系、经济、领导推荐、群众基础、机遇和资历综合发生作用的结果,尤其是关系因素在官员仕途中有时会起到根本作用。① 虽然如此,如果因为没有找到经济增长与官员晋升之间的实证关系而轻率地否定经济绩效在政治拔擢中的作用会让我们陷入困境:如何解释改革开放以来地方官员对公共基础设施投资的狂热? 又如何为中国经济的持续快速增长寻找注脚? 实际上,研究全国 2000—2012 年市政公用设施建设固定资产投资金额发现,2001 年时还只有 0.24 万亿元,之后以年均 18.26% 的增长率增长,2012 年则达到 1.53 万亿元,如此巨额的政府性投资中,长期以来交通基础设施投资都保持在 44.7% 以上的高比重,1999—2008 年更是以 25% 的年均增速节节攀升。②

"要想富,先修路"这一极为形象、广为人知的宣传口号,真正道出了中国经济腾飞的秘密。即便无法充分证明官员晋升的主要标准是辖区经济绩效,但各级地方主政者对于交通的投入往往不遗余力,这一点是可以证实的,而这正是中国各地间交往不断加深、市场一体化越发加强的深刻根由所在,进而也就是中国经济始终处于全球快车道的谜底所在。无论出于对 GDP 增速的追求还是源于交通投资本身的特点,交通建设投入动辄上千万、上亿,交通投资对于沿线的经济社会发展亦会产生重大影响,它有助于调整城市和区域空间结构与要素连接,培育新经济带或增长点,在国民经济序列中,是不折不扣的重大项目。从这个意义上说,交通投资项目相关决策是如何做出的,这一问题理应为关心公共财政支出的研究者所认真关注。

公共行政研究可以分为描述性研究、诠释性研究、批判性研究、预测性研究、对策性研究等形式,相对而言,诠释性研究在国内外公共行政学话语中都处于较为沉寂的地位③,这在中国尤显如此,行政学研究者习惯性地以提出对策作为研究工作的终结使命,且较为偏重对策性研究,对于诠释性研究则不重视,研究质量总体也不够好。出现这一情况,与实用主义及经世致用的历史文化传统是分不开的,相当程度上,也是政府课题发布部门期许、鼓励的结果。本书即属于诠释性研究的一种有益尝试,认为科恩等人提出的"垃圾桶"决策

---

① 冯军旗:《中县干部》,北京大学博士学位论文,2010 年。

② 郦水清,等:《中国的地方官员何以晋升:激励与选择》,《甘肃行政学院学报》,2017 年第 3 期。

③ 董伟玮、李靖:《面向诠释性研究的公共行政学:理论源流与知识重构》,《理论探讨》,2015 年第 5 期。

模型,以及金登在此基础上提出的过程溪流理论既关注到决策主体的行为,又关注到与组织特性紧密相连的决策进程,因而提供了总体性考察国家重点基建项目决策过程的理论启示,进而从总体性考察决策过程出发,尝试性地提出"决策溪流论"的理论构想,并将其作为国家重点基建项目决策过程的分析框架。以"决策溪流"一语指称决策过程中一系列行为和事件的发生及其变化,最后提出"执政部门主导的决策溪流分析框架"是理解当代中国国家重点基建项目决策过程的概念性框架的结论性观点,由此,建议通过扩大决策渠的开放性以提高决策的公众接受度并改进决策过程。

基于文献梳理来看①,传统上,西方学界对于中国政府决策过程通常持有精英决策、派系斗争、官僚组织决策等分析倾向:精英决策模型强调高层领导依据自身对国家利益的理解人格化制定政策并经由动员体制执行②;派系斗争模型以权力斗争诠释中国政策过程③;官僚组织决策模型认为中国政府决策充斥着讨价还价、各自为政、关系网络、竞争性说服等"权威碎片化"现象④。西方学者如是认识不可谓不深刻,但显然已落后于形势。另一些学者揭示了中国政府决策的新变化:专业化、分权化、多元化、全球化⑤;专家尤其政府所辖政策研究机构更大程度的参与⑥;科技精英也参与到政策过程中⑦;思想库政策专家影响力明显增加⑧。国内研究者更为敏锐、直观地探讨了这些朝向政府"开门"决策的趋势。尽管在农地征用、城市拆迁、邻避设施等决策事项中社会参与仍不尽如人意,然而总体上,相较过去的"个人决策""集体决策",中国政府决策已走向民主化、科学化的"公共决策",以多元主体间利益妥协、

① 王勇:《地方政府"开门"决策新取向:基于 W 市经验》,《云南行政学院学报》,2017 年第 2 期。

② Klein,Donald. Sources for elites Studies and Biographical Materials on China. In Robert Scalapino, ed. Elites in the People's Republic of China. University of washington Press,1962,PP. 609—656.

③ Nathan,Andrew. A Factionalism Model for CCP Politics. The China Quarterly,1973(53).

④ Lieberthal,K. G. ,Lampton,D. M. Bureaucracy,Politics and Decision Making in Post-Mao China. University of California Press,1992.

⑤ Lampton,D. M. The Making of Chinese foreign and Security Policy in the Era of Reform,1978—2000. Stanford University Press,2001.

⑥ Halpern. Social Scientists as Policy Advisers in Post-Mao China:Explaining the Pattern of Advice. The Australian Journal of Chinese Affairs,1988(19/20).

⑦ Cao,C. China's Scientific Elite. Routledge,2000.

⑧ Tanner M. S. Changing Windows on A Changing China:The Evolving Think Tank System and the Case of the Public Security Sector. The China Quarterly,2002(171).

意见融合为旨趣的"共识型"决策模式已然形成①,传统"内部集体决策""一言堂决策""咨询决策"逐步让位于"集思广益决策"②,科学决策、民主决策已成为中共中央领导集体一项重要的基本制度③,各类思想库得到广泛重视④。从地方层面来说,地方政府专家决策咨询作用取得大多数地方领导认可⑤,地方智库作用日益增加⑥。

概览国内外相关研究,西方学者仍需克服对中国政府决策行为的旧时刻板印象,中国本土研究者又似乎急于想捕捉到中国政府决策中的参与和民主特征。此两种研究倾向实质上都存在着模式化的共性问题。以交通项目等国家重点基建项目决策来说,决策咨询、论证等程序化工作确已逐步健全和规范,从这一意义上说,重大项目决策在一些环节或方面具有开放和参与特征。然而,这类决策又往往不同于民生主题或者其他相对狭窄的地方性议题决策,重大项目决策服务地方长远利益,更需仰赖政治精英的长远眼光,并且重大项目决策需要体现"全国一盘棋"。以交通来说,各地规划建设的重大交通项目通常需要上报中央立项、进入中央融资渠道,因而决策须能体现与全国交通规划体系的衔接。质言之,封闭型决策抑或开门型决策均无法用于概括中国重大公共项目决策。单一地秉持二者之一的认知取向,对于认知中国重大项目决策非但无益,实践层面反而有害。依我理解,王子明博士正是体认到这一点,结合个人工作实践,毋宁将中国重大项目的决策与"垃圾桶"模型及金登的多源流理论建立认知联系,进而提出"决策溪流论"的中性理论构想,通过抽丝剥茧的案例分析与一系列概念的形象运用,建构了"执政部门主导的决策溪流"这一针对中国重大项目决策的分析范式。我以为,这是对中国决策过程分析在重大项目领域的一个重要创新和拓展。

作为主要研究工作完成于四年前的一部作品,其所使用的相关理论视角、提出的诸多分析概念乃至"执政部门主导的决策溪流"的分析范式,事实上,

① 陈玲、赵静、薛澜:《择优还是折衷——转型期中国政策过程的一个解释框架和共识决策模型》,《管理世界》,2010 年第 8 期。

② 鄢一龙、王绍光、胡鞍钢:《中国中央政府决策模式演变——以五年计划编制为例》,《清华大学学报》,2013 年第 3 期。

③ 胡鞍钢:《中国集体领导体制》,中国人民大学出版社,2013 年,第 129 页。

④ 薛澜、朱旭峰:《中国思想库的社会职能——以政策过程为中心的改革之路》,《管理世界》,2009 年第 4 期。

⑤ 朱旭峰:《专家决策咨询在中国地方政府中的实践:对天津市政府 344 名局处级领导干部的问卷分析》,《中国科技论坛》,2008 年第 10 期。

⑥ 徐晓虎、陈圻:《地方智库运行机制研究:基于地市级智库的实证研究》,《南京大学学报》,2012 年第 5 期。

在今天没有大的变化,或者有做出大幅调整的需要。从这一意义上,本书有可能成为中国重大项目决策研究的一部里程碑之作,至少有着较为重要的奠基意义。我与王子明博士同窗共读,学习上时常切磋、交流,并有幸成为这本著作的首批读者,由于我主要研究工作在公共管理理论方面,对于公共政策与决策相关研究了解还不够,以上见解是为一家之言。

目　录

第6章 决策溪流的行进方式：国家重点基建项目的议题构建

第7章　决策溪流行进的关键节点：国家重点基建项目的决策时机

第8章　结论与前瞻

图表目录

第 1 章

导论

政府决策是十分重要的公共权威决策。政府决策与国家的兴衰成败和民众的甘苦愉戚息息相关。政府出台某项政策的优劣与否,可能一时难有定论,但是我们有理由对政府如何制定出这样的政策给予必要的关注。与政府其他类型决策相比,政府大型项目决策具有复杂性、系统性、持续性等显著特征。本书将结合国家交通重点建设项目决策的部分案例来分析探讨当代中国国家重点基建项目决策过程的若干方面,并意图在此基础上理出具有一定说服力的梳理当代中国国家重点基建项目决策过程的理论框架。本章将就本书研究的背景、方案等做出说明。

1.1 研究的背景

实际上,可以从很多不同的方面来研究政府决策,选择此而不选择彼,主要取决于研究者的学术关注点和具备的研究条件。本书基于对国家交通重点建设项目决策过程部分文献资料的接触,以及实际工作中积累的有限感性认识,并援引有关学者关于决策及决策过程等方面的研究成果,进而对当代中国国家重点基建项目决策过程进行理论上的阐释。

1.1.1 问题的提出

决策是政府行为的核心内容。政府决策能力直接影响和制约着政府的政策导向、政策供给与制度建构的效率和效能,维系着政府的合法性、社会的和谐性、经济的成长性和国家的安全性,等等。黄健荣、钟裕民认为,现代政府决策能力由 8 项要素构成，①分别是决策价值导向能力、决策目标获取与锁定能力、决策资源动员整合能力、决策环境协调能力、决策制度完善与运行能力、决策技术应用与创新能力、政策学习与适应能力、政策供给能力。他们对现代政府决策能力的深刻关注，对研究当代中国政府决策具有很强的启发性。中华人民共和国成立后，以经济建设为中心的路线直到 1978 年中国共产党十一届三中全会以后才得以牢固地确立，自此以后的 30 多年，是当代中国发展最平稳、最快速的时期。经济增长保持了连续多年的高增长率，国家综合实力、人民生活水平有了大幅度提升，可以说，这是中国政府主导发展的结果。这也说明，这 30 多年来，中国政府的决策总体上是正确的、有效的。但是，在高速发展过程中，出现并积累的问题也不少。例如："经济增长的资源环境代价过大；城乡、区域、经济社会发展仍然不平衡；……关系群众切身利益的问题仍然较多；……党的执政能力同新形势新任务不完全适应；对改革发展稳定一些重大实际问题的调查研究不够深入……"。② 这就说明了另一个方面，中国政府的决策仍然存在改进的地方，政府决策能力和水平仍然需要不断提升。这促使人们思考这样一个问题：政府做出正确决策的能力从哪里来，如何更有效地提高政府做出正确决策的能力？

发展，是当代中国的主题，也是当代中国政治—行政体系的一个持续目标。好的决策促进发展，不好的决策延缓或阻碍发展。国家重点基建项目的实施是当代中国现代化建设进程中最为引人注目的事件，国家交通重点建设项目的实施则是推动经济社会发展的基础性、先导性力量，是以发展为主题的政治—行政体系"强发展、富民生"政策的重要课题。国家交通重点建设项目决策是国家重大决策的一部分，相较于政府日常性决策、临机性决策、危机性决策等，其具有决策程序复杂、利益涉及面广、决策协调难度大、时间跨度长等方面的突出特点。无论是国家交通重点建设项目决策的频度还是强度，无论是决策的制度性还是系统性，均具有很强的典型性，因此，它非常适合作为观察当代中国国家重点基建项目决策的典型实例。以国家交通重点建设项目决策为例，考察政府大型项目决策的实然性过程，有利于更全面深刻地理解当代中国政府的决策能力，并在此基础上探索提升政府决策能力的有效途径。

实然的考察如果仅止于实然状态的描述而没有规律上的把握与理论上的

---

① 黄健荣、钟裕民：《中国政府决策能力评价及其优化研究——以医疗卫生体制改革决策为例》，《社会科学》，2011 年第 11 期。

② 《中国共产党第十七次全国代表大会文件汇编》，人民出版社，2007 年，第 2 页。

建构,那么其价值也是十分有限的。当代公共政策学发端于西方,兴盛于西方,其实践基础绝大部分是西方发达国家的政府政策实践,在这样的基础上构建起来的理论,是否一样完全适用于当代中国的实际,仍需商榷。问题是,立足于中国政府的决策过程实际,应该或者可能建构一个什么样的理论分析框架? 建立中国的决策科学理论,已经在许多学者长期的不懈努力下取得了非常重要的成果,然而,即使认为这个理论已经建立起来了,但依然存在继续努力的空间。国家交通重点建设项目决策是一个值得深入分析的决策研究样本,在分析的基础上,有理由关注合乎当代中国实际的决策过程理论的建构问题。

1.1.2　研究的定位

1951 年,丹尼尔·勒纳和哈罗德·拉斯韦尔共同主编了《政策科学:范畴与方法的新进展》这一重要文献,学界一般认为这标志着政策科学从这一年起正式确立。自此以后,关于政策的研究逐渐进入了一个兴盛的时期。从国内外众多学者已经开展的研究来看,政策研究的领域不断得到拓展。关于政策研究范围的观点,很难形成一个一致的意见。我国学者陈振明在其主编的《政策科学》一书中,引述了克朗和德洛尔的有关见解,同时也提出了自己的主张。美国学者克朗认为应把这样 5 个方面作为政策科学研究的重点[①]:(1) 政策战略;(2) 政策分析;(3) 政策制定系统的改进;(4) 评估;(5) 政策科学的发展。德洛尔认为:政策科学的主要焦点在政策分析、备选方案创新、重大政策(基本政策)、评估和反馈、重大政策的改进。[②] 陈振明则认为:政策科学研究的内容包括政策系统、决策体制及政策过程、政策分析方法和技术、政策思维、政策价值观、未来研究、政策点算(元政策研究)、政策规划、重大工程项目的论证与评估、从大政方针到各层次(部门)的具体政策研究,等等。[③]

这些观点不可谓不正确,但还不全面,尤欠精练。

英国学者迈克尔·希尔(Michael Hill,也有的中译本译为米切尔·黑尧)在其所著的《现代国家的政策过程》中,引述了豪格伍德和葛恩(Hogwood and Gunn)关于政策分析的 7 种类别,分别是政策内容研究、政策过程研究、政策输出研究、评估研究、决策信息、过程倡导和政策倡导。[④] 其主要内容如下:

① 　陈振明:《政策科学》,中国人民大学出版社,1998 年,第 24 页。
② 　陈振明:《政策科学》,中国人民大学出版社,1998 年,第 24 页。
③ 　陈振明:《政策科学》,中国人民大学出版社,1998 年,第 24 页。
④ 　[英]米切尔·黑尧:《现代国家的政策过程》,赵成根译,中国青年山版社,2004 年,第 3 页。

政策内容研究,重点是描述和解释具体政策的起源和发展,一般选择一个或若干个案例,通过对案例的分析,来探索政策制定、政策执行和政策结果。

政策过程研究,关注的是政策制定的动态过程,关注公共问题的产生和发展,以及在问题发展过程中各种不同的要素的影响,尽管同样也会关注政策内容、具体的公共问题或政策领域,但是主要还在于剖析影响政策规划的各种因素,包括组织的、社区的、社会的因素。

政策输出研究,力图解释不同的国家或地方政府间,开支水平或公共服务提供差异的原因,将政策作为因变量,试图透过社会、经济、技术和其他要素来理解它们。

评估研究,主要是关注和分析政策对人们的影响,有时也称为效果研究。评估研究可能是描述性的,也可能是规范性的。

决策信息,主要是收集和处理有关的信息情报,以支持决策者进行决策。这些信息可能是来自对政府运作进行考察后形成的看法,也可能是政策分析家在分析实际问题后得出的结论。

过程倡导,主要致力于通过政府职能和任务的重新配置,来改进政府机器,通过发展政策规划系统和决策评估的新方法,来提升政策选择的基础,总的目标是努力寻求改进决策体制的性质。

政策倡导,政策企业家或压力集团等在政府决策过程中,提出具体的政策方案和理念,来影响政府决策的行动。

迈克尔·希尔大致是认同这个七分法的。应该说,七分法还是可以接受的,因为其包容性比较强,且反映了政策研究界在公共决策研究中所关注的一些主要方面。

除了这7个方面之外,还有一类研究主要关注的是政策科学与人文社会科学等其他门类学科之间的关系,本书视之为跨学科研究,例如,政策与社会学,政策与管理学,政策与经济学,政策与人类文化学和心理学,政策与伦理学,政策与城市发展学,政策与规划统筹学,等等。在这里,政策既是因变量又是自变量,例如,鲍宗豪的《政策文化论》、黄孟藩和王凤彬的《决策行为与决策心理》、刘霞的《风险决策:过程、心理与文化》等。

因此,我们可以把以上8个方面之间的关系用图1-1来表示:

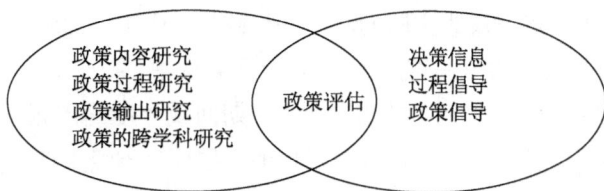

图 1-1　公共政策研究的类型

　　按照上述这个研究领域划分,本书所要讨论的是属于第二种研究,即政策过程研究。

　　然而,除了上述这种分类视角外,还有其他的视角,例如,可以从应然性、实然性、交叉性研究的角度来看。

　　关于政策的应然性研究,即主要是回答什么样的政策是好的政策、什么样的决策是好的决策的问题,这就涉及政策优劣的评判标准,涉及政策形成的实质正义与程序正义的判断,诸如是否符合公平正义的追求、效率的追求、公众参与程度的评判等,涉及政策目标的设定,政策类型的划分包括划分的标准和依据,等等。

　　关于政策的实然性研究,即主要是回答具体的政策内容是什么,政策是怎么形成的问题,它包括政策过程的阶段划分,政策的生命周期,政策形成过程中有哪些因素(例如制度的、人格化的、环境的),发挥了何种影响和作用,以及各种因素影响政策形成的机制,等等。要回答政策的形成问题,必须根据不同的决策语境下鲜活的政策过程来进行分析和总结。

　　关于政策的交叉性研究,此处"交叉"的含义是指在应然性研究中辅以实然性论证,在实然性研究中辅以应然性评判。由于决策研究的社会科学属性,纯粹的应然性研究及纯粹的实然性研究都是不多见的,在实然性研究中,如果不结合实例的分析,那么将走向空洞化,仅为理论而理论。在实然性研究中,如果缺少应然性的评判,那么将停留在就事论事式的碎片化分析阶段,研究的普遍性意义将大为削弱。

　　从这样一个角度来看,本研究以当代中国主要是 20 世纪 90 年代以来国家部分交通重点建设项目决策为例,分析当代中国国家重点基建项目决策过程,基本属于实然性研究范畴,但是也将在实然性分析的基础上,不可避免地将要做出某些必要的应然性评判。也许当下还无法确认该项目决策是否正确,但是通过实然性分析中展现出的某些方面,仍然可以做出价值上的判断。

1.1.3　核心概念

1.1.3.1　国家重点建设项目与国家重点基建项目

以大型基础设施建设项目为主要内容的大量国家重点建设项目的确立和

实施,是当代中国以发展为主题的政治—行政体系中重要的政策活动之一。

在当代中国中央集中—地方分权的行政架构中,在国家和省、市、县等四个层面一般均按某个时间段如"五年计划"期间或年度确定相应的重点建设项目。中央层面有国家级重点建设项目,地方层面有省级重点建设项目、市级重点建设项目及县级重点建设项目。而且上一层级政府确立的重点建设项目一般均被列为下一层级政府的重点建设项目,但是反过来则并非如此,下一层级政府确定的重点建设项目只有少部分能够列为上级政府重点建设项目。

正因如此,在重点建设项目决策上,国家级重点建设项目决策一般都需要经过下一层级执政部门(一般是省级和市级)的过滤,而非国家级重点建设项目的决策一般最终只需经过本层级执政部门的过滤。因此,以重点建设项目决策为例来考察当代中国政府决策过程,选取国家级重点建设项目的决策过程作为研究样本更符合本书研究的主旨。

国家重点建设项目的内涵及外延是什么?

国家重点建设项目主要是指国家层面确定的重点建设项目。这一概念在1996年国家计委发布的《国家重点建设项目管理办法》(以下简称《办法》)中进行了说明。《办法》第二条规定:

> 所谓国家重点建设项目,是指从下列国家大中型基本建设项目中确定的对国民经济和社会发展有重大影响的骨干项目:(1)基础设施、基础产业和支柱产业中的大型项目;(2)高科技并能带动行业技术进步的项目;(3)跨地区并对全国经济发展或者区域经济发展有重大影响的项目;(4)对社会发展有重大影响的项目;(5)其他骨干项目。[1]

这一规定并非为严格意义上的概念界定,而是从行政管理角度对国家重点建设项目包括的内容和范围进行明确,同时也指出了确定为国家重点建设项目需要具备的前提条件,如影响的广泛性和重大性,规模的大型性,技术的先进性。

有研究者提出了"重大工程""国家重点建设工程"等与国家重点建设项目大抵相近的概念。例如高梁、刘洁认为:"重大工程是指投资规模巨大、技术复杂、建设周期长、面临的问题复杂、其决策正确与否将对一个国家或地区的经济社会发展、生态环境甚至政治军事都将产生深远影响的项目,是一个国

---

① 国家计划委员会:《国家重点建设项目管理办法(计建设〔1996〕1105号)》,1996年。

家为回应重大挑战而行使最高行政权力,动员全社会资源而组织实施的战略性工程。"①黄健荣、徐西光则指出:"国家重点建设工程是中央政府为解决重大经济、社会或安全问题,实现国家战略目标,行使最高行政权力,在国力允许的范围内,动员全社会人力、物力、财力资源,组织实施的重大工程。"②前者主要从重大工程本身的特点及其与经济社会发展关系的角度进行界定,后者则从国家重点建设工程的实施目的和实施组织的角度进行界定。应该说,这两个角度也大致适用于对国家重点建设项目内涵的界定。概括起来,国家重点建设项目是中央政府为实现既定的国家发展主要目标,统筹运用国家各方面资源组织实施的大中型建设项目。

《办法》对如何确定国家重点建设项目规定了操作原则,即在符合国家产业政策、国民经济和社会发展的需要和可能的前提下,遵照"突出重点、量力而行、留有余地、防止资金分散、保证投资落实、保证资金供应"③等 6 项原则,"由国务院计划主管部门商国务院有关主管部门确定"④。同时又规定,项目来源于省(市、区)级人民政府、计划单列市人民政府、国务院有关主管部门(包括国有公司)而非国务院计划主管部门的,须每年向国务院计划主管部门提出申请,"国务院计划主管部门收到申请后,应当征求国务院有关主管部门的意见,进行综合平衡,在所申请项目的可行性研究报告批准后,正式确定国家重点建设项目。国家重点建设项目和国家重点建设预备项目确定后,由国务院计划主管部门公布"。⑤

考察"国家重点建设项目",应从历史的脉络中去进一步梳理。中华人民共和国成立后,百业待兴,集中最大的力量搞基本建设是必然之举。为加强基本建设的管理,1952 年,政务院财政经济委员会制定了《基本建设工作暂行办法》,这是中华人民共和国成立后,国家对基本建设加强管理的首份最重要的规范性文件,该暂行办法对基本建设的范围、组织机构、设计施工、监督拨款的检查工作、验收移交与工程预算,以及计划的编制与批准等均做出明确规定,体现了高度集中的管理体制特点。如何处理好中央和地方之间的关系,既保证中央集中管理,又发挥好地方的积极性,始终是当代中国政府管理的一个突

---

① 高梁、刘洁:《国家重大工程与国家创新能力》,《中国软科学》,2005 年第 4 期。
② 黄健荣、徐西光:《政府决策能力论析:国家重点建设工程决策之视界——以长江三峡工程决策为例》,《江苏行政学院学报》,2012 年第 1 期。
③ 国家计划委员会:《国家重点建设项目管理办法》(计建设〔1996〕1105 号),1996 年。
④ 国家计划委员会:《国家重点建设项目管理办法》(计建设〔1996〕1105 号),1996 年。
⑤ 国家计划委员会:《国家重点建设项目管理办法》(计建设〔1996〕1105 号),1996 年。

出主题,在基本建设项目管理上也是如此。最简捷有效的办法就是将基本建设项目划分为由中央政府为主直接管理的项目和由地方政府为主直接管理的项目。例如"一五"时期,基本建设项目分为中央直属项目和地方项目。1962年8月又第一次提出"列入国家基本建设的项目"①,1971年增加了部下放直供项目,1978年增加部商地方安排项目。1978年4月又规定"大中型项目由国家(指国务院)批准,小型项目按隶属关系,在国家批准的投资额内,由各部门(指国务院组成部门)和省、市、自治区自行安排。用自筹资金安排的项目,要在国家确定的控制指标内编制计划"②,据此,国家管理的项目一般都是大中型项目。1984年明确了部直属、部下放直供、地方统筹安排、合资建设这四类项目,根据情况都可以列入国家计划的建设项目。此举意在进一步加强基本建设在国家层面的统筹管理。

2000年8月17日,国家发展计划委员会颁布了《国家重大建设项目稽查办法》,但该办法对"国家重大建设项目"并未给予明确界定,只是指出,"依照本办法派出稽查特派员的国家重大建设项目名单,由国家发展计划委员会商国务院有关部门或者省、自治区、直辖市人民政府后确定"。2002年1月10日,国家发展计划委员会颁布了《国家重大建设项目招标投标监督暂行办法》,其第三条规定:"本办法所称国家重大建设项目,是指国家出资融资的、经国家计委审批或审核后报国务院审批的建设项目。"③尽管"国家重大建设项目"出现于1996年提出的"国家重点建设项目"之后,但含义并不全面,只涉及投资和审批权限问题。总括起来,"国家重点建设项目"这一概念与诸如"中央直属基本建设项目""大中型项目""列入国家计划的建设项目""国家重大建设项目"等概念在外延上相差并不大,基本接近,且可以包容后者。特别是"国家重点建设项目"这一概念,较好地反映了进入"九五"以后,国家对基本建设管理规律较为成熟的认识和管理体制改革的成果。因此,本书决定采用"国家重点建设项目"这一概念。

另外,需要把"国家重点建设项目"同"社会固定资产投资"这个概念区分开来。"社会固定资产投资"是一个政治经济学意义上的概念,是社会固定资产再生产的主要手段,它主要指通过建造和购置固定资产的活动,国民经济不断采用先进技术装备,建立新兴部门,进一步调整经济结构和生产力的地区分

① 国家发展计划委员会:《基本建设计划草案编制办法》,1962年。

② 国家发展计划委员会、国家建设委员会:《关于基本建设程序的若干规定》,1978年。

③ 国家发展计划委员会:《国家重大建设项目招标投标监督暂行办法(中华人民共和国国家发展计划委员会令第18号)》,2002年1月10日。

布,增强经济实力,为改善物质文化生活创造物质条件。社会固定资产投资按
经济类型一般可分为国有、集体、个体、联营、股份制、外商、港澳台商等。按照
管理渠道,社会固定资产投资分为基本建设、更新改造、房地产开发投资和其
他固定资产投资四个方面。一般采用"固定资产投资额"这个指标来说明社
会固定资产投资的增量情况,即以货币表现的建造和购置固定资产活动的工
作量,来反映固定资产投资的规模、速度、比例关系和使用方向。"国家重点
建设项目"这个概念是在当代中国政治—行政体系中出现的行政管理学意义
上的概念,主要反映了国家对以基本建设为主的事关国家发展大计的社会固
定资产投资项目进行的分层分类管理。"国家重点建设项目"的外延大部分
可以包括在"社会固定资产投资"的外延之中,但是二者之间并不能划等号。

　　《办法》规定,国家重点建设项目实行建设项目法人责任制,建设项目法
人的主要职责是负责国家重点建设项目的筹划、筹资、建设、生产经营、偿还债
务和资产的保值增值,并依照国家有关规定对国家重点建设项目的建设资金、
建设工期、工程质量、生产安全等进行严格管理。建设项目法人主要有两大
类,一类是政府组织,包括政府部门及其从属机构或由政府临时设立的机构,
另一类是按公司法组建的企业组织。由此也说明,推动国家重点建设项目决
策进程的除了政府组织外,还有有关的企业组织(包括国有企业和民营
企业)。

　　国家重点建设项目可以从推进决策进程的主体来区分,分为政府项目和
企业项目,中央项目和地方项目。从项目存续的时间跨度来区分,分为新建项
目和续建项目;从项目所属的行业类别来进行区分,分为基础设施、基础产业、
支柱产业等项目,其中基础设施项目又可细分为交通、水利、城建等项目。本
书将国家重点建设项目中的基础设施项目称为国家重点基建项目。国家重点
基建项目具有几个显著特点:一是工程规模巨大,投资有的几十亿元,有的超
百亿元,甚至超千亿元,往往需要中央和地方各级政府共同解决工程筹资问
题;二是涉及地域比较广,有的是跨省(市),在一省(市)之内的也往往跨多个
地级市,工程社会影响大,因而在决策上需要不同层级执政部门加强协调;三
是工程技术较为复杂甚至特别复杂,在实施之前需要开展若干科研和技术攻
关;四是决策周期比较长,往往需要通过几年甚至十几年的前期工作才有可能
做出是否建设的最终决定。

　　1.1.3.2　政策与公共政策、政府政策

　　概念的多义性,是人文社会科学中的一种普遍现象。通过梳理已经做出
的不同界定,可以有助于后学者深化其理解。理解"政策""公共政策"和"政

府政策"这三个概念也需要从那些多角度的界说中寻找共识。

关于"政策"这一概念,政策学的研究人员尝试着从不同的角度来阐述其内涵。从已有观点来看,大致可以辨别出沿着两个方向进行的认知。

第一个方向是将政策视为管理行为的指引。例如,伍德罗·威尔逊将政策视同于"行政人员开展行政行为所遵循的法律和法规,这些法律和法规由政治家(具有立法权的人)制定"①;哈罗德·拉斯韦尔和亚伯拉罕·卡普兰认为政策是"一种含有目标、价值与策略的大型计划"②;希金森明确认为"政策是旨在付诸行动的一种指针"③;陈振明认为政策是国家机关、政党及其他政治团体采取的政治行为或规定的行为准则,包括一系列谋略、法令、措施、办法、方法、条例等,它们为了实现一定社会的政治、经济、文化目标④。

第二个方向是将政策视为管理行为本身。例如,海克劳认为"一项政策可以看成是一系列行动或不行动,而不是具体的决定或行动"⑤,史密斯提出"政策概念意味着理性地选择行动与不行动,而非相互依存的力量的影响"⑥。

也有学者综合这两个方向来进行认知,例如英国的迈克尔·希尔认为:"很难将政策看成一种十分具体的现象。有时,政策可能以一项决定的形式表现出来,但更常见的情况是,它要么意味着一系列的决定,要么可以看成仅仅是一种取向。"⑦黄健荣则指出了政策的工具性特征⑧,认为政策的工具性体现在三个方面:(1)最大化决策者和决策者所代表的群体的利益;(2)在适用范围内对不同群体间的利益矛盾或冲突进行协调;(3)选择最适合于实现目标需要的措施或手段。他指出:"政策是区分不同群体利益和利益要求,这种区分在任何有差别的社会都是不可避免的和必要的;政策为决策者的根本和长远的利益服务,为实现决策者的最终价值目标服务。"⑨

"公共政策"是与"政策"紧密相连的概念,在很多情况下,二者被当作同一个概念来使用。实际上,"公共政策"是"政策"的下位概念,关键就在"公

---

① 伍启元:《公共政策》,商务印书馆,1989 年,第 4 页。

② H. D. Lasswell and A. Kaplan. Power and Society. Yale University Press,1970.

③ M. Valliant Higginson. Management Policies I: Their Development as Corporate Guides. Research Study 76(The Amercian Management Association),1996.

④ 陈振明:《政策科学》,中国人民大学出版社,1998 年,第 59—60 页。

⑤ H. Heclo. Review Article: Policy Analysis. British Jounal of Political Science,1972,2.

⑥ H. D. Lasswell and A. Kaplan: Power and Society. Yale University Press,1970.

⑦ [英]米切尔·黑尧:《现代国家的政策过程》,赵成根译,中国青年出版社,2004 年,第 6 页。

⑧ 黄健荣:《政策、决策及其研究》,《理论探讨》,2001 年第 1 期。

⑨ 黄健荣:《政策、决策及其研究》,《理论探讨》,2001 年第 1 期。

共"二字的内涵阐释上。一般认为,"公共"的所指主要是政府,例如托马斯·
戴伊认为公共政策是关于政府所为和所不为的所有内容①,夏尔坎斯基强调
"政府的重要活动即为公共政策"②,弗雷德里希认为"公共政策是政府的目
的或目标"③,詹姆斯·安德森认为"公共政策是由政府机关或政府官员制定
的政策"④,迈克尔·希尔断言"公共政策是国家组织的控制者决定要做的
事"⑤。这些西方学者的见解也得到了国内学者的呼应,例如张金马提出"政
策是政府机构和它周围环境之间的关系,公共政策是由政府机构和政府官员
制定的,……(公共政策)是政府意志的表现"⑥,而且有的学者将"公共"的含
义扩展到除政府以外的其他公共权威机构,例如谢明认为"公共政策是社会
公共权威制定的行动方案或行动准则,以实现特定情境中的特定目标"⑦;伍
启元指出"公共政策是政府所采取对公私行动的指引"⑧。

　　总而言之,公共政策的制定者是以政府为主的公共机构,面对的是公共问
题或公共利益。这就是我们要将其与政策做出区别的根据所在。政策可以有
企业政策、政府政策、第三部门政策,等等,但并不适合于将其等同于其中的一
类或几类。理解公共政策,这三个方面是不能含糊的:(1)公共政策的制定
者是公共权威,这个公共权威包含但不完全等同于政府,可以包括其他公共机
构;(2)公共政策的适用对象是普遍的社会公众,这些公众并不属于单一组
织;(3)公共政策针对的问题是公众关心的问题,或者是涉及比较多的人群
的问题。

　　据此,可以进一步把"公共政策"与"政府政策"区分开来。二者之间的区
分,主要在政策制定的主体,即政府政策制定的主体是相对单一的,就是政府。
当然,按照学术界似乎约定俗成的看法,"政府"也有广义和狭义之分。在本
研究中,根据当代中国政治—行政体系的实际,将取广义的政府的含义,即政
府政策包括由执政党机构、立法机构、行政机构、具有部分行政管理职能的类
行政机构、司法机构等公共权威机构制定的政策。

① [美]托马斯·R.戴伊:《理解公共政策》,彭勃译,华夏出版社,2004年,第2页。
② Ira Sharkansky. Public Administration: Policy-Making in Government Agencies, 3rd ed. Rand McNally Co.,1975.
③ Carl J. Friedrich. Man and His Government. McGraw-Hill Co.,1963.
④ [美]詹姆斯·E.安德森:《公共决策》,华夏出版社,1990年,第4页。
⑤ [英]米切尔·黑尧:《现代国家的政策过程》,赵成根译,中国青年出版社,2004年,第15页。
⑥ 张金马:《公共政策分析:概念·过程·方法》,人民出版社,2004年,第41页。
⑦ 谢明:《公共政策导论》,中国人民大学出版社,2002年,第5页。
⑧ 伍启元:《公共政策》,香港商务印书馆,1989年,第7页。

1.1.3.3　决策与决策过程

在梳理了政策、公共政策、政府政策三个概念之后,就可以更好地对"决策"这一概念进行考察。如果把政策看成是一个有着生命周期的社会现象,那么,就必然有其产生、形成、发挥作用(执行)、终止的过程。政策学家叶海卡·德洛尔将政策的过程分为四个阶段来进行分析,即元政策制定阶段(对需要制定的政策进行分析)、政策制定阶段、后政策制定阶段、反馈阶段[①];拉斯韦尔则将政策过程分为 7 个功能活动环节,包括情报、建议、规定、行使、运用、评价、终止[②];安德森又提出了 5 个环节[③],即问题形成、政策方案制定、政策方案通过、政策实施、政策评价等 5 个前后相连的环节;琼斯则提出了 11 个环节,包括感知与定义、汇集与累加、组织、表述、确立议程、形成方案、合法化、预算、执行、评估、调整与终结等[④]。总的来看,无论从多少个环节(或阶段)来分析政策的过程,都可得出一个共识,那就是在政策得以实施(执行)之前,政策已经形成了。政策形成的这一个阶段,英语常用 Policy Making (Sharkansky[⑤],1975)、Decision-Making(Alana Boland[⑥],1998)或者是 Decision Process(Harold D. Lasswell[⑦],1956)这几个词来进行指称,但是这几个表达方式还是有所区别的,前两者着重强调"政策(决定)制定(做出)"的含义,后者着重强调"决定的过程"。在这里,本书统称为"决策"。

需要进一步强调的是,决策既不仅仅指"做出决定(选择)"这样一次性行动,也不是"做出决定(选择)"这样单一的行动,而是一个"过程"的概念。王佃利和曹现强从广义和狭义两个角度对"决策"进行界定[⑧],他认为,广义的决策就是人们为实现一定的目标所做的行为设计及其选择;狭义的决策就是决

---

① Yehezkel Dror. Public Policymaking Reexamined. Chadler Publishing Company,1968,PP. 312—318.

② Harold D. Lasswell. The Decision Process. College Park,Md.：Bureau of Governmental Research, University of Maryland,1956.

③ [美]詹姆斯·E. 安德森:《公共决策》,谢明译,华夏出版社,1990 年,第 31 页。

④ Charles O. Jones. An Introduction to the Study of Public Policy(3rd Ed.). Brooks/Cole Publishing Company,1984.

⑤ Ira Sharkansky. Public Administration：Policy-Making in Government Agencies, 3rd ed. Rand McNally Co. ,1975.

⑥ Alana Boland. The Three Gorges Debate and Scientific Decision-Making in China. (Published in China Information,Vol XⅢ,No. 1,Summer 1998)

⑦ Harold D. Lasswell. The Decision Process. College Park,Md.：Bureau of Governmental Research. University of Maryland,1956.

⑧ 王佃利、曹现强:《公共决策导论》,中国人民大学出版社,2003 年,第 2 页。

定政策和策略,是社会组织为实现某个目标,制定行动方案并加以优化选择的过程。应该说,他们的观点抓住了"决策"概念的主要方面,但还不全面。与其说决策是目标导向,不如说是问题导向。因为尽管可以认为解决问题就达到了某个目标,但引致欲实现某个目标的前提在于问题被确认,因此本质上解决问题才是决策的第一驱动。一般地,解决了政策问题,也就实现了政策目标,但是问题与目标并不是天然地重合的。决策的触发点是问题,指向则是解决问题。因此对问题的感知和辨别是决策的生长点。为了解决问题,需要根据对问题的感知和辨别,开展解决方案的规划和讨论,最终在此基础上做出决定(选择),然而到此还没有完成决策的使命,还需要一个合法化的程序。但是,决策并不是一种单线条的感知(认知)—反应模式,而是交叉式的、多层次的感知(认知)—反应模式,在大多数情况下,问题确认总是伴随着方案规划,伴随着议程的初始谋划,伴随着讨论协调,在这一复杂的过程中,发生一系列的"做出决定"的行为和事件。这也就是本书对"决策"所采取的立场。

　　需要指出的是,在感知(认知)—反应模式中,感知(认知)并不是随机的、偶然的。对于政府决策而言,政府对问题的感知(认知)能力和水平受到多种因素的影响和限制。黄健荣提出了政府决策注意力及政府决策注意力资源这两个颇有创见的概念。① 他认为,政府决策注意力资源包括政治资源、经济资源、制度资源、智力资源、技术资源、文化资源等 6 个方面,这些方面的资源影响到政府决策注意力的配置,包括配置的方向、强度、持续(持久)性、适时转移等,从而将对政府决策产生重要影响。例如,若政府注意力在重要问题、敏感问题上配置的强度不足,则必然导致相关决策滞后,决策乏力,以至失职;又如对一些具有根本性和全局性的公共问题若政府不能长期持续地给予关注,则可能会使矛盾累积、酿成冲突,积重难返;再如政府若不能因应时代与环境变化,及时将注意力投向那些孕育潜在挑战性的目标和问题节点,则必不能做出有效回应,制定出正确有效的政策。政府决策注意力实际体现了决策者的感知(认知)行为,是做出"决策"这一反应的重要前提和条件。

　　决策与决策过程是否是两个有区别的概念?根据以上的分析,决策本质上反映一系列行为和事件被"做出决定"的过程,因此,决策与决策过程在实质上是没有多大差别的概念,但在强调决策这种"过程"性特征上,使用"决策过程"这一概念似乎要直接一些。在本书中,将更多地采用"决策过程"这一概念。

---

① 黄健荣:《政府决策注意力资源论析》,《江苏行政学院学报》,2010 年第 6 期。

1.1.3.4 决策溪流

约翰·W.金登在其重要著作《议程、备选方案与公共政策》中,构建了一个以"过程溪流"为主题的决策理论模型。丁煌、方兴在翻译这一著作时,明确地将金登提出的"溪流"概念译为"过程溪流"。例如,"联邦政府中的三个主要的过程溪流是:(1)问题识别;(2)政策建议的阐明和精炼;(3)政治活动"。① 应该说,这个翻译符合金登关于议程设立过程中存在三条明确的溪流的观点。但是有大量论著在论及金登的这一理论模型时,将其称为"多源流理论""多源流模式"或"多源流分析框架",例如陈建国的《金登"多源流分析框架"述评》②,柏必成的《改革开放以来我国住房政策变迁的动力分析——以多源流理论为视角》③,李建华、谢敏的《金登多源流模式理论及其启示——评述多源流模式理论》④,这些指称可能并不符合金登想要表达的观点,因为金登并不赞同探讨"流"之"源",因为"源"就表明存在一个明确的思想起点,而这是难以追溯的。这一点将在本书第二章详细阐述。因此,过程溪流就是议程设立过程中存在的问题溪流、政策溪流和政治溪流,这符合金登在其文中的理论思考出发点。

过程性是决策过程的重要特征。无论是关于问题的讨论与争辩,政策方案的酝酿与软化,还是关于政治氛围的塑造与形成,都是决策过程中的现象,它的首要标志就是与决策相关。因此,本书在金登论述的"过程溪流"概念的基础上,对存在的三条溪流做出进一步直接的特征标明,即将其统称为"决策溪流",并将其与政策过程的其他阶段如执行阶段、效果评估阶段等区别开来。具体而言,之所以采取"决策溪流"的概念,而不沿用"过程溪流"的概念,主要在于:一方面,"过程溪流"一语并不能明晰地表明本书所要探讨的主题即决策过程;另一方面,如替以"政策溪流"而概之,又有泛化的倾向,且政策与决策显然是有区别的。因此,本书提出"决策溪流"一语以指称决策过程中一系列行为和事件的发生及其变化,具体包括决策过程中的三条溪流:议题溪流、政策方案(政策建议)溪流和政治溪流,其中将政策方案(政策建议)溪流简称为政策溪流,特别表明此"政策"乃专指政策方案或政策建议。

---

① [美]约翰·W.金登:《议程、备选方案与公共政策(第2版)》,丁煌,方兴译,中国人民大学出版社,2004年,第109页。

② 陈建国:《金登"多源流分析框架"述评》,《理论探讨》,2008年第1期。

③ 柏必成:《改革开放以来我国住房政策变迁的动力分析——以多源流理论为视角》,《公共管理学报》,2010年第10期。

④ 李建华、谢敏:《金登多源流模式理论及其启示——评述多源流模式理论》,《湖南工业大学学报(社会科学版)》,2010年第10期。

1.2　研究文献综述

就本书研究所涉及范围而言,应该考察的文献主要包括三个方面:一是关于决策过程一般性研究方面的文献。二是关于政府过程研究方面的文献。这两方面的文献均涉及国外和国内的研究。三是关于当代中国重大建设项目决策研究方面的文献,主要是国内学者开展的这方面研究,但也可在国外学者有关决策和政府过程的研究中零散地看到这方面的研究观点。

1.2.1　关于决策过程的一般性研究

现代政策科学肇始并兴盛于欧美诸国。他们基于对西方国家决策实践的观察,结合西方国家的政府架构、社会结构、经济发展、政治文化等方面的特点,提出了丰富的理论观点,相关著作、著述汗牛充栋,不胜枚举。由于不同的政策研究者往往从不同角度、用不同方法进行研究,以至于他们提出的理论观点众多,难以进行完整的概说。

总体而言,他们关于决策过程的一般性研究,大致可以辨别出两个方面,一是探讨决策过程是怎么样的,即关于决策过程的实然性考察,二是探讨决策过程应该是怎么样的,即关于决策过程的应然性考察。根据黄健荣的研究观点①,决策过程的实然性考察主要关注国家与政策相关的理论,研究实际参与决策的主体及发挥主要作用的主体,考察政策制定的动机和目的,探讨国家权力的结构与关系、权力运行机制等对决策过程的制约和影响,这方面的理论包括多元主义理论、精英主义理论、马克思主义理论、全球化理论和制度理论等;决策过程的应然性考察主要讨论决策方法与模式问题,探讨改善决策过程和提高决策质量的途径,讨论制订政策的方法、程序,以及对决策方法或模式的适用性进行评估,等等。这方面的理论主要包括理性主义②、渐进主义③、公

---

①　黄健荣:《决策理论中的理性主义与渐进主义及其适用性》,《南京大学学报(哲学·人文科学·社会科学)》,2002 年第 1 期。

②　理性主义决策模式是由赫伯特·西蒙提出来的,包括综合理性模式和有限理性模式。他认为,理性主义的决策,要求决策者从若干备选方案中选择一个能够获得完美结果的方案。为此,首先需要明确所有可供选择的方案,其次是对每一方案可能产生的所有后果进行分析,最后在此基础上对这一系列后果与预期的决策目标进行比照性评估和判断。这就是西蒙的综合理性主义决策模式。由于这一决策模式所依赖的条件相当苛刻,西蒙后来又提出了有限理性模式,即决策者所寻求的决策方案不是使其价值最大化而是达到令人满意或足够好的目标。表明有限理性模式确认决策信息的不完备性和决策所需要资源的局限性,这比综合理性模式更切合实际。

③　林德布鲁是渐进主义模式的主要倡导者。渐进主义有三种基本形式:连续的有限比较、离散性的渐进主义和代表不同党派和利益群体的决策参与者之间的相互调适的方式。

共选择理论、政治社会决策模型(城邦决策模型①)、政策周期论、最优化方法、随机模式、混合扫描方法、触发机制理论②等。

在政策科学领域讨论比较多的另一个概念是政策过程。仅从字面意义上来看,政策过程显然有别于决策过程,然而在不少学者所讨论的政策过程中,确确实实地包括了决策过程这一概念。保罗·萨巴蒂尔在总结介绍政策过程的理论性框架③中,就指出阶段启发法、制度性的理性选择、多源流分析框架④、间断—平衡框架、支持者联盟框架、政策传播框架、大规模比较研究方法的因果漏斗框架等7个框架为"更有希望的理论性框架",而权力竞技场、文化理论、建构主义者框架、政策领域框架等则"前景更加暗淡"。在他所提到的11个理论性框架中,像阶段启发法、制度性的理性选择等关注的范围就包括政策的整个生命周期,只有多源流分析、支持者联盟框架等则集中于决策的过程(但并不是整个过程)。

还有一类研究是从模型的归纳总结着手的,例如戴伊在探讨如何思考公共政策这一问题时,总结已有的研究成果,把制度模型、过程模型、理性模型、渐进模型、团体模型、精英模型、公共选择模型、博弈模型视作检视公共政策、理解公共政策的模式。他把这些模型当成政策分析的工具。但是反过来,也可以将这几类模型视为决策过程的理论概括。

其实,以上的概述是非常有限的,并不能涵盖欧美诸国政策学者已有的相关研究。

国内学者关于决策过程的一般性研究,大体上以学习借鉴西方学者的理论为主,同时也提出若干富有启发性的观点。黄健荣着重分析了决策过程的实然性考察与应然性考察之间的联系。⑤ 他认为,理性主义决策模式强调了决策者的智力和能力的可靠性,决策者的努力程度与获得完美的或者令人满意的决策方案之间存在充分条件关系,这是一种与精英理论相联系的模式,与理性主义决策模式相对应,渐进主义决策模式与多元论的国家理论联系更加

① [美]德博拉·斯通:《政策悖论:政治决策中的艺术(修订版)》,顾建光译,中国人民大学出版社,2006年。

② [美]拉雷·N.格斯顿:《公共政策的制定:程序和原理》,朱子文译,重庆出版社,2001年。

③ [美]保罗·A.萨巴蒂尔:《政策过程理论》,彭宗超,钟开斌,等译,生活·读书·新知三联书店,2004年。

④ 根据金登的理论阐述,译为过程溪流理论更为恰当。这是金登在科恩、马奇、奥尔森等人提出的"组织选择的垃圾桶决策模型"的基础上提出来的分析框架。

⑤ 黄健荣:《决策理论中的理性主义与渐进主义及其适用性》,《南京大学学报(哲学·人文科学·社会科学)》,2002年第1期。

密切。胡象明的研究认为,一个国家的政策决策模式的特征是由该国的经济结构、政党制度、政权体制和政治文化等诸多因素决定的。就中国而言,以社会主义所有制为主体的多种经济成分并存的"一与多"并存的经济结构,以中国共产党领导下的多党合作制的"一与多"并存的政党制度,以人民代表大会制度为根本政治制度的国家政权组织结构,以马克思主义指导下的"百花齐放、百家争鸣"的政治文化结构,这四个方面均具有"一与多"的一体化民主的特点,从而形成了有中国特色的一体化民主决策模式。①

王佃利和曹现强对西方学者已提出的理论模型进行了归纳,着重阐述了5个模型,分别是传统的理性决策模型、满意决策模型、渐进决策模型、平衡决策模型、综合扫描决策模型。朴贞子和金炯烈提出了5种类型的政策决定②,分别是理性的政策决定、渐进的政策决定、直感的政策决定、公民参与的政策决定、相对的政策决定。每一个类别中,又做出了区分性的论述:将合理模型、体系模型、因果模型和精英模型归为理性的政策决定类型;将渐进模型、集团模型和比较模型归为渐进的政策决定类型;将直观模型、情感模型、偶然模型和超合理模型归为直感的政策决定类型;将参与模型和"赛博(cyber)"模型归为公民参与的政策决定类型;把不同时间的政策决定、不同社会体系的政策决定、不同思维方式的政策决定和依据其他变数的政策决定归为相对的政策决定类型。

总之,任何一种有关决策的理论观点,都是理解和把握决策规律的一个有用但有限的视角,都不同程度地反映了决策规律的某些部分。每一种理论(或模型)只能解释某一个问题或者是某一个问题的某些部分,这也许是任何一种理论的局限性。只有综合起来,才有可能在努力整体地把握问题上起到指导作用。

1.2.2 关于政府过程的研究

对政府过程这一概念,存在广义和狭义两种理解:所谓广义的政府过程实际上涵盖了发生在某一政治共同体中所有获取和运用公共权力的活动;而狭义的政府过程则被定义为政治学的研究领域和研究方法之一。"作为一个研究领域,政府过程一般可以理解成政府决策的运作过程,主要包括政府的政策制定与执行等功能活动及其权力结构关系。作为一种研究方法,政府过程

---

① 胡象明:《论一体化民主决策模式》,http://www.lunwen86.com/lunwen/minzhuzhidu/3220.htm。

② 朴贞子、金炯烈:《政策形成论》,山东人民出版社,2005年。

是相对于强调研究法定的政治制度和正式的政府结构的研究方法的一种反动而出现的"。① 国外关于政府过程的研究在最近的若干年来并没有十分令人瞩目的成果。

本特利(Bentley Arthur Fisher)于1908年第一次提出了"政府过程"这一概念②,自此以后,政府过程研究逐渐兴起,其主要对"政府"这一背景下各类政治社会主体行为的动态性观察。本特利在其《政府过程:社会压力研究》一书中,对团体、行为、利益、压力、过程等进行了深入阐述。梅里亚姆(Merriam Charles Edward)主张广泛吸收并利用自然科学和其他社会科学学科中的有用方法来进行政治学的研究③,拉斯韦尔(Lasswell Harold Dwight)集中关注政治权力的获取与运作问题④。应该说,至此,政府过程理论已经形成了,团体、利益、压力等核心概念有了明确的界定,行为主义的方法也已形成,即把政府活动放到更广泛的社会环境中去考察,动态的分析与静态的分析结合到一起,重视实证的调查和统计,重视政府活动中人的行为包括心理等方面。

戴维·杜鲁门(Truman David)和阿尔蒙德(Almond Gabrial)是政府过程研究方面有代表性的杰出学者。前者的代表作是《政治过程:政治利益和公共舆论》⑤,它的几个核心概念包括团体、政府、政党,以及政府结构及其行为。它主要讨论团体压力、团体与政府的关系;团体组织与领导地位,领导的性质和领导的技巧;舆论、宣传工具、政党、选举活动、政府结构、立法过程、政府行政;利益团体与国家的关系等问题。后者与小G.宾厄姆·鲍威尔合著了《比

---

① [美]杰克·普拉诺,等:《政治学分析辞典》,中国社会科学出版社,1986年,第131页。
② 在本特利之前,就已经有学者关注到动态的政府运作问题。例如,1867年英国的沃尔特·白芝浩(Bagehet·Walter)出版了《英国宪法》一书,该书并没有单纯描述法律条文,而是试图研究英国政府的实际机能,着重说明了英国政治生活的基本情况和活动方式,以及英国内阁制的工作和下议院作为国家行政活动控制机构的职能。1885年,美国的威尔逊(Wilson Thomas)出版了《国会政体:美国政治研究》,这是现代政府学的一部重要著作,该书重点说明了国会提出、讨论、通过议案或搁置议案的过程,描写了某些代表地区利益的团体——实际上是压力团体在国会内的活动,正如他所说的,"我写这些文章的目的,并不是为了详尽地评论美国政府,只是指出联邦制的最独特的实际特征"。他们引入社会学、经济学、统计学的方法,注重研究和揭示政府活动的实际状况和政府的实际职能,开创了政府过程的早期研究。
③ [美]梅里亚姆:《美国政治学说史——从殖民时期到内战结束》,朱曾汶译,商务印书馆,1988年。
④ [美]哈罗德·D.拉斯韦尔:《政治学:谁得到什么? 何时和如何得到?》,杨昌裕译,商务印书馆,1999年。
⑤ [美]戴维·杜鲁门:《政治过程:政治利益与公共舆论》,陈尧译,天津人民出版社,2005年。

较政治学：体系、过程和政策》①，主要运用结构—功能主义分析方法，分析了政治体系的实际运作过程，对过程文化、政治过程结构、政治交流的过程结果和过程功能进行了分析，这有别于西方传统的注重法律机构和制度等静态的分析方法。

国内学者对中国政府过程的研究相较于对中国政府体制的研究是比较少的。进入了 20 世纪 90 年代以后，关于中国政府过程的研究有了一些鲜明的进展，这大概是受了西方学者研究西方国家政府过程的启发和激励。朱光磊、胡伟等学者的研究产生了较大的影响。朱光磊的研究②把"党政关系"视为当代中国最基本的政治关系，并将之置于当代中国国家政治权力结构体系的核心部分来认识。他研究分析了意见表达与综合、决策与施政、政务信息传输与监督等环节，分析了"单位"现象、政府经济行为及中央地方关系等。他认为，保证一个特定的政府过程的正常运转和推进需要具备若干支撑条件，包括充分的意见表达和意见综合、高水平的决策机制、有效率的决策施行机制、与政府决策及执行密切协同的信息传输机构、相对独立而有效的多主体的社会监督网络、与决策过程和决策施行过程相匹配的信息传输过程和监督过程等。

胡伟主要采取经验研究的方法和结构—功能主义的理论视角对当代中国政府进行研究③，结合实证材料和案例分析，对中国政府活动进行描述和归纳。关于中国政府过程的结构方面，他做了三个层次的划分和分析，包括宪政制度与体制、体制化的政府过程结构、人格化结构，特别探讨了体制化结构与人格化结构之间的关系，并对人格化结构在政府过程和政策中的积极意义和消极意义做了剖析，指出尽管人格化结构自身存在一定的消极因素，但在中国特定的条件下，人格化结构对于防止权力的滥用具有一定的制约作用。同时还指出，制度化结构是中国政府过程的基础，但是人格化结构是中国政府过程的基本分析变量，研究政治角色的人格化权力关系实为打开中国政府过程之门的钥匙。

刘伯龙、竺乾威着重研究了当代中国县级政府的决策过程。④ 他们的基本观点是，在中国政府体系中，县级政府是非常重要的一级政府，分析其决策过程能在相当程度上理解地方政府的决策过程；县级政府的某些运作的基本

① ［美］加布里埃尔·A.阿尔蒙德、小 G. 宾厄姆·鲍威尔：《比较政治学——体系、过程和政策》，曹沛霖，等译，东方出版社，2007 年。

② 朱光磊：《当代中国政府过程(第 3 版)》，天津人民出版社，2008 年。

③ 胡伟：《政府过程》，浙江人民出版社，1998 年。

④ 刘伯龙、竺乾威：《当代中国公共政策》，复旦大学出版社，2004 年。

框架在相当程度上折射了整个中国政府系统的决策状况。通过20世纪80年代末、90年代初进行的一次全国性的百县调查资料,首先分析了决策过程的结构及参与决策的各种角色,指出县级政府决策过程形式上主要是两元或多元的,但实际上变成了以党为核心的一元管理主体结构,政府成为党的执行机构,而且党政一体、以党为主的模式导致了决策主体的法定结构与非严格意义上的法定结构互存的状况。同时,在《当代中国公共政策》中他们还提出了法定结构与非法定结构这两个相对的概念。

国内学者卢迈最早提出了"三层分析"模型①,该模型认为中央、地方、民众是三个具有相对独立地位、可以独立做出理性选择的利益主体,在此前提下探讨三者之间的互动关系。崔之元发表了《混合宪法与对中国政治的三层分析》一文,对"三层分析"模型进行了深入的理论探讨。② 王强结合中国村民自治实践,应用"三层分析"模型,分析中国决策制定过程中中央、地方、民众三者之间的互动机制。③ 他认为,基层创造是发展的原动力,中央起到提升、规制和推动作用,地方政府则处于一种压力下自主的地位。他同时还指出,"三层分析"应用于中国决策制定研究则更有说服力。

总体来看,政府过程研究既关注组织结构意义上的政府,更关注动态运作中的政府,而且普遍针对特定国家的政府进行研究,体现了研究的实证性特点。政府决策是政府实际运作的核心内容,表现了政府职能的行使、政府权力的运用等。他们的研究成果为本书展开当代中国国家重点基建项目决策过程研究具有宝贵的借鉴意义,特别是中国学者关于党政关系、利益综合、人格化结构、中央政府与地方政府之间关系的研究成果具有直接的启发性。

1.2.3 关于当代中国重大建设项目决策的研究

西方学者专门对当代中国重大建设项目决策进行的研究极为难得,有关的研究也往往散见于其他的著作中。美国学者David M. Lanpton于1992年发表了《投李报桃:中国的谈判、利益和官僚政治》一文④,该文对丹江口大坝和三峡水库的选址进行详细的调查研究,提出了中国的公共政策属于分割式的集权模式,即中国的公共政策是中央政府和各地方政府之间争议、协商和达成

① 卢迈:《中国农村改革的决策过程》,《二十一世纪》,1998年第12期。

② 崔之元:《混合宪法与对中国政治的三层分析》,《战略与管理》,1998年第3期。

③ 王强:《中央、地方、民众:村民自治决策过程的三层分析》,《开放时代》,2000年第1期。

④ David M. Lanpton. "A Plum for A peach: Bargaining, Interest, and Bureaucratic Politics in China" in Kenneth G. Lieherthal, David M. Lanpton(Ed). Bureaucracy, Politics and Decision Making in Post-Mao China. University of California Press, 1992, PP. 33—57.

一致意见的过程。

国内学者对当代中国重大建设项目决策的研究主要有两个方面,一个方面是一般性的研究,另一个方面是针对特定项目的决策进行案例研究。前者又表现为以某种视角来对重大工程决策进行分析考察,例如杨建科等从工程社会学的视角看工程决策的双重逻辑,指出工程决策是指向未来的、非线性的社会系统决策,从决策的主体、过程和影响因素分析,工程决策有社会决策和技术决策两个层次,社会决策是工程的合理性和合法性决策,体现的是价值合理性,技术决策是工程的可能性和可行性决策,体现的是工具合理性,这两种决策逻辑交织在一起,其中工程的社会决策影响和决定着工程的技术决策。① 陈伟应用系统论原理,对重大工程项目决策机制进行研究,分析了决策机制这一系统的内部各子系统的构造、功能及相互联系、促进、制约的原理及工作方式,从时间维度研究重大工程项目的决策程序子系统,从逻辑维度研究了决策逻辑子系统,从知识维度研究决策支持子系统,从考察决策主体角度研究决策组织结构子系统,从考察决策系统外部环境角度研究决策法制子系统,其研究结论认为,提高项目全生命周期的综合效益是实现重大工程项目决策机制科学化的有效途径。② 安维复从哲学的角度来考察工程决策问题,认为工程决策的核心不是技术问题而是价值问题,工程决策的价值就是工程决策所追求的目标,是私人利益还是社会利益;他还进一步考察了工程决策的科学化与民主化问题,认为工程决策在本质上是科学化与民主化的统一,唯科学主义和社会建构主义代表了决策科学化与民主化的两极倾向。③ 有的学者还从伦理的角度来研究工程决策问题,例如李伯聪对工程伦理学的若干理论问题的探析④,董水平等对工程决策主体的伦理责任的考察⑤,等等。有的研究者从重大工程决策机制方面进行探讨,例如雷丽彩等开展的关于大型工程项目决策复杂性分析与决策过程研究,针对大型工程项目决策的不确定性、涌现性及动态演化等非结构化特征,基于定性定量相结合的综合集成原理构建大型工程

---

① 杨建科、王宏波、屈旻:《从工程社会学的视角看工程决策的双重逻辑》,《自然辩证法研究》,2009 年第 1 期。

② 陈伟:《重大工程项目决策机制研究》,武汉理工大学博士学位论文,2005 年。

③ 安维复:《工程决策,一个值得关注的哲学问题》,《自然辩证法研究》,2007 年第 8 期。

④ 李伯聪:《工程伦理学的若干理论问题——兼论为"实践伦理学"正名》,《哲学研究》,2006 年第 4 期。

⑤ 董水平、樊勇:《工程决策主体伦理责任的缺失及其规避策略——以职业经理人为视角》,《昆明理工大学学报(社会科学版)》,2010 年第 8 期。

项目复杂决策问题的决策流程①;而卢广彦等则特别关注了国家重大工程决策机制的构建问题,认为应该在6个方面努力构建完善的国家重大工程决策机制,包括制订和完善重大工程决策相关法规,完善重大工程论证机制,建立重大工程"下马"(喻指某个重大工程或工作项目中止进行)论证机制和法定程序,建立和完善论证专家遴选程序和机制,充分发挥论证专家的重要作用,正确处理专家论证与政府决策的辩证关系等。

而针对特定项目决策的案例研究则是最多见的研究类别,特别是与那些经济社会发展密切相关且影响范围广的项目的决策,无论是成功还是不成功,均足以引起研究者的关注兴趣。仅以中国三峡大坝工程决策来看,由于该项目决策从最初的思想萌芽到中华人民共和国成立后的公开论辩,再到改革开放后的强有力推进,直至1992年全国人民代表大会表决通过决策,其时间跨度近一个世纪,此种项目的影响十分突出。特别是正式实施以后,相关的研究层出不已,从时间先后来看,主要有:

> 徐唐龄的《大型项目效益评估的杰出案例——谈长江三峡工程论证的合理性》(《财经理论与实践》,1992年第2期)
>
> 林一山的《震撼历史的抉择——三峡工程决策的科学性与民主性》(《水利天地》,1994年第3期)
>
> 唐代望的《截断巫山云雨 高峡出平湖——长江三峡工程决策背景透视》(《决策咨询》,1998年第4、5期)
>
> 唐代望的《全球超级的三峡工程决策历程》(《广东行政学院学报》,1998年6月)
>
> 陈丽华的《三峡工程决策的科学性与民主性》(《党政干部学刊》,1998年第1期)
>
> 刘志伟的《三峡工程——民主与科学决策典范》(《科技进步与对策》,1998年第1期)
>
> Alana Boland. The Three Gorges Debate and Scientific Decision-Making in China. (Published in China Information, Vol XⅢ, No. 1 (Summer 1998) ,PP. 25—42)
>
> 徐唐龄的《三峡工程和科学决策》(《战略与管理》,1999年第3期)

---

① 雷丽彩、周晶、何洁:《大型工程项目决策复杂性分析与决策过程研究》,《项目管理技术》,2011年第1期。

潘家铮的《科学论证是重大工程正确决策的基础》(《中国工程科学》,2001 年第 3 期)

杨马林的《三峡工程：决策科学化民主化的典范》(《决策与信息》,2005 年第 1 期)

苏向荣的博士论文《三峡决策论辩：政策论辩的价值探寻》(2007 年由中央编译出版社出版)

梅雪的《三峡工程论证决策中的人民政协民主协商》(《世纪行》,2008 年第 10 期)

卢广彦等的《重大工程决策过程与决策特征研究——以三峡工程为例》(《中国科技论坛》,2008 年第 8 期)

黄健荣、徐西光的《政府决策能力论析：国家重点建设工程决策之视界——以长江三峡工程决策为例》(《江苏行政学院党报》,2012 年第 1 期)

上述研究又可以分为两类：一类是就事论事,分析该项决策体现或具有的特征,如唐代望、陈丽华、杨马林、梅雪等人的研究,关注分析决策的科学化、民主化等问题。另一类是以该项决策作为例证,在分析其决策特征的基础上进行理论概括,如苏向荣基于三峡工程决策的论辩考察,提出了政策论辩的价值,以及政策论辩实现的条件和方式[1];黄健荣和徐西光以三峡工程决策为例,对国家重点建设工程决策基本特征进行了考察[2],在分析三峡工程决策的经验教训、存在问题的基础上,提出了当代中国政府重点建设工程决策能力的论题,并从决策价值导向能力、决策目标获取与锁定能力、决策资源动员整合能力、决策环境协调能力、决策机制完善与运行能力、决策技术应用与创新能力等 6 个方面进行了理论上的抽象与提升,发前人所未发之见地;Alana Boland 在《三峡论争与中国的科学决策》中,讨论了科学、技术与政治在决策中发挥的作用,以及科学、技术和政治之间的关系,他认为,"在政府计划建设三峡工程中,人们抨击部门主义和贪污腐化,把科学描绘成了政治的牺牲品,而很少谈到科学进入决策过程后政治变化的方式;科学决策成为了政治的理想,特别是处于特定的制度和历史背景下,以及对现代化和国家强盛的关注支持,如同三峡论争中所见到的一样,这一观点几乎不受挑战。承认技术决策具

---

① 苏向荣：《三峡决策论辩：政策论辩的价值探寻》,中央编译出版社,2007 年。

② 黄健荣、徐西光：《政府决策能力论析：国家重点建设工程决策之视界——以长江三峡工程决策为例》,《江苏行政学院学报》,2012 年第 1 期。

有道德和伦理的问题,更需要辨别政治对科学的影响。同时,科学被用于确定政策论争的边界,并对陷入社会和政治不确定性的问题提供技术政治主义的解决路径"。①

对长江三峡工程决策研究的兴盛是与回顾性、总结性资料形成和丰富的过程分不开的。自 1989 年迄今,各类回忆性文章层出不穷,特别是若干决策参与者甚至是重要决策者的回忆录更是为此种研究提供了弥足珍贵的支持。如:

戴晴的《长江,长江——三峡工程论争》(贵州人民出版社,1989 年)

孙越崎的《关于三峡工程论证的意见和建议》(《群言》,1989 年第 4 期)

潘家铮的《三峡工程论证始末》(《中国水利》,1989 年第 1 期)

王安的《三峡工程决策内情》(《南风窗》,1992 年 6 月)

王德禄的《1992 年三峡工程定案后访李锐》(《自然辩证法通讯》,1993 年第 11 期)

唐代望的《漫长的历程 永恒的业绩——三峡工程决策历程回顾》(《决策探索》,1998 年第 7 期)

李锐的《对历史负责到底:忆三峡工程上马过程的始末》(《当代中国研究》,1999 年第 3 期)

方子云的《三峡工程的历史及决策过程》(《水资源保护》,1999 年第 1 期)

童怀平等的《邓小平说:三峡工程是政治问题》(《书摘》,2002 年第 11 期)

李鹏的《众志绘宏图——李鹏三峡日记》(中国三峡出版社,2003 年 8 月)

陆佑楣的《三峡工程的决策与实践》(《中国工程科学》,2003 年第 7 期)

荣刚的《邓小平与三峡工程》(《百年潮》,2004 年第 8 期)

陈红其等的《三峡工程论证决策始末》(《党史天地》,2006 年 2 月)

---

① Alana Boland. The Three Gorges Debate and Scientific Decision-Making in China. China Information, Vol XⅢ, No. 1 (Summer 1998), PP. 25—42.

钱正英的《三峡工程的决策》(《水利学报》,2006 年第 12 期)

田姝的《三代领导人与长江三峡工程》(《红岩春秋》,2007 年第 3 期)

中共国务院三峡办党组的《三峡工程的改革开放之路》(《求是》,2009 年第 3 期)

吴光辉的《中央三代领导人与三峡工程决策》(《党史纵横》,2009 年第 11 期)

魏廷铮的《三峡工程的提出和决策》(《百年潮》,2009 年第 11 期)

汤耀国的《三峡论战风云录》(《瞭望》,2009 年第 49 期)

汤耀国的《陆佑楣答疑三峡工程》(《瞭望》,2010 年第 12 期)

熊坤静的《三峡工程决策始末》(《党史文苑》,2010 年第 19 期)

吴光祥的《三代领导人与"三峡工程"决策》(《领导文萃》,2010 年第 8 期)

汤耀国的《激烈论战数十年——〈李鹏日记〉披露三峡工程决策始末》(《人物画报》,2010 年第 16 期)

《三峡工程建设大事记》(《红岩春秋》,2011 年第 1 期)

在这些资料的提供者中,李鹏、钱正英、陆佑楣、魏廷铮等人都是这项举世瞩目工程的亲历者、组织者或决策者,他们提供的回顾性资料对深化该项目决策的研究十分珍贵。

另一个引人注目的研究是关于三门峡工程的反思性研究,该项目工程从最初被视为成功的巨大工程到后来由于其负面影响日益显现而被视为失败的工程,除了少数的肯定外,大多数研究者都倾向于从吸取决策教训的角度来进行分析,例如:

王新民的《聚焦三门峡水库——50 年后的反思》(《西部大开发》,2004 年第 3 期)

小坡的《从"三门峡去留争议"看科学决策》(《中国改革》,2004 年第 4 期)

包和平等的《"规划"的失误及其对三门峡工程的影响》(《自然辩证法研究》,2005 年第 9 期)

王俊玲的《从"三门峡水库的废与留"谈决策的科学化与民主化》(《西北水力发电》,2005 年第 S2 期)

谢家泽的《三门峡工程在宏观决策上的基本经验教训》(《黄河
三门峡工程泥沙问题研讨会论文集》,2006 年)

张伟等的《三门峡工程决策失败之教训》(《决策与信息》,2009
年第 7 期)

曲翔的《从"三门峡"水利工程引发对我国政府投资决策科学化
问题的思考》(《现代经济信息》,2009 年第 24 期)

上述这些研究,无论是对成功经验的总结还是对教训的反思,其中形成的
若干理论观点,对本书讨论国家重点建设项目决策过程均具有借鉴意义。

1.2.4　综合评价

上文引述的三类研究文献具有以下三个特点:一是关于决策过程和政府
过程的研究,国外的比国内的更深入,但是这些研究主要是以其所在国家的政
治生态环境和政策过程运行逻辑为基础和前提进行问题的阐释和相关理论的
建构,在理论借鉴上存在局限性;二是关于决策过程的研究中,缺少对不同类
型决策的具体考察,大多数以决策作为整体来进行考察,而较少按照政府决策
不同的类型来做理论上的阐释,例如基本上很少看到对政府大型决策及其他
的诸如行政事务性决策、日常性决策、临机性决策有区别的、有针对性的具体
论述;三是国内学者关于当代中国重大建设项目决策的研究大多重视个案分
析,就个案论成败、谈得失,而弱于系统的理论阐述和理论建构。因此,要完成
本项选题不仅需要结合当代中国政府决策过程实际有针对性地借鉴国外学者
的理论研究成果,更需要在理论分析方面有所建构。

1.3　研究方案

1.3.1　研究目的

豪特利和拉米什认为,"公共政策是一种复杂的现象,是由许多个人和组
织制定的众多决策组成的。……它给分析家造成了很大困难"。[①] 甚至在有
的人看来,政府决策是一个在"黑箱"中运作的过程。[②] 政策科学是一门经验
科学,也是一门实践科学,所有政策理论无外乎是对丰富多彩的政策实践,采

---

　　① [加]迈克尔·豪特利、M.拉米什:《公共政策研究——政策循环与政策子系统》,庞诗,等译,
生活·读书·新知三联书店,2006 年,第 11 页。
　　② Michael Hill 在提到戴维·伊斯顿的系统分析决策模型时,认为伊斯顿提出的"政治系统的一
个核心过程是要求和支持的输入","要求和支持输入决策黑箱(the black box)后,经过一个转换过程,
产生输出,这就是权威机构的决定和政策"。([英]米切尔·黑尧:《现代国家的政策过程》,赵成根
译,中国青年出版社,2004 年,第 18 页)

取不同的视角进行的分析和总结。当代中国政府的决策过程,是在当代中国的政治—行政体系中展开的,是在当代中国的文化和社会背景下展开的,相较于西方国家的决策过程来说,具有当代中国自身的特性。国家交通重点建设项目决策是当代中国政府决策的重要内容,同时也是反映中国政府决策自身规律性和独特性的一个缩影。决策是否被利益相关者和更广范围内公众的认可和接受,决策过程是否高效等,这都将对当代中国的现代化事业进展产生重大影响。这也是本书选取当代中国国家交通重点建设项目决策来研究当代中国政府决策过程的主要原因之一。具体来说,借鉴金登的"过程溪流"理论,本书将按照决策溪流的理论构想,选取 20 世纪 90 年代以来国家交通重点建设项目决策的部分实例,从决策语境、决策要素、决策主体、决策议题、决策时机等几个角度对国家交通重点建设项目决策过程进行诠释性分析,力图从一个侧面实证地理解当代中国国家重点基建项目决策过程的特质。

具体来说,研究的目的有以下 4 个层面的考虑:

(1) 从决策语境、要素、主体、议题、时机等角度具体分析当代中国国家交通重点建设项目决策过程的特点;

(2) 在上一层面的考察中,尝试探讨当代中国政治—行政体系中政府决策过程的独特性;

(3) 基于以上两个层面的考察,尝试提出一个分析当代中国政府重大工程决策过程的理论框架,这也是本书理论提升的方向;

(4) 为当代中国国家重点基建项目决策行为提供理论指引和借鉴,从而促进当代中国国家重点基建项目决策过程的优化。

同时,最大限度地达到以上 4 个层面的目的,也就是本研究的意义所在。

1.3.2　研究内容与研究框架

本书拟主要借鉴金登等学者的研究成果,在整体分析框架上,提出决策溪流论的理论构想,作为分析考察当代中国国家重点基建项目决策过程的理论性框架。并以当代中国国家交通重点建设项目决策为例,着重从决策语境、决策要素、决策主体、决策议题和决策时机等方面对当代中国国家重点基建项目决策过程进行分析考察,并在此基础上做出理论总结。本书拟分八章进行阐述,各章主要内容如下:

第一章为导论,主要阐述本书研究的背景、问题提出的出发点与研究目的,核心概念的界定,已有研究述评,研究的主要内容与研究方法,以及研究的主要创新之处。

第二章提出国家重点基建项目决策过程分析的新框架——决策溪流论。

首先引述四种理论资源,包括着眼于决策主体的行为的理论、决策主体与决策环境之间关系的理论、关注决策"过程"性特征的理论和关注决策系统组织特性的理论,并分析其借鉴性;着重探讨了金登的"过程溪流论"对确立本书分析框架的启示意义,最后提出本书构建一个新分析框架的理论构想。

第三章分析决策溪流形成和行进的背景——国家重点基建项目的决策语境。引用布罗代尔关于历史的时段理论,分析了决策语境的具体内涵,并提出决策语境是支持决策的更宏观、更持续、更稳定的当下的社会发展总体状态,是现实性与历史性的统一。决策溪流的行进始终离不开决策语境的支持,或者说决策溪流只有放到当下的决策语境中去考察才具有现实意义。

第四章分析决策溪流的构建单元——国家重点基建项目的决策要素。立足"决策溪流"的理论视角,分析决策过程的构成要素。探讨决策过程的构成要素即决策渠、决策溪流与决策动力;阐明决策渠是约束与引导决策溪流行进的构建性条件,决策溪流是由行进在决策渠中的三条溪流即议题溪流、政策溪流和政治溪流构成,决策动力是推动决策溪流行进的力量。

第五章全面探讨决策溪流中的行动角色——国家重点基建项目的决策主体。考察了决策主体、决策关键人、决策利益相关者等概念及其在决策溪流中的角色定位,同时分析决策主体间行为的三种模式,包括有限博弈、民主协商和利益综合。

第六章考察决策溪流的行进方式——国家重点基建项目议题的构建。指出政策问题与议题的不同,从议题的政治性构建、经济性构建、技术性构建三个方面重点分析国家交通重点基建项目决策议题的构建过程。议题的构建过程实质上体现了决策溪流行进过程的实然状态。

第七章分析决策溪流行进的关键节点——国家重点基建项目的决策时机。重点探讨决策时机的概念,以及决策时机的形成条件与形成机制,分析决策诱因在决策时机形成过程中的功能和触发机制的作用机理,并分析决策中止与决策"冬眠"。

第八章对全书的讨论进行总结,提出执政部门主导的决策溪流论是分析当代中国国家重点基建项目决策过程的概念性框架,并总结性地讨论了这一分析框架的适用性。在此基础上,进一步提出改善政府大型项目决策过程需要关注的诸如决策渠的开放性与决策的公众接受度、决策溪流与利益综合等问题。最后指出了本研究存在的局限和需要进一步研究的问题。

1.3.3 研究方法

本书坚持以唯物辩证法为指导,使用社会科学研究中常用的一些方法,如定性研究和定量研究相结合的方法,系统分析方法,等等。此外,为了更好地服务于本书的研究,还采用了以下方法。

总体上,主要采取理论演绎与案例分析相结合的方法,即围绕理论构想的主线索,侧重通过实例说明"是什么""怎么样",通过实证分析理解当代中国国家交通重点基建项目的决策过程及其主要特征,并在此基础上提出更具普遍性意义的决策过程理论。当然,也不可能完全撇开规范研究,因为离开规范研究则无法把握事物研究的方向,正如冈纳·缪尔达尔所认为的,试图排除价值观念并不能解决研究的客观性问题,相反,无论范围多么有限的社会问题研究,都是由价值观念决定的,"努力逃避价值观念是错误的,并且注定是徒劳和破坏性的"。①

同时,采取案例研究并辅以文献研究的方法。国家交通重点建设项目决策案例提供了解释和说明政府决策的可操作的实际形态。而且,一个好的案例提供了广阔的研究空间,它所能提供的问题、矛盾等是真实的、直接的,蕴含着多向度、多侧面的分析阐释的可能。因此,案例研究可以为阐释理论预设提供可行的、可靠的支撑。案例研究离不开文献资料的辅助,且本质上更接近于文献研究,因为每一个案例基本上均表现为既存的文献资料,即历史的资料,因此需要开展文献梳理和分析。在文献使用时,争取采用更多的第一手资料,特别是国家交通重点建设项目决策参与者的回忆录等文献。

1.3.4 研究案例选择

1.3.4.1 案例选择的原则

从总体上来说,国家重点基建项目包括的行业类别比较广,如水利、生态、交通、农业、能源、城建等诸多行业类别,在这个基础上,本书主要选择交通类项目的决策过程作为研究分析的对象,之所以选择交通类项目,前文已做了相关说明。然而,交通类的项目也包括多个类别,如铁路、地铁(含城市轻轨等)、公路、港口、航道、码头、机场等,同时,每一个类别又包括若干次一级的类别,例如铁路项目,就有高速铁路、城际铁路、货运干线铁路等项目;公路项目里又有国家一级公路、国家二级公路、跨江公路桥梁、跨海公路桥梁等项目。而每一个次一级类别又包括很多的具体项目,例如高速铁路就包括了京沪高速铁路、武广高速铁路、沪杭磁悬浮铁路等众多项目,跨江公路桥梁就包括了润扬长江公路大桥、苏通长江公路大桥、泰州长江公路大桥等若干项目。因

---

① [瑞典]冈纳·缪尔达尔(Gunnar Myrdal):《亚洲的戏剧:对一些国家贫困问题的研究》,谭立文、张卫东译,北京经济学院出版社,1992年,第13页。

此,如果进行案例研究,在案例的选择上几乎不可能穷尽某个类别的所有项目。案例研究是有限归纳法应用的一个方面,而针对类同性质样本进行有限归纳,其研究结果的可靠性已得到证明。鉴于此,本书在案例选择上将采取四条原则:

一是真实性原则,这是建立在案例研究资料可获得的基础上提出的要求,即案例资料能够比较真实地反映某个项目决策的过程(可能是全部,也可能是局部)。当然,真实性是相对的,没有任何一个案例能够获得所有关于该项目决策的全部过程性资料,也不能保证所获得的信息都是真实可靠的,信息缺失与失真是不可避免的。但是如果信息缺失比较多或者失真较高,对研究的支撑作用就可能大为削弱。

二是典型性原则,由于评判典型性实际上也存在不同的标准,本书采取的态度是,如果案例所反映的决策过程引起了较广范围内公众的关注,抑或引起了有关学者的关注并形成了某种程度的研究成果,或者案例相联系的项目在资金、规模、技术复杂性等方面均比同类项目更多、更大、更高,或者案例本身具有某种吸引人的情节,那么就应该视作具有典型性的案例。

三是新鲜性原则,如果一个案例已经被反复应用于与本书所要探讨的决策过程相同或相近的研究,那么这样的案例将不作为本书关注的重点。

四是全面性原则,即使是国家交通重点建设项目次一级的类别,也尽量兼顾次一级类别的各个方面。同时,既选择决策执行结果较满意的项目,又选择决策执行结果不尽如人意的项目。

基于以上四条原则,本书以20世纪90年代以来国家交通重点建设项目决策为例的"例"拟主要在公路项目、铁路项目、航道项目、机场项目中各选取一至两个案例为研究对象,即分别选择苏通长江公路大桥项目、京沪高速铁路项目、沪杭磁悬浮项目、长江深水航道整治工程项目、长乐机场项目。

当然,这些案例并不是均等地引用于理论构想的阐述与论证中,考虑到资料的全面性与丰富性的差异,本书将以苏通长江公路大桥项目决策作为论述的主要案例,其他案例作为辅助案例,也可能会涉及上述案例以外的其他案例。

1.3.4.2 案例简介

为了比较全面地了解上述5个案例的情况,有必要对其基本情况做简要的说明。

(1)苏通长江公路大桥项目决策。该项目为连接长江南岸苏州与长江北岸南通两市的跨江特大型公路桥梁工程。由于天堑阻隔,跨江往来不便,特别是在以上海为中心的长三角地区经济的快速发展中,长江南岸地区的发展速度较之北岸地区更快,由北向南过江的迫切性更强。1978 年中国共产党十一届三中全会以后,江苏改革开放深入推进,针对当时长江江苏段只有一座跨江大桥的实际,1986 年江苏省交通主管部门启动了江苏省长江第二通道的规划研究,于 1987 年提出了包括南通天生港桥隧位和南通农场桥隧位在内的 12 个通道位置、25 个桥梁方案和 24 个隧道方案。1991 年南通地方执政部门组织开展了在南通与苏州之间江段建设过江隧道的调查研究,并于次年 4 月提出了建设南通长江公路隧道的调查报告。1992 年 11 月,在南通经济发展"九五"规划咨询会上,南通地方执政部门第一次提出了过江隧道项目。此后一段时间,南通地方执政部门利用各种场合和机会推介隧道项目,南通地方执政部门一直是该项目决策主要的和积极的推动者。这种情况直到 1996 年 5 月在南通—常熟公路隧道预可工作座谈会召开以后,省级交通主管部门逐渐主动地参与到决策推动工作中来。1997 年 10 月,由交通主管部门主持的方案比选倾向桥梁方案,这有别于南通地方执政部门主导的隧道方案。1998 年中央实行积极的财政政策,为推动项目决策提供了难得机遇,是年经过省级评审,并经省级地方执政部门分管领导的同意,向国家计委报送了项目建议书。1999 年 9 月交通部向国家计委报送了项目建议书的行业评审意见,10 月,国家计委委托中国国际工程咨询公司对项目建议书进行了评审。之后南通地方执政部门、江苏省级地方执政部门与国家交通主管部门频繁互动,地方执政部门相关负责人与中央执政部门相关负责人也积极协调,2001 年 5 月 30 日国务院第 39 次常务会议通过了苏通大桥项目建议书,该项目正式立项。2002 年 11 月国家计委批复苏通大桥工程可行性研究报告。2002 年 12 月苏通大桥初步设计通过交通部组织的审查。2003 年 6 月苏通大桥主桥基础正式开工,2008 年 4 月 28 日苏通大桥建成试通车。自该项目通车以来,车流量快速增长,促进了桥两岸特别是南通经济社会发展的全面提速。"2008 年日均通车量为 3.15 万辆,2009 年日均通车量为 3.24 万辆,2010 年 1—10 月日均通车量 3.86 万辆"①,"大桥吸引交通量转移的速度太快了,第一年的日均车流量就超过 3 万,今年(2011)日均车流量逼近 5 万车次"②,这与 2002 年 4 月 19 日中国国际工程咨询公司对该项目"工可报告"评估提出的 2010 年预计达到

①《苏通大桥 2011 年度第一期短期融资券募集说明书》,http://bond.jrj.com.cn/bv/2011/0331/000000000000041rxh.shtml。
②《苏通大桥单日车流量再创新高》,南通网,http://www.zgnt.net/content/2011-10/03/content_1925795.htm。

日均车流量 4.9774 万辆比较接近。

（2）京沪高速铁路项目决策。京沪高速铁路是我国第一条具有世界先进水平的高速铁路，其投资规模最大、技术含量最高，正线全长约 1318 千米，设计时速 350 千米，初期运营时速 300 千米，沿线共设置 22 个客运车站，工程总投资 2200 亿元。1993 年 4 月"京沪高速铁路重大技术经济问题前期研究"课题组成立，国家科委、国家计委、国家经贸委、国家体改委和铁道部等 5 个部委针对工程建设方案、资金筹措、项目运营机制、国际合作、经济效益评估等重大专项课题联合开展攻关。1993 年 12 月，铁道部将"京沪高速铁路项目建议书的报告"报送给国家计委。1996 年 5 月 3 日，铁道部向国务院正式提出"关于京沪高速铁路预可行性研究情况的报告"。1999 年是该项目前期工作进展较快之年，当年 1 月至 5 月，中国国际工程咨询公司就组织完成了对京沪高速铁路项目的评估，10 月 8 日铁道部高速铁路办公室成立，主要负责京沪高速铁路建设的前期工作。但是整整四年之后，2003 年 9 月，中国国际工程咨询公司受国家发改委委托再次组织专家对京沪高速铁路有关问题进行论证评估，论证的结论是：京沪线全线运输能力紧张，设备长期超负荷运转，需要建设京沪高速铁路。又经过两年多的深化研究和论证，建设京沪高铁的条件越来越充分。2006 年 2 月 22 日，国务院批准京沪高速铁路立项，第二年 8 月 29 日，国务院原则批准京沪高速铁路可行性研究报告，紧接着国家发改委于 9 月 12 日批复了京沪高速铁路可行性研究报告，国务院于 10 月 22 日成立京沪高速铁路建设领导小组，12 月 27 日成立京沪高速铁路股份有限公司。2008 年 1 月 16 日，国务院常务会议讨论批准京沪高速铁路开工报告。2008 年 4 月 18 日京沪高速铁路全线正式开工建设，至此，有关该项目的决策过程顺利走到目标的终点。在京沪高速铁路项目决策中，"要不要建"的争议居于次要位置，主要的争议是建什么样的高速铁路的问题，其中又集中在技术方案的争议上，形成了轮轨派与磁悬浮派两个明显不同的论辩方。

（3）沪杭磁悬浮项目决策。沪杭磁悬浮项目为上海至杭州磁悬浮轨道交通项目，也列入铁道项目，规划全长 199.434 千米，其中沪杭磁悬浮城际线（含三角区联络线）为 164.577 千米，浙江段长 103.553 千米，上海机场联络线 34.857 千米，中间设嘉兴和杭州东站，规划建设年限为 2010 年至 2014 年，估算总投资 220 亿元。由于该项目涉及技术、投资、收益、环境保护等方面的多方博弈与意见对立，自 2003 年启动以来，项目始终未能最终确定。2010 年 4 月，中国新闻周刊以《漫长的博弈》为题报道了沪杭磁悬浮项目决策所经历的曲折过程。沪杭间筹建磁悬浮计划由来已久，早在 2002 年浙江省就组织开展了沪杭城际快速轨道交通课题的研究。上海方面也于 2002 年底宣布将磁悬浮从上海延伸至杭州的计划。2003 年 9 月,浙江省和上海市两地发展改革部门共同委托开展磁悬浮交通沪杭线方案研究,并得出了"建设沪杭磁悬浮系统是必要的"结论。2004 年国家发改委交通运输司负责人也表态支持沪杭磁悬浮项目。这充分说明此时从省(市)级执政部门到国家级执政部门均对该项目持积极态度。因而于 2004 年底,上海磁悬浮交通有限公司的运营部门乐观地向外界透露有关沪杭磁悬浮的初步方案。2006 年 3 月 13 日,沪杭磁悬浮交通项目建议书获国务院批准,正式开展可行性研究工作。其后不久,在2006 年 5 月举行的中德高技术对话论坛上,有关该项目的具体实施意见也在此次论坛上透露出来;浙江省还专门成立了具体负责土地预审、规划选址和环境评估等事务的沪杭磁悬浮交通项目筹建办公室。但是新的情况出现了,2008 年上海发生了数千人集体"散步"抗议事件,原因是上海市民担心磁悬浮项目建设污染环境,为此,时任上海市委书记的俞正声做出指示,要求执政部门"冷处理,徐图之"。项目再度被搁置下来,截至目前,该项目仍未开工建设。

(4) 长江深水航道整治工程项目决策。包括两个项目,长江口深水航道整治工程和长江南京以下深水航道建设工程。长江全长约 6300 千米,是我国第一大河,长江口自江苏常熟徐六泾以下至长江与黄海、东海相汇处,主通航水道疏浚维护水深只有 7 米,2.5 万吨货轮只能乘潮进江,国际上大型海轮(5万吨级)不能进入长江,这对长江沿线经济发展十分不利。"为了实现'以浦东开发开放为龙头,带动三角洲和整个流域经济新飞跃'战略的需要,以及建设上海国际航运中心、促进长江沿线物资运输的需要"①,关键是要建设长江口深水航道,打通长江口。1992 年国家计委支持开展"长江口拦门沙航道演变规律与深水航道整治方案研究",并将这项研究课题列入国家"八五"科技攻关计划。1994 年 6 月长江口深水航道整治工程预可行性研究工作计划得到交通部和上海市政府批复,1997 年底国务院批准实施长江口深水航道治理工程。项目决策阶段,李鹏、邹家华、吴邦国、黄菊、钱正英等执政部门领导亲自主持和出席多次专题会议。太仓至南京的维护水深在 2011 年时为 10.5米,2011 年国务院将长江南京以下 12.5 米深水航道建设工程列入国家战略,并于同年由交通运输部和江苏省人民政府联合组建机构负责启动实施该项工程。目前,一期工程已于 2014 年建成,二期工程于 2017 年建成。

---

① 《交通运输部谈长江口深水航道治理:中国水运史上最大工程》,http://kcsj.nhri.cn。

长江口深水航道整治工程目标是把水深从 7 米提高到 12.5 米,工程分三期实施,工程于 1998 年 1 月正式开工,经过 12 年的建设,于 2010 年 3 月实现 12.5 米航道水深贯通的目标,深水航道"能满足第三、四代集装箱船和 5 万吨级船舶(实载吃水≤11.5 米)全潮双向通航的要求,同时兼顾满足第五、六代大型远洋集装箱船和 10 万吨级满载散货船及 20 万吨级减载散货船乘潮通过长江口的要求"①,这不仅大大提高了航道的通过能力,而且改善了船舶安全航行条件,从而提高了大型船舶的营运水平,"长江口深水航道水深从 7 米增深到 12.5 米,船舶平均每航次可以多装载货物 50% 至 110%,由此带来了显著的社会经济效益"②,"至 2010 年底已产生的直接经济效益为 837.6 亿元,是工程总投资的 5 倍多"③。

(5) 福州长乐国际机场项目决策。福州长乐国际机场位于福州市东南方向长乐市漳港镇的一块沙地,距离福州市中心约 55 千米。1997 年 6 月 23 日建成投入使用,为国内首座完全由地方政府自筹资金兴建的大型现代化航空机场。飞行区等级为 4E 级,停机坪面积 30 万平方米。20 世纪 90 年代初,鉴于原有的福州(义序)机场军地两用,规模较小,无法满足快速增长的客运需要,其与福州作为省会城市的要求不匹配,且需要为两岸三通做准备,福建省和福州市均提出在福州修建新机场的要求。然而,当时国家计委一位副主任认为,该项目"规模过度超前、布点过于集中、投资效益低下"④,反对上马长乐国际机场项目。最终,经过福建省和福州市两个层面的积极争取,国务院、中央军委于 1992 年正式批准长乐国际机场项目立项。该项目投资总额 27 亿元,包括银行利息累计达 32.28 亿元。该机场占地 1 万多亩,飞行区达到民航最高等级 4E 级,成为当时国内最大的现代化大型国际机场,但是通航 4 年后即负债达 30 多亿元,陷入资不抵债的困境。2002 年 11 月国家审计署对其进行了重点审计,审计结论是:由于项目决策不科学、项目建设规模过度超前、项目建设管理比较混乱、运营体制不顺,管理不到位等方面原因,造成了该项目的重大亏损。国家审计部门甚至将该项目列为国内重点建设项目的负面典

① 人民网社会观察,《长江口深水航道治理全面竣工》,http://society.people.com.cn/GB/1063/14674438.html。

② 交通运输部网站 2010 年在线访谈,《长江口深水航道治理三期工程情况介绍——访交通运输部长江口航道管理局局长冯俊》,http://www.moc.gov.cn/zhuzhan/ft2010/shenshuisanqi/。

③ 周海,等:《创新设计、资源节约、环境友好和低碳发展的长江口深水航道治理工程》,《水运工程》,2012 年第 12 期。

④ 钟岷源:《福州长乐机场决策失误调查》,《中国商界》,2004 年第 2 期。

型,定性为"决策失误造成重大国有资产损失"。①

1.3.5　研究的主要创新

首先,从确立研究选题来看。当前,政府决策过程及提升政府决策能力得到了持续关注,特别是对处于转型发展的当代中国的政府决策,国内学者从诸多视角进行了考察与研究,但是这种考察与研究总是与具体的决策实践分析结合在一起的。这也如上文引述过的众多有关重点建设项目决策研究一样。但本书并不是单纯的案例剖析,本书的着眼点在于通过案例的剖析与解读来阐述决策溪流论的理论构想,这有别于单纯的个案分析。

其次,从促进学科发展来看。金登提出了"过程溪流"的观点,但是他的着眼点主要在于"溪流"上,重点讨论问题如何进入决策议程,并没有系统地讨论溪流行进的基础条件和动力条件。本书在其基础上进行了延伸性的探讨,引入"决策溪流"的概念,从决策溪流发生(形成)的基础条件、溪流本身的演化、推动溪流行进的动力等方面进行了分析,在理论上进行拓展深化,提出决策溪流论的分析框架。提出并阐述了决策语境、决策溪流(包括议题流、政策流、政治流)、决策堤坝、决策动力、决策关键人、决策利益相关者、决策时机、决策诱因等概念,同时初步考察了决策语境、决策溪流、决策主体、决策时机等变量间的关系。作为结论,提出了执政部门主导的决策溪流分析框架是适用于当代中国国家重点基建项目决策过程分析的解释性框架。

最后,从促进决策改善来看。政府决策是政府管理社会公共事务的重要行为。当代中国在沿着既定发展道路上,既做出了大量成功的、促进经济社会和政治良性发展的决策,又做出过不少低质量的决策,对经济社会发展产生了不利的甚至是有害的影响。因此,决策质量的高低在当代中国政府履行社会公共事务管理职能中所具有的作用十分显著。决策质量高低与决策过程优劣密切相关。本书以当代中国 20 世纪 90 年代以来国家交通重点建设项目决策的部分案例,阐释了执政部门主导的决策溪流分析框架,并从该分析框架出发,提出将"决策的公众接受度"作为评判政府大型项目决策过程优劣的重要标尺,从而为改善政府大型项目决策过程提供政策建议方向。

---

① 　钟岷源:《福州长乐机场决策失误调查》,《中国商界》,2004 年第 2 期。

第 2 章

决策溪流论：国家重点基建项目决策过程分析的新框架

〰️

　　法国年鉴学派史学家费尔南·布罗代尔(Fernand Braudel)指出,"一个现状的研究者只有进行重构,提出理论和解释,不被表面的现实所迷惑,而是对其大肆删节,超越它,才能画出结构的'精细'线条"。① 亦有学者提出,没有理论就没有历史科学。② 这强调历史研究的主体性特征和理论对于指导研究的重要性,即我们关于历史的认知,实际上是我们以某种理论(或视角、观点)去分析历史资料的结果,也可以说,这是一种诠释性的认知与研究。同理,关于决策过程的认知,我们也只有通过在一定的理论指导下对已经发生过的事件(和行动)的记录及其物化成果来进行分析考察。因此,采取何种理论(或视角、观点)去分析考察,对于可能形成的认知具有重要的指向功能。

2.1　四种相关理论资源

　　本书导论部分初步梳理了有关决策过程的理论观点,每一类理论观点总是与某种研究路径或者研究视角紧密关联。既有着眼于决策主体行为的理论观点,又有着眼于决策过程本身的理论观点;既有关注决策主体与决策环境之间关系的理论观点,又有立足决策系统(主要是组织)特性的理论观点。本章考察这些理论在多大程度上及如何能为分析考察国家重点基建项目决策过程提供理论支持。

---

　　① ［法］费尔南·布罗代尔(Fernand Braudel):《论历史》,刘北成,周立红译,北京大学出版社,2008 年,第 40 页。
　　② 于沛:《没有理论就没有历史科学》,《史学理论研究》,2000 年第 3 期。

2.1.1　着眼于决策主体行为的理论

这类理论主要建立在对决策主体的"人性"假设之上。关于"人性"的假设,也存在若干观点,例如"经济人"假设、"社会人"假设、"自我实现人"假设、"决策人"假设、"复杂人"假设,等等。下面以公共选择理论为例来说明。"经济人"假设是公共选择理论的基础和前提。公共选择理论以现代经济学分析来研究选民、政治人物及政府官员在政治决策中的行为,其基本假设就是,这些行为主体都是出于私利而采取行动的个人,并且从有限的可用手段中选择实现目标的途径,即他们是"经济人""理性人"或者"自利人"。丹尼斯·缪勒将其定义为"非市场决策的经济学研究"。① 詹姆斯·布坎南的"政治市场"观点更为深刻地反映了关于公共选择理论对于人性假设的观点,他认为人类社会的两种市场主体(经济市场主体和政治市场主体)都是出于同样的人性逻辑来展开自己的"市场"活动,政治市场中的政治家、官员、选民、利益集团遵循着与经济市场中的消费者、厂商一样的行为原则,积极追求自身利益的最大化。这种观点表明,在社会活动和市场交易过程中政府及其内部的人员均追求个人利益和政府本身的利益,以及那种以部门利益和地方利益为代表的集团利益,均表现出理性"经济人"特征。正如布坎南所指出的,无论是在市场中还是在公共领域中,人都是自利的和效用最大化的,"当个人由市场中的买者或卖者转变为政治过程中的投票者、政治家、纳税人或官员时,他们的品性不会发生变化"。② 公共选择理论还特别关注到决策主体另一种策略性行为——"搭便车"行为,这一策略性行为的本质依然是决策主体在对自我利益进行估算后的个体最优选择行为。

博弈论是公共选择理论体系中的一部分,其主要研究多决策主体之间的相互关系。博弈论假定决策主体(行动者)都是理性的,对于自我利益(包括个体的私利与组织的"公利")具有足够的认知,并指出决策主体在对自我利益认知的基础上在决策过程中选择行为的策略性特征。决策主体(亦可称"博弈方")一方的行为均以对方或第三方的行为(可能是看得见的,也可能是看不见的或是预测估计的行为)作为自身采取策略性行为的前置条件。政府过程中的决策一般都是不完全信息博弈,即此博弈方对其他博弈方的特征、策略空间及收益函数信息了解得不够准确,或者不具有对所有博弈方的特征、策略空间及收益函数等的准确信息,但是后行动者对先行动者的行动选择可能

① 公共选择理论,http://blog.sina.com。
② [美]布坎南:《宪法经济学》,《经济学动态》,1992 年第 4 期。

是不知道的,也可能是能够观察的,这样即带来了博弈策略组合的复杂性和不确定性。尽管博弈论从个体行为的角度详细地考察了多方决策主体间的行为选择关系,但是博弈论并没有很好地解释决策主体对决策语境的依赖性。而且博弈论只看到有限的博弈参与者,而实际上除了局中人,那些局外人的潜在选择和潜在策略同样影响到局中人的策略选择,因此从一定程度上看,博弈是全局性的,但是博弈论并不能很好地给予解释。例如,一个高速公路项目的路线走向问题的决策,博弈论关注的可能更多是直接的参与者,如地方执政部门、有关行政主管部门、被征土地的所有者、被拆迁的业主等,但是很少注意到竞争的政策——路线 A 及路线 B——在决策中其潜在受益者或者受损者的策略选择问题。此外,博弈论并没有很好地关注博弈方之间实力差异问题,例如在政府决策过程中,组织化的政府与分散状态的民众之间的博弈,就不是在同等的实力基础上展开的。民主协商理论也可从博弈论角度进行解读①,它可以被理解为把决策主体间的有限博弈行为(具体表现为言论自由、观点互现、充分表达、适度妥协等)转换成民主协商的话语体系。

社会选择理论包括社会福利函数框架和社会选择函数框架,均基于社会个体都是理性的且社会(群体)也是理性的(或某种程度的理性)假设,着重分析个人偏好与集体选择之间的关系。其中以阿罗(K. J. Arrow)、布莱克(D. Black)等人的研究为代表。例如阿罗提出了 5 个公理性条件假设②,即个人偏好的充分自由性、社会价值观与个人价值观相一致、无关备选对象的独立性、社会偏好的非独裁性、社会偏好的非强加性③,阿罗证明任何一种社会选择方法都不可能同时满足上述条件。阿罗发现,如果众多社会成员具有多个不同的偏好,同时又存在多种备选方案,那么在可以自由选择的情况下,社会对备选方案的选择就会出现不一致的结果。这就是著名的阿罗"不可能性定理"。个人偏好在社会选择理论的建构中处于核心位置。个人偏好实际上也就是个人的价值取向和行为取向、备选对象及其排序等。同时,社会选择理论也指出了社会选择中的策略行为,认为通过谎报偏好、控制选择过程、分级选举等策略行为,使用实际的选择结果发生有利于自己的变化。因而社会选择亦可视为在一定的选择规则(或决策规则)下进行的对策过程。显然,社会选择理论也将很大的注意力集中在决策主体的行为上。这样的分析视角既隐含

---

① 本书在第 5 章关于决策主体间关系的论述中,对此将做专门分析。

② [美]肯尼斯·约瑟夫·阿罗:《社会选择与个人价值》,丁建峰译,上海人民出版社,2010 年。

③ 赵定涛、扶元广:《社会选择理论的新进展》,《经济理论与经济管理》,2005 年第 2 期。

着决策主体自利的假设，又隐含着决策主体理性的假设，即决策主体是一个理性的自利者。然而，这一假设的实现条件充满不确定性，因为理性永远是有限度的，而自利也并非是绝对的。当然这一类建立在决策主体"人性"假设之上的决策行为的观点确实反映了决策主体间关系的一个方面。

可以说，无论是公共选择理论，还是社会选择理论，都是以个体的行为作为解释的基本出发点，并用个人的行为目的来解释决策过程（政治过程），体现了对决策过程（政治过程）考察的个体行为主义视角。尽管可以说，"一切行为都是人的行为，当个体成员的行为被排除以后，就不会有社会团体的存在和现实性"①，个体行为主义的分析视角在分析决策主体的选择行为上体现了很强的说服力，但是其最大的问题可能就在于忽视了决策的过程性和政治决策的系统性特征。因此，单纯地以个体行为主义决策理论来解释国家重点基建项目决策过程可能并不一定是合适而有效的。例如，博弈理论提供了考察决策主体行为模式的独特视角，但是并不能很好地解释大型项目决策的进程，诸如决策主体的行动选择不仅依赖于博弈参与者的策略，而且依赖于决策主体所感知到的决策语境；对于可以清晰地辨别出来的参与者与模糊的、潜在的、不确定的参与者并不能在博弈框架中得到同样的解释注意力。

2.1.2 关注决策主体与决策环境之间关系的理论

这一类理论关注到决策主体之行为的解释依赖于决策主体所处的外部时空环境，例如政治的、经济的、社会的、自然的条件。德博拉·斯通的政治社会决策模型②，阐释决策问题在政治社会决策语境中被建构的过程和特征。决策主体的理性受到政治社会的"塑造"，决策主体的判断取决于政治社会的情状。斯通的这一理论观点似乎是对公共政策研究领域盛行的实证倾向的科学主义、理性主义的某种批判。在斯通看来，单一的实证、市场与经济的方法论基础是片面的。例如，按照纯粹的、理性的分析来说，每一件事情都有一个也仅有一个清楚的含义③，通过用以测度和判断的标尺找到一个共同的指称。但是斯通认为，实际的决策往往偏离纯粹的理性分析，如平等、效率、自由等基本范畴及其他一些衡量尺度，其本身可能是充满悖论的，以致常常需要通过冲

① 公共选择理论：个人为一切问题的始点。转引自新浪财经/经济学人，http：//finance. sina. com. cn/economist/jingjixueren/20060805/03042794705. shtml。
② ［美］德博拉·斯通：《政策悖论：政治决策中的艺术》，顾建光译，中国人民大学出版社，2006 年。
③ 顾建光：《一部关于公共政策的智慧之作——评德博拉·斯通的〈政策悖论〉》，《中国行政管理》，2007 年第 6 期。

突的政治过程来消解这类悖论。再如,市场模型将政策制定视作个体为实现
个体利益最大化而进行相互交易的过程,而斯通则认为个体是生活在城邦
(也有学者认为城邦是类似于社区的社会结构)之中,生活于与他人密切联系
的网络之中,他们相互依存和相互忠诚,在城邦中个体为公共利益同时也为个
人利益而奋斗。总的来看,斯通认为政策制定是一个复杂而具有很大随机性
的过程,有关于政策目标设定、政策问题界定、政策方案判定等都是具有政治
意义的建构,而将政策分析、描述政策问题、选用政策工具均看作政治主张本
身。另外,诸如平等、效率、自由等政治目标和原则也是相对的,并不存在绝对
的衡量标准,因此也就无法通过这样一些政治目标和原则来最优地决定政策
问题。从斯通的这样一些观点来看,决策主体自身的决策价值建构既是个体
性的,更是社会性的,即个体的喜好不是既定的东西,个体从外部获得的关于
世界的观念塑造了其欲望与认识问题的观点。

斯通的政治社会决策模型中,决策主体的行为仍然是策略性的,但是她更
关注到了外在于决策主体的那些因素对决策主体行为的影响,认为政策问题
并不是给定的,而是由另外一些公民、一些领导人、一些组织或政府机构在公
民的头脑中创造出来的,这种创造的过程也就是象征、故事、数字等语言战略
运用的过程。这样一种理论视角特别提醒了我们需要更加关注外在于决策主
体的时空环境对决策主体行为的影响,但是在这一解释模式中仍然缺少了对
决策"过程"的足够关注,决策的过程性特征同样没有得到有力的阐释。

2.1.3　着眼于决策"过程"性特征的理论

这一类理论认为,决策本身是一个连续的过程,而作为决策产物的政策则
是一系列相互关联的行为共同作用的结果。例如伊斯顿的系统决策理论认
为,决策是一个由输入转换为输出的过程,同时输出又对输入进行反馈。这一
理论并不强调制度或结构,而是强调过程。他将更多的注意力放在了作为
"输入"的要求和支持上,对要求和支持进行了详尽的分析,但是对"输入"进
入到政治系统并在政治系统之中的转换过程则关注不够。可以认为伊斯顿的
系统决策理论将决策过程简化为一种理论化的逻辑过程,对广泛存在于决策
系统中的政治行动关注不足,以及对塑造政府各级组织和决策主体之间的政
治关系的结构和规则关注不足,限制了该理论对于进一步理解决策过程的理
论支撑力。

还有很多学者都探讨过决策过程的阶段划分。例如戴伊将政策过程分成

6 个阶段来分析①,包括确定问题、议程设置、政策形成、政策合法化、政策执
行、政策评估,前 4 个阶段符合本书关于决策过程的界定,即从确定问题到议
程设置,再到政策形成和政策合法化。(如果在某项重要的或者大型的决策
完整地出台前,准备先行开展政策试点的话,则试点政策的执行及其实施效果
的评估也应该纳入到整个决策过程中来进行考察。)又如拉斯韦尔提出的 7
阶段模型,他把政策过程分为 7 个功能过程阶段,即信息收集阶段、提议推动
阶段、问题界定阶段、合法化阶段、政策运用阶段、政策终止阶段及政策评估阶
段。尽管阶段分析法将纷繁复杂的决策过程简化了,但又似乎表明政策是在
不同阶段上组装而成的,就如同从流水线上下来的产品。显然,这种观点感知
到了决策过程的阶段性特征,但倾向于静态的断片化,无助于更好地理解决策
过程的连续动态性与系统性。同时阶段分析法也倾向于简化决策主体对决策
过程的参与和影响。例如,在戴伊的讨论中,专门列出了决策过程的各个阶段
所进行的主要活动及相应的参与者,如表 2-1 所示:

表 2-1　决策过程各阶段主要活动及其参与者

过程	活动	参与者
确定问题	公布社会问题 表达对政府行为的需要	媒体 利益集团 社会组织 公共舆论
议程设置	决定政府将就哪些事项做出决定, 并处理哪些问题	媒体 精英集团,包括总统和国会 政党 问题处理办公室人员
政策形成	将政策建议提升为解决和改进方案 选择一个方案	白宫官员 国会相关委员会 利益集团 智囊团
政策合法化	寻求对该方案的政治的支持 将方案纳入法律 是否违宪	总统 国会 法院

资料来源:[美]托马斯·R. 戴伊:《理解公共政策(第 10 版)》,彭勃,等译,华夏出版
社,2004 年,第 28 页。

———————

① [美]托马斯·R. 戴伊:《理解公共政策(第 10 版)》,彭勃,等译,华夏出版社,2004 年,第
28 页。

显然,将决策过程与参与者进行这样的关联并不符合决策过程的实际。来自政府的参与者,完全不可能在确定问题、议程设置这样重要的阶段中置身事外,做"桃花源"中人,而在政策形成、政策合法化的阶段,对政府外的参与者也不可能完全关闭大门,特别是在民主政体中,为寻求对政策方案的政治支持,不仅不能躲避政府外的参与者提供的意见,反而会主动地、积极地在政府外的参与者中开展政策软化工作。阶段分析法未予重视决策主体参与决策过程的复杂性,不可避免地降低了该理论的解释力。

2.1.4 立足于决策系统组织特性的理论

这一理论另辟蹊径,将决策过程与组织特性结合起来考察。有代表性的是"垃圾桶"决策模型(Michael Cohen,James March,Johan Olson,1972),它首先指出了大型组织的特性,即一种"有组织的无序"状态(organized anarchy)。这类组织具有如下三个特征:目标模糊、路径模糊、参与的流动性。在后续的理论深化过程中,又"增加了经验模糊、权力和成功模糊、自身利益界定的模糊、最后期限的模糊、智识和意义的模糊等"。[1] 组织的"模糊性"特征决定了决策常常取决于四股力量(stream,或译成"源流""溪流"):问题、解决方案、参与人员和决策机会。该决策模型还假设,在"组织化的无序"状态下,这四条溪流独立地流入组织机构。四条溪流在流经组织机构时受到组织机构的净能量承载量、进入结构、决策结构和能量分布等四个变量的影响,最后四条溪流汇合并形成决策。"垃圾桶"决策模型[2]如图 2-1 所示:

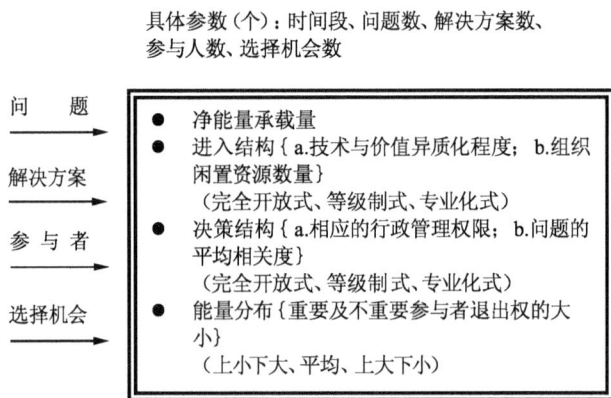

图 2-1 "垃圾桶"决策模型

① 龚虹波:《"垃圾桶"模型述评——兼谈其对公共政策研究的启示》,《理论探讨》,2005 年第 6 期。
② 龚虹波:《"垃圾桶"模型述评——兼谈其对公共政策研究的启示》,《理论探讨》,2005 年第 6 期。

从龚虹波采用的这个模型图来看,将时间段、问题数、解决方案数、参与人数、选择机会数均作为其涉及的具体参数。由此可见,"垃圾桶"决策模型既考虑到了决策主体的个体行为,又考虑到了组织机构的特性,克服了单纯的个体行为主义决策理论的一个不足。但是该模型对决策"过程"的考察还不充分。

上述四个方面的理论资源对于分析考察政府决策过程具有相当适用的借鉴意义。其中,着眼于决策主体行为的理论,为理解决策过程中各类行动角色之间的关系提供了分析视角;着眼于决策主体与决策环境之间关系的理论,提示我们在理解决策过程时不可忽视决策过程赖以存续的背景;关注决策过程性特征的理论,对理解决策过程的历时性特征具有启发性;关注决策系统组织特性的理论,提示我们在理解政府决策过程时既需要把握政府这一大型组织的科层性特征,又要把握其"有组织的无序"特征。国家重点基建项目决策过程具有连续动态性、系统性和参与广泛性、复杂性的显著特征。理解国家重点基建项目决策过程,必须把决策主体行为的视角与决策过程的视角结合起来,把决策系统本身的组织特性与决策系统存续的时空状态结合起来,应用一个更有针对性的分析框架,才能对国家重点基建项目决策过程给予更有针对性的诠释。

2.2 "过程溪流论"的启示

金登的"过程溪流论"是在科恩等人提出的"组织选择的垃圾桶模型"的基础上进行深化研究的成果,他不仅以实例详细地探讨政府内部和外部的参与者在推动政府议程设置中的行为,而且从其对政府议程和决策议程的区分来看,也说明其充分注意到了决策过程的"过程"性特征。他的研究可以给本书的研究以更多的启发。

2.2.1 "过程溪流论"概述

金登以卫生领域和运输领域政策形成为例探讨了美国联邦政府的议程建立过程,他的研究吸收了有限理性和组织理论方面的研究成果,在迈克尔·科恩、詹姆斯·马奇和约翰·奥尔森的组织选择的"垃圾桶"模型的基础上,提出了过程溪流理论。金登认为"有组织的无序"的思想能够用于解释美国联邦政府的议程建立过程,他将科恩等人在"垃圾桶"模型中提出的问题、解决办法、参与者和选择机会等四条相互分离的 stream(溪流)整合为三条 stream(溪流),即问题流、政策流和政治流。当问题、备选方案与政治气氛恰好汇合在一起时,某个问题就最有可能进入决策议程。

关于问题流。金登认为问题的存在是客观的,无论什么时候,政府内部及其周围的人们都可能会注意到一长串的问题。但是问题也并不完全是自明的。通常情况下,问题并不是通过某种政治压力或对人的认识的重视而引起政府决策者关注的,问题引起政府决策者关注的原因常常在于某些指标完全表明了一个问题的存在。这些指标常被决策者及其亲近的人们用于评估问题的重要性并觉察问题的变化,而一个指标的变化被视为一个系统的状态的变化,问题亦由此得以界定。尽管对指标的解释常成为激烈争论的重要项目,然而问题并不因指标而自明,它往往由焦点事件、危机或一种变得流行的符号向政府内部及周围人们提供推动力而达成的。现行项目运作情况的反馈信息也促使某些问题得到关注。预算构成了一种值得给予一部分特有关注的特殊问题。预算是一种约束因素。当觉得应就一些状况采取某种行动的时候,这些状况就可被界定为问题。价值观、对比及分类都将有助于状况向被界定为问题的方向转换。

关于政策流。金登认为,在决策系统中存在着由专业人员组成的政策共同体,这些专业人员包括政府内部的有关人员和政府外部的有关人员,在这个共同体中备选方案和政策建议的产生过程类似于一种生物自然选择的过程。有的共同体更为多样性和分裂,有的则相反。在政策共同体中漂浮着各种思想和政策建议,是为"政策原汤"。政策企业家是最热情的政策方案倡议者,为了使自己主张的政策建议能够被选定为政策方案或政策方案的组成部分,他们往往采取论证评估、举行听证会、演讲、发表研究成果和报告及其他论文、飘放一些试探性舆论的想法等来"软化"公众和政策共同体自身。在这一过程中,有的政策思想相互碰撞后彼此结合,有的幸存下来,有的则消失。通常只有那些技术可行、价值可接受,以及得到公众默认和预算支持的政策思想才能够幸存下来。这也表明政策流中的共识主要是通过说服和传播的过程建立起来的。通过软化过程后幸存下来的政策思想就形成了一个简短的政策建议目录,这是一份有效的备选方案,有助于某一主题在政府议程上获得很高的地位,同时也可以明显地增加该主题提上决策议程的可能性。

关于政治流。金登认为政治流独立于问题流和政策流,政治流的发展对于议程具有强大的影响。政治流"由诸如公众情绪(金登也称之为'国民情绪')、压力集团间的竞争、选举结果、政党或意识形态在国会的分布情况以及政府的变更等因素构成"。① 国民情绪也是一种"总体环境""土壤"
"总的社会趋势"，它具有重要的政策后果，既可以使原先不可行的政策建
议变得可行，也可以使其他的政策建议完全"死在水中"。有组织的政治力
量也是政治流中的重要组成部分，包括有组织的利益集团和有组织的利益
群体，当他们之间处于某种平衡状态时可以减缓变化的进程。具有必备资
源的重要利益群体通常不仅能够阻碍不合他们胃口的政策建议通过，而且
甚至还可以阻止该政策建议受到重视。政府自身内部的事件构成了政治流
中的第三个主要成分，包括政府关键人事的调整和管理权限的确立两个方
面。政治流中的共识是通过讨价还价来控制的，即"联盟是通过妥协以换
取联盟的支持而建立的"。②

　　金登认为，三条溪流"受不同力量、不同考虑以及不同风格所支配"③，他
们"在一些关键的结合处汇合，这就是发生最大议程变化的时刻"④，这个时刻
就是"政策之窗"。所谓政策之窗，就是"政策建议的倡导者提出其最得意的
解决办法的机会，或者是他们促使其特殊问题受到关注的机会"。⑤ 从根本上
看，一扇政策之窗敞开的原因主要在于政治溪流的变化，或者说在于一个新的
问题引起了政府官员及其周围人们的关注。⑥ 政策之窗的开启有的是可预测
的，有的则是难以预测。政策之窗开启的机会如果没有抓住，那么就必须等
待另一次机会的到来。

　　金登特别指出了政策企业家在开启政策之窗的过程中起到的关键性作
用。他认为，政策企业家就是"那些为了换取自己所偏好的未来政策而愿意
投入自己的资源的人"⑦，他们或者试图突出问题使之受到关注，或者积极参
与政策建议的软化过程，或者履行使解决办法与问题相结合、使问题与政治力

----

① ［美］约翰·W.金登：《议程、备选方案与公共政策（第2版）》，丁煌，方兴译，中国人民大学
出版社，2004年，第184页。
② ［美］约翰·W.金登：《议程、备选方案与公共政策（第2版）》，丁煌，方兴译，中国人民大学
出版社，2004年，第200页。
③ ［美］约翰·W.金登：《议程、备选方案与公共政策（第2版）》，丁煌，方兴译，中国人民大学
出版社，2004年，第227页。
④ ［美］约翰·W.金登：《议程、备选方案与公共政策（第2版）》，丁煌，方兴译，中国人民大学
出版社，2004年，第228页。
⑤ ［美］约翰·W.金登：《议程、备选方案与公共政策（第2版）》，丁煌，方兴译，中国人民大学
出版社，2004年，第209页。
⑥ ［美］约翰·W.金登：《议程、备选方案与公共政策（第2版）》，丁煌，方兴译，中国人民大学
出版社，2004年，第212页。
⑦ ［美］约翰·W.金登：《议程、备选方案与公共政策（第2版）》，丁煌，方兴译，中国人民大学
出版社，2004年，第205页。

量相结合,以及使政治势力与政策建议相结合的职责。总之,各条分离的溪流的结合严重依赖恰当的政策企业家在恰当的时候出现。

三条溪流与政策议程的关系如图2-2所示:

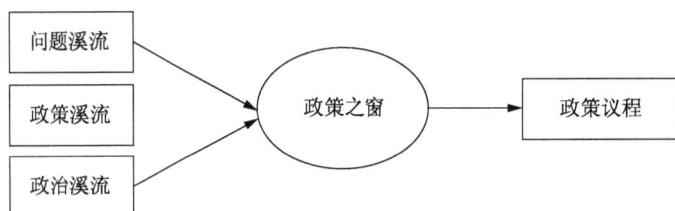

图2-2 金登过程溪流理论中三条溪流及其与政策议程的关系

2.2.2 "过程溪流论"的理论特点

一方面,金登将分析的重点置于前决策过程阶段。"以阶段为中心"的政策研究范式重点研究政策过程的阶段,通过把政策过程分解为若干阶段,使公共政策过程的复杂性得以简化。在金登之前,政策过程阶段论者尽管关注到政策过程的整个生命周期,但是对政策过程的核心阶段——政策议程阶段——考察仍然尚欠深入。金登着重考察了政策过程的第一个阶段——决策议程确立的阶段——对整个政策过程的重要影响,即某些社会问题为什么会引起政策制定者的关注而其他社会问题则受到了忽视,有效的、可行的政策建议是如何形成的,以及决策议程最终是在什么样的条件下确立的。通过对流经决策系统的三条溪流及政策之窗的分析,揭示了问题之所以被界定为问题和问题如何被纳入决策议程的过程。

另一方面,金登的理论观点关注了"过程",但同时也关注决策主体的行为。在伊斯顿的政治生活系统模型中,要求和支持输入到政治系统中之后,这些要求和支持如何在政治系统中进行转化的过程并没有详细地阐释,因此,究竟哪些因素影响了这一过程一直被认为是政策系统的"黑箱"。而金登对三条溪流中政府内部及外部的参与者如何影响政策议程的建立进行了详细探讨,实质上也可视为对政策制定的"政治过程"的"揭秘"。根据金登对政府内、外部的参与者在政策议程建立过程中发挥作用的方式及其可获资源等方面的阐述,可列表如表2-2所示:

表 2-2 政府内、外部的参与者对政策议程建立过程的影响及其方式

重要程度	政府内部的参与者			政府外部的参与者		
	角色	作用方式	可获资源	角色	作用方式	可获资源
极为重要	国会	造势，推动建立议程，阐明和控制备选方案	合法权威、公开性、混合的信息，长期供职			
非常重要	总统	支配甚至决定政策议程	制度资源如否决权、雇佣或解雇权，组织资源、对公众注意力的控制权	利益集团	促进或阻碍议程建立，将自己的备选方案依附在已经有显著地位的议程上	内聚力、动员能力、地位、财富等
重要	总统办事人员	拟定备选方案	协商的资源，如与内阁各部门、国会及重要利益集团等的协商	学者、研究人员和咨询人员	影响备选方案、思想影响	名声、专长
	政治任命官	抬高问题	正当、合法的职位	选举中的政党	代表的意识形态、宣言、利用领导地位、对追随者提出要求	支持者联盟、政党地位
	国会办事人员	影响议员	与议员的关系、与思想库的接触	公共舆论	影响追求选票的政治家、向政府施加约束	与议员的关系、与思想库接触
比较重要				媒体	报道问题、沟通信息、放大活动的效应、间接影响其他参与者	影响力、信息资源
				选举的竞选者	竞选、许诺	竞选中建立的联盟
有点重要	职业文官	执行决策、阐明备选方案	持久任职、专长、与利益集团和国会议员的联系			

资料来源：［美］约翰·W.金登：《议程、备选方案与公共政策（第 2 版）》，丁煌，方兴译，中国人民大学出版社，2004 年，第 29—81 页。

从这个列表中,可以非常直观地显示出金登在过程溪流理论的建构中,深入地分析了决策主体的行为方式。政府内、外部的参与者贯穿于政策议程的建立过程中,无论是问题的识别过程、政策溪流中的软化过程还是政治溪流中的讨价还价过程,各参与者均积极地运用可获资源对决策过程施加影响以期实现自己的利益。如此清楚地描述决策过程中各主体的运作情况,使得决策过程的"黑箱"变得透明起来。

2.2.3 "过程溪流论"的借鉴意义

概而言之,金登的"过程溪流论"吸收了科恩、马奇和奥尔森等人提出的"组织选择的垃圾桶模型"的部分理论观点,并进一步深化了"有组织的无序"状态下的政策制定过程的研究。例如,他将科恩—马奇—奥尔森"垃圾桶模型"中提出的问题、解决办法、参与者及选择机会等四条溪流"修正"为三条溪流,并提出了非常明确的观点,即"联邦政府中的三个主要的过程溪流是:(1)问题识别;(2)政策建议的阐明和精炼;(3)政治活动"。[①]"它们主要都是相互独立的,而且它们各自都是按照自己的动态特性和规则发展的;在一些关键的汇合处,这三条溪流结合在一起,而且最大的政策变化就是产生于问题、政策建议和政治的那种结合"。[②] 在理论上,金登既坚持决策主体有限理性的立场,对决策主体的策略性参与行为进行了详细分析,同时又兼顾到决策的"过程性"特征,努力揭示决策过程的历时性真面目,从而将组织选择的"垃圾桶"模型运用到国家层面的政策制定过程。尽管有学者对过程溪流理论关于三条溪流的独立性[③]、理论的预测功能弱、忽视社会发展变化对政策议程的影响等方面提出了批评,但是过程溪流理论对于理解当代中国国家重点基建项目决策过程仍然是可参考的,具有很强的借鉴意义。这种参考性的基础就在于,金登的理论植根于公共权威组织的特性,即公共权威组织的模糊性特征和科层制特征。当代中国的政治—行政体系同样具备这两类特征。金登对于政府议程和决策议程建立的探析,特别是对于议程建立过程中问题演化、政策方案的阐明、政治性力量的互动与角力等理论发现,同样可参用于当代中国政治—行政体系下的政府大型项目决策过程分析。其借鉴意义主要体现在以下

---

① [美]约翰·W. 金登:《议程、备选方案与公共政策(第 2 版)》,丁煌,方兴译,中国人民大学出版社,2004 年,第 109 页。

② [美]约翰·W. 金登:《议程、备选方案与公共政策(第 2 版)》,丁煌,方兴译,中国人民大学出版社,2004 年,第 23 页。

③ 金登在《议程、备选方案与公共政策》一书的第 2 版中对"三条溪流"的独立性的观点进行了修正,他认为"除了政策之窗打开和溪流最终结合的时间之外,这些溪流之间有时也有一些联系",它们之间是"松散的结合"。

三个方面：

（1）将决策的过程阐释与决策主体的行为描述结合起来，既充分关注个体的行为，又将个体的行为放到政策制定过程的系统中来阐释。将政府内外的参与者的策略性行动放在推动问题溪流、政策溪流和政治溪流的前进中来考察。

（2）将议程建立过程中各类参与行为的细节描述与总体性俯瞰结合起来，即如金登自己所说的，"本书试图编织一幅可以在某种程度上反映这个领域的华丽挂毯，这不仅可以展现细节，而且可以澄清那幅更大的画面"。① 以总体性的视角来考察决策过程将有助于发现"别样的风景"。

（3）提出了清晰的过程溪流概念。尽管溪流这一概念来源于"垃圾桶"模型，但是金登提供了更有创新力的理论发展。溪流的特点就在于它处于不停地流动着的状态，同时也预示着溪流流向与流速问题；溪流的"过程"特性，即溪流是过程性的，它穿行在决策系统中；三条溪流有机会汇合在一起，而且特别指出三条溪流汇合的时候就是政策发生最大变化的时候。

过程溪流这一概念更加形象而准确地描述出公共政策的形成和现实运行的状态。这对于本书试图构建一个分析当代中国国家重点基建项目决策过程的概念性框架具有直接的启发性意义。

2.3　决策溪流论：一个新的分析框架

2.3.1　理论构想的思考基点

在本书研究视域中，"决策过程"近似于"政策制定过程"。根据埃德拉·施拉格的解释，"过程"这个概念似乎更应理解为行动、事件和决策的进行，"这些行动、事件和决策可能上升到一个权威性的决策，并且这个过程至少暂且可理解为在统治主体的管辖权内所有行动、事件和决策的结合体，对于政策制定过程的解释，其重点放在行动、事件和决策的进行上，而非权威性的决策本身"。② 本书认为，决策并不能简单地认为是单次单一性的行为、事件等，而是一系列的"选择—决定"行为和事件。因而，决策过程更应关注的是决策作为一系列事件、一系列行动的进行状态。

时间与变化是决策过程性特征观察维度，时间与变化也正是溪流的特征。

---

① ［美］约翰·W.金登：《议程、备选方案与公共政策（第 2 版）》，丁煌，方兴译，中国人民大学出版社，2004 年，第 289 页。

② ［美］保罗·A.萨巴蒂尔：《政策过程理论》，彭宗超，钟开斌译，生活·读书·新知三联书店，2004 年，第 313 页。

从溪流的视角来分析决策过程是从宏观上、总体上理解政府大型项目决策过程的一个可行途径。从总体上看,决策过程如一条奔流的溪流,这样的一条溪流,本书称之为"决策溪流",并将基于金登的主要观点,结合个体行为主义决策理论、政治社会决策理论和过程决策理论的相关理论观点,进行延伸性的理论构想,即把"溪流"的观点延伸到决策过程的整体阐释上来,将决策过程的个体行为视角与整体过程视角结合起来,对决策溪流进行考察,以尝试阐释国家重点基建项目的决策过程。

在采取决策主体行为视角与决策整体过程视角相结合的方式开展理论构想之前,根据前文的阐述,本书将确立以下几个方面的思考基点:

(1)决策系统的组织特性必须得到充分关注。"垃圾桶"决策理论和金登的"过程溪流论"均把决策系统的组织特性作为决策过程考察的重要前提,它们主张的"有组织的无序"状态更加契合大型组织特别是政府组织的特性。"有组织的无序"实际上是对这类组织的模糊性特征的表述。模糊性,其含义大致涉及诸如多样性、不确定性、变动性、灵活性、不连贯性、不一致性等方面,例如组织目标的多样性(多层次或多角度),组织间关系的变动与不确定,问题阐释的模糊,参与主体的变化与更替,等等。组织的模糊性特征对决策过程构成一种隐约束机制,对决策参与主体的行动策略也产生了显著的影响。

(2)个体参与决策的行为必须得到充分关注。决策过程归根到底是活动于决策系统中的个体的行为,这里所谓的个体包括自然人个体和组织个体(例如一级政府、一个委员会、一个政府部门、一个协会,等等),只有注意考察个体参与决策的行为方式和特征,特别是考察决策主体间的行为方式,才能理解决策主体参与决策过程的动态性和复杂性。

(3)决策溪流存续的时空条件必须得到充分关注。决策溪流的构成单元是行为和事件,那么,根据政治社会决策模式所揭示的,与决策相关的一系列的行为和事件,都是在特定的时空条件中发生并变化着的。不考察决策溪流存续的时空条件,就不可能准确地把握决策溪流行进的规律。分析国家重点基建项目决策过程,首先需要关注的是决策溪流存续的时空条件,这是决策孕育生长与瓜熟蒂落的土壤与空气。

(4)决策的动态变化性特征必须得到充分关注。决策最显著的特征是过程,任何政策的形成都是前后相互关联的若干组行为和事件的相互作用的产物。因此,需要始终坚持把决策的过程性考察放在重要位置上。在连续的动态过程中,决策溪流的行进并不是一帆风顺的,它既常常面临阻力,又常常面临突破阻碍的良机,决策溪流的重要变化是在重要的窗口期发生的。

2.3.2　决策溪流论的理论构想

本书将立足于上述理论思考基点,来建立考察当代中国国家重点基建项目决策过程的分析框架,主要的理论设想如下:

设想一,决策进程中一系列行为和事件的发生及变化形成决策溪流的行进,而这是由特定的时空条件作为支持的,本书把支持决策溪流存续的时空条件视作决策语境,即决策溪流的行进是由决策语境所塑造的。决策语境应该是一个多层面的结构,每一层面对决策溪流的存续所发挥的作用是不同的。

设想二,如果仅仅停留在"决策溪流贯穿于决策系统"这一论断,可能并不准确。决策溪流的行进可能行进在一条有限开放的决策渠之中;更进一步设想,既然存在决策渠,则必然存在决策渠的有形构件和无形构件。本书设想决策渠由堤和坝构成,堤承担着束流与导流的功能,坝承担着阻拦与导放的功能。决策渠的有限开放是通过决策渠各个层级的控制阀实现的。决策溪流行进到某个控制阀时,会积累自身的能量,形成溪流的势能,一旦某种因素作用于决策主体,迫使控制阀快速打开,势能就会转化为溪流继续行进的动能。一般的情况是,各层级执政部门在决策渠中可能既履行着控制阀的功能,又发挥着决策坝的作用,而且决策信息一般需要通过执政部门才能被编码并纳入决策溪流。

设想三,决策主体的行为发生于决策渠中,并作为决策溪流的构成因子,但决策溪流的构成因子并不限于决策主体的行为,还包括决策事件。当然,决策事件亦是由决策主体的行为构成的,所以可以将决策事件看作是在逻辑上为若干决策主体的"一组"行为。决策主体在决策中的角色有很大的差别,有的可以辨识出是决策者,特别是关键决策人,有的可以辨识出是决策利益相关者,由于利益上的相关而参与(可能是主动地,也可能是被动地)决策过程。决策主体间的行为互动反映了决策主体间的关系,这种行为互动也体现了决策溪流的行进过程。需要关注的问题是,到底哪类决策主体在这种互动中发挥着主导作用? 而且决策主体在决策溪流中的分布并不是匀质的,可能在溪流行进的早期阶段,参与的主体更多,而到行进的后期阶段,能够参与的主体数量可能大为减少,直至最终形成决策的时候可能只有极少数主体得以参与。

设想四,决策溪流由议题溪流、政策溪流和政治溪流组成。因为进入决策渠的议题并不是纯粹的关于问题的讨论与酝酿,而是存在着结合问题的讨论与酝酿一并受到讨论与深化的政策建议,也就是说,问题并不是孤立的,而是伴随着政策建议行进在决策渠中。三条溪流可以辨识,但是它们也是相互转化的,议题溪流和政策溪流在某种情况也可能转化为政治溪流的表达形式。

三条溪流相互作用,政治溪流的行进会促进或阻滞议题溪流和政策溪流的行进,同样,议题溪流和政策溪流的行进又可能"逼迫"政治溪流走得更快一点。

设想五,决策溪流的行进需要推动力,没有推动力,决策溪流就会干涸消失或者长久地冬眠。但是推动力的源泉在哪里呢?如果推动力是由决策主体直接施加的,那么导致决策主体去施加这种推动力的诱因是什么?似乎可以认为,当能够诱导决策主体施加推动力的条件具备时,也就是出现了做出"选择—决定"的一个合适的时机,本书将其指称为"决策时机"。决策时机并不是一次性的,每条溪流在行进途中都可能遇到决策时机,而且时机一般出现在决策坝位置上,只有在决策时机点上获得突破性的动力,决策溪流才有可能越过决策坝继续前进。三条溪流的汇合也是决策时机,是形成最终决策的重要时机。

上述五个方面的设想,可以用图 2-3 来反映它们之间的关系:

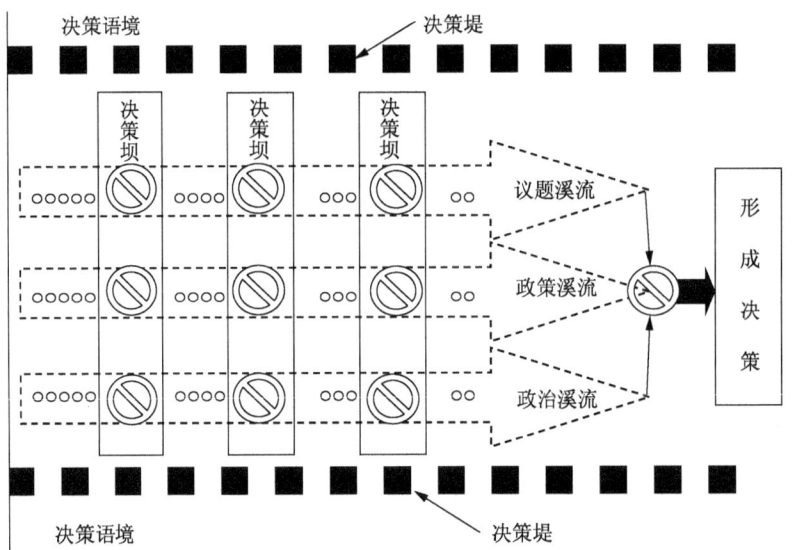

注:"○"代表决策主体;" "代表决策时机。

图 2-3 决策溪流分析框架示意图

需要对图 2-3 进行说明的是,三条溪流通常是结合在一起的。

2.3.3 决策溪流论与过程溪流论的区别

丁煌、方兴将金登提出的政策议程建立过程中的溪流译为"过程溪流",这符合金登在该书中阐述的理论观点。因为金登在很多地方都指出,对溪流溯源的想法并不必要、也不可行。他指出:"对政策创意起源的集中关注对议程建立或备选方案阐明的理论完善并没有什么帮助。……思想可以来自任何地方，追溯起源意味着一个无限回归的一，没有谁可以领导别人"①；"我们对案例研究和各种角色在政策形成过程的地位考察得越多，我们就越能断定试图确认某个单一的思想起源是徒劳的"②；"思想的那种演进方式要比思想的起源有意思得多。……我们需要认识的关键问题不是种子源自何处，而是促使土壤肥沃的因素是什么"③。但是有很多的学者将金登的"过程溪流理论"概括为"多源流理论""多源流分析框架"或"多源流模式"，这方面的论文非常多，2005 年至 2012 年在中国知网上就有 68 篇。鉴于金登对"溪流"的观点，将他的过程溪流理论概括为多源流理论可能并不恰当。因此，本书更倾向于将金登提出的系统理论观点称为过程溪流论。

　　金登对过程溪流的考察主要从参与者和过程两个方面进行论述。《议程、备选方案与公共政策》一书总共 10 章，第一章是导论性的，第九、十章是结论性的，第二、三章讨论政府内部和外部的参与者，第四、五、六、七、八章讨论议程建立的过程包括"三条溪流"和"政策之窗"的分述。从过程溪流论本身来看，这个体系相当完整。然而本书无意套用"过程溪流论"这一理论框架，原因在于：第一，本书讨论的主题是政府决策过程，集中的关注点是"决策过程"的总体，其具有比过程溪流更广的内涵。正如金登对政府议程和决策议程所做的区分一样，决策过程是一个值得也是可以专门进行考察的重要政策阶段。"过程溪流"这一概念并不能明晰地表明本书所要探讨的主题。第二，如果采用"政策溪流"以概之，又有泛化之嫌，且政策与决策终究是有相当大的区别的，而且在本书中"政策"具有特定的含义，即主要指决策的备选方案或决策建议。因此，本书以"决策溪流"一语指称一系列行为和事件的发生及其变化，具体包括决策过程中的三条溪流：议题溪流、政策溪流和政治溪流。

　　此外，金登尽管提出了过程溪流的"土壤"问题，但是他总体上对溪流得以行进的更宏观的时空背景缺少阐释，缺少对溪流行进的组织背景的详细考察。针对本书的论题，本书将要考察的不仅包括决策溪流本身，而且包括决策

---

　　① ［美］约翰·W. 金登：《议程、备选方案与公共政策（第 2 版）》，丁煌，方兴译，中国人民大学出版社，2004，第 90 页。

　　② ［美］约翰·W. 金登：《议程、备选方案与公共政策（第 2 版）》，丁煌，方兴译，中国人民大学出版社，2004，第 96 页。

　　③ ［美］约翰·W. 金登：《议程、备选方案与公共政策（第 2 版）》，丁煌，方兴译，中国人民大学出版社，2004，第 97 页。

溪流赖以存续的背景,溪流行进的内外约束条件,以及溪流行进的动力支持等各个方面。因此,本书认为以"决策溪流论"来指称所要探讨的主题,可能更为恰切。

本章小结

关于决策过程的每一种理论观点均来自于对决策实践的分析考察,由于分析的切入点不同,总是存在着适用范围和解释力量上的局限。当然,它们均有其合理的内核,完全有理由纳入对国家重点基建项目决策过程的整体考察上来。关注决策主体行为的理论、关注决策主体行为与决策环境之间关系的理论、关注决策过程性特征的理论,以及关注决策系统的组织特性的理论,都是本书可借鉴的理论资源。金登在对过程溪流的探讨中非常鲜明地抓住了决策主体行为及决策过程性特征两个方面,对本书有特别的借鉴和启示意义。决策过程如同一条条奔流向前的溪流,它穿行于决策语境之间,流淌在由组织、机构、制度等构成的通道之中,各类决策主体之间的行为互动构成了溪流行进的基本内容,这就是本书提出的分析框架设想。下文将按照这一设想提供的路线指引,展开以当代中国国家重点交通建设项目决策为例的国家重点基建项目决策过程的分析考察,并通过这些考察来诠释、验证这些设想。

第 3 章

决策溪流的行进背景：
国家重点基建项目的决策语境

❧

考察决策溪流，首先应该考察决策溪流形成与行进的时空条件。如同言语一样，需要放到它存在的言语环境中去才能正确地理解言语所要表达的内容，决策溪流也同样需要将其与之相伴的时空条件联系起来，这种时空条件本质上也是一定时期（或阶段）社会发展的总体状态，是历史性与现实性的统一，只有在与决策溪流始终相伴的社会发展总体状态中才能理解决策溪流形成与行进的过程。本书采用"决策语境"这一概念指称决策溪流形成与行进的社会发展总体状态，并考察其内涵及其与决策溪流行进的关系。

3.1　决策语境的含义及其构成

3.1.1　语境与决策语境

顾名思义，语境即言语环境。语境这一概念最早是由波兰人类语言学家马林诺夫斯基(Malinowski)提出来的，他于 1923 年在给奥格登(Ugden)和理查兹(Richards)的《意义的意义》(The Meaning of Meaning)一书的补遗中第一次对"语境"进行说明，即："如果不给详尽的语言使用者的文化背景知识，就不可能翻译一种原始的或与我们自己的语言相关很大的语言的话语；给了这种背景知识，就等于给我们提供了通常必要的翻译标准。"①他认为存在两类语境，即"情景语境"和"文化语境"，情景语境相当于"语言性语境"，而文化

---

① 高登亮、钟焜茂、詹仁美：《语境学概论》，中国电力出版社，2006 年，第 10—11 页。

语境则相当于"非语言性语境"。前者指出了人们交流中话语结构所具有的特定意义基本上要通过其书面言辞上的上下文或者对话口语中的前言后语来确定;后者则指出理解话语结构含义时还依赖于其他的各种主客观因素,诸如语言交流发生的具体时间、地点、场合,交流的主题、目的、方式,参与者的身份和地位、心理情况,当时的自然环境、社会和文化背景,以及该语言交流所涉及的对象相伴随的姿势、手势等非语言符号。

语境是人们开展交际活动的时空背景,人们开展何种交际活动、采取何种交际方式均是由语境所塑造和规定的,即语境影响和制约着话语语义确定、话语形式组合及话语语体风格等。因此,理解任何语言现象都必须与其所依存的语境关联起来,如果脱离语境的考察,孤立静态地分析一个语言片断,那就不易甚至不能真正理解该语言片断的结构价值和意义。

显然,语境强调了理解语言本身的意义所依赖的外部条件,离开了围绕语言本身的相关的外部条件,不仅不能确切地理解语言本身,甚至可能根本就无法理语言本身。

语境在解读语言本身的意义上所具备的功能,启发了我们在试图理解决策溪流上的想象力。

由于决策的议题不同,由正式制度与非正式制度所构成的容纳此议题与彼议题的决策溪流的决策渠也是不同的。任何决策渠都不是封闭的,而是有限开放的,之所以说是有限开放,是由于决策渠存在若干接受外部信息的开放性节点,通过这些开放性的节点,外部信息可能进入决策渠并被"编组"纳入决策溪流中的某一条溪流,或者可能成为某种诱因,引发决策溪流做出某种反应与变化。

正是由于决策渠的这种有限开放性,决策溪流的形成与行进均无法离开外部条件的支撑,对于那些不仅支撑或影响此条决策溪流,而且支撑或影响其他决策溪流的,更宏观的、更持续的外部条件,也就是决策溪流形成与行进当下的社会发展总体状态,本书称之为"决策语境"。这是试图理解和有效分析决策溪流时所不可忽视的外部条件。决策信息如同语言一样,是一个不自明的结构,纳入决策溪流的信息只有放在与当下时空状态相一致的决策语境中去解读才能确认其所指。

在这里,有必要提及"政策环境""公共政策环境"的概念。这样的概念一般可认为是从系统论的角度提出来的。陈庆云认为,公共政策环境是"影响公共政策产生、存在和发展的一切因素的总和"。① 他进而将其区分为一般环境和工作环境②,一般环境的外延包括地理自然环境、经济环境、政治环境、社会文化环境和国际环境,这是政策系统存续和运行的基础,对政策系统的组织特性和功能会产生相当大的影响,它是公共政策制定、执行和评价的宏观背景和总体框架,而工作环境则是一般环境中较为具体的成分,具有多样性、变动性、主观性、人为性的特点。

本书之所以无意袭用"政策环境"概念,而引入"决策语境"这一概念,主要考虑到决策语境在解读、阐释决策信息方面的功能。通过分析决策语境可以对决策过程所依凭的社会发展总体状态有一个深入而系统的把握。

3.1.2　决策语境的构成

分析决策语境的构成,首先考察一下法国年鉴派史学家费尔南·布罗代尔关于历史时段理论的相关观点是有帮助的。

在《菲利普二世时代的地中海和地中海世界》③一书中,布罗代尔提出了地理时间、社会时间、个体时间三个概念。后来他把这三种时间分别称为"长时段""中时段"和"短时段",而把它们各自对应的历史事物分别称为"结构"(structures)、"局势"(conjunctures)和"事件"(evenements)④,三者相互交错。之所以做出这样的划分,是因为不同的历史时间对历史进程来说具有不同的特点与作用。地理时间变化最缓慢;个人时间变化最快;而社会时间的变化介于二者之间,较之地理时间它要快得多,但较之个人时间又慢得多。这种快慢不同的变化节奏,就产生了对历史进程的不同影响。

布罗代尔在《历史与社会科学:长时段》等文章中,进一步从理论上阐述了不同层次的历史时间在总体史研究上的意义。他认为,历史时间具有不同的节奏和多元性。"一场战役、一次政治家的会晤、一篇重要的演说或一封关系重大的信件"⑤,诸如这些政治、军事、外交等事件在历史上只是转瞬即逝的,它们是一种短时段,是一种"喧嚣一时的新闻"时间,对历史发展影响甚

---

① 陈庆云:《公共政策分析》,北京大学出版社,2006年,第77页。

② 一般环境和工作环境的区分,实际上是来自于美国管理学家卡斯特和罗森茨韦克关于组织环境的观点。见[美]弗里蒙特·卡斯特、詹姆斯·罗森茨韦克:《组织与管理》,中国社会科学出版社,1985年,第154页。

③ [法]费尔南·布罗代尔:《菲利普二世时代的地中海和地中海世界》,唐家龙,吴模信,等译,商务印书馆,1996年。

④ 张芝联:《费尔南·布罗代尔的史学方法》,《历史研究》,1986年第2期。

⑤ 西方史学史拓展阅读,百度文库,http://wenku.baidu.cn。

微。布罗代尔将之比喻为"一闪一亮的烟火",它们闪亮了一下后,就消失得无影无踪,四周依然是黑暗一片。事件虽发出了光亮,但这种光亮却不能穿透这深沉的黑夜。而一种更加开阔的时间度量——中时段则是由价格升降、人口消长、生产增减、利率波动、工资变化等周期性变化的事实所揭开的。"中时段的历史跨越短时段事件而包含了更长的时间长度,它构成短时段事件发生发展的基础"①,成为历史学家深入探寻历史秘密的一个依据。然而中时段的历史仍然不是决定历史发展的根本因素,尽管这种较长周期里的历史运动在一定程度上塑造了历史的面貌。布罗代尔坚持认为,真正决定人类社会发展的是长时段历史,即结构,其发挥的作用不仅是长期的,而且是决定性的。他注重解释地理环境、生态现实及阻碍生产力发展的种种物质因素对人类行为和生活的限制。此外,他认为心理构造即精神状态也应该视为结构。总结起来,结构包括地理结构、社会结构、经济结构和思想文化结构,它们支承或阻碍着历史发展,因此只有在长时段中才能把握和解释一切历史现象。

在布罗代尔的时段理论中,时间是变化的标尺,变化作为观察时间的角度,短时段、中时段和长时段并没有一个具体的分界标准,何谓短,何谓长,根据其观点,变化不快、变化不大的,就可视为长时段,与此相类,变化较快、变化较大的,则视为短时段,介于二者之间的则视为中时段。因此,在布罗代尔看来,对历史发展起到影响或者决定作用的力量呈现出一种类似海洋由表层经中层至深层的结构化形态。

布罗代尔用海洋来比喻三个时段的关系:历史的波浪挟着隆隆涛声和闪烁的浪花,在无边无际和深不可测的大海上奔腾起伏,长时段的历史掩藏在阳光永远照射不到大海底部。在大海之上,活跃着一大群喧哗的人们。但恰如大海深处那样,反映历史进步本质处于沉默而无边无际的历史内部的背后,才是真正传统的本质。而短时段历史,只不过是海面上的喧嚣,只不过是"当前历史时刻"所写的一切,只不过是冻结和凝固在书籍簿册表面的一切。他认为:短时段是最变幻莫测的时间,对认识历史无济于事;短时段的历史只有在长时段、中时段的基础上才有意义。根据以上布罗代尔观点的引述,列成示意图如图 3-1 所示:

---

① 西方史学史拓展阅读,百度文库,http://wenku.baidu.cn。

个体时间（短时段）	事件	如战役、政治家的会晤、重要的演说或关系重大的信件，诸如这些政治、军事、外交等事件
社会时间（中时段）	局势	如价格升降、人口消长、生产增减、利率波动、工资变化等
地理时间（长时段）	结构	如地理环境、生态现实及阻碍生产力发展的种种物质因素，以及心理构造即精神状态等

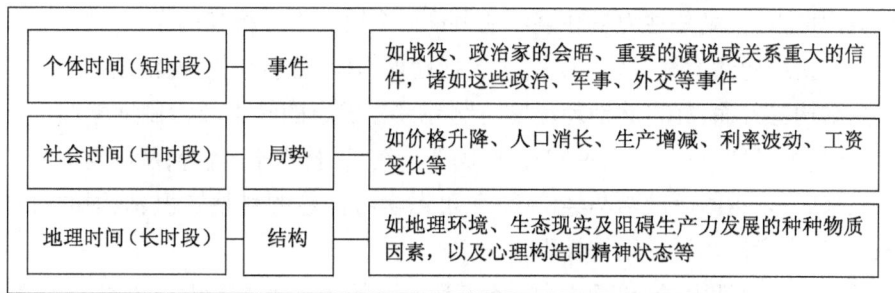

图 3-1　布罗代尔的历史时段理论示意图

布罗代尔关于三个历史时间的区分并不是孤立的，他同时也指出三者之间的辩证关系，他把"结构"视为"经常性力量"，把"局势"视为"稳定性存在力量"，把"事件"视为偶然性力量，认为"这些（短时段历史的）事件往往受到第一部分中所研究的经常性力量的摆布，受到第二部分中列举的稳定性存在力量的影响，但偶然性也在发挥作用，从而在总趋势的前景下描绘出最出色和最出人意外的画卷"。① 由此而论，三种力量并不是割裂的，而是任一时空节点上的共同存在，即这三种力量是同存的、共存的。而这三种力量即结构、局势、事件都是任一时空节点上社会发展总体状态的表现，进而言之，这三者体现了社会发展的总体状态。

布罗代尔的时段理论提示我们，时间和变化相结合形成的不同状态同样也是观察决策语境的重要视角。

以时段理论来考察决策语境，更有助于把握决策语境的层次性。相较于决策环境的视角，即把决策环境各个组成部分视作一个大饼的几分之一，决策语境更多地表现为多维因素与多源多向力量的立体结构。

对历史产生影响或者决定作用的力量本质上也就是影响或者决定人们做出重要决定（决策）的力量。按照布罗代尔的历史时段论，变化是分析这种力量的关键视角。在变化的轴线上，变化快速的是偶然性力量，变化极缓慢的是经常性力量，介乎二者之间的是稳定性力量。这三种力量都是影响或者决定人们做出重要决定（决策）的力量。依照本书前述，决策语境是支撑或影响决策溪流行进的更宏观、更持续的时空条件。鉴于从法语翻译成汉语后的"经常性力量"与"稳定性力量"之间语义上存在相互交错之处，故本书将这三种力量分别称为"结构性力量""局势性力量"和"事件性力量"。决策语境可以

① ［法］费尔南·布罗代尔（Fernand Braudel）：《菲利普二世时代的地中海和地中海世界》，唐家龙，曾培耿，吴模信译，商务印书馆，1996年。

从结构性力量、局势性力量和事件性力量三个层面来分析其构成。

一是结构性力量,从一国来看,包括地理结构、社会结构、经济结构和思想文化结构等方面,如自然地理环境、社会阶层、国家的基本政治制度与经济制度、社会主导性意识形态、民族心理、民族传统、科技水平,等等;从国与国之间关系来看,包括国际政治与经济秩序、可以学习借鉴的科技知识、他国的自然地理、社会发展水平等结构性因素。

二是局势性力量,包括人口、经济等方面的周期性变化情况(如 5 年、10年、25 年、50 年、100 年),这方面既包括本国也包括他国的情况。

三是事件性力量,例如近期及当下发生的政治、经济、社会等方面的重要活动和事件,如执政领导的更替、重大的事故、突发事件、一项政策出台,等等。

3.1.3　决策语境三个层面之间的关系

历史是由事件构成的,每时每刻都有若干事件在发生、在消失,尽管并不是所有的事件都能留下明显的印迹,但总有一部分事件并不会随着事件本身的消失而烟消云散,而是会产生长远、深远的影响,即由"海洋表层"逐渐沉淀到"海洋的中层及深层"。例如,邓小平 1992 年"南方谈话",本身只是一个事件,但是由于通过有意识的宣传,并结合当时的局势,植根于当时中国的社会、经济、政治结构,使其具有非同一般的影响,以及影响延续的长时间,由此事件引起新一轮深化改革开放的浪潮,且波及甚广。由此,这一事件就从事件性力量转化为局势性力量,即由事件引发了新的局势的形成。1992 年以后,扩大改革开放几无遗漏地出现在每一次的中国共产党全国代表大会的主报告中,时至今日,改革开放已被作为当代中国发展进步的活力之源和赶上时代进步的重要法宝①,从这个角度来看,邓小平"南方谈话"已由事件性力量逐渐转化为结构性力量。

事件性力量在一定条件下可以转化为局势性力量,事件性力量的产生也受到结构性力量和局势性力量的内在规定性作用,例如,当代中国执政部门领导更替所表现出来的形式和特点是由当代中国的政治—行政体系所决定的,汶川大地震的发生是由该地的地理状况所决定的,1998 年东南亚金融危机的发生是由市场经济的周期性波动所决定的,等等。同时,事件性力量和局势性力量也受到结构性力量的制约。事件性力量、局势性力量和结构性力量之间

---

① 2012 年 12 月 3 日,习近平在广东考察时曾说:"改革开放是当代中国发展进步的活力之源,是我们党和人民大踏步赶上时代前进步伐的重要法宝,是坚持和发展中国特色社会主义的必由之路。"引自新华网,http://news.xinhuanet.com/politics/2012 – 12/13/c_114020157.htm。

的关系如图 3-2 所示：

由于事件性力量的弱预知性和强纷繁性，及其
与结构性力量和局势性力量之间的内在联系，本书
对国家交通重点建设项目的决策语境分析将主要着
眼于结构性力量和局势性力量两个层面来进行考
察。但是必须把考察的视角由一般性的决策语境转
换到特定的决策语境上来，即考察影响并作用于国
家交通重点建设项目决策的特定的决策语境。如前
文所述，结构性力量包括自然地理环境、社会阶层、

**图 3-2　决策语境中三种
构成力量之间的关系**

国家的基本政治制度与经济制度、社会主导性意识形态、民族心理、民族传统、
国际因素等，这些方面自然地与重点建设项目决策密不可分。例如，大江大河
的地质水文状况是建设过江通道的前提和基础，特大型桥梁或者深大隧道建
设的技术水平是过江通道建设的技术保证，敌对情绪高涨的国际环境将促使
在建设超大型水坝上进行更加审慎的考量，等等。这样一些方面，对导致做出
什么样的决策来说是基础性的条件，但是对决策过程本身的影响并不是关键
性的，国家交通重点建设项目本质上是政府大型决策，其过程更多地受到政
治—行政体系的制约与调控，因此本书将重点考察当代中国的政治—行政体
系。再看局势性力量，其主要包括经济、社会及政治方面的周期性变化，为了
理解得更直接一些，本书更多地将这种周期性变化通过阶段性的现象来考察，
例如当代中国改革开放的举措、赶超型现代化的推进等。本书将重点分析当
代中国现代化这一主题及与其紧密相联系的"五年计划"。

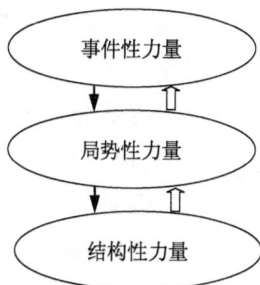

3.2　结构性力量分析：当代中国的政治—行政体系

在导论中已界定了本书所考察的时间范围为 20 世纪 90 年代以后，这一
时间段的主要特征是在持续的当代中国政治—行政体系背景下深化推进以改
革开放为旗帜的现代化进程。持续的当代中国政治—行政体系是国家交通重
点建设项目决策语境的首要构成内容，它为重点建设项目决策提供经常性的、
制度性的力量来源。

3.2.1　政治—行政权力结构

3.2.1.1　实质的定政性权力结构

《中华人民共和国宪法》的序言中明确规定：

　　国家的根本任务是，沿着中国特色社会主义道路，集中力量进行
社会主义现代化建设。中国各族人民将继续在中国共产党领导下，

在马克思列宁主义、毛泽东思想、邓小平理论和"三个代表"重要思想指引下,坚持人民民主专政,坚持社会主义道路,坚持改革开放,不断完善社会主义的各项制度,发展社会主义市场经济,发展社会主义民主,健全社会主义法制,自力更生,艰苦奋斗,逐步实现工业、农业、国防和科学技术的现代化,推动物质文明、政治文明和精神文明协调发展,把我国建设成为富强、民主、文明的社会主义国家。①

通过宪法明确中国共产党在当代中国国家权力结构中的核心地位,奠定了当代中国持续的政治—行政体系的权力结构基础,这也成为当代中国政治—行政体系的结构性支撑。

中国共产党在当代中国国家公共政策决策中的地位和作用,需要放在当代中国的政党制度中来进行考察。当代中国的政党制度是中国共产党领导的多党合作制度。作为唯一具有合法地位的执政党——中国共产党,中国一切政治主体都要接受其领导。各民主党派是参政党,在国家政治生活中发挥着重要作用。因此,无论是从规范的意义上来看,还是从实践上来看,中国共产党都是中国公共政策的结构主体。相对而言,全国人民代表大会作为全国最高权力机关,事实上履行的是政策合法化功能。"全国人大的主要职能是标志政权合法性和群众基础,而不决定国家的政治进程。"②而在政策合法化之前的诸如政策议程设置、政策规划等,基本上由中国共产党主导或掌握。在此前提下,中国共产党通过自上而下的组织架构将这种决策过程中的领导力贯穿到国家政治—行政体系的各个层级。

中国共产党的地方各级领导机关,是党的地方各级代表大会和它产生的委员会,包括省、自治区、直辖市、设区的市、自治州、县、自治县、不设区的市、市辖区的党的代表大会及其所产生的委员会和纪律检查委员会。与上级党的组织一样,地方各级党委的常务委员会是有关地方重要事项的真正决策中枢。因此,中国共产党的执政地位决定了其各级组织在决策过程中具有显而易见的话语优势,这是当代中国的决策语境与西方国家相比具有的明显差异。

亦由此,国家交通重点建设项目决策同样需要经过中国共产党的各级委员会确认或做出决定。例如,南通过江通道项目 1993 年 1 月 4 日由南通市委召开常委会做出加快筹备工作并成立南通市过江隧道筹备处的决定,1995 年

---

① 《中华人民共和国宪法(2004 年修正)》。

② [美]詹姆斯·R.汤森(James R. Townsend)、布兰特利·沃马克(Brantly Womack):《中国政治》,顾速,董方译,江苏人民出版社,2003 年,第 71 页。

底中国共产党江苏省委员会第九届第三次全体会议又决定将南通过江隧道项目列入当时正拟编制的江苏省"九五"规划建议中。通过中国共产党的有关层级的委员会的决定，对于确立和推动重点建设项目决策都是必需的。

3.2.1.2 程序的定政性权力结构

（1）全国人民代表大会及其常务委员会

人民代表大会制度是当代中国的政权组织形式和根本政治制度。根据《中华人民共和国宪法》，全国人大具有对有关国家政治、经济、社会等的重大问题进行审查批准的权力，例如"审查和批准国民经济和社会发展计划和计划执行情况的报告"[①]等。事关国家长远发展和人民群众根本利益的重大决策，也有可能提交到全国人大进行最终表决，但这一程序更应理解为决策的"软化"过程，目的可能是获得更多公众对将要形成的决策的理解与认可。例如，1992 年 4 月 3 日，第七届全国人民代表大会第五次会议就兴建长江三峡工程进行审议和投票表决，最终以 67% 的赞成票通过该方案，标志着三峡工程完成全部决策程序，同时表明该项决策获得了全国大多数人的同意和许可，项目由此正式进入建设阶段。

全国人民代表大会常务委员会。全国人大常委会是全国人大的常设机构，是全国人大的一部分，是行使国家权力的机关，并与全国人大共同行使国家立法权。[②] 我国宪法规定全国人大常委会拥有广泛的权力，其中也包括了对国家某些重大事项的决定权，例如在全国人大"闭会期间，审查和批准国民经济和社会发展计划、国家预算在执行过程中所必须作的部分调整方案"[③]等。全国人大常委会还可以根据需要组织专题调研组，对重大问题（例如重大公共投资项目实施情况等）进行调研，并在常务委员会会议上向委员长、副委员长、秘书长和常务委员报告。

全国人民代表大会专门委员会。根据我国宪法和全国人民代表大会组织法规定，全国人民代表大会"设立民族委员会、法律委员会、财经委员会、教育科学文化卫生委员会"[④]等专门委员会，专门委员会可以"对属于全国人民代表大会或者全国人民代表大会常务委员会职权范围内同本委员会有关的问题，进行调查研究，提出建议"[⑤]。例如，九届全国人大财经委在任期的五年

---

① 《中华人民共和国宪法（2004 年修正）》。
② 张永桃：《当代中国政治制度》，南京大学出版社，2004 年。
③ 《中华人民共和国宪法（2004 年修正）》。
④ 《中华人民共和国宪法（2004 年修正）》。
⑤ 《中华人民共和国全国人民代表大会组织法》，中国人大网，http://www.npc.gov.cn。

中,开展了西部大开发、基础设施建设、长期建设国债资金使用、财税体制改革、金融货币政策、整顿市场秩序、安全生产等若干重要问题的专题调查研究,并提出调研报告呈送常委会会议和有关部门,为常委会审议国务院的专题报告提供了会议文件和参阅材料,实事求是地提出看法和意见。① 财经委还组织专门小组,与国务院有关部门密切配合,对若干国家重点建设项目进行监督检查。例如,十一届全国人大财经委员会在 2009 年对政府重大公共投资进行了专题调研,调研结果向全国人大常委会做了报告②;2010 年又继续跟踪2009 年政府公共投资的落实情况,以及 2010 年新增投资的进展,关注在建项目的续建和收尾,对改革投资管理体制、改善和优化投资结构等方面提出建议。这些通过监督检查形成的意见对于拟议中的重点建设项目决策具有一定的反馈作用。

(2)地方各级人民代表大会及其常务委员会

当代中国地方政府主要有省、市、县、乡四个层级。《中华人民共和国宪法》和《中华人民共和国地方各级人民代表大会和地方各级人民政府组织法》规定:省(自治区、直辖市)、市(自治州)、县(自治县、市、市辖区)、乡(民族乡、镇)设立各级人民代表大会,作为地方各级国家权力机关。地方各级人大相应选举产生地方各级人大常务委员会,在人大闭会期间行使人大的权力。从当代中国重点建设项目决策的实际过程来看,与重点建设项目决策发生直接联系的一般都是县级以上各级人大及其常委会。地方各级人大及其常委会更多地起到提出或收集政策建议的作用,人大代表通过大会提案的方式提出建设重点建设项目的意见和建议,并通过下一层级执政部门向上一层级执政部门传递所辖区域的利益要求,从而影响特定政策问题能否引起上一层级执政部门的进一步关注,并推动其在形成决策的道路上前进。

3.2.1.3 议政性权力结构

在国家权力结构中,各民主党派是参政党,他们参与国家大政方针、政策、法律、法规等的制定,主要通过政治协商制度途径,包括政治协商会议、民主协商会、高层谈心会、双月座谈会等形式。特别是每年度的政治协商会议,各民主党派以会议提案的形式来提出政策建议。在政治协商会议闭会期间,各民主党派还可以通过专题调查研究等方式提出政策建议。由于政协委员除了一

---

① 《第九届全国人民代表大会财经委员会工作报告》,2003 年 2 月 19 日第九届全国人民代表大会财经委员会第 115 次会议通过。

② 《全国人民代表大会常务委员会专题调研组关于部分重大公共投资项目实施情况的调研报告》,2009 年 10 月 28 日在第十一届全国人民代表大会常务委员会第十一次会议上通过。

大部分是执政部门有关层级的领导担任外,还有相当一部分是来自各民主党派成员和社会知名人士,这些社会知名人士往往就承担着为所在地区重点建设项目鼓与呼的职责。例如,全国政协十一届五次会议上,政协委员马志伟以个人提案的形式提出了关于国家支持青海建设黄河谷地沿黄公路大通道的政策建议①;2008 年 3 月召开的全国政协会议上,在湘全国政协委员以联名提案的形式,呼吁国家将洞庭湖综合治理作为长江流域治理的下一个重点,列入国家水利重点建设项目②。但是在这一权力结构中流淌着的政策建议更近于一种政策呼吁,这些政策建议将按照其所涉及的归口管理部门分派到相应的政府机构进行处理,处理的结果存在不确定性。因为在全国政协会议上收集到的所有提案都只能建议国务院相关主管部门和地方执政部门办理,例如前面关于修建黄河谷地沿黄公路大通道的提案就是由全国政协办公厅提案工作部门提出"建议国务院交由主办单位交通运输部会同青海省政府办理"③的审查意见。建议的刚性与处理结果之间密切相关,一般而言,这些建议能够最终变为决策产出的并非多数。

3.2.1.4 行政性权力结构

（1）中央及地方各级人民政府

中华人民共和国国务院,即中央人民政府,是我国最高国家权力机关的执行机关,是最高国家行政机关。国务院实行总理负责制,副总理、国务委员协助总理工作。根据宪法规定,国务院的主要职权包括行政立法权、行政提案权、行政领导权、监督权、人事权等方面。国务院有权向全国人民代表大会或者全国人民代表大会常务委员会提出议案。国务院会议分为国务院全体会议、国务院常务会议和国务院总理办公会。按照国务院组织法的规定,国务院发布的决定、命令和行政法规,向全国人大或者全国人大常委会提出的议案,任免人员,由总理签署;国务院工作中的重大问题,必须经国务院常务会议或国务院全体会议讨论决定。④ 重大的国家重点建设项目的决策,也需要经过国务院全体会议、或者国务院常务会议、或者国务院总理办公会研究。例如,苏通大桥项目建议书于 2011 年 5 月 30 日在国务院第 39 次常务会议上通过,

---

① 《全国政协十一届五次会议提案第 0191 号》,中国政协网,http://www.cppcc.gov.cn/zxww/2012/03/06/ARTI1331008892843187.shtml。

② 刘洋:《胡彪等在湘全国政协委员联名提案呼吁:将洞庭湖治理列入国家水利重点建设项目》,《人民政协报》,2008 年 3 月 7 日。

③ 《全国政协十一届五次会议提案第 0191 号》,中国政协网,http://www.cppcc.gov.cn/zxww/2012/03/06/ARTI1331008892843187.shtml。

④ 张永桃:《当代中国政治制度》,南京大学出版社,2004 年。

标志项目正式立项,金融机构看到立项批复文件就可以同意给项目提供融资了,但项目并不能实质性地实施。连接镇江和扬州的润扬长江公路大桥项目的最终决策,就是以 2000 年 3 月 2 日的国务院总理办公会上通过《镇江扬州长江公路大桥工程可行性研究报告》为标志的。

通常情况下,国务院对重点建设项目工程可行性研究报告做出了批准,一般来说,这就是表明该项目的决策程序已经全部走完。但也不是绝对的,在当代中国,在法律规定上拥有最高决策权的国家机关是全国人大。因此,对于争议比较大、影响比较广的重大项目建设决策,即使经过国务院的批准,也不一定就是最终决策。例如三峡工程,1984 年国务院批准了该项目的可行性研究报告,但是在 1985 年的中国人民政治协商会议上,以周培源、李锐等为首的许多政协委员表示了强烈反对。于是从 1986 年到 1988 年,国务院又召集张光斗、陆佑楣等 412 位专业人士,分十四个专题对三峡工程进行全面重新论证,结论认为技术方面可行、经济方面合理,"建比不建好,早建比晚建更为有利"。不过其后的争论非但没有平息,各方反对的声浪更大,时任国务院领导人看到在难以取得比较一致意见的情况下,将工程议案提交给第七届全国人民代表大会第五次会议审议,这是中华人民共和国历史上继 1955 年三门峡水电站之后第二件提交全国人民代表大会审议的工程建设议案。

地方各级人民政府也是重要的决策主体,特别是一些地方性项目的决策,这一点更加明显。根据我国宪法,"地方各级人民政府是地方各级国家权力机关的执行机关,是地方各级国家行政机关"。① 一方面,地方各级人民政府要执行本级人民代表大会及其常务委员会的决议,对本级人民代表大会及其常务委员会负责并报告工作,接受其领导和监督;另一方面,地方各级人民政府是整个国家行政机关的从属部分,下级政府必须接受上级政府的命令,要对上一级国家行政机关负责并报告工作。因此,地方各级人民政府既要执行整个国家的统一意志和统一政令,又要执行本级人民代表大会及其常务委员会对本行政区域重大事项的决定。地方各级人民政府的领导体制是行政首长负责制,各级行政首长在本级政府的全部工作中负全责,享有全面领导权、最高决定权、人事提名权等职权。行政首长通过召集并主持行政首长办公会,或本级政府的常务会议或全体会议,就政府工作中的重大问题进行研究并做出决定。例如,省一级政府实行省长负责制,省长通过召集和主持省政府全体会议、省政府常务会议和省长办公会议研究决定省级政府层面的有关事项,其中

---

① 《中华人民共和国宪法(2004 年修正)》。

省政府工作中的重大事项，须经省政府全体会议或省政府常务会议讨论决定。

以江苏省为例，根据江苏省政府的规定①，省政府全体会议由省长、副省长、秘书长、各委员会主任、各厅厅长组成，会议的主要任务是：

（1）传达贯彻党中央、国务院和省委的指示、决定；（2）部署省政府的重要工作；（3）通报情况，协调各部门的工作；（4）讨论其他需要全体会议讨论的事项。省政府全体会议一般每半年召开一次，根据需要可安排有关部门、单位负责人列席会议。②

省政府常务会议由省长、副省长、秘书长组成，由省长召集和主持。省长外出期间，由省长委托负责常务工作的副省长召集和主持。省政府常务会议的主要任务是：

（1）讨论决定省政府工作中的重大事项；（2）讨论通过提请省人民代表大会及其常务委员会审议的工作报告和议案；（3）讨论通过向国务院请示或报告的重要事项；（4）讨论通过省政府制定的规章和重要规范性文件；（5）听取各部门的重要工作情况汇报；（6）讨论决定各部门和各省辖市人民政府请示省政府的重要事项；（7）通报和讨论省政府其他事项。省政府常务会议每月召开二至三次，如有需要可临时召开。根据需要安排有关部门、单位负责人列席会议。③

省长办公会议由省长或省长委托负责常务工作的副省长召集并主持，研究、处理省政府日常工作中的重要问题。省长办公会议根据需要不定期召开，显然这一会议对于重大项目的决策走向具有重要影响。

此外还有省政府专题会议，由省长、副省长或省长、副省长委托省长助理、秘书长召开，研究、协调省政府工作中的专门问题。此类专题会议重点在协调，一般不做出决策，但这种"协调"显然也对决策过程产生实际的影响。

省政府常务会议和省政府全体会议讨论重要事项的类别和层级也存在一定的区别。省一级的重点建设项目，以及需要报送国务院决策的国家级重点建设项目，基本上都是通过省长办公会或者省政府常务会议来做出决定。

---

① 《江苏省人民政府工作规则》，http：//www.jiangsu.gov.cn/tmzf/szfxxgk/szfxxgkml/szfldyjgzn/szfgzgz/。
② 《省政府关于印发〈江苏省人民政府工作规则〉的通知》，《江苏政报》，2003 年第 5 期。
③ 《省政府关于印发〈江苏省人民政府工作规则〉的通知》，《江苏政报》，2003 年第 5 期。

仍以江苏省为例,从江苏省政府 2003—2007 年 101 次省政府常务会议①研究决策情况来看,议题主要集中在部署安排经济社会发展的若干政策措施及审议法规、办法等规范性文件方面,更多的是行政事务性的工作安排。就交通重点建设项目而言,着重在决定规划。规划相当于一个大的政策口袋,把重点项目都包括进去。例如,第 74 次省政府常务会议通过的《江苏省高速公路路网规划》,就包括了高速公路项目 35 项,其中 20 个是未来 5 年内计划要动工建设的项目。因此,也可以把规划看作初始决策的产物。又如 2007 年 8 月 15 日、16 日,海南省省长办公会②专题研究 2007 年省重点建设项目投资计划,列入当年海南省重点建设项目投资计划的 47 个项目,其中续建项目 19 个(含 5 个计划年内竣工项目)、新建项目 28 个,以省长办公会的形式确立 28 个新建项目,实质也就是在省一级层面通过了这个 28 个项目的初步决策。

(2)各级政府组成部门

本书主要从与国家交通重点建设项目相关的角度来考察。中央人民政府这一层面,主要有国家发展和改革委员会③、财政部、交通运输部④、2013 年 3

---

① http://www.jiangsu.gov.cn/tmzf/szfxxgk/szfxxgkml/szfzyhy/szfcwhy/。

② http://news.qq.com/a/20070817/000778.htm。

③ 国家发展和改革委员会的前身,可溯至成立于 1952 年的"国家计划委员会"。原"国家计委"主要承担着中国政府对综合经济管理的职能。随着中国由"计划经济体制"向"社会主义市场经济体制"的逐步转变,"国家计委"的功能不断发生转变。1998 年 3 月,原"国家计划委员会"更名为"国家发展计划委员会",并把该部门的主要职责放在管理有关国民经济全局的事务上,减少对微观经济活动的干预。2003 年 3 月,将原国家经贸委的部分职能和原国务院经济体制改革办公室一同并入,并改组为"国家发展和改革委员会"。2008 年 3 月,将工业行业管理方面的有关职能和对国家烟草专卖局的管理划入新成立的中华人民共和国工业和信息化部。同时,新组建中华人民共和国国家能源局,并由国家发展和改革委员会代管。

④ 交通运输部的历史沿革:1949 年中华人民共和国成立前夕,设立了中央人民政府交通部和邮电部;1954 年 9 月,中央人民政府交通部改为中华人民共和国交通部,原中央人民政府邮电部改为中华人民共和国邮电部。1954 年 11 月,国务院设立了中国民用航空局,作为国务院的直属机构,属军委系统建制。此后几年里,中国民用航空局曾一度被改为交通部的部属局。1962 年 4 月,中国民用航空局从交通部分出来,改为国务院直属局,称为中国民用航空总局。1969 年 11 月,铁道部、交通部和邮电部的邮政部分机构合并,成立了新的交通部。从 1969 年 11 月到 1980 年 5 月,中国民用航空总局被调归空军领导,成为空军的组成部分,1980 年之后又恢复为国务院的直属机构。1973 年 3 月,邮政部分从交通部划出来,电信与邮政合并,恢复邮电部。1975 年 1 月,交通部又被拆分为铁道部和交通部。2008 年 3 月在交通部基础上组建国家交通运输部,在中国民用航空总局基础上组建国家民用航空局,由交通运输部管理,国家邮政局改由交通运输部管理。2013 年全国人大十二届一次会议通过了国务院机构改革和职能转变方案,将铁道部拟订铁路发展规划和政策的行政职责划入交通运输部;同时组建国家铁路局,由交通运输部管理,承担铁道部的其他行政职责。

月前未撤销的铁道部①、国土资源部、环境保护部②、水利部等。

国家计划委员会（国家发展和改革委员会） 与国家交通重点建设项目相关的职能主要有：

a. 拟订并组织实施国民经济和社会发展战略、中长期规划和年度计划；提出国民经济发展和优化重大经济结构的目标和政策；

b. 提出宏观调控政策建议，综合协调经济社会发展；

c. 参与制定财政政策和货币政策，拟订并组织实施产业政策和价格政策；

d. 提出全社会固定资产投资总规模，规划重大项目和生产力布局；安排国家财政性建设资金，指导和监督国外贷款建设资金的使用，指导和监督政策性贷款的使用方向；引导民间资金用于固定资产投资的方向；研究提出利用外资和境外投资的战略、总量平衡和结构优化的目标和政策；安排国家拨款的建设项目和重大建设项目、重大外资项目、境外资源开发类和大额用汇投资项目；组织和管理重大项目稽查特派员工作。

e. 推进产业结构战略性调整和升级；提出国民经济重要产业的发展战略和规划；推动高技术产业发展，实施技术进步和产业现代化的宏观指导；指导引进的重大技术和重大成套装备的消化创新工作。

f. 提出区域经济协调发展和实施西部大开发战略的规划，提出城镇化发展战略和重大政策措施；

g. 推进可持续发展战略，研究拟订资源节约综合利用规划，参与编制生态建设规划，提出资源节约综合利用的政策，协调生态建设和资源节约综合利用的重大问题；组织协调环保产业工作。③

由此可见，国家发改委承担着对国民经济和社会发展的宏观管理与协调

---

① 中国的交通基础设施建设由交通运输部和铁道部承担行业主管职责，交通运输部主管公路、航道、港口、码头及相关客货运输站建设，2008年国家民用航空局由交通运输部管理后，民用机场建设亦由交通运输部主管，具体由国家民用航空局负责；铁道部主管铁路及相关场站设施建设，2013年3月铁道部撤销，铁路及相关场站建设的职能由新组建的中国铁路总公司承担。
② 1973年成立国务院环境保护领导小组及其办公室；1982年撤销了国务院环境保护领导小组及其办公室，变为国家城乡建设环境保护部下属的一个环境保护局；1988年，环境保护局从国家城乡建设环保部独立为国务院直属局；1993年升格为副部级直属局；1998年升格为正部级直属局，并更名为国家环境保护总局；2008年3月在总局基础上组建国家环境保护部。
③ 国家发展和改革委员会：《国务院关于机构设置的通知》（国发〔2008〕11号），http://www.sdpc.gov.cn/jj/default.htm.

职能,在实际运行中,上述职能不仅影响范围广,而且表现出很强的规制力,鉴于此,有研究者形象地将之喻为"小国务院"。① 2004 年 7 月 1 日起,《中华人民共和国行政许可法》开始实施,这是中国第一部行政许可法。与此同时,国务院正式发布了《国务院关于投资体制改革的决定》②,提出了深化投资体制改革的总体目标是建立市场引导投资、企业自主决策、银行独立审贷、融资方式多样、中介服务规范、宏观调控有效的新型投资体制,要求改革政府对企业投资的管理制度,按照"谁投资、谁决策、谁收益、谁承担"的原则,合理界定政府投资职能;进一步确立企业在投资活动中的主体地位,落实企业投资自主权,营造各类投资主体公平竞争的市场环境,促进各类资本要素的合理流动;第一次明确规定变审批制为核准制和登记备案制。但是从这些年来的实际运作来看,对国家重点建设项目,无论是核准制项目,还是备案制项目,均需要得到国务院投资主管部门的批准。

财政部与国家交通重点建设项目有关的几项职能主要是:

    a. 制定基本建设财务制度;

    b. 办理和监督中央投资项目的财政拨款;

    c. 承担外国政府贷款、世界银行贷款、亚洲开发银行贷款和日本输出入银行贷款的对外谈判与磋商业务。③

对于使用到中央财政资金的国家重点建设项目,财政部需要出具出资证明,同时办理财政拨款,并对项目实施中对财政资金使用的情况进行监督和检查,以确保财政资金的专款专用,以及资金使用成效。财政部在全国设立了35 个驻地财政监察专员办事处,财政部对使用中央财政资金的国家基本建设项目的资金使用情况和预算执行情况进行监督的职能,主要是通过驻地财政监察专员办事处来执行。

交通部(交通运输部)与国家交通重点建设项目有关的职能主要是:

    a. 拟定公路、水路交通行业的发展战略、方针政策和法规并监督执行。拟定公路、水路交通行业的发展规划、中长期计划并监督实施;

---

① 国策解读:国家发改委要摆脱"小国务院"之名,http://hkstock.cnfol.com/111229/132,2113,11464275,00.shtml。

② 国务院:《国务院关于投资体制改革的决定》(国发〔2004〕20 号),2004 年 7 月 16 日。

③ 《中华人民共和国财政部主要职能》,财政部网站:http://www.mof.gov.cn/zhengwuxinxi/benbugaikuang/。

b. 组织实施国家重点公路、水路交通工程建设。组织水运基础设施的建设、维护；

c. 制定交通行业科技政策、技术标准和规范；组织重大科技开发，推动行业技术进步；指导交通行业高等教育和成人教育以及职业技术教育。①

交通部主要负责制定全国性的交通运输发展战略和规划，但是列入交通运输部规划的项目并不一定就是国家交通重点建设项目。对于涉及中央事权的交通重点建设项目，如长江干线深水航道工程建设项目，交通运输部具体承担推动项目决策进程的职责，但是不涉及中央事权的交通重点建设项目，一般均由所在地执政部门负责推动，交通运输部仅就决策过程中需要交通运输部决定的某几项前置性审批事项进行决策。一般地，公路、水运类的国家交通重点建设项目的项目建议书、预可行性研究报告、工程可行性研究报告均需由交通运输部行文向国家发展和改革委员会提出批复申请，即使是由地方执政部门主导推动的这类项目的申请，也要经过交通运输部转报国家发改委。

2013 年改革前的铁道部②与国家交通重点建设项目有关的职能主要是：

a. 组织拟订铁路行业发展战略、政策，拟订铁路发展规划，编制国家铁路年度计划，参与综合运输体系规划编制工作；

b. 协调、指导合资铁路、地方铁路工作；

c. 管理铁路建设基金、国家铁路资金；

d. 制定铁路工程建设有关制度并组织实施，组织管理大中型铁路项目建设有关工作；

e. 研究提出国家铁路固定资产投资规模和方向、国家财政性资金安排的意见，按国务院规定权限，审批、核准国家规划内和年度计划规模内固定资产投资项目；

---

① 《交通运输部主要职责》，交通运输部网站：http：//www. moc. gov. cn/zhuzhan/zuzhijigou/zhuyaozhize。

② 国务院 2008 年发布了《国务院关于机构设置的通知》（国发〔2008〕11 号）。2013 年全国人大十二届一次会议通过了国务院机构改革和职能转变方案，决定实行铁路政企分开，国务院将撤销铁道部，将铁道部拟订铁路发展规划和政策的行政职责划入交通运输部；组建国家铁路局，由交通运输部管理，承担铁道部的其他行政职责，负责拟订铁路技术标准，监督管理铁路安全生产、运输服务质量和铁路工程质量等；组建中国铁路总公司，承担铁道部的企业职责，负责铁路运输统一调度指挥，经营铁路客货运输业务，承担专运、特运任务，负责铁路建设，承担铁路安全生产主体责任等。（引自新华网 http：//news. xinhuanet. com/2013lh/2013－03/10/c_114968104. htm）

f. 组织重大新技术、新产品的研究和应用推广,组织科技合作交流、技术引进和消化吸收工作。依法负责铁路技术监督、环境保护和节能减排工作。①

未撤销前的铁道部既是行业主管部门,又是生产经营机构和建设管理机构。因此,它基本上承担了所有铁路建设项目的决策过程的推动争取工作,同时它自己也是重要的决策者之一。当然,大部分铁路建设项目决策的前期工作往往是由其所属的 18 个铁路局(含广铁路集团公司和青藏铁路公司)来承担和推动的。

撤销铁道部后,国家新组建了中国铁路总公司,其与国家交通重点建设项目的有关职能是:"负责拟订铁路投资建设计划,提出国家铁路网建设和筹资方案建议。负责建设项目前期工作,管理建设项目。"②

国土资源部与国家交通重点建设项目有关的职能主要是:

a. 编制和组织实施土地利用总体规划、土地利用年度计划、土地整理复垦开发规划和其他专项规划、计划;指导和审核地方土地利用总体规划。

b. 牵头拟订并实施耕地保护政策,组织实施基本农田保护,监督占用耕地补偿制度执行情况。指导未利用土地开发、土地整理、土地复垦和耕地开发的监督工作。组织实施土地用途管制、农用地转用和土地征收征用。

c. 拟订并实施土地开发利用标准,管理和监督城乡建设用地供应、政府土地储备、土地开发和节约集约利用。制定禁止和限制供地目录、划拨用地目录等。

d. 监测土地市场和建设用地利用情况,监管地价。

e. 配合有关部门指导、监督全国土地整理复垦开发资金的收取和使用。③

批准建设用地是交通重点建设项目实施的基本前提。路、桥、港、场等交

---

① 《铁道部简介》,中华人民共和国中央人民政府网站:http://www.gov.cn/banshi/2005–09/21/content_65406.htm。

② 国务院:《国务院关于组建中国铁路总公司有关问题的批复》(国函〔2013〕47 号),2013 年 3 月 14 日。

③ 《国土资源部主要职能》,国土资源部网站:http://www.mlr.gov.cn/bbgk/zyzn/201009/t20100908_762243.htm。

通重点建设项目,如果没有用地的支持,项目就根本不可能落实。

环境保护部与国家交通重点建设项目有关的职能主要是：

> 受国务院委托对重大经济和技术政策、发展规划以及重大经济开发计划进行环境影响评价,按国家规定审批重大开发建设区域、项目环境影响评价文件。①

重点建设项目在工程可行性研究审批前,需要先进行环境影响评价(简称环评)。原则上只有环评通过了,才能进一步开展工程可行性研究的评审和审批。

水利部与国家交通重点建设项目有关的职能主要是：

> 负责水资源统一管理和保护工作;负责河道、水库、湖泊、海堤等水域、岸线、河口滩涂等的管理和保护;对江河和水利工程的防洪安全进行行业管理。②

交通重点建设项目与农田水利的关系十分密切。因为无论是道路、桥梁还是隧道等的建设,都不可避免要占用农田、穿越河流。交通重点建设项目在预可行性研究审批前,需要通过防洪影响评价。此外,还要就水环境影响,以及水域、堤岸占用等影响进行评估。这些是决策溪流行进中,对议题进行技术性评估和经济性评估的重要内容。

当然,与交通重点建设项目有关的政府部门并不仅限于以上这些。相对于中央政府组成部门而言,省、市两级政府组成部门更多是执行的角色,参与提供职责范围内的政策建议,并按照上级部门的政策指令进行具体的决策调查和报告。

此外,还必须提到中国国际工程咨询公司。中国国际工程咨询公司(简称中咨公司)是国务院国资委管理的中央骨干企业,是顺应我国投资体制改革,贯彻决策民主化、科学化要求而成立的国内规模最大的综合性工程咨询机构。中咨公司成立于1982年,为中央政府在国家重大建设项目的决策和实施方面发挥了重要的参谋作用,也为地方政府、企业、银行等各类用户提供了大量咨询服务。截至2009年底,累计完成各类咨询业务17000项,涉及项目投资总额29万亿元。包括一系列行业和地区发展规划的编制与咨询论证,大量宏观专题研究,以及西气东输、西电东送、南水北调、退耕还林、三峡库区地质

---

① 《环境保护部主要职责》,环境保护部网站,http://www.mep.gov.cn/zhxx/jgzn/。
② 《水利部主要职能》,水利部网站,http://www.mwr.gov.cn/zwzc/jgjs/zyzn/。

灾害防治、京沪高速铁路、首钢搬迁、奥运场馆、国家博物馆、港珠澳大桥、百万吨级乙烯、千万吨级炼油、百万千瓦级超超临界电站、大飞机工程、月球探测工程、新一代运载火箭等一大批世人瞩目、影响重大、意义深远的重点项目的咨询服务。2004 年实行了市场化运作,但是与政府的关系仍然十分密切,本质上类似于国务院管理的部门,"吃的主要还是政府的饭",与国家发展和改革委员会,一些有建设项目的国务院组成部门,以及各省(市、区)的关系均非常密切。例如 2005 年 3 月中咨公司与海南省发展改革厅正式签订战略合作协议,2008 年 4 月中咨公司与天津市政府签署合作协议,2011 年 9 月中咨公司与山西省政府签署战略合作框架协议,等等。从中咨公司主要负责人来看,他们大都来自政府部门的领导,例如包叙定,2003 年从重庆市市长任上退下来后转任中咨公司总经理、党组书记,一直到 2008 年,此间他还担任全国政协常委;接任包叙定之职的胡希捷,也是从交通部副部长转任到中咨公司的。

3.2.1.5 辅政性权力结构

辅政性权力结构主要包括政府性质的非正式组织机构和非政府性质的非正式组织机构。这类机构的决策参与权本质上是附属性的、辅助性的。在重点建设项目决策中,能够对重点建设项目决策施加影响力的非正式的组织机构主要有以下几类。

(1) 政府成立的委员会,包括各类领导小组及其办公室,专家委员会等。例如,交通部成立了交通部专家委员会(2008 年改名为交通运输部专家委员会),委员会的主要职责是受部(国家局)委托,对全国交通运输工程建设的重大技术、重大科技项目进行研究、认证,提出咨询意见和建议。也就是说,专家委员会着重在咨询,对技术决策起到参谋咨询作用。又如,针对具体的项目,在省一级政府层面成立领导小组和办公室,苏通大桥项目专门成立了江苏省苏通大桥建设工程领导小组,以及江苏省苏通大桥建设指挥部。

(2) 挂靠在政府部门的行业协会、研究会等。他们在国家重点建设项目决策过程中,主要承担了与项目必要性、可行性认证的有关课题的研究工作,并提出具体的政策建议。例如,1992 年南通市科协挂靠在市计委,受市计委委托,具体组织开展了南通长江过江通道建设调研工作。

这些非正式权力机构通常对重大项目决策活动提供工作平台和技术支持,此类机构在决策议题构建、政策方案调研比选等方面都具有重要影响。

3.2.2 制度:规则与规范

埃里诺·奥斯特罗姆(E. Ostrom)认为,"制度、世界状态和社会属性一起共同影响个体所能采取的行动类型、这些行动及其引发后果的收益与成本和可能获得的成果"。① 同时他认为制度是由人类反复使用而共享的由规则、规范和策略等构成的概念，其中规则是被大家共同理解的、在特定情况下由负责监督引导和强行制裁的机构可预见性执行的共同规定，规范是趋向于通过内部或外部强加的成本和激励由参与者自身来执行的共同规定，策略是由规则、规范和其他人受相应的自然和物质条件影响，而可能行为的预期等所产生的激励结构条件下，由个体制定的系统化的计划。② 对照本书对结构性力量的界定，制度作为结构性力量更多地指称规则和规范这两类"共同规定"。

3.2.2.1　国家层面的法律法规和规章制度

法律法规和规章制度均可视为"共同规定"的重要组成部分，尽管在国家层面还没有一部完整的基本建设法，但是制定了许多有关基本建设的法规。而且随着现代化建设事业的开展，根据新的实践要求不断完善相应的法规。改革开放以来，先后制定实施的有关基本建设的法规有：国家计划委员会、国家基本建设委员会和财政部颁发的《关于试行加强基本建设管理的几个规定》(1978 年 4 月 22 日)，国家基本建设委员会颁发试行的《设计文件的编制和审批办法》(1978 年 9 月 15 日)，国家基本建设委员会发布的《关于基本建设推行合同制的意见》(1979 年 4 月 20 日)、《关于工程建设标准规范管理办法》(1980 年 1 月 3 日)、《关于全国工程建设标准设计管理办法》(1981 年 1 月 2 日)，国家计划委员会、国家基本建设委员会、财政部的《基本建设贷款试行条例》(1979 年 8 月 28 日)、《基本建设拨款暂行条例》(1979 年 11 月 8 日)，国务院发布的《城市规划条例》(1984 年 1 月 5 日)等规范性文件。特别是进入 20 世纪 90 年代以后，围绕着建立与完善社会主义市场经济体制的目标，从国家层面对国家重点建设项目决策审批进行了持续的改革，并相继出台了若干重要规范性文件。需要重点关注的有：

(1)《国家重点建设项目管理办法》

该办法于 1996 年 6 月 3 日经国务院批准，6 月 14 日由国家计划委员会发布。这个办法总共 26 条，对国家重点建设项目的含义进行界定，对国家重点建设项目的确定、实施、保障等方面进行规定。该办法于 1996 年出台后，一直沿用，未做修改。

(2)《关于重申严格执行基本建设程序和审批规定的通知》(国家计委计

---

① ［美］保罗・A.萨巴蒂尔：《政策过程理论》，彭宗超，钟开斌，等译，生活・读书・新知三联书店，2004 年，第 48—49 页。

② ［美］保罗・A.萨巴蒂尔：《政策过程理论》，彭宗超，钟开斌，等译，生活・读书・新知三联书店，2004 年，第 67 页。

投资〔1996〕693 号)

(3)《国家重大建设项目招标投标监督暂行办法》(国家计委令〔2002〕18 号)

其中对国家重大建设项目的定义是:"指国家出资融资的,经国家计委审批或审核后报国务院审批的建设项目。"

(4)《国务院关于投资体制改革的决定》(国发〔2004〕20 号,2004 年 7 月 16 日)

这个决定的主要精神是合理界定政府投资范围,确立企业投资主体地位,对企业不使用政府投资建设的项目,区别不同情况实行核准制和备案制。该决定的附件《政府核准的投资项目目录(2004 年)》对农林水利、能源、交通运输、信息产业、原材料、机械制造、轻工烟草、高新技术、城建、社会事业、金融、外商投资、境外投资等 13 个大类具体明确需由政府核准的项目类别。

例如对交通运输类项目,做出了如下规定:

(一)铁道

新建(含增建)铁路:跨省(区、市)或 100 公里及以上项目由国务院投资主管部门核准,其余项目按隶属关系分别由国务院行业主管部门或省级政府投资主管部门核准。

(二)公路

公路:国道主干线、西部开发公路干线、国家高速公路网、跨省(区、市)的项目由国务院投资主管部门核准,其余项目由地方政府投资主管部门核准。

独立公路桥梁、隧道:跨境、跨海湾、跨大江大河(通航段)的项目由国务院投资主管部门核准,其余项目由地方政府投资主管部门核准。

(三)水运

煤炭、矿石、油气专用泊位:新建港区和年吞吐能力 200 万吨及以上项目由国务院投资主管部门核准,其余项目由省级政府投资主管部门核准。

集装箱专用码头:由国务院投资主管部门核准。

内河航运:千吨级以上通航建筑物项目由国务院投资主管部门核准,其余项目由地方政府投资主管部门核准。

(四)民航

新建机场:由国务院核准。

扩建机场：总投资10亿元及以上项目由国务院投资主管部门核准，其余项目按隶属关系由国务院行业主管部门或地方政府投资主管部门核准。

扩建军民合用机场：由国务院投资主管部门会同军队有关部门核准。

该决定出台后不到2个月，国家发改委就发布了《国家发展改革委核报国务院核准或审批的固定资产投资项目目录（试行）》（发改投资〔2004〕1927号），更加明确地提出了23类企业投资项目及2类政府投资项目必须由国家发改委核准。

（5）《企业投资项目核准暂行办法》（国家发改委令〔2004〕19号，2004年9月15日）

（6）《外商投资项目核准暂行管理办法》（国家发改委令〔2004〕22号，2004年10月9日）

以上两个核准管理办法，都是对《国务院关于投资体制改革的决定》中相关条款的细化。这两个办法特别明确核准项目申请的前置条件。例如，企业投资项目，需要有建设用地与相关规划、资源利用与能源耗用分析、生态环境影响分析、经济和社会效果分析，需要取得城市规划意见、项目用地预审意见、环境影响评价意见等；外商投资项目需要有用地、用水、用能源的分析，投资意向书、融资意向书、环境影响评价意见书、规划选址意见书、项目用地预审意见书等。

（7）《国家发展改革委关于改进和完善报请国务院审批或核准投资项目的管理办法》（发改投资〔2005〕76号）

在这个办法中，对与项目审批、核准、实施有关机构的主要职责做了大致明确：

a. 发展改革部门：对项目的审批（核准）以及向国务院提出审批（核准）的审查意见承担责任，着重对项目是否符合国家宏观调控政策、发展建设规划和产业政策，是否维护了经济安全和公众利益，资源开发利用和重大布局是否合理，是否有效防止出现垄断等负责。

b. 环境保护主管部门：对项目是否符合环境影响评价的法律法规要求，是否符合环境功能区划，拟采取的环保措施能否有效治理环境污染和防止生态破坏等负责。

c. 国土资源主管部门：对项目是否符合土地利用总体规划和

国家供地政策,项目拟用地规模是否符合有关规定和控制要求,补充耕地方案是否可行等负责,对土地、矿产资源开发利用是否合理负责。

d. 城市规划主管部门:对项目是否符合城市规划要求、选址是否合理等负责。

e. 有关行业主管部门:对项目是否符合国家法律法规、行业发展建设规划以及行业管理的有关规定负责。

f. 其他有关主管部门:对项目是否符合国家法律法规和国务院的有关规定负责。

g. 金融机构:按照国家有关规定对申请贷款的项目独立审贷,对贷款风险负责。

h. 咨询机构:对咨询评估结论负责。

i. 项目(法人)单位:对项目的申报程序是否符合有关规定、申报材料是否真实、是否按照经审批或核准的建设内容进行建设负责,并承担投资项目的资金来源、技术方案、市场前景、经济效益等方面的风险。①

由于任何一项国家重点建设项目都是一个系统工程,涉及公共权力对社会管理的方方面面,因此除了与项目审批直接相联系的有关法规外,还有各个行业或各个方面管理内容的法律规定。例如,在长江上建设跨江公路通道项目,涉及的行业性的法规就有交通行业的《公路法》《港口法》《河道管理条例》《内河交通安全管理条例》等,水利行业有《水法》《防洪法》,环境保护有《环境保护法》《水污染防治法》《大气污染防治法》《环境噪声污染防治法》《固体废弃物污染环境防治法》《建设项目环境保护管理条例》《野生动植物保护条例》,国土资源部门有《土地管理法》《水土保护法》等,渔政部门有《渔业法》等。这些行业性的或专门性的法律法规同国家确立的基本的、总体性的法律法规一样,构成了国家重点建设项目决策需要遵循的边界的一部分。

3.2.2.2 省级层面的地方性法规和规章制度

根据国家层面的法规和规章制度,省一级层面主要从执行、落实国家层面相关法规和规章制度的角度出发来制定相应的地方性法规和规章制度,由于

---

① 国家发展和改革委员会:《国家发展改革委关于改进和完善报请国务院审批或核准投资项目的管理办法》(发改投资〔2005〕76号),2005年1月14日,国家发展和改革委员会网站,http://www.ndrc.gov.cn/wzly/zcfg/wzzczh/t20050715_36651.htm。

每个省(市、区)的情况有所不同,制定出台的地方性法规和规章制度也会有所区别。这里,仅以江苏省为例。前文已说明,1996年国家出台的《国家重点建设项目管理办法》是当代中国全面加强国家重点建设项目管理的比较全面的一项规章制度。1997年3月28日,江苏省根据国家层面的制度,发布了《江苏省重点建设项目管理办法》,其中特别提到,将国家重点建设项目同时列为省重点建设项目,也就意味着国家重点建设项目管理包括申报、审批的过程都要经过省一级层面。

同时,《江苏省重点建设项目管理办法》规定,"地方人民政府负责与重点建设项目有关的协调工作,并提供便利条件"。根据实际的操作来看,地方政府开展的不仅仅是协调的工作,更大程度上是争取的工作。

无论是组织结构还是制度规范,两者共同构建了决策渠,决策溪流只有进入由组织和制度构成的决策渠才有可能在动力的推动下一步步向前行进。不同的制度规范本质上是对应不同层级的权力结构,是不同层级权力结构应用权力的规定。因此,不同层级的组织机构及其制度规范也构成了决策渠的一个个控制节点,尽管决策溪流不一定都是从低层级向高层级行进,也有可能是最先从高层级开始向下层级行进,或者是相向而行,但是各层级组织机构及其制度规范作为控制阀的功能并不会改变。

3.2.3 重点基建项目决策的程序性规定：一般过程

国家重点基建项目的决策过程,在某种程度上也体现为对项目实施的必要性、可行性的论证过程。由于国家重点基建项目投资大、影响面广,具有投资的不可悔性。进行多层面、多角度的论证,就成为决策过程中的必要程序和环节。这些论证主要是就技术、经济、社会影响等方面做出评估。而这样的评估并不是一次性的,对最终决策者来说,评估需要一个由浅入深、由局部到全面的过程。

需要指出的是,2004年国务院做出深化投资体制改革的决定以后,国家重点基建项目按照投资主体和管理权限的不同进行了区分,分为政府投资的国家重点基建项目和企业投资的国家重点基建项目,对政府投资的项目,其建议书和可行性研究报告实行审批制,对企业投资的项目,其申请报告、备案文件等分别实行核准制、备案制。但是从实际运作来看,无论是政府投资项目还是企业投资项目,都需要符合审批要求的关于必要性、可行性的论证过程,预可行性研究(或类同于预可行性研究的前期研究)、可行性研究、初步设计等几个阶段基本上是不可缺少的。因此,这也可视为制度性规范的一部分。

3.2.3.1　工程预可行性研究

从表面来看,预可行性研究对决策的论证是初步的,甚至带有起始性质。但是实际上并非如此。可以肯定地说,针对此项目的政策思想早已存在,而且可能存在了很长一段时间,甚或已经酝酿了很久。例如,在南通与对岸之间建设全天候陆路通道的政策建议在1992年就正式出现了,之所以称之为"正式出现",是因为任何政策建议或者政策思想的源头具有追溯的不现实性,那些偶然之间流露出来的思想、未形成书面的或者未留下痕迹的思想等肯定是存在的,但是不可能进行有效的追溯,只有留下痕迹特别是采取书面文字表现形式并引起一定范围内公众注意的政策建议或政策思想,才可以确认该类政策思想正式出现。1992年南通过江通道项目的预可行性研究正式启动,则表明了这一政策建议的正式出现。

政策思想可以来自任何方向,但是并非来自不同方向的政策思想对决策过程都具有同等的影响力,相比较而言,社会精英、政治精英,尤其是政治领袖有关于某个建设项目的政策思想更容易引起执政部门和社会公众关注,更容易转化为政策建议。例如,在镇江与扬州之间的长江上建设过江通道的思想也可上溯久远,至近世则有孙中山先生的正式倡议,他在《建国方略》中明确提出:"依吾整治长江计划,……镇江、扬州之间,须建船坞,以便内地船舶……至于商业发达之后,又需建桥梁于江上,且凿地道于江下,以便两岸货物来往。"①这当然显示出孙中山的高瞻远瞩,同时也表明在镇江与扬州之间建设长江大桥和江底隧道的政策思想在1919年就得到了正式的表达。这一政策思想的表达,引起了当时及往后相当广泛的关注,直至20世纪末,被称为一个世纪的夙愿。1997年8月11日,时任中共中央总书记江泽民在北京观看"五年成就展"江苏馆时,听取了中共江苏省委书记陈焕友和江苏省省长郑斯林关于镇江扬州长江公路大桥(即润扬大桥)项目的汇报,并饱含深情地回忆:"我小时候上学,看到老百姓过江很困难,就想,如果这里能建一座桥,那该有多好呀,那真是为老百姓造福啊。"②应该说,这是兴建润扬长江公路大桥强有力的政策思想,而润扬长江公路大桥正式开始预可行性研究的时间是1998年。因此,预可行性研究是一种对若干政策思想做出正式回应的第一步,如果与后续的可行性研究比较起来,预可行性研究是介于政策思想与更深

---

① 孙中山:《建国方略》,中华书局,2011年,第125页。
② 董伟:《"咱们这一生,值!"——记润扬大桥建设者》,《中国青年报》,2005年5月1日。同时可参见江苏省长江公路大桥建设指挥部所编的《润扬长江公路大桥建设大事记》(2005年)。

入的政策建议和政策方案论证之间的一个反馈方式。

预可行性研究的主要内容包括项目概述,建设必要性,与项目相关的水文、地质、气象、生态现状,工程规模,环境影响,施工条件及施工设备、材料等要求,投资估算及资金筹措,经济初步评价,并在上述分析基础上提出研究结论、存在的问题及建议。如果一个建设项目处于预可行性研究阶段,就表明其已经渡过了进入决策初始议程的艰难关口,因此,可以认为,预可行性研究是准议程的阶段。

预可行性研究对建设项目是否可行进行初步判断,从经济发展趋势和需求进行有依据的预测,目的在于论证项目建设的必要性及可能性、技术可行性和经济合理性,形成一个是否支撑决策的初步评价结论。一般来说,交通重点建设项目预可行性研究阶段的内容和深度应当符合下列要求:

(1)通过调查现状、预测运输需求等工作,论证项目建设的必要性,合理确定建设规模、建设时机;

(2)了解工程自然条件、外部条件,分析工程与有关规划、政策的符合性,综合评价工程建设的可能性;

(3)论证确定工程的建设地点;

(4)初步确定工程总平面布置方案、工艺及主要设备;

(5)初步确定建筑物结构、布置及配套工程;

(6)初步提出工程建设采取的环境保护措施;

(7)估算工程投资,按规定进行经济和社会影响评价;

(8)提出研究结论、存在问题及建议。

有了这样比较详细的初始论证基础,进一步编制项目建议书就有了依据。

项目建议书(又称立项申请)是项目建设筹建单位或项目法人,根据国民经济的发展、国家和地方中长期规划、产业政策、生产力布局、国内外市场、所在地的内外部条件,提出的某一具体项目的建议文件,是对拟建项目提出的框架性的总体设想。项目建议书是项目决策过程的初始阶段,是国家选择和确立项目的依据。项目建议书是预可行性研究的总结与提升,作为预可行性研究向深入开展的工程可行性研究的一个中间阶段和中间成果。这是工程可行性研究的依据。在项目建议书批准后,意味着项目正式立项,第一阶段的决策基本完成。立项后,财政部门、银行、私人财团等工程资金保障机构就可以为项目融资或提供资金。

3.2.3.2 工程可行性研究

工程可行性研究是重点项目决策研究深化的关键阶段,作为决策的"数字证明方式",从形式到内容等方面,均与工程预可行性研究大致相同。但是在数字的证明力上,就要求有更加有力的逻辑联系,更多的时候必须去发现用以证明决策可行的内在逻辑,实际上,这也是能够实现的。这就解释了,几乎所有通过工程预可行性研究的项目,或者项目建议书通过决策部门批复的项目,如果没有其他因素的干扰,在适当的时候基本上都能获得工程可行性研究的批复,都能最终通过决策部门准予开工建设的许可。

工程可行性研究一般是由项目业主单位(或者是地方政府、或者是行业主管部门、或者是公司法人)委托先前进行过工程预可行性研究的咨询机构进行。工程可行性研究的内容,主要是围绕工程的必要性和可行性问题,在预可行性研究的基础上进行数据的收集、整理和分析。

例如,公路建设项目可行性研究一般要求开展10余个方面的论证,包括现状分析、交通量预测、建设条件、建设标准、建设规模、建设方案、环境影响分析、工程实施方案、投资估算与资金筹措、国民经济评价、结论与建议等。这基本上涵盖了建设项目技术可行性、经济可行性和实施可行性的全面分析,这个全面分析的数据为是否需要就此项目做出决策提供数字上的保证。2012年8月,国家发改委专门就重大固定资产投资项目开展社会稳定风险评估提出要求,即由国家发改委审批、核准或者报国务院审批、核准的在中国境内建设实施的固定资产投资项目都需要进行社会稳定风险评估①,这反映了在以和谐稳定为社会管理价值取向的视角下,又对重点建设项目进行的政治性评估。

2001年,国家发展计划委员会专门出台部门规章《建设项目可行性研究报告增加招标内容和核准招标事项暂行规定》②,要求在工程可行性研究中增加招标内容及核准招标事项。要求在工程可行性研究中增加招标方面的内容,实际上也就说明了工程可行性研究已经成为工程项目决策分析的一个程序性的环节。特别是其中规定:"经项目审批部门批准,工程建设项目因特殊情况可以在报送可行性研究报告前先行开展招标活动,但应在报送的可行性研究报告中予以说明。"这从工程建设项目国家投资主管部门角度来看,有不少建设项目,在工程可行性研究开始之前,就已经试验性地实施了部分分部工程和分项工程,进行了部分投资。因此,进入工程可行性研究阶段的项目,一般来说,要推翻或否决的可能性基本上是不存在的,因为将已经投入的人力、

---

① 国家发展和改革委员会:《国家发展改革委重大固定资产投资项目社会稳定风险评估暂行办法》(发改投资〔2012〕2492号),2012年8月16日。

② 国家发展计划委员会:《建设项目可行性研究报告增加招标内容和核准招标事项暂行规定》(中华人民共和国国家发展计划委员会令第9号),2001年6月18日。

物力和资金作废的话,这个责任谁都不愿承担。

3.2.3.3 初步设计

既然工程可行性研究是一个程序性比较强的决策论证环节,那么初步设计是否有足够的理由列入决策论证的环节中来? 这要从初步设计这个阶段是否存在方案的比选和利益相关方之间的博弈来进行考察。

重点建设项目的设计一般按方案设计、初步设计、施工图设计三个阶段进行。其中与决策密切相关的是方案设计与初步设计。采取什么样的方案,这在工程预可行性研究和工程可行性研究中已经基本明确,围绕方案设计的利益博弈通过上述两个阶段也已基本划上句号。但是就初步设计而言,这是一个把工程总体设想转变为现实图景的一个最直观最形象的环节,初步设计中,若干具体参数等方面的变化与调整,同样会牵涉方方面面的利益得失与增减。因此,在初步设计方案的比选中,同样存在着利益相关方的博弈,甚至有时其激烈程度不亚于之前的任何一个环节。初步设计方案能否体现或者整合众多利益相关方的诉求,直接决定着重点建设项目能否按照预期的序时进度展开建设步伐。

初步设计成果的表现形式包括区域位置图、总平面图、线路图、竖向布置图、内部作业图、平面图、立面图、剖面图等,而其中最重要的是总平面图和线路图。

例如公路、铁路交通建设项目,其线路走向及沿线经过哪些地方,在哪些地点设立进出口通道、进出站所等,与若干群体的利益密切相关。甚至,同样是设一个高速公路出入口,离东镇近一点,还是离西乡近一点,往往也会激起有关方面的竞争与博弈。

因此,初步设计作为决策认证的一个重要阶段是合理的。在此阶段,利益相关方博弈的重点更多地从项目有无即上马还是下马,转变为项目对于我方或他方是否得利更多或更少。

3.3 局势性力量分析：当代中国的时代主题

3.3.1 当代中国的现代化

3.3.1.1 当代中国现代化的历史背景

走现代化的道路,是近百年来中国无数仁人志士的不懈追求,也是当代中国必然的、历史的选择。由于西方主要国家更早地走上工业革命和资本主义发展道路,他们在现代化进程中处于领先地位。自清末之时起,先发展起来的西方列强,依靠"坚船利炮",对当时的晚清政府极尽凌辱之能事,人民倍受欺凌。这种对中国人民而言的生死存亡危机,激起中国人民自强自立的民族情感,民族的先进分子意识到,闭关自守、避离于世界现代化潮流之外,只能永远落后。追求中国的现代化,与改变中国未来的命运、复兴中华民族的历史使命紧密相连。在当时逐渐沦落为半殖民地半封建社会的中国,走向现代化就必然要争取中华民族独立自主,就必然要争取民富国强。

但是旧制度不可能承载现代化和民族复兴之梦,只有推翻封建专制的旧制度,才能扫清现代化的障碍并打开通向现代化的大门。辛亥革命结束了中国几千年的封建君主专制制度,但在当时的国际国内环境下,西方主要国家所实行的资本主义模式在当时的中国被证明是行不通的。只有寻找一条不同于西方资本主义的新路,才能实现中国现代化的理想。俄国十月革命为当时的民族先进分子带来了新的革命思想,催生了中国共产党,也催生了中国的马克思列宁主义。经过艰难的探索,以毛泽东为代表的中国共产党人找到了新民主主义革命道路,这是适合中国国情的正确的革命道路。随着旧中国和压在中国人民头上的帝国主义、封建主义、官僚资本主义三座大山被推翻,中华人民共和国的成立及其后的社会主义改造的完成,为当代中国加快现代化进程奠定了根本的制度基础。正如中国共产党第十七次全国代表大会通过的大会报告所言:"新民主主义革命的胜利,社会主义基本制度的建立,为当代中国一切发展进步奠定了根本政治前提和制度基础。"[1]以最快的速度展开经济建设,提升经济水平、改善人民生活、建设美好国家,成为这个时代的最强音。

建设社会主义现代化国家也是在社会主义所有制改造基本完成以后提出来的,在中华人民共和国成立后的近 30 年里取得了巨大的建设成就。但由于 20 世纪六七十年代党在工作指导路线上的失误,经济建设这一工作重点始终未能牢固确立,特别是由于"文化大革命"的发生,极大地干扰和改变了社会主义现代化步伐,致使中国与世界先进国家之间的差距进一步拉大。从国内来看,由于不能充分发展生产力,不能有效地改善人民生活水平,形成了困难重重的国内局面。从世界范围来看,随着第三次科学技术革命的发生和深化,以及二战后国家之间的竞争进一步加剧,加快现代化进程成为大多数国家的追求目标,并"演化为 20 世纪世界现代化的不息浪潮"。[2] 无论是努力保持领先地位的先发展国家,还是渴求改变贫穷落后面貌的后发展国家,均把现代化

---

① 胡锦涛:《在中国共产党第十七次全国代表大会上的报告》,《中国共产党第十七次全国代表大会文件汇编》,人民出版社,2007 年。

② 俞思念:《现代化理论与现代化中国》,《河南司法警官职业学院学报》,2003 年第 1 期。

建设作为国家的重要任务来推进，"和平与发展"成为当今时代的主题。正是在这样的历史紧要关头，"党的第二代中央领导集体坚持解放思想、实事求是，以巨大的政治勇气和理论勇气，……彻底否定'以阶级斗争为纲'的错误理论和实践，作出把党和国家工作中心转移到经济建设上来、实行改革开放的历史性决策"①，使得社会主义现代化建设的伟大目标重新确立，当代中国又走上了现代化的康庄大道。

3.3.1.2 当代中国现代化的几个阶段

由于新中国脱胎于一个半殖民地半封建社会，是一个现代工业仅占10%的落后农业国②，因此其现代化必然是一个漫长的过程。到目前为止，这一发展过程大致可划分为以下四个阶段。

第一个阶段，中华人民共和国成立后的第一个10年，是努力实现国家工业化的阶段。

将落后的农业国建成为先进的工业国是中华人民共和国成立后的首要任务。这一点，无论是中华人民共和国成立前夕毛泽东在中共七届二中全会上所做的报告中，还是周恩来在1953年全国政协扩大会议上的讲话中，都强调了加快实现国家工业化的战略任务。前者提出："从中国境内肃清了帝国主义、封建主义、官僚资本主义和国民党的统治（这是帝国主义、封建主义和官僚资本主义三者的集中表现），还没有解决建立独立的完整的工业体系问题，只有待经济上获得了广大的发展，由落后的农业国变成了先进的工业国，才算最后地解决了这个问题。"③后者认为："重工业是国家工业化的基础。"④1958年制定的过渡时期总路线，将"基本上实现国家工业化"作为总任务之一。从1953年国民经济恢复时期结束后，中国开始了第一个"五年计划"时期，基本任务就是实现国家工业化。五年完成基本建设投资总额超过588亿元，其中大部分是重工业建设。至1957年，工业在工农业总产值中的比重已由1952年的43%提高到57%。

第二个阶段，20世纪50年代末到20世纪70年代末的20年，是向"四个

---

① 胡锦涛：《在中国共产党第十七次全国代表大会上的报告》，《中国共产党第十七次全国代表大会文件汇编》，人民出版社，2007年。

② 《毛泽东在中共七届二中全会讲话（全稿）》中提出，"中国的工业和农业在国民经济中的比重，就全国范围来说，在抗日战争以前，大约是现代性的工业占百分之十左右，农业和手工业占百分之九十左右"。http://ce.sysu.edu.cn/ChemParty/Theory/classicaltheory/13599.html。

③ 《毛泽东在中共七届二中全会讲话（全稿）》，http://ce.sysu.edu.cn/ChemParty/Theory/classicaltheory/13599.html。

④ 《周恩来选集（下卷）》，人民出版社，1984年，第109页、132页、439页。

现代化"进军的阶段。

工业化并不是建设目标的全部。这一点较早地受到中国共产党的重视。周恩来在 1954 年第一届全国人民代表大会上所做的报告中就提到:"如果我们不建设起强大的现代化的工业、现代化的农业、现代化的交通运输业和现代化的国防,我们就不能摆脱落后和贫困,我们的革命就不能达到目的。"①同样的,毛泽东在 1957 年的一次讲话中提出,要将中国建设成为"一个具有现代工业、现代农业、现代科学文化的社会主义国家"。② 这样就将现代化的内容扩大到科学文化方面了。1964 年 12 月召开的第三届全国人大一次会议,此次会议通过的政府工作报告首次完整地提出"四个现代化"的战略目标,即"把我国建设成为一个具有现代农业、现代工业、现代国防和现代科学技术的社会主义强国"。③ 遗憾的是,这一阶段各种政治运动此起彼伏,极大地干扰了当代中国的现代化建设主题,尽管现代化事业很多方面取得了不小成绩,但期间造成的损失和错过的机遇也是不容忽视的。

第三个阶段,20 世纪 70 年代末至 20 世纪 90 年代末的 20 年,是建设社会主义现代化强国的阶段。

1978 年是当代中国的转折之年。是年 3 月 18 日召开的全国科学大会如同早到的春风,邓小平在这次会议中提出:"四个现代化,关键是科学技术的现代化。"④12 月召开了极大地影响当代中国历史进程的十一届三中全会,会议指出:"实现四个现代化,要求大幅度地提高生产力,也就必然要求多方面地改变同生产力发展不适应的生产关系和上层建筑,改变一切不适应的管理方式、活动方式和思想方式,因而是一场广泛、深刻的革命。"⑤会议反复强调要"把我国建成现代化的伟大的社会主义强国"。⑥ 十一届三中全会重新确立的社会主义现代化建设的宏伟目标,成为中国现代化进程中的一座最重要的里程碑,同时也表明了中国共产党对于现代化内涵认识得更为全面、更为深刻。这 20 年中,中国现代化建设在各个方面都取得了巨大的成就,极大地增强了国家的综合实力,提高了中国在国际上的地位。

第四个阶段,进入 21 世纪以后,是全面建设小康社会的阶段。

① 《周恩来选集(下卷)》,人民出版社,1984 年,第 109 页、132 页、439 页。
② 毛泽东:《在中国共产党全国宣传工作会议上的讲话》,《毛泽东选集(第 5 卷)》,人民出版社,1977 年,第 404 页。
③ 《周恩来选集(下卷)》,人民出版社,1984 年,第 109 页、132 页、439 页。
④ 《邓小平文选(第 2 卷)》,人民出版社,1993 年,第 86—95 页。
⑤ 《三中全会以来重要文献选编(上)》,人民出版社,1982 年。
⑥ 《三中全会以来重要文献选编(上)》,人民出版社,1982 年。

2002 年 11 月 18 日，中国共产党召开第十六次全国代表大会，江泽民做了题为《全面建设小康社会，开创中国特色社会主义事业新局面》的政治报告，报告指出："当人类社会跨入二十一世纪的时候，我国进入全面建设小康社会、加快推进社会主义现代化的新的发展阶段。"①同时提出："我们要在本世纪头二十年，集中力量，全面建设惠及十几亿人口的更高水平的小康社会，使经济更加发展、民主更加健全、科教更加进步、文化更加繁荣、社会更加和谐、人民生活更加殷实。"②这标志着中国现代化接下来将要迈出的新步伐和中国共产党对实现中国现代化认识的深化。2007 年中国共产党第十七次全国代表大会提出"确保到 2020 年实现全面建成小康社会的奋斗目标"③，并且提出了到 2020 年的远景目标，即"我们这个历史悠久的文明古国和发展中社会主义大国，将成为工业化基本实现、综合国力显著增强、国内市场总体规模位居世界前列的国家，成为人民富裕程度普遍提高、生活质量明显改善、生态环境良好的国家，成为人民享有更加充分民主权利、具有更高文明素质和精神追求的国家，成为各方面制度更加完善、社会更加充满活力而又安定团结的国家，成为对外更加开放、更加具有亲和力、为人类文明做出更大贡献的国家"④。这一阶段最显著的特征就是"三个代表"重要思想和科学发展观、构建社会主义和谐社会等指导思想及其相关的路线、方针、政策的确立，充分表明当代中国的执政党不仅在理论上极大地深化了中国特色社会主义现代化的认识，而且在实践上做出了新探索和新成就，充分表明当代中国的现代化进程迈入了新阶段。

3.3.1.3 当代中国现代化与国家重点基建项目建设

现代化是一个包括政治、经济、社会、科学文化、人的素质素养在内的整体性变革，而且现代化的内涵始终随着现代化的实践而不断深化。然而无论是由农业社会向工业社会转变的第一次现代化，还是由工业社会向知识社会转变的第二次现代化，始终离不开坚实的物质经济基础。现代化的物质经济基础支撑都是由一个个建设项目的实施来构成和提供的。现代化与重点基建项

---

① 江泽民：《在中国共产党第十六次全国代表大会上的报告》，中华人民共和国中央人民政府网站，http://www.gov.cn/test/2008 - 08/01/content_1061490_4.htm。

② 江泽民：《在中国共产党第十六次全国代表大会上的报告》，中华人民共和国中央人民政府网站，http://www.gov.cn/test/2008 - 08/01/content_1061490_4.htm。

③ 胡锦涛：《在中国共产党第十七次全国代表大会上的报告》，中国共产党新闻网，http://cpc.people.com.cn/GB/104019/104099/6429414.html。

④ 胡锦涛：《在中国共产党第十七次全国代表大会上的报告》，中国共产党新闻网，http://cpc.people.com.cn/GB/104019/104099/6429414.html。

目之间存在三个方面的关系,一是现代化的理念指导重点基建项目实施,二是重点建设项目实施构成了现代化的主要内容,三是重点基建项目建成运营提供了现代化的物质经济基础。在当代中国现代化的总体布局中,经济现代化始终处于现代化的首要地位和基础地位。

其一,对于当代中国现代化来说,经济增长始终是第一位的。当代中国的现代化始于一张白纸,人口多、底子薄、经济发展水平低、人民生活水平低等现实情况决定了,当代中国的现代化必须以提高人均国民生产总值、加速经济增长作为重要着力点。

其二,对于加速经济增长来说,推进国家重点基建项目建设是首要的带动力量。工业产值及比重是衡量一个国家或地区现代化程度的两个量化指标之一。国家重点基建项目基本上是重要工业项目或者是服务于工业的重要项目,推进国家重点基建项目建设对提升工业化水平、增加国民经济中工业产值及比重都具有直接的带动作用。

科学地加快推进国家重点基建项目建设,是经济现代化、工业化的重要支撑和重点内容。其中,交通基础设施建设是经济现代化、工业化的最重要的前提条件,通畅、便捷的交通运输为人员流、物资流、信息流、资金流的快速运转起到了举足轻重的作用。因此,在推进现代化进程中,始终把加快交通基础设施建设并使之不断完善列为当代中国政府决策的必选项和优先项。

3.3.2 发展与经济发展

3.3.2.1 发展成为当代中国的时代主题

第二次世界大战后,随着新的世界大战危险基本消失和民族民主革命运动高潮减退,时代主题逐步从"战争与革命"转为"和平与发展"。"冷战"结束以后,和平与发展进一步成为世界各国的共同追求,时代主题更为凸显,内涵愈益丰富和深化。从60年代开始,联合国大会先后通过了第一个发展十年(1960—1970)和第二个发展十年(1970—1980)国际发展规划。进入90年代之后,联合国又推出了许多发展研究项目,并制定了大量发展规划。同时,国际学术界关于发展的研究也得以兴起。

从当代中国来看,自1949年中华人民共和国成立之日起,当代中国的主题就开始由"民主革命与阶级斗争"向"建设国家与发展生产力"转移。尽管这个转移的过程充满了曲折,但是从20世纪70年代末80年代初开始,中国共产党对当代中国的主题做出了新的判断。这个新的判断主要包括3个方面的内容:

其一,中国是世界上最大的发展中国家,存在的社会基本矛盾主要是落后的生产力发展水平与人民群众不断增长的物质文化需求的矛盾。因此，解放和发展生产力是第一位的任务，不断增强综合国力和提高人民群众的物质文化生活水平，中国需要坚定地走现代化发展道路。

其二，原来关于防止世界大战和支持世界革命的重视，耗费了大量国家资源。把经济建设放到国家利益的核心地位，推动中国自身的发展和进步，增加中国人民自身的福祉，不仅是解决中国一切问题的根本，也是中国为世界发展和人类进步事业的贡献。

其三，只有在世界各国的共同发展中才能维护和增进中国的国家利益。中国既需要独立自主，也需要积极参与全球化进程，这两个方面都是维护和增进中国国家利益所不可或缺的。中国需要和平的发展环境，绝大部分国家也需要和平的发展环境，中国的国家利益既与广大发展中国家的利益存在相通之处，又与所有大国的利益存在相汇之点。尽管世界不太平，但和平与发展是主流，和平与发展是重要机遇。

这些新的判断构成了当代中国确立时代主题的理论基础，并因此对当代中国的国际战略和国家发展战略做出了根本性调整，在国际战略上提出了"和平与发展"的时代主题观，在国家发展战略上提出了"以经济建设为中心"的时代主题观，国际国内综合起来看，发展被确立为当代中国最核心的时代主题。改革开放30多年来，中国一直沿着发展的时代主题前进，并逐步形成新的发展观，制定了一条百年不变的基本路线。进入21世纪以后，进一步提出了集中力量全面建设惠及十几亿人口的更高水平的小康社会的奋斗目标，为到本世纪中叶基本实现现代化奠定基础。

需要说明的是，发展与现代化紧密相连。现代化概念具有整体性、综合性，既表明了某个范围内的人类共同体在经济、政治、社会、文化及其心理、思维、思想上的现代性特质的追求，又表明了一个由不具备该特质或不完全具备该特质的状态向具备该特质的状态的变迁过程。现代化既是一个过程，又更应视为发展的目标和价值取向。当代中国提出建设社会主义现代化国家的目标，实际上是确立了一个发展愿景和奋斗目标。实现这一目标的过程就可以理解为发展。因此，发展具有正向的含义，即发展是实现现代化这一共同愿景的进步过程。

3.3.2.2　发展成为时代主题的政策含义

发展成为时代主题，就使得保障发展、推动发展成为国家大政方针出台的前置条件，拟定的大政方针能不能出台，首先考虑的是能不能保障发展、推动发展，评价方针政策好不好，关键看能不能取得保障发展、推动发展的实际效果。从决策的角度来看,发展作为时代主题,对决策议程的影响是宏观的,也是带有强制力的。

首先,发展作为时代主题,为决策提供了政治空间。"发展才是硬道理"①,"发展是党执政兴国的第一要务"②,"发展是当代中国最大的政治"③。发展是时代主题,实际上也是重要的政治主题。政治主题相当于圈定了一个决策议程空间,边界内与边界外的决策可获致性和可行性均极为不同,且游离于政治空间外的决策主张很难汇入决策溪流。

第二,发展作为时代主题,为决策提供了前置阀。任何决策都不可能凭空产生,在进入决策渠、做出决策之前,议题需要通过若干阀门。发展作为时代主题,同时也就成了决策的前置阀。即使是实质背离发展主题的决策议题,也要想方设法贴紧发展这个前置阀。否则,决策的第一道关卡就极可能无法通过。

第三,发展作为时代主题,为决策提供了评价标准。发展不仅是社会各子系统进步变化的标准,而且是政治价值正确的标准。一般而言,那些符合主流政治价值方向、符合社会子系统进步变化方向的议题更容易进入决策议程,也更容易通过决策系统的过滤和审查。同时,对决策执行效果的评判也不能背离保障发展、推动发展这个标准。

发展的主题支撑了重点基建项目决策,重点基建项目决策实践着发展的主题。例如,长江口深水航道治理工程,这是世界上规模最大、技术最复杂的大型河口治理工程,当时国家和省部级执政部门领导对于该工程的决策实施与发展的紧密联系,均有清晰的表述④:

> 1997年12月16日,时任国务院总理李鹏的题词是:"治理长江口深水航道,促进上海国际经济中心建设,带动长江三角洲新飞跃。"
>
> 1997年12月,时任国务院副总理邹家华的题词是:"尊重科

---

① 邓小平:《在武昌、深圳、珠海、上海等地的谈话要点》,《邓小平文选(第3卷)》,人民出版社,1993年,第377页。

② 《发展是党执政兴国第一要务》,光明网,http://www.gmw.cn/content/2004-09/27/content_113749.htm。

③ 2003年11月18日,中共中央在中南海召开党外人士座谈会,会上胡锦涛强调,把经济建设搞上去,实现全面、协调、可持续发展,是全面建设小康社会的必然要求,是解决中国一切问题的基础,也是当代中国最大的政治。http://news.sina.com.cn/w/2003-11-19/13301146673s.shtml。

④ 交通运输部长江口航道局:《交通运输部长江口航道局介绍(图册)》,2011年3月。

学,改造自然,推动航运,促进发展。"

1998 年 1 月,时任国务院副总理黄菊专门发出了一封贺信,其中写道:"……实施长江口深水航道治理工程,将对加快浦东开发开放、上海国际航运中心建设和长江沿岸经济发展发挥积极的作用。……"

1998 年 1 月 22 日,时任上海市市长徐匡迪的题词是:"治理长江航道,造福子孙后代。"

1998 年 1 月,时任江苏省委书记陈焕友的题词是:"加快长江口整治,推动经济新发展。"

从推动重点基建项目决策过程来看,只有密切呼应发展这一主题,才能获致对决策正确性的共识,以及推动决策的支撑力量。

3.3.2.3 经济发展与国家重点基建项目决策

发展是包含经济、政治、社会、文化等诸多方面的进步,其中经济发展是基础,在当代中国,特别是改革开放政策实施以后,经济发展甚至成为发展的核心。由于经济发展成果在很长的一段时期里,往往会成为一个地区政绩显隐的重要的甚至是唯一的考量指标,唯经济发展论在某些地区和领域表现得比较突出。

重点项目建设内在地与经济发展联系在一起。普遍来看,重点项目建设是经济发展的重要支撑,也是经济发展的重要内容。在追求经济发展的过程中,只有依托重点项目,经济发展的步子才能迈得开、迈得大。因此,追求经济发展,必然地要重视重点项目建设,必然地要强化重点项目建设的决策管理。从这个角度来看,追求经济发展,又是重点项目建设决策的内在推动力,在一定阶段上,追求经济发展的热情高低,会直接体现推动重点项目建设决策动力的强弱。交通运输在经济社会发展中具有基础性、先导性作用,"要致富,先修路",这句话形象地指出了交通运输基础设施建设的重要地位,因此,强调经济发展,必然突出交通重点建设项目建设。

需要指出的是,追求经济发展的极端情况就是过度追求经济增长,也就是 GDP 增长,有人把这种现象称为"GDP 崇拜"。"GDP 崇拜"所带来的弊端有目共睹,但是从另一方面也给当代中国重点项目建设造成了浓厚的决策氛围,为加快重点项目决策提供了强大的推进力。很多重点项目往往是在促进经济发展的口号下快速地走上决策议程的。在此种情况下,项目的科学论证就可能会流于形式,甚或仅仅为项目决策做"证明题"。

强调经济发展,助推了国家重点基建项目决策进程,但国家重点基建项目的实施所产生的客观结果并非仅仅助推经济发展,而是对某个地区甚至整个国家的经济、社会、政治、文化的发展产生助推作用。例如,苏通长江公路大桥的建成,不仅促成了长江北岸南通市经济开展区的建立与发展,而且开通了两岸之间南通至常熟的公共交通,为社会民众的便捷往来提供了有利条件。

3.3.3 "五年计划"①

作为当代中国国民经济和社会发展计划的重要组成部分,"五年计划"的编制始自 1951 年,主要就全国范围内的重大建设项目、国民经济重要比例关系及与此相联的生产力分布等做出计划或规划,从而描绘出国民经济发展的远景蓝图,成为一个阶段国民经济和社会发展的目标和方向。除去 1949 年至 1952 年底的国民经济恢复时期,以及 1963 年至 1965 年的国民经济调整时期,从 1953 年开始到 2010 年,已经编制了 12 个"五年计划"。由于"五年计划"具有的阶段性与周期性特征,以及其对于国家重点基建项目决策的影响,"五年计划"成为国家重点基建项目决策溪流行进的重要的局势性力量。

3.3.3.1 编制"五年计划"的总体回顾

编制国民经济与社会发展计划,最初是实行计划经济的社会主义国家的一个普遍做法。苏联是最早编制实施"五年计划"的,从 1928 年起实施第一个"五年计划",到 1985 年,苏联共执行了 10 个"五年计划"。

中国的"五年计划"受到苏联的直接影响。这也与对计划管理手段的认识密切相关。计划管理作为一种资源配置和经济运行的手段,最早由意大利经济学家帕累托(Wilfredo Pareto)提出。他在《社会主义体制》一书中写道:"一个社会主义的生产部在理论上可以达到恰好和一种理想的放任自由的资本主义经济的均衡力量所导致的完全一样的经济计划。"②将计划管理置于至高无上和唯一的管理经济的手段,是在 20 世纪 30 年代苏联完成社会主义改造之后出现的。从苏联第一个"五年计划"实施到二战后苏联经济发展上的成功,对同样确立社会主义发展道路的新中国而言,无疑树立了直接的示范样板。同时,新中国的诞生,使几代仁人志士孜孜以求的中国工业化梦想有了实现的希望。随着国民经济迅速恢复,从 1953 年起,中国开始了大规模经济建设,由此编制切实可行的计划就被提上了议事日程。

从中央政府层面到省、市、县等地方政府层面均编制有"五年计划"。下

---

① 从"十一五"开始,改称为"五年规划",这是我国由计划经济向市场经济转变过程中又一个历史坐标,反映了随着市场经济的发展,由计划向规划转变。规划的特点就是从具体、微观、指标性的产业发展计划向宏观的国家空间规划转化。本书为行文方便,统一称为"计划"。

② [英]埃里克·罗尔:《经济思想史》,陆元诚译,商务印书馆,1981 年,第 403 页。

文着重简要回顾一下当代中国中央政府层面的"五年计划"编制情况,因为这一层面的"五年计划"编制与国家重点建设项目关系密切。

第一个"五年计划"(1951—1955)。中华人民共和国成立之后,中央非常重视经济发展的计划管理,1951年政务院即试编了全国国民经济年度计划。1952年成立了国家计划委员会(简称国家计委)①和国家统计局,同时对基本建设着力加强管理。"一五"计划的时间断面为1951年至1955年,其编制历时4年,从1951年开始,直到1955年3月通过,其后又于1955年4、5月份,再次提交中国共产党全国人大代表会议进行审议并形成决议,并听取了各省(市)、中央各部委的意见和苏联顾问的建议,对"一五"计划进行修改完善。1955年7月30日,全国人大一届二次会议正式通过"一五"计划。实际上这个计划对于"一五"的指导作用已经不大了,只是成为"一五"实施重点项目的确认而已。"一五"期间,实施了以"156项"为核心的900多个大中型项目(限额以上项目)的建设,较快地奠定了我国独立自主的工业体系雏形。从1950年至1969年,"156项"中的150项全部建成,中国大规模工业化得以正式起步。

第二个"五年计划"(1956—1960)。"二五"计划的开始编制,以1956年9月中国共产党第八次全国代表大会通过《关于发展国民经济的第二个"五年计划"的建议的报告》为标志。这个建议提出了"二五"计划的主要任务,即以重工业为中心的工业建设、社会主义改造、发展工农业和手工业生产、加强科学研究工作、增强国防力量、提高人民物质和文化生活水平等,并提出了主要指标。由于受到"八大"后出现的冒进思想的影响,"二五"计划中许多指标被不切实际地提高,体现出严重的冒进倾向。在执行中产生的不利影响,国民经济主要比例关系失调和财政赤字等问题也出现了,这造成人民生活的困难。1960年9月中央提出国民经济"调整、充实、巩固、提高"的"八字方针",以扭转已经出现的不利局面。

第三个"五年计划"(1966—1970)。"三五"计划是从1964年初开始研究和编制的,先后出现了两个方案,即《第三个"五年计划"(1966—1970)的初步

① 1952年11月15日,中央人民政府委员会决定增设独立于中央人民政府政务院之外的中央人民政府国家计划委员会,简称国家计委。1954年改为国务院组成部门中华人民共和国国家计划委员会。1998年3月,将国家计委更名为国家发展计划委员会,仍简称国家计委,并将其主要职责放在管理有关国民经济全局的事务上,着力制定发展战略,进行宏观经济管理;并减少对微观经济活动的干预,创造公平竞争的市场环境,减少了繁多的行政审批手续。2003年3月,将原国家经贸委的部分职能和原国务院经济体制改革办公室一同并入,并改组为国家发展和改革委员会,简称国家发改委。

设想》和《关于第三个"五年计划"安排情况的汇报提纲》,两方案均是由国家计委提出的,前者于 1964 年 5 月中央工作会议讨论同意,按照"农轻重"的顺序安排基本建设任务;后者于 1965 年 9 月经中央讨论同意,贯穿备战思路,将国防建设放在首位,重点加快"三线"建设。"三五"计划的绝大部分经济指标都完成了,但由于片面追求速度和积累,为下一步经济发展带来了不利影响。

第四个"五年计划"(1971—1975)。"四五"计划编制始于 1970 年。《第四个"五年计划"纲要(草案)》先是在该年年初召开的全国计划工作会议上进行研究讨论,后来在 9 月份召开的中国共产党九届二中全会上作为非正式文件印发参考。该草案中的部分指标在第二年(1971)3 月份以附件的形式,由中共中央批转下发。之后,国家计委又对该草案进行进一步修改完善,调整了主要经济指标,并对部分指标进行压缩。

第五个"五年计划"(1976—1980)。这一阶段是"文化大革命"结束、改革开放启动之时。1975 年,《1976—1985 年发展国民经济十年规划纲要(草案)》出台,其中安排了"五五"计划。到 1978 年 3 月,该规划纲要草案又修订为十年发展纲要。但是这个发展纲要比较乐观,仅自 1978 年到 1985 年就安排了超过 5600 亿元的基本建设投资规模,相当于过去 28 年的总和,从当时的国力来看是"不可能的任务"。因此,1978 年 12 月召开中国共产党十一届三中全会后,中共中央修正了部分过高的指标和计划。"五五"计划总体执行良好,期间社会总产值、工农业总产值、国民收入均得到大幅增长,部分指标超过了历史最好水平,反映改革开放启动后带来的整个社会生产力的解放和劳动者积极性的高涨。

从 1953 年到 1980 年,共实施了 5 个"五年计划",中间包括了 1963—1965 年的国民经济调整时期。其中,除 1953—1957 年的第一个"五年计划"以外,其余 4 个"五年计划"均未曾正式公布。

第六个"五年计划"(1981—1985)。如"五五"计划一样,"六五"计划最初也是《1976—1985 年发展国民经济十年规划纲要》草案的一部分,1975 年即开始编制。1980 年"五五"计划执行基本完成,是时要求抓紧编制"六五"计划,以加强国民经济发展的中长期计划安排。经过大量的调研论证,国家计委提出了"六五"计划草案,并在 1982 年全国计划会议进行讨论,经全国人大五届五次会议批准后实施。由于"六五"计划着眼于中长期计划,是根据中共中央关于到 20 世纪末的总体发展战略部署来制定的,所以较前面五个"五年计划"更加完备,在实施中,较好地发挥了引导国民经济稳步健康发展的作用。

　　第七个"五年计划"（1986—1990）。计划起草始于1983年，1985年上半年形成了《中共中央关于制定国民经济和社会发展第七个"五年计划"的建议》，其后提交中国共产党十二届四中全会讨论通过后，当年9月再次提交中国共产党全国代表大会进行审议并通过。1986年3月国务院根据中共中央的《建议》拟订的《中华人民共和国国民经济和社会发展第七个"五年计划"》经六届人大四次会议审议批准后下发。这是第一个新的"五年计划"启动伊始就制订出来的国民经济和社会发展计划，表明了编制"五年计划"这一政策方式日趋成熟。"七五"计划明确了坚持把改革放在首位、坚持社会总需求和总供给的基本平衡、坚持把提高经济效益特别是提高产品质量放到十分突出的位置上来等基本原则和要求，明确了进一步加强社会主义经济体制改革、保持经济持续稳定增长、加强重点建设、继续改善人民生活等方面的主要任务。

　　第八个"五年计划"（1991—1995）。1990年12月，中国共产党第十三届七中全会审议并通过《中共中央关于制定国民经济和社会发展十年规划和"八五"计划的建议》，这个《建议》既提出了最近五年的计划，又提出了今后十年的基本任务及相关的方针政策。之后，国务院按照《建议》的要求拟订了《关于国民经济和社会发展十年规划和第八个"五年计划"纲要》，并于1991年3月得到全国人大七届四次会议的批准。1992年邓小平发表了重要的"南方谈话"，并于该年10月中旬召开了中国共产党第十四次全国代表大会，就进一步深化改革、扩大开放做出了重要宣示。因此，"八五"计划的制定与实施均反映了当代中国改革开放和现代化建设进入新阶段后的总体要求。

　　第九个"五年计划"（1996—2000）。1995年9月《中共中央关于国民经济和社会发展"九五"计划和2010年远景目标建议》出台，之后国务院据此拟订了《关于国民经济和社会发展"九五"计划和2010年远景目标纲要的报告》，并于1996年3月通过全国人大八届四次会议的审查批准。这是按照构建社会主义市场经济体制要求制定的中长期计划，对全面完成现代化建设的第二步战略目标进行部署，不仅提出至"九五"末（2000）实现人均国民生产总值比1980年翻两番的目标，而且提出到2010年实现国民生产总值比2000年翻一番的目标。应该说，从"六五"以后，"五年计划"的决策越来越规范，越来越清晰。

　　第十个"五年计划"（2001—2005）。由于2000年之后进入了全面建设小康社会、落实"第三步走"的重要时期，因此在2000年10月11日中国共产党十五届五中全会上通过的《中共中央关于制定国民经济和社会发展第十个五年计划的建议》中，明确提出："制定'十五'计划，要把发展作为主题，把结构调整作为主线,把改革开放和科技进步作为动力,把提高人民生活水平作为根本出发点。"[1]九届全国人大四次会议通过了根据该建议拟订的国民经济和社会发展第十个五年计划纲要。推进改革开放特别是国企改革、西部大开发、发展科技和服务业、做好适应加入 WTO 的各项准备工作等成为"十五"计划的要点,这反映了社会主义市场经济体制初步建立后制定国民经济和社会发展中长期计划的要求。

第十一个"五年计划"(2006—2010)。与历届"五年计划"制定的时间相比,"十一五"规划的启动时间明显提前,这是我国第一次提前 3 年左右时间就启动的规划编制工作。而且也将"计划"改称为"规划",以体现完善社会主义市场经济体制的要求。自 2003 年 9 月起,负责具体编制工作的政府部门即开始部署前期工作,随后中央相关部委及各省市陆续启动。其中标志性的事件是 2003 年 9 月 27 日首次尝试对"十一五"规划研究课题进行公开招标,并同步开展规划立法工作。贯彻落实科学发展观是规划的核心思想。结合当时我国即将进入人均国内生产总值突破 1000 美元后的第一个五年,从解决人民群众最关心、最直接、最现实的利益问题入手,从规划的经济目标过渡到经济协调发展和社会和谐公平的富民轨道上。这是首次没有在"五年计划"中列出具体重点建设项目的"五年计划"。

第十二个"五年计划"(2011—2015)。2010 年 10 月 18 日中国共产党第十七届五中全会通过了《中共中央关于制定国民经济和社会发展第十二个五年规划的建议》,2011 年 3 月在全国人大十一届四次会议上审议通过。该规划把解决发展中不平衡、不协调、不可持续问题作为重点之一,确立的主题是科学发展,主线是加快转变经济发展方式,通过继续深化改革开放和努力保障改善民生,巩固和扩大应对国际金融危机冲击的成果,促进经济长期平稳较快发展和社会和谐稳定。"十二五"规划是在新形势下推进全面建设小康社会战略部署的比较全面的发展规划。

3.3.3.2 "五年计划"与国家重点基建项目决策

"五年计划"是一个庞大的发展计划体系,从国家层面到省、市、县层面均有相应的"五年计划",国家层面的"五年计划"直接指导了地方各个层面"五年计划"的编制,同时国务院组成部门也根据国家的"五年计划"相应地制定各业务条线上的重点专项规则,这些专项规划又为省、市、县相应的政府组成

---

① 《中共中央关于制定国民经济和社会发展第十个五年计划的建议》,http://cpc.people.com.cn/GB/64162/71380/71382/71386/4837946.html。

部门编制专项规划提供指导。"五年计划"是发展的计划，又是重点建设的计划，特别是在"八五"以前的"五年计划"中，建设项目安排占有很大分量。例如，"一五"计划中列出的重点建设项目有 156 个核心项目、694 个大中型项目，"二五"计划中列出了 1000 个以上重大建设项目，"五五"计划列出了 120 个大型项目，"六五"计划期间完成 496 个大中型项目和 20 万个更新改造项目，"八五"计划期间完成 845 个大中型项目和 374 个重点技术改造项目。

尽管自"九五"以后，国家层面的"五年计划"一般不做出具体建设项目安排，只是对重点发展的方面提出思路和相关政策举措，但是在省、市、县三级政府层面，一般均会就落实"五年计划"提出明确的重点建设项目安排。例如河北省在编制"十一五"规划中，就专门对重点建设项目给予了明确。其中关于交通基础设施重点项目就逐个地予以明确：

公路：建设大庆至广州、长春至深圳、荣成至乌海、青岛至兰州等河北段高速公路，扩容北京至石家庄、北京至张家口高速公路等。

铁路：建设京沪高速铁路，京石、津秦、青太、石武客运专线，邯黄、桑张、天保大、遵小等合资地方铁路，加快京沪、石德、大秦、朔黄铁路扩能改造和北煤外运第三通道建设，推进京石、京秦等城际铁路前期工作。

港口：建设曹妃甸港区铁矿石、煤炭、液化天然气、原油码头，秦皇岛港煤炭、集装箱码头，黄骅港煤炭、集装箱码头。

机场：建设承德旅游机场、秦皇岛民用机场、衡水军民合用机场、张家口机场，扩建石家庄机场，谋划在廊坊选址建设首都第二国际机场。①

同样在这个"十一五"规划中，除了列出上述交通基础设施重点项目外，还详细列出了七大工业主导产业、高新技术产业、现代物流业、新农村建设、能源基础设施、交通基础设施、科学技术、教育发展、循环经济、节能、环境治理、生态保护、公共服务等方面的 100 多项重大工程（或重点工程、重大专项）。

就此而言，"五年计划"如同一个大的政策口袋，包容了各个方面的子项目决策内容。就重点建设项目安排而言，一个项目只要进入了"五年计划"，就可视同国家（或省、市、县）的重点建设项目，尽管这些项目有的正处于前期工作阶段（即决策溪流行进于决策渠的不同阶段），有的还仅是设想阶段的政

---

① 转引自中国网：http://www.china.com.cn/chinese/zhuanti/06hxhb/1180969.htm。

策规划。进入了"五年计划"的重点项目,较之有关其他建设项目的政策思想更具有生命力,这一特点是与"五年计划"所具有的计划硬度分不开的。在实行改革开放政策之前的近30年间,经济调控主要依靠政府调节和指令性计划,市场调节和指导性计划基本看不到。尽管这一期间的"五年计划"基本不用通过法定的国家权力机关批准,但这些计划实际上都是指令性的,各级政府和计划管理部门必须参照这些"五年计划"所拟订的指标来管理经济。改革开放以后,逐渐认识到市场机制是经济运行中的基础性机制,并重视运用市场机制来对经济运行进行调节,逐步缩小计划管理的范围,管理经济的方法也逐渐由指令性计划为主转向为指导性计划为主。但是由于中国政治—行政体系的固有特点,指导性计划在现有的中央与地方关系中的计划硬度仍然很强,这就使得当代中国国家重点基建项目决策过程仍然保留了过往体制下的若干特点。

本章小结

讨论决策,必须首先关注决策语境。决策语境是与一定时空相对应的社会发展总体状态,这种总体状态可以从影响和决定历史前进的结构性力量、局势性力量和事件性力量三个层面来进行考察,即可以从这三种力量的视角来考察决策溪流行进的更宏观、更持续的背景条件。国家重点基建项目决策是在"当代中国"这样一个时空条件中展开的,项目决策的决策溪流只有在与这个时空相对应的社会发展总体状态中孕育和行进,才能获得其存续和行进的价值与动力。霍格伍德和冈恩认为:"任何公共政策都是由奉行者以其自身视角主观界定的。它通常被认为包含了受到环境因素,以及个人的、群体的和组织的因素影响的一系列类型的相关决定。"①离开了"当代中国"社会发展的总体状态所构建的决策语境,就不可能切合实际地认识国家重点基建项目决策溪流的行进特点。当然,当代中国的政治—行政体系和发展的时代主题,并不是"当代中国"所提供的国家重点基建项目决策语境的全部,但这是主要的、对国家重点基建项目决策溪流行进具有内在规定性的、影响十分显著的方面。

---

① [英]迈克尔·希尔、[荷]彼特·休普:《执行公共政策》,黄健荣,等译,商务印书馆,2011年,第6页。

第 4 章

决策溪流的构建单元：
国家重点基建项目的决策要素

決策是一个动态过程,决策溪流总是行进在一个有限的时空范围内,即表明存在决策溪流行进的边界,无论是讨论决策议题,还是讨论可能采取的解决问题的决策方案,都是在边界条件约束下展开。如此,一个动态的过程被限制于一个有限的边界之内,这就是本书分析国家重点基建项目决策过程构成要素的基本前提。

4.1 决策要素概述

4.1.1 已有的关于决策要素的观点及分类

目前可以找到很多文献,它们在不同的层面上讨论决策要素问题。有学者从微观具体层面进行分析,如彼得·德鲁克。他提出商业管理决策的"五要素"[①]:(1) 把握问题的性质,特别要注意区分是经常性的还偶然性的问题;(2) 探求解决问题的约束条件;(3) 研究正确解决问题的方案,包括满足这些方案的条件及如何使其更易被接受;(4) 认真考虑执行决策方案的措施;(5) 重视政策执行情况的反馈。也有的学者从宏观的层面来分析,例如:罗峰就当代中国行政决策的要素进行了分析,提出"三要素说",即执政党要素、利益的外部输入要素、人格化要素[②];刘湘安以罗滋诺(James N. Rosenau) 1964 年提出的五大要素作架构,分析尼克森政府与中国政府"关系解冻"决策的五大要素,提出角色要素、社会要素、体系要素、政府要素及个人要素等 5 大

---

① [美]德鲁克(P. F. Drucker):《卓有成效的管理者》,许是祥译,机械工业出版社,2009 年。
② 罗峰:《当代中国行政决策的要素分析——一项过程研究》,《理论文萃》,2001 年第 6 期。

要素。①

　　值得关注的是赫伯特·西蒙关于决策要素的观点②。西蒙的决策理论吸收了巴纳德的一些思想和观点,但与巴纳德在决策的前提设定上却有着根本的区别。西蒙将决策要素分为事实要素和价值要素两类。所谓事实要素,就是对环境及环境的作用方式的某种描述(信息),包括可用于处理面临问题的决策技术和知识,以及可用于决策的情报信息;前者一般可以通过实践和训练获得,后者可通过观察决策环境、对环境进行分析诊断或者在信息系统进行检索查询来获得。这两个方面很大程度上决定着决策的合理性。所谓价值要素,就是管理者对于某种事物的接受和判断,例如效率标准、公正标准、个人的价值观等。同时,西蒙认为,在现实的决策过程中,这两类要素可能相互转化。例如,确定行为目的属于价值判断,而实现目的的途径和方法则属于事实判断。西蒙强调,决策本身并不是不可分解的,而更应该看成是由前提推出结论的一种"链式"反应过程,在多步骤决策或复杂决策中,前一步骤决策影响后一步骤决策,前一步骤达到的目的又可能是实现后一步骤目的的手段。事实判断和价值判断在决策过程的起始与后期阶段所占的分量是有区别的。一般情况下,起始阶段主要涉及事实判断,而在决策过程的后期,价值判断基本上都超过事实判断所占的比重。

　　国内有学者提出领导科学决策的五要素③,即决策者(个人与集体等)、决策目标(清晰、明确、定位准确)、决策备选方案、决策情势(决策的客观环境及其变迁)和决策后果。这种分析视角及研究结论对于我们探究决策要素也具有积极意义。

　　国内另一位学者谢家平认为,对于任何决策应包括以下几个基本决策要素④:

　　(1) 决策目标:决策如果只有一个目标称为单目标决策,如果决策目标很多并形成目标体系,这类决策称为多目标决策;

　　(2) 行动方案:为了实现预定的目标,可以采取几种不同的行动;

　　(3) 自然状态:决策环境可能出现的状态;

　　(4) 损益矩阵:决策的结果或者是收益或者是损失;

---

　　① 刘湘安:《尼克森政府与中共和解政策之研究》,http://ndltd. ncl. edu. tw/cgi – bin/gs32/gsweb. cgi/login? o = dnclcdr&s = id = %22076TKU02232002%22. &searchmode = basic。

　　② [美]西蒙(H. A. Simon):《管理行为》,詹正茂译,机械工业出版社,2007 年。

　　③ 存标:《现代领导学原理》,上海科学普及出版社,1992 年。

　　④ 谢家平:《管理运筹学——管理科学方法》,中国人民大学出版社,2010 年。

（5）决策准则：比较、选择方案时的判决标准和评价规则；

（6）后果评估：通常采用损益或效用作为后果指标。

还有学者提出决策的另一种"三要素"的观点①，认为价值、支持、能力这三个要素构建了公共决策的模型。具体而言，任何一项好的公共政策首先要具有公共价值，其次这项政策还需得到政策的作用对象或民众的支持，最后政策的实施者要具备相应能力提供管理和服务。三要素之间的关系如图 4-1所示：

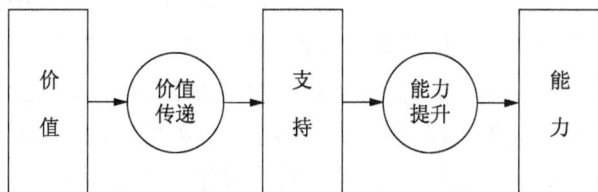

图 4-1 公共决策三要素之间的关系

持此观点的学者认为，通过合适的价值传递，争取组织成员的支持，在此基础上，依靠组织成员的支持，可以达到提升实施决策的能力的目标。

综上所述，关于决策要素的讨论，存在着多种角度、多个层面的区分，这为本书探讨决策要素提供了重要参考。

4.1.2 本书对决策要素的界定

根据上文引述，可以认为，决策要素是对决策过程中所有涉及因素的一个整体体认，是以某种视角所进行的分类和度量。

概言之，讨论决策要素，实质上是对参与决策的各种因素、或者是对决策涉及的各种因素、各种力量、各种条件所进行的一种辨识。因此，本书认为，决策要素是指以某种视角对与决策过程密切联系、直接作用于决策过程，并对决策过程产生重要作用的各种因素的总体分类，这种分类更具概括性、概念性和抽象性。换言之，决策要素即决策过程的构成单元。

需要说明的是，决策要素不应该视作决策过程阶段性的分析结果。尽管众多学者更乐意从阶段上来分析决策过程，无论是三阶段论，还是五阶段论、七阶段论，原理上如同用快镜头拍下连续的活动，再对每一张照片进行分析一样，是动态过程的静态分析，因而就把决策过程相对地划分为问题界定、方案规划、决策形成、决策执行、决策反馈等片段式的阶段。决策过程阶段性分析

---

① 陈振明：《公共管理学》，中国人民大学出版社，2005 年。

提供的静态分析模式对于我们要讨论决策要素具有某种参考意义。但是,它并不能取代决策过程的动态分析。

4.1.3 决策溪流视角下的决策要素类型

启于约翰·金登的"过程溪流"的观点,本书延伸性地提出了"决策溪流"的理论构想,而沿着"决策溪流"来开展决策要素讨论,也是一个可行的理路。

按照金登的理论,在决策议程设置过程中,存在并流淌着三条溪流,分别是问题溪流、政策溪流和政治溪流。这种关于决策中"溪流"的描述,也可视作对溪流本身构成"要素"的考察。但是我们认为,这只是其中的一个方面,并不足以涵盖本书要讨论的决策要素这个概念所应该包括的全部内容。

在做进一步的阐述之前,需要明确决策过程这条"溪流"是否是一条自然的溪流。就人们的决策实践来看,决策均是由人们的能动活动所形成的,因此决策过程并不是一个"自然"的过程,同样,决策溪流也就不可能是一条自然的溪流,即决策溪流本质上是构建的,构建属性是决策溪流的基本属性。亦由此,本书关于决策溪流的讨论都是基于这一判断的基础上进行的。

溪流存在与行进,必然有一个限定溪流"就这样"存在与行进的条件,以及溪流之所以能够行进,则不可能离开推动溪流行进的力量。按照这样一个推想,决策要素分析的另一个角度也就凸显出来了,即如果把决策过程看作汩汩而流的溪流的话,那么就可以把决策要素大致地区分为决策溪流,以及约束与引导溪流行进的决策渠、推动溪流行进的决策动力。

概而言之,决策渠、决策溪流、决策动力是国家重点基建项目决策过程的三类构成要素。

4.2 决策渠

为什么用"渠"这个概念?因为"渠"即使可能会利用一段天然河道,但本质上已不是天然之河流,而是人工构建的引流与导流的构造物,这一点十分类同于决策溪流被限定"就这样"存在与行进的构建性基础条件,因此,将约束与引导决策溪流行进的构建性基础条件称为决策渠。

4.2.1 决策堤坝

溪流在渠中行进,即为沿着其两侧的堤岸所构成的约束空间顺势行进,在行进过程中,不可避免地在遭遇一些拦住溪流前进或者改变溪流前进方向的闸坝。为了改变溪流流向或者利用溪流势能和动能,就要建设堤和坝;为了使溪流的行进符合用水的目的,人们往往要对堤坝进行修整;为了应对溪流的泛滥,就要适时对堤坝进行加固。这样,堤坝就成为溪流行进的必要的、基础性的、前提性的条件,它既是边界的约束,又是流速、流向的约束和调控性力量。

　　既然决策溪流是构建性的,那么其堤坝同样也是构建性的。在金登使用"stream"(即溪流,有的译为源流)这一概念时,他并没有提出"堤坝"的概念。那是否就表明他没有注意到其所谓的"过程溪流"行进的约束条件或边界条件吗? 显然不是。在他的《议程、备选方案与公共政策》一书中,他在不同的地方多次表达过类似的观点。例如,他认为,"如果我们因此就断定本书所探讨的过程(决策过程)在本质上是随机的,那就大错特错了"①,"在每一条溪流中运行的过程都可以限制随机性……对政策制定系统有各种各样的约束条件,这些约束条件也可以提供一种参与者在其中玩我们所描述的那些游戏的种种限制。政治溪流就可以提供许多这样的约束条件。参与者可以意识到广大民众的情绪对其行动所设置的某些边界,或者它们可以意识到专业化公众和民选政治家的偏好对其行动所设置的一些更窄的边界"②,"政府官员可以意识到这些限制,并且相信他们必须在这些限制范围内活动。……各种各样的规则、包括宪法、法规、权限规定、先例、习惯的决策模式以及其他法律规定,所有这一切都对参与者施加了一些结构"③。从这些引文中,可以看到,金登是多么重视溪流行进的约束条件和边界条件。

　　下面,再看看德鲁克关于决策"边界条件"的观点。④ 他认为,所谓"边界条件",就是决策应遵循的约束条件。在决策时,只有将那些限制决策的约束条件阐明清晰,才能做出有效决策。否则,就不可能做出有效的正确的决策。他甚至认为,一项不符合边界条件的决策,既无效也不适当,甚至有时比一项符合"错误的边界条件"的决策更加可怕。确定"边界条件"对于重要的决策、非常规决策而言尤为重要,这既依赖于对"事实"做出分析判断,又依赖于决策者个人的经验和价值判断。尽管不能保证任何时候都做出正确的决策而避免做出不正确的决策,但是面临决策之时,都应该顾及"边界条件"、科学地分析"边界条件",从而最大限度地降低决策失败的风险。

　　德鲁克强调决策的"边界条件"对我们的启发在于,如果考察决策溪流在决策渠中存在与行进,那么首先需要考察决策溪流是在什么样的边界范围内

　　① ［美］约翰·W. 金登:《议程、备选方案与公共政策(第 2 版)》,丁煌,方兴译,中国人民大学出版社,2004 年,第 260 页。

　　② ［美］约翰·W. 金登:《议程、备选方案与公共政策(第 2 版)》,丁煌,方兴译,中国人民大学出版社,2004 年,第 261 页。

　　③ ［美］约翰·W. 金登:《议程、备选方案与公共政策(第 2 版)》,丁煌,方兴译,中国人民大学出版社,2004 年,第 262 页。

　　④ ［美］德鲁克(P. F. Drucker):《卓有成效的管理者》,许是祥译,机械工业出版社,2009 年。

行进,也就是它的边界约束,以及在行进的过程中,对行进方向和速度存在什么样的约束条件。参照前文对溪流的理解,在这里,把决策溪流行进的边界约束条件及对行进的方向和速度的约束条件,分别定义为决策堤和决策坝,合称决策堤坝。也即是说,决策渠是由决策堤坝所构成的,它是一种对决策活动的指向及行进过程具有现实影响和约束的力量。堤和坝的功能是有区别的,堤的功能主要在于限定溪流的行进空间,而坝的功能主要在于对溪流行进做出的控制,包括阻滞与滤选。

同时,如果更进一步地分析,在不同历史条件和不同领域内,决策堤坝自身的情况也是不一样的。在一国的政治—行政体系中,每一类别的决策溪流甚至每条决策溪流所存在与行进的决策渠都有不同。同样是国家交通重点建设项目决策,由于当代中国将铁路建设项目与公路水运项目分别由国家不同的主管部门负责,那么这两类项目决策溪流行进在不同的决策渠中。所以说,在一国的政治—行政体系中,存在着纵横交错、交叉的决策渠网络,不同的决策渠可能具有相同的一段,例如重点建设项目决策,都要经过国家投资主管部门的审批,反过来,省委常委会、省长办公会等省一级执政部门所构成的某一段决策渠,它所讨论决定的事项就不仅有重点建设项目,而且有社会事业、教育、医疗、应对突发事件、政治问题、行政体制改革等方面的大量事项。因此,运用决策堤坝这一理论工具,我们可以探究特定时期决策过程一般规律的同时,更深入和精细地对不同领域和不同决策主体的决策活动之差异性进行剖析。

由于政治—行政体系的科层制特征,一般地在每一层级执政部门的位置就"天然"地构成了一道决策坝。然而,那些临时组成的机构有时也充当着决策坝的角色。例如,由交通运输部和江苏省人民政府联合成立的长江南京以下深水航道建设工程指挥部,在有关深水航道选汊方案论证中就发挥着这一功能,沿江有关市县和企业关于选汊的方案建议需要通过这个临时成立的指挥部来滤选并向上一层级执政部门进行传递。

4.2.2 决策堤坝的构成

国家重点基建项目决策是政治—行政体系中的一项重要行动,如是,则在政治—行政体系中必然要构建起容纳国家重点基建项目决策溪流存在与行进的决策渠。决策堤和决策坝构成了决策渠,那么决策堤和决策坝又是由什么构成的呢?

4.2.2.1 硬质堤坝与软质堤坝

"硬"与"软"这两个概念袭于约瑟夫·奈（Joseph S. Nye）关于国家硬实力（Hard Power）与软实力（Soft Power）的论述。[1] 根据约瑟夫·奈的观点，国家硬实力主要是指处于支配地位的要素综合，包括基本资源（如土地面积、人口、自然资源等）、军事力量、经济力量和科技力量等物质要素，而软实力主要指文化、价值观、政策、制度等非物质要素所体现出来的一种"让别的国家不由自主跟随你"的吸引力。有论者指出，硬实力和软实力的性质是不同的，硬实力趋于有形、带有强制性，软实力趋于无形，带有吸引性。[2]

硬与软是事物的两面，相对于彼此而存在。在决策堤坝上看来，同样也可以从堤坝对决策溪流的约束刚性的大小上来进行分析，本书把约束刚性更强的堤坝要素称为硬质堤坝，与之相对的约束刚性较弱的堤坝要素称为软质堤坝，约束刚性与约束力的大小是两个不同的概念，刚性主要含义针对的是有形性、强制性，刚性强并不代表约束力大，刚性弱也不代表约束力小。

（1）硬质堤坝

决策首先可以视为执政部门[3]行使权力、推进社会价值分配的产物，进行决策在一定程度上是执政部门存在的理由，反之，只要执政部门存在，则必然会有决策这一行为发生。如此，执政部门成为决策的第一堤坝。在持续的政治—行政体系中，执政部门组织形态的变化并不明显（可能的组织整合、分立及职责的调整并不具有指标性含义），层级化的执政部门相对固定。例如，中央—省—市—县—乡的层级架构，相对来说是不怎么发生显著变化的。一般来看，执政部门的层级一方面可以看作是"自上而下"的链式结构，另一方面又可看作是"自下而上"的递级结构，决策溪流在主要由层级化的执政部门所构成的决策渠中行进，其运行的方向也存在两种样态，即顺流与逆流，顺流可以看作是从上到下的过程，逆流则是从下到上的过程，这类似于溪流在行进过程触碰到堤坝后产生的反馈效应。但是，我们也不应该完全把执政部门的活动看作是一成不变的。为了确保决策溪流行进的顺畅，以及按照决策者的意图行进，执政部门也可能成立新的组织，一般都是一种临时性、承担阶段性任务的组织，这样一种组织可以把决策溪流导入到一个更合适的行进"渠"中。

---

① 门洪华教授将其译为"硬权力"和"软权力"，[美]约瑟夫·奈：《硬权力与软权力》，门洪华译，北京大学出版社，2005年。

② 《国家硬实力与软实力的关系》，http://wenku.baidu.com/view/debe7cc68bd63186bcebbc7a.html。

③ 关于执政部门的概念，在本文第五章中进行讨论。

从国家重点基建项目决策看,由中央层面到省、市、县层面,都有相应的组织机构承担决策溪流行进的堤坝功能。首先,在中央层面,有中国共产党中央政治局会议、政治局常委会议,有全国人民代表大会、全国人民代表大会常务委员会,有国务院全体会议、国务院总理办公会、国务院专题会议。除了这些权力主体之外,在国家部委层面,有国家发展和改革委员会(这里用以代指各个阶段具有相似功能的国家政府组成部门)的主任办公会、专题会议,中央政府职能部门,按照项目归口管理部门的划分,有交通运输主管部门、水利主管部门、农业主管部门等,以及由国家国有资产管理委员会管理的中央企业如中石化、中石油、国家电网等公司。其次,在地方政府层面,有省(市、自治区)党委及人民政府,有市(区、自治州)党委及人民政府,有县(市、区、自治县)党委及人民政府,以及相对应的各级委、办、厅(局)、处等正式的组织机构,有省属的国有企业。此外,也有一些临时机构,例如国务院南水北调办公室、国务院三峡工程建设办公室、国务院三峡工程审查委员会,又如××省高速公路建设领导小组,××省××大桥建设指挥部,等等。这样一些临时机构往往充当项目决策的促进者、协调者和追踪者角色,他们的价值偏好、利益诉求,以及行动特点对决策过程也发挥着重要的作用。

层级性是执政部门的组织特性之一,但是这种层级性并不可以始终如一地限制决策溪流只能按照从下一层级逐级地向上一层级行进,而是存在很多的跨越性或交叉性的行进路径。例如,长江深水航道工程项目二期工程在研究评估福姜沙水道选汊方案时,苏州市政府直接向交通运输部提出政策建议①,而越过江苏省级执政部门这个层级。这表明执政部门除了具有层级性特点之外,还具有模糊性特点,即决策溪流的行进路径在由总的前进方向约束下的非唯一性。

有形的组织架构是决策硬质堤坝的基础,但是组织架构形成的前提是组织架构自身的职权规定和职权行使,以及各组织架构间职权关系的制度规范,没有制度规范,组织架构可能也只是一堆散乱的砖瓦。制度规范是决策硬质堤坝的核心。

前一章着重讨论了决策语境问题,政治—行政体系是决策语境的重要内容,而且其核心是组织化权威结构及其运行的制度规范。需要指出的是,作为决策语境中结构性力量的一部分的组织化权威结构及其运行的制度规范,与

---

① 苏州市人民政府:《苏州市人民政府关于恳请将福姜沙南水道开通为长江 12.5 米深水航道的请示》(苏府呈〔2013〕14 号)。

作为决策硬质堤坝构件的组织化权威结构及其运行的制度规范之间既有联系
又有区别，前者强调的是组织化权威结构及制度规范对决策过程影响的普遍
性和宏观性，后者强调的是组织化权威结构及制度规范对决策过程影响的特
定性和具体性。例如，中国共产党在当代中国政治—行政体系中的地位及其
对重点基建项目决策的影响是普遍的、宏观的，但某一层级的中国共产党委员
会对于某一项重点基建项目决策的影响则是特定的、具体的。因此，从前者来
说是决策语境问题，从后者来说则是决策溪流的直接约束条件（决策堤坝）
问题。

分析国家重点基建项目决策的硬质堤坝，有两个方面需要考虑，一是政治
和行政体制，二是经济体制。需要说明的是，之所以把政治和行政的体制结合
起来阐述，这是由当代中国的政治—行政体系的特点所决定的。

当代中国的政治—行政体系中，如下几个方面是构成决策堤坝的重要
因素。

——中国共产党是领导核心。中国共产党是中国国家政权的核心领导力
量，同样，在国家的所有决策行为中发挥领导核心作用。在重点项目决策中，
表现为在决策的前阶段，强有力地引导重点项目决策行进在党的政策取向上，
在决策的中阶段，强有力地掌控重点项目决策的过程不偏离党的既定政策取
向，在决策的后阶段，重点项目决策一般需要通过党的决策组织形式确认或
产生。

——民主集中制。民主集中制不仅是执政部门的组织原则，也是当代中
国最基本的决策制度。其要求就是在民主基础上的集中和在集中指导下的民
主，这一决策制度表现为：执政部门在进行决策前，发扬民主，与各方面代表
人士和利益相关者进行联系与协商，重视他们反映的问题，倾听他们的意见；
在政府内部遵循合议制原则，在中国共产党内则表现为党委制，即党的委员会
通过集体讨论进行决策。因此，我们可以把民主集中制视作程序化决策的一
种重要形式。但是在实际上，合议制（党委制）在决策过程中并未全然执行，
由政府主要领导做出决策的情况更为普遍。据胡伟先生的观察，"愈是重大
的决策，遵循完整的决策程序和规则的可能性就愈大；而相较于次要的决策，
或日常性决策，则不可能都采用合议或党委集中研究讨论的方式，按整套的程
序和规则来进行，而且各种正式的会议（党代会、中央全会、人大会议、政治局
会议和国务院会议等）也不可能频繁召开，而大大小小的决策却要天天做出。
因而完全有序的决策在现实中也是很难操作的，更多的决策中只能采取变通

的、甚至完全非程序化的办法"。① "变通的、甚至完全非程序化的方法"也就是人格化决策,现实表现是大多由一个人说了算,或者少数几个人说了算。重大项目决策属于"三重一大"(重大问题、重大项目、重要人事任免、大额资金使用)中的"一重",原则上受到民主集中制的严格控制,但是在实际操作上,也可能既采用非程序化决策方式又通过变通的手段使之形式上符合民主集中制的要求。

——"党委制",即集体领导和个人分工负责相结合的制度。集体领导制度是党的领导的最高原则,是民主集中制在党的领导制度上的体现和运用。这一制度要求在领导工作中,凡属重大问题的都要由党的委员会集体讨论决定,不得由个人或少数人专断。集体领导和个人分工负责二者不可偏废。首先,这一制度契合了民主政治的本质,有利于防止个人专权,充分发挥了集体决策的优势。1948年毛泽东在《关于健全党委制》一文中也指出:"党委制是保证集体领导,防止个人包办的党的重要制度。"②其次,这一制度在发挥集体领导作用的同时,也要求每个领导成员按照分工担负起自己的责任,这也可以防止出现职责不清、互相推诿等问题,同时充分发挥个人的能力,从而符合决策科学化的要求。

——行政首长负责制。行政首长负责制是指由各级政府及其所属部门的首长对本级政府或本部门的工作负全面责任的制度。《中华人民共和国宪法》规定:"国务院实行总理负责制。各部、各委员会实行部长、主任负责制"③,"地方各级人民政府实行省长、市长、县长、区长、乡长、镇长负责制"④。从实施效果看,这一制度是一种适合于中国行政管理的政府工作责任制,这一制度也赋予了各级行政首长在决策中很大的决定权。同时,这一制度也被认为是民主集中制的一种形式,是与集体领导相结合的一种制度。当然,行政首长负责制并不意味着行政首长可以独断专行或者滥用职权。重大问题一般都需要通过行政首长主持召开的相关会议来研究决定,会议参加对象可能是该级行政机关所属的相关行政机构负责人,也可能是所属的全体行政机构负责人,前者一般称为该级政府首脑办公会或该级政府常务会议,后者一般称为该

① 胡伟:《政府过程》,浙江人民出版社,1998年,第258页。
② 毛泽东选集编辑部:《毛泽东选集(第4卷)》,人民出版社,1991年,第1340页。
③ 《中华人民共和国宪法》,来源于人民网,http://www.people.com.cn/GB/shehui/1060/2391834.html。
④ 《中华人民共和国宪法》,来源于人民网,http://www.people.com.cn/GB/shehui/1060/2391834.html。

级政府全体会议。例如，根据《中华人民共和国国务院组织法》的规定："国务院工作中的重大问题，需由国务院常务会议或者国务院全体会议讨论决定。"①在任一层级行政机构，由于行政决策权掌握在本级行政首长手中，并由其独立承担决策责任，在权力监督乏力的情况下，实际情况是，"相当比例的中枢部门特别是基层政府的中枢部门仍属经验型和专断型"②，"一个人说了算"的情况仍不乏见。

从经济体制而言，当代中国的经济体制一直在改革与完善之中，改革开放以后，市场经济的加速发展及其内生出的相关制度和机制也构成了当代中国公共决策的考量因素。从改革开放前的计划经济体制为主到改革开放以后市场经济体制的逐步建立，经济体制中政府之手与市场之手的关系进行调整。市场经济体制在重点基建项目中的具体体现就是在重点工程建设中确立了四项制度，即项目法人制、招投标制、合同管理制、工程监理制。同时，法治化进程的快速发展，也为当代中国国家重点基建项目决策注入了新的特征。到2010年底，国家层面共发布各类投资管理的法规性文件约70件，其中，仅国家发改委在规范政府投资项目审批、企业投资项目核准和中央预算内投资安排方面，几年来就起草和发布了几十件法律性文件。

（2）软质堤坝

软质堤坝是对影响组织运行与制度执行的心智秩序和感觉秩序的指称。具体而言就是那些影响决策溪流行进的，当下的普遍的思想观念、价值追求和思维认知状态。

——意识形态。意识形态是指一整套逻辑上相联系的价值观和信念。它提供了一幅抽象化和简单化的关于世界的图画，并对人们的行动具有指导作用。意识形态规定是决策政治正确的重要标准之一。从毛泽东思想到邓小平理论，再从"三个代表"重要思想到新时期的科学发展观，这些是当代中国意识形态谱系上几个突出的、重要的阶段性标志。重点建设项目，是进行经济社会建设的最重要的、最直接的载体，重点建设项目决策必须归集到这些意识形态的旗帜下才能体现政治正确，为决策提供有力的支撑。如果某个重点建设项目决策能够紧密地呼应执政部门领导、特别是最高执政部门领导的政治理念、政治态度、政策思想等，那么也标志着该决策走在了政治正确的轨道上。

---

① 《中华人民共和国国务院组织法》，来源于中国政府门户网站：http：//www. gov. cn/misc/2005－06/10/content_5548. htm。

② 陈庆云：《公共政策分析》，北京大学出版社，2006年，第124页。

——价值判断。决策价值判断是决策评价主体依据一定的标准对决策方案之间的价值关系做出评判。这种评判是对决策方案对于决策主体的价值的评判，表现为决策评价主体对一定的决策方案是否满足决策主体需要的属性，以及该属性的质量和数量状况所做出的肯定或否定判断。最显著的特点是，价值判断必然以一定的标准来对决策方案进行评估和考量。这些标准，是决策溪流行进过程中不得不遵循的堤、不得不跨越的坝，如果溢出堤外，或者阻于坝内，决策溪流的行进就有可能中止（或终止）。例如，京沪高速铁路关于磁悬浮方案与轮轨方案的论争，实际上也隐含着关于竭力追求技术国际领先还是确保技术更稳妥之间的价值考量。

——经济增长的政绩观。政绩直观地可以理解为当政者在某个时间段做出的工作业绩，其主体既指各级执政部门，也指各级执政部门首脑。显然，政绩包括显性政绩和隐性政绩。所谓政绩观，就是执政部门及其首脑对如何履行职责、追求何种政绩的根本认识和价值取向，包括对政绩的本质、内涵、特征、目的、条件等的整体认知及根本观念，是执政者创造政绩的思想基础。有什么样的政绩观，就有什么样的施政追求与施政作为，进一步说，有什么样的政绩观，就有什么样的决策思路和决策评价标准，最终也就有什么样的决策产生。当代中国是一个后发的现代国家，推动经济社会的发展不仅是执政党自立党之日起的追求，也是执政党自执政之后履行自身使命、强化执政合法性和权威性的一个重要支点。长期以来，"发展是硬道理"被简化为"增长是硬道理"，GDP（国内生产总值）成为政绩评价中最硬的指标，实际上被不适当地强化为 GDP 崇拜，这对政府的决策思路产生了直接的影响。

——文化。文化是一个十分复杂的概念。一个被更多人接受的观点是由美国人类文化学家克罗伯（A. L. Kroeber）和科拉克洪（Clyd Kluckhohn）提出的。他们认为：文化具有内隐和外显两种模式，但人们都是通过运用符号来学习和传播它，文化"构成人类群体的特殊成就，这些成就包括他们制造物品的各种具体式样。文化的基本要素是传统（通过历史衍生和由选择得到的）思想观念和价值，其中尤以价值观最为重要"。① 这是一个带有总结性的、颇有价值的定义。人类的历史表明，文化是一种客观存在，也是影响人类发展的一种客观力量，文化发挥影响作用的途径主要是制约社会成员的思维方式、影响社会成员的价值观念和情感世界、制约社会成员的社会活动等方面，对社会结构和历史进程提供内在规定性力量。文化的表现形式一般有风俗习惯、规

① 《中国大百科全书（社会学卷）》，中国大百科全书出版社，1991 年，第 409 页。

章制度、宗教戒律等,"为人们的行为提供了价值规范和价值尺度"①,使人们的思想和行动按照某种内在规定的方式进行,这就是文化的规范功能。

文化的规范功能在国家重点基建项目决策中表现为文化限定了决策方案可选择的范围,只有符合或至少不悖于与本国普遍性的文化价值观相适应的决策方案才会被社会公众所接受。不管决策者有什么样的个人风格和倾向,他准备做出的决策如果不符合这种普遍性的文化价值观,那么这样的决策就不可能出台,即使做出了决策也没有执行的生命力。也就是说,只有符合所处文化背景所规定的框架条件,这样的决策才可能被决策所针对的社会公众所接受和支持。正如詹姆斯·多尔蒂等所断言的:"所谓决策,不过是对存在不确定因素的备选方案做出抉择的行为而已。"②进一步而言,决策的所有备选方案都需要经过文化价值观的过滤,只有与本国普遍性的文化价值观相适应的备选方案,才有可能在最后胜出。

文化对决策所起的规范、制约作用主要通过决策主体这一主观能动性要素来发挥,无论是决策关键人,还是决策利益相关者,无论是执政部门的首脑及其办事人员,还是社会公众,他们都是普遍性文化价值观的接受者和被内化者。他们对于重点基建项目决策的议题构建、政策建议的软化都不可能违背普遍性文化价值观,特别是在开放度足够大的决策渠中,更大范围内公众的参与和监督、更多公众的态度,以及形成的舆论氛围,都能够更有力地发挥普遍性文化价值观对决策进程的软规制功能。

4.2.2.2 显性堤坝与隐性堤坝

"显性堤坝"表现为一种对所有的决策参与对象来说,都了解或者都应该了解的决策约束条件和决策支持条件。例如上文讨论到的与决策相关的组织架构、制度规范,也包括可以普遍感知的外部信息,再如公众对决策的态度、社会舆论、有代表性的各种执政部门声明,等等。这些因素共同构成了重点建设项目决策的显性的决策堤坝。

但是,决策既是一种制度性的行为,也是一种个体性的行为,它是参与决策的若干主体基于客观实际而采取的主观认知与判断行为。参与决策的主体的心理活动,特别是隐藏在内心深处的想法、意见和态度,往往对决策进程和决策结果起到十分重要的作用。决策主体内心深处的想法、意见、态度及兴

---

① 邢悦:《美国对外政策中的文化规范功能》,《现代国际关系》,2003 年第 11 期。
② [美]詹姆斯·多尔蒂、小罗伯特·普法尔茨格拉夫:《争论中的国际关系理论》,阎学通,陈寒溪,等译,世界知识出版社,1987 年,第 501 页。

致、情趣等是大部分参与者相互之间不予表明,也不易认知的一种决策情境信息。例如,很多学者一直在探究"文化大革命"的起因问题,不仅分析了当时客观的社会经济和政治情状,也以揣度的口吻分析了当时高层决策者特别是最高决策者可能潜藏的思想、意见和态度,由于这样的分析更多的是从外到内的一种追溯和揣测,因而不同的研究者、分析者得出的结论也不相同,甚至相互矛盾。其中的关键就是,在决策中,存在一种"隐性堤坝",它往往在关键的时刻发挥关键的作用。

"显性堤坝"与"隐性堤坝"在多大程度上能够发挥自身的作用呢?"显性堤坝"为决策构成了一个显性的既带有约束性,又具有支持性的空间,这个空间为决策溪流行进提供了一个基本的方向,但并不仅仅是单线条的,也有可能是多线条的、多层面的,同样是往东流,决策溪流到底是沿着哪一条港汊,南支流抑或北支流,还是沿着主通道行进,决策溪流是流淌得快速一点,还是减缓一点,"隐性堤坝"在这时都将发挥重要作用,甚至是决定性的作用。

4.2.3 决策堤坝的功能

4.2.3.1 束流

决策堤坝为决策溪流的行进提供了一个"渠"的空间结构。一方面,"堤"限定了决策溪流只能在这样的空间行进,否则任何的政策思想、政策方案、政策意见即使产生了,也不可能流淌到目的地;另一方面,"坝"起到调节阀的作用,因为由"堤"构建的渠状决策空间,对决策溪流的流量容纳是有限的,而且在渠的某些段落,可能会突然地变窄,如果对决策溪流不加以调节和控制,就完全有可能超出决策渠本身所能容纳和承受的能力,从而导致决策的中止或停滞。

决策堤坝的束流功能主要表现为以下三个方面:一是将决策溪流纳入决策渠,无论是一般性的社会公众关于重点建设项目的意见,还是技术专家和政策专家的意见,只有纳入(汇入)到决策堤坝构成的"渠"中,这些意见才能沿着决策溪流整体前进的方向继续向目的地行进;二是对超过"渠"能力的信息进行滤选甚或屏蔽、删除,采取的方式就是对某些意见不予理睬,或者直接驳回,以维护"渠"的功能正常运行;三是控制溪流行进速度,对某些意见给予延缓处理或暂时性搁置。

4.2.3.2 导流

决策堤坝不仅仅被动地对决策溪流做出反应,而且能够做出主动的引导与控制。决策溪流行进的目的地在哪里,即行进到哪个地方就可能结束进程,以及行进的进程途中要经过哪些环节,这都是由决策堤坝内在地规定。所谓内在地规定,主要是指由决策堤坝的硬质构成要素与软质构成要素本身的特性所决定的。例如,关于国家重点基建项目决策相关的法律法规一经制定,就不会轻易地做出修改和变更,国家决策制度一经形成就可能相沿成习,文化规范在相当长的一段历史时期基本上很难发生根本性的改变,特别是民族心理、国民认知和心态、意识形态、思维定式,等等。决策堤坝的这种导流功能对现实的决策活动具有十分重要的影响,特定时期决策过程中这种导流功能会形成一种“路径依赖”,直接影响着特定的决策活动。

4.3 决策溪流

4.3.1 溪流与决策溪流

决策过程类似于渠中溪流的行进,本书称之为决策溪流。

根据金登的过程溪流理论,在整个决策系统中,存在着三种溪流,由各种问题的数据及各种问题、各种定义的组成部分所形成的问题溪流。由涉及政策问题解决方案的组成部分的政策溪流。由国民情绪、舆论、利益集团活动、各种选举活动、政府中的重要活动等组成的政治溪流。金登认为,在一个关键的时间点上,当三条溪流汇合到一起的时候,问题就会被提上议事日程,这样的时间点也就是“政策之窗”(policy window)。三条溪流的交汇就是一项政策的形成或者决策的产生。

在现实的决策过程中,关于制定某一项政策的思想和观点是普遍存在的。但是只有少数的思想和观点能够进入由决策堤坝构成的决策渠中,并在决策动力的推动下,按照决策堤坝的特点行进。本书关于决策溪流的讨论,主要就是针对这些进入决策渠的政策思想和观点。那些不能够进入决策渠的政策思想和观点,可能会在决策渠周围徘徊一段时间,也有可能就此泯灭消失,如果徘徊一段时间后,遇到合适的时机,也有可能进入决策渠并纳入决策溪流而行进。由于决策堤坝的作用,某些政策思想和观点在决策渠中行进一段时间后,也有可能沉淀下来,或者被“决策坝”拦截。此后,有两种可能的结局:一种是溪流被过滤或澄清后再从坝闸流出,另一种是被引出决策渠(溪流被放弃了)。

4.3.2 决策溪流的构成

在一条决策渠中行进的决策溪流是由不同性质的众多溪流组成,有的提出问题、探究问题、深化问题,有的提出建议、陈述方案,有的营造氛围,等等。本书借鉴金登提出的三条过程溪流,将决策渠中流淌着的不同溪流,归整为三种溪流,即议题流、政策流、政治流。

首先,某个问题进入决策渠,那就不仅仅是停留在问题的阶段,而表明这个问题成为各种参与决策的主体所关注的对象,成了众议之问题。议题相比较于问题,不仅是问题演进的一个新阶段,而且表明了问题的政策性特征逐渐得到突显。当人们(并不仅仅是指民间人士,也有执政部门人士)在议论"要是有一座桥连接南通和常熟就好了""有什么办法能避免舟行江上带来生命财产安全风险""过江去上海能不能更方便些"等话题时,这些都是问题,但如果没有纳入决策渠中,就不能视作决策溪流的一部分。议题流是决策溪流的基础和前提。

其次,当人们在议论一个问题的时候,也许并不是每个问题的发端者或者参与讨论者都有一个清晰的解决这个问题的方案,但是可以肯定,只要这个问题成为议题的时候,与议题紧密结合在一起的,就是针对议题的解决方案,我们姑且把这些方案称之为政策(未确定的)。例如,当大家在发问或讨论"有什么办法能避免舟行江上带来生命财产安全风险"之类的问题时,建一座桥或修一条隧道之类的想法也许就已经产生甚或正式提出来了。为此,我们可以顺理成章地认为,议题流与政策流是共生的。但议题流与政策流是否同行呢?答案可能并不确定,即有时结合在一起同行,有时则分离各自前行。因为针对一个议题的解决方案并不仅限于一个,而且可能有多个,这些不同的方案一旦与议题共生,就将在决策渠中按自身的特性行进。因此,本书把政策方案的行进过程称为政策流。政策流是决策溪流的核心和主体。

再者,什么样的问题能进入决策渠,不仅取决于决策渠自身的构建特点,也在于有什么样的政治空气。什么样的议题能够伴随与之共生的政策方案行进到溪流终点,什么样的政策方案能够作为富有竞争力的备选方案,这也很大程度上依赖于当时的政治空气。决策渠中的政治空气也是流动的,不断演化的,也具有一种溪流的性质。金登认为,政治溪流独立于问题溪流和政策溪流而流淌,其构成因素包括公众情绪、压力集团之间的竞争、选举及其结果、政党在国会中的席位状况、意识形态在国会中的分布状况,以及政府的变更等。[①]他的这个结论给我们分析政治溪流的构成提供了基本线索,即政治溪流的源头是在公众、压力集团、政党、政府等方面。理解国家交通重点建设项目决策过程中的政治溪流也可以借鉴这个思路。

就公众情绪来看,能够反映和观察公众情绪的载体,无外乎新闻媒体、互

---

① [美]约翰·W.金登:《议程、备选方案与公共政策(第2版)》,丁煌,方兴译,中国人民大学出版社,2004年,第145页。

联网络、公众的"散步"、信访、投诉、给执政部门写信；人民代表大会和政治协商会议期间，人大代表和政协委员的提案，等等。通过这些载体，决策者可以体察到公众的情绪及利益诉求，从而在政策选择方面做出可能的反应。公众情绪能否进入决策过程，就在于其对执政部门是否能形成一种"必须作为"的压力，压力的大小与执政部门因应公众情绪的机制及执政部门首脑的个人素质，以及这种公众情绪与执政部门的意识形态、执政理念、政策理念、决策规划等是否能够形成同频共振密切相关。

为了推动南通过江通道项目决策的议题流和政策流的行进，1993 年和 1996 年南通市政府两次打报告给江苏省政府，要求将南通过江通道列入 JICA 开发调查项目；1996 年 1 月南通市政府还直接将"关于请示同意建设南通市过江隧道"的报告呈送时任国务院副总理邹家华；1996 年 3 月，南通市 6 名全国政协委员在全国政协八届四次会议提出了第 0949 号提案《吁请国家有关部门尽快将南通长江公路隧道列入议事日程》，南通市沈启鹏等全国人大代表连续两次征得包括南京大学校长及苏州、无锡市长在内的 32 名代表签名，在全国人大八届四次会议上提出《建议国家尽早批准南通长江公路通道》的提案；1998 年民盟南通市委向江苏省政协提出《吁请省有关部门尽早将南通长江公路通道项目列入议事日程》的提案。其后通过提案分办机制，国家计委、交通部、科技部都给该项目审批挂了号，国家计委等部门还先后给予了答复，这就表明来自人大代表、政协委员的政策建议进入了决策渠。同时，南通新闻媒体以《世纪大礼》《促苏通大桥早日上马》《共筑迈向新世纪金桥》《扬子江上打桥牌》等为题的有分量的报道，及时报道项目前期工作的每一点新消息。

特别需要关注的是，在当代中国，执政部门首脑的变更对政治流行进的影响。例如中国共产党各级党委和国家各级政府换届，换届最关键的是各级执政部门领导的变更，领导的变更一般都会带来和形成某种与上一届不同的政治空气（包括宏观的政治空气和微观的政治空气）。政治流是决策溪流的支撑和动力源之一，它为议题流和政策流的行进提供了土壤，土壤可能是肥沃的，也可能是贫瘠的。

需要指出的是，在讨论政治溪流时应注意其与决策语境中的事件性力量做出区别。金登在论及政治溪流时指出"这种国民情绪以明显的方式经常发生变化"①，再者如"压力集团间的竞争、选举结果、政党或者意识形态在国会

---

① ［美］约翰·W.金登：《议程、备选方案与公共政策（第 2 版）》，丁煌，方兴译，中国人民大学出版社，2004 年，第 185 页。

中的公布状况以及政府中关键人事的调整"①这些方面的因素也不可避免地
要经常变化,如此,"经常变化"这一特征就与布罗代尔界定的短时段时间是
相一致的,都属于事件的层面,都属于历史进程中的事件性力量。因此可以认
为事件性力量是构成政治溪流的重要组成部分。但是并不是一个决策系统内
所有发生的事件性力量都构成了某一项决策的政治溪流。在这里需要始终明
确的是,我们在讨论决策溪流时都是特指某一项决策的决策溪流,因为任何情
况下,此项决策的决策溪流与彼项决策的决策溪流都是有所区别的,即决策溪
流具有特定性和具体性,因此与之相伴随的政治溪流也是特定的和具体的,这
与上文在讨论决策堤坝与决策语境之结构性力量之间的区分是相类似的。例
如,可以认为邓小平同志 1992 年的"南方谈话"是对决策溪流具有重要影响
的事件性力量,但其并不构成特定的决策项目(如南通长江过江通道项目)决
策过程中政治溪流的一部分,因为这一事件性力量的影响并不是特定的。

4.3.3 决策溪流的行进

议题流、政策流和政治流,这三者是独立行进的三条溪流,还是本质上是
步调基本一致的决策溪流的三个部分?

金登认为,"独立于问题溪流和政策溪流而流淌的是政治溪流"②,"不管
问题溪流和政策溪流怎样,政治溪流都是按照它自己的动态特性和规则流动
的"③。尽管其没有明确回答问题溪流与政策溪流是否是相互独立的溪流,但
至少可以看出,他认为政治溪流独立于问题溪流和政策溪流。放到当代中国
国家重点基建项目决策进程中,也是这种情况吗?

这种情况是很难想象的。如果议题流独立于政治流行进,那到底能走多
远? 政策流亦是如此,独立于政治流的政策流,"笑到最后"的机会将微乎其
微。中国有句俗语,叫"看菜吃饭",也有"到什么山头唱什么歌"的说法。问
题能否纳入决策渠成为议题,离不开适宜的政治空气,当议题流沿着决策渠行
进时,也必须时刻关注政治空气的变化和发展(政治流),如果不结合政治流,
议题流就会逐渐干涸,甚至突然消失。政治流的不同,即使是针对同一个问题
的具体议题也会发生变化。

---

① [美]约翰·W.金登:《议程、备选方案与公共政策(第 2 版)》,丁煌,方兴译,中国人民大学
出版社,2004 年,第 145 页。

② [美]约翰·W.金登:《议程、备选方案与公共政策(第 2 版)》,丁煌,方兴译,中国人民大学
出版社,2004 年,第 145 页。

③ [美]约翰·W.金登:《议程、备选方案与公共政策(第 2 版)》,丁煌,方兴译,中国人民大学
出版社,2004 年,第 163 页。

　　建设南通向南跨越长江的通道,这个问题很大程度上源于南通自身的发展需要。在20世纪初叶,随着洋务运动的扩展,实业兴国的理想在一些先进知识分子的心中扎根,南通籍的实业家、教育家张謇在南通创办了大生纱厂及一系列相关的加工工业和文化教育事业以后,南通对外交通尤其是跨江交通的迫切性日益突显出来。为此,张謇在南通修筑了唐闸至天生港的道路,这也是当时江苏省第一条公路。此后,他又租用江轮,开通了南通到上海的客货运输。在当时的政经环境下,跨江交通的问题采用这样的解决方式就算是一个很好的方案了。中华人民共和国成立以后,特别是改革开放以来,南通的交通条件不断优化,1983年南通建成了长江上第一个万吨级码头,1993年建成南通机场,1995年建成宁通(南京至南通)高等级公路,2000年新长铁路南通段顺利建成,这样,深水港口、机场、高速公路、铁路齐聚南通,在这样的形势下,建设连接苏南、南达上海的过江通道问题让各方更为期盼,尽管已经存在渡轮的交通方式,但过江交通这个问题又演化为建设大桥或者隧道的议题。

　　政策流也是这样,由于政治流的行进变化,那些在以前认为似乎可行的政策方案就会变得不可行,进而遭到放弃的命运。南通过江通道方案从着力研究隧道方案到桥梁与隧道比选方案,再到重点研究桥梁方案,就反映了政策流因应政治流的变化而发生了改变。1978年中国共产党十一届三中全会以后,江苏经济提速显著,过江交通量猛增,南京大桥已不能适应需要,此时交通部提出“三主一支撑”规划(形成交通主通道、主枢纽、主骨架,为经济社会发展提供交通基础设施支撑),江苏省委、省政府提出“积极提高苏南,加快发展苏北”的要求,为此江苏省交通主管部门提出了建设江苏省长江第二通道这一政策建议,激发了沿江各市开展跨江通道建设的积极性,各市纷纷就本市范围内建设过江通道开展前期研究。此时处于改革之风甚劲之时,1992年春,邓小平同志发表了“南方谈话”,在全国上下形成了又一波进一步解放思想、扩大改革开放的热潮。1993年英吉利海峡海底隧道建成的消息,让世界为之振奋。南通市成立了过江隧道筹备处,并于当年邀请曾参加英法海底隧道工程前期工作的英国特法佳(TRAFALGAR HOUSE)等公司有关专家,到南通考察过江通道项目。1994年1月,又与日本大成公司专家委员会专题研究南通长江公路隧道工程。1993年和1996年接连两次向国家科委申报将南通过江隧道项目列入中日技术合作(JICA)渠道项目。1995年12月16日国家科委主任宋健来南通视察工作,南通市专门汇报了这个项目,1996年1月26日《南通市人民政府关于请示同意建设南通过江隧道的报告》呈报给了国务院副总理邹家华。到这个时候,南通过江通道采取隧道方案已成为政策流的主流。

　　但是,主流之外,一个关于桥梁的政策方案也在逐渐形成。1994年江苏省交通主管部门开展了江苏长江南北过江通道研究。1994年12月国务院副总理朱镕基视察南通,1996年1月国务院总理李鹏视察南通,均听取了南通过江通道研究情况的汇报。邹家华副总理的批示是请交通部牵头拿出方案,为此,交通部委托交通部公路规划研究院做专题研究,这为桥梁方案的深化提供了重要条件。1996年5月27日召开南通—常熟公路隧道预可行性研究工作座谈会,明确提出对桥隧两个工程方案做同等深度的比较。江苏省交通厅总工程师陈冠军还在会上以省人大代表的身份,公开呼吁,开展南通过江通道研究,至少要在省这个层面进行统一规划协调。这个呼吁,实际目的是把南通过江通道研究的主导权放到省交通厅,原来南通隧道筹备处做的工作基本上将被视作基础性的工作。而由于拟承担南通长江隧道工程的中港合资公司三江(中国)发展有限公司的破产,为隧道方案逐渐让位于桥梁方案提供了契机。但是这还不够。同在1996年5月,台湾的台塑集团关联企业——台湾东怡营建公司董事长应邀到南通洽谈隧道项目,在了解到项目复杂的审批程序后,他们基本上失去了信心。这样也使得隧道方案逐渐处于下风。1996年10月20日,南通市人民政府、江苏省交通厅、北京华达工程咨询公司(中国交通部公路规划研究院下属的公司)签订了委托合同,由华达公司开展桥梁方案研究。而在1997年2月,南通市计划委员会和上海隧道院签订了委托合同,由上海隧道院深化隧道方案研究,南通市计划委员会是南通隧道筹备处的主干力量,上海隧道院是隧道方案的主要提供者,尽管开展了桥隧比选研究,但实际上桥梁方案在由省、部承担主导之后,就处于上风位置了。

　　如前所述,议题流与政策流是否同行存在不同的情况。议题与政策方案是共生的,提出问题的同时也实际上提出了解决问题的可能方案,这符合人们的思维逻辑。例如,要想办法改善两地之间的交通状况,当这个问题进入决策渠转化为议题时,关于在两地间建设高速公路抑或高速铁路、开辟航线的政策建议也同时存在于议题的讨论中了。从议题与政策方案的发生阶段来看,议题流与政策流是同行的。但是当议题流得到深化以后,即随着议题流的行进,推动形成了决策主体之间的共识时,议题流就成为一种稳定的状态,那么与之相伴生的政策流将独自地向前行进。当南通与对岸常熟之间要建设过江通道已经获得了广泛共识时,下一步需要深入讨论的就是选择什么样的建设方案,具体就是到底是采取桥梁方案还是隧道方案。议题流与政策流并不是截然分开的两股溪流,在一定程度上,政策流也是议题流的一部分,因为"选择什么样的建设方案"本身也是议题的一种表达方式。

4.4　决策动力

由议题流、政策流、政治流组成的决策溪流进入决策渠之后，如果没有其他力量的推动，决策溪流就不可能前进，也不可能到达决策流的目的地。经常见到的情况是，一个长时间受到公众讨论的修建一条高速公路的提议，在不经意间就再也没有动静了；一份项目建议书，摆在决策部门的案头，一放就是经年累月；等等。问题出在哪里？推动溪流行进的力量来自于哪里？

本书把推动决策溪流行进的力量称为决策动力。

4.4.1　决策动力的构成因素

决策是决策主体的行为。决策主体包括个人与由个人通过某种规则形成的组织。一位公民、一位政府官员、一位政党领导人、一位专家学者，等等，他们在决策过程中的作用也许是巨大的，但是组织的力量更不能忽视，"应该将组织作为充满活力的社会结构来进行分析"①，特别是作为"执政部门"的诸多组织结构，其中的一分子也许影响了组织、操纵着组织，但是其影响、操纵仍然需要遵循组织的规则，从而转化为组织的行为。所以，本书基于个体行为的动力特征与组织行为的动力特征，来分析决策动力的构成与运行机制。

从个体行为来看，个体的有限理性和有限感性是个体行为的基础。当个体认知到决策情境，会激发起参与决策的积极情绪和态度，积极参与议题流和政策流的讨论，参与政治流的演进。新任的执政部门领导往往秉持"新官上任三把火"的态度和热情，对面临的决策情境总要做出点什么，当议题流和政策流在决策渠中行进的时间已经足够长的话，决策的利益相关人都盼望着新任官员能够有新的举措来推动决策溪流的行进，这时，新官的"这把火"可能就会烧得更快、更旺。执政部门换届实质上也是执政部门领导的更替，而且主要是"一把手"的更替，新任"一把手"一般都有新的工作思路，新的工作思路既有可能是对上一届工作思路的拓展和深化，又更有可能是另辟一个新规划，原有在决策渠中行进的决策溪流可能会继续往前走，但也有可能就干涸消失了，引入决策渠的是新的溪流。执政部门的换届，不仅换来了新的执政领导对决策溪流行进的影响，也换来即将完成本届工作的执政领导对决策溪流行进的关注。例如，2000 年 5 月 6 日，时任交通部部长黄镇东到南通视察时就说，"在 21 世纪初，我们一定要把这座桥建成，2002 年开工，这意味着什么？2003年政府换届，说明这座桥在我们本届政府任期内开工，交通部要争取再为江苏

---

① ［英］米切尔·黑尧：《现代国家的政策过程》，赵成根译，中国青年出版社，2004 年，第138 页。

人民做一件事"。①

决策溪流行进的本身又构成了相对于参与决策者来说的外部条件,这既可能提供有利的决策氛围和基础条件,又可能造成某种压力,甚至是强大的压力。一封署名的人民来信,一篇在党报党刊上刊发的报道,一个突然发生的重要事件,等等,都可能引起决策者的关注及重视。要不要采取行动? 对决策者来说是显而易见的压力,作为决策者个体来说,缓解这种压力的可行途径之一,就是对推动决策溪流行进做点什么。

从组织行为来看,组织的职责和自身的利益是组织行为的基础。政府组织,特别是按官僚制规则建立起来的层级分明的政府组织,每一层级的政府组织都有自身的职责定位,履行自身的职责是组织存在的首要前提。因此,为了推进一项决策,如果承担推进这一决策的组织不是很明确,那么往往就可以设立一个新的组织。推进南通过江通道建设项目的决策,按照政府职能分工,起初是由南通市人民政府委托南通市计划委员会负责推动,但在决策溪流行进过程中发现,仅依靠市计划委员会在履行自身职责的过程中来完成这一使命,存在很大的困难,因为这不仅涉及计委的职责,也涉及其他部门的职责,为此,南通市又在综合市计委、外经委有关职责的基础上,成立由常务副市长兼任主任的南通市过江隧道筹备处,专门配备了隧道工程、水文工程、英语翻译和计算机软件设计等专业人员,从而形成以专门机构负责项目决策推进的局面。

在层级组织中,尽管"高层的组织行动或规划行动构成了基层决策的约束条件,但并不一定预先确定了基层的决策"②,但是,高层的组织行动或规划行动对基层行动形成一种倒逼机制。

4.4.2 决策势能

势能与动能是物理学的概念,所谓势能,是指物体由于位置或位形而具有的能量,具体可分为重力势能、弹性势能、分子势能、电势能、引力势能。所谓动能,是指物体由于运动而具有的能量,它通常又被定义为使物体从静止状态至运动状态所做的功。势能与动能具有相互转化的规律,势能可以转化为动能,动能又可以转化为势能。例如江河上的水坝,水坝把奔流前进的水流拦住后,促使水位升高,动能转化为势能,随着水位越升越高,势能也在累积,一旦把闸门打开,水流奔腾直下,速度和冲击力都较之未拦蓄之时大为增强,此时

① 张振刚:《跨越天堑——苏通大桥立项记事》,未正式出版,2002 年,第119 页。
② [英]米切尔·黑尧:《现代国家的政策过程》,赵成根译,中国青年出版社,2004 年,第164 页。

势能转化为动能。如果坝底安装有发电机，则奔腾直下的水流推动平常水流根本推不动的庞大轮机飞速旋转，动能因此转化为电能。

势能这一概念包含的核心要素是能量累积。能量累积不仅是一种物理现象，也是一种若干领域普遍存在的现象。例如，王银芹、汤丹就提出了"文化势能"的概念①，他们认为，文化势能是优势文化体对弱势文化体的一种心理上的吸引、可信任和被接受程度的总和，一般而言，优势文化体具有更为独特的文化异质性或者更强的综合实力。文化势能是跨文化传播的动力来源，是推动文化这类信息传递的能量（他们也将之称为"信能"）。不同文化体之间的文化异质性和综合发展实力差距是文化势能产生的原因，由于这种差异性和差距性带来的双方相互吸引和被接受程度上的落差，不同文化主体之间的落差就带来了一种心理势能，这就形成了文化势能。他们揭示了势能概念的一个十分重要的内涵，就是差距（落差）带来了能量累积。

丁东铭和罗公利把"势能"这一概念应用到构建（和完善）当代中国生态文明社会建设的制度体系的分析中②，并提出了"制度性势能"的概念。这一概念来源于力学中的"重力势能"概念，用制度性势能来"特指公共政策法制化后提高公共政策执行力的状态及其过程"。③ 他们提出："在建设性后现代主义视域下发挥生态文明社会内涵的制度性势能，基本上等同于发挥'科学发展观'的制度性势能"④，并认为"科学发展观"对公共政策制定具有某种制度性势能，这是颇有创见的观点。他们进一步提出，可以从创新经济发展指导思想和创新制度两个方面来发挥"科学发展观"的制度性势能，在创新经济发展指导思想上，既不应盲从新自由主义，又不应过分强调"GDP"；在创新制度上，"将社会维度融入公共政策，并在法制层面完善针对公共政策以及公共政策决策主体和执行主体的监督制度体系"。⑤ 透过他们的这些观点，可以认为，所谓制度性势能，就是完善的制度规范与现实之间的落差，或未来愿景与现实状况之间的差距，这种差距（落差）带来了需要不断改进现实状况的能量

---

① 王银芹、汤丹：《文化势能对跨文化传播的影响》，《新闻前哨》，2011 年第 8 期。

② 丁东铭、罗公利：《生态文明社会内涵在公共政策导向中的制度性势能》，《青岛科技大学学报（社会科学版）》，2012 年第 1 期。

③ 丁东铭、罗公利：《生态文明社会内涵在公共政策导向中的制度性势能》，《青岛科技大学学报（社会科学版）》，2012 年第 1 期。

④ 丁东铭、罗公利：《生态文明社会内涵在公共政策导向中的制度性势能》，《青岛科技大学学报（社会科学版）》，2012 年第 1 期。

⑤ 丁东铭、罗公利：《生态文明社会内涵在公共政策导向中的制度性势能》，《青岛科技大学学报（社会科学版）》，2012 年第 1 期。

累积,而造成这种能量累积的首先是依靠把制度规范构建好,所以称之为制度性势能。

决策溪流的行进并非自始至终都能顺畅地流淌,而是在决策坝的阻挡下,往前行进的溪流会被迫暂停下来,并在决策坝处不停地累积,这突显出政策建议设定的目标与未做出决策的现实状况之间形成的落差,累积的溪流对决策主体而言,往往带来明显的心理压力,这就标志着决策势能形成了。

1992 年邓小平发表了重要的"南方谈话",如同一颗精神原子弹,迸发出了巨大的改革开放能量,"发展是硬道理"的号角响彻神州大地。从推动南通市经济社会发展的角度来看,提出了建设南通过江通道的议题。南通市与苏州市 1978、1986、1992 年国内生产总值及人均 GDP 比照如表 4-1 所示:

表 4-1　南通市与苏州市某三年国内生产总值及人均 GDP 比照表

年份	国内生产总值(亿元)			人均 GDP(元)		
	南通市	苏州市	南通：苏州	南通市	苏州市	南通：苏州
1978	29.39	31.95	1：1.09	408	614	1：1.5
1986	78.81	104.06	1：1.32	1055	1927	1：1.83
1992	186.5	359.69	1：1.93	2393	6345	1：2.65

资料来源：张振刚：《跨越天堑——苏通大桥立项记事》,未正式出版,2002 年。

从表 4-1 可以看出,在 20 世纪 70 年代末,南通和苏州两市的经济总量大致相当,当时南通和苏州工业化均处于起步阶段。改革开放以后,两市的差距快速拉开,到 1992 年,苏州市的经济总量几乎相当于南通市的 2 倍,人均 GDP 甚至超过了 2.5 倍。这种明显的差距引发了南通市执政部门和政策热心人士的思考:导致巨大差距的原因在哪里? 他们得出的结论就是,南通为长江所隔,与以上海为龙头的长三角开发开放区的联系受到严重阻碍,南通的"难通"制约了人流、物流、资金流、技术流、信息流向南通传输,制约了项目的引进和投入,为此必须加快解决南通过江交通问题。时任南通市市长徐燕指出:只有解决过江交通,才能真正把南通和江南连成一片,才能切实加快发展。

而于此前,因 1987 年"5·8"沉船事故直接导致省级层面交通运输主管部门加快拿出了长江江苏段上建设第二个公路通道的研究报告,提出了南通天生港和南通农场两个桥隧位。由南通市科协承担的南通过江隧道建设项目调查于 1991 年 6 月启动,1992 年 4 月拿出了调查报告,并作为当年 11 月中国国际工程咨询公司关于南通经济发展"九五"规划咨询的重要基础性材料。

应该说,由建设南通过江通道的议题流(伴随着政策流)至此已经在南通市执政部门这个决策坝位置累积了很高的能量,对南通市执政部门而言,必须采取行动。决策势能既对南通市执政部门产生了决策压力,同时也为南通市执政部门做出决策提供了有利条件。1993年1月4日召开中国共产党南通市委常委会议,会议决定,加快过江通道筹备工作,成立南通市过江隧道筹备处。至此,决策势能转化为决策动能。

由于决策是由一系列的事件和行为组成的,决策势能转化为决策动能时,所采取的决策行为可能并不是单一的,而是综合的。如前所述,关于南通需要建设过江通道的议题流(伴随着政策流)溪流的累积,导致了南通市执政部门做出"成立南通市过江隧道筹备处"这一决策行为,与此同时,透过这一决策行为,也表明了南通市执政部门做出了继续深化"隧道方案"研究的决定。

4.4.3 决策势能与决策动力

决策势能转化为决策动能,需要一个中介。这个中介就是决策主体。决策势能是一种在决策坝位置累积的能量,无论是显性的坝还是隐性的坝,只要在这个位置累积了能量,那么这些能量如何由势能转化为动能,很大程度上取决于处于坝位置的决策主体做出的反应。

由决策势能带给决策主体的压力是引致决策行为产生的重要条件。前文所述,决策主体的行为包括个体性的行为与组织性的行为,而且个体性的行为大多数情况下必须借由或者转化为组织性的行为,才能做出"公认"的决策。亦因此,决策势能给决策主体的压力无论是对个体还是组织,能够体认此种压力的最终是处于组织之中的个体。

决策势能是一种客观的力量。处于决策坝位置的决策主体很难回避,必须做出适当的反应。特别是由某一突发事件引发的决策势能的瞬时增强,其压力也将瞬时增强。由于政府决策的科层金字塔体制,处于执政部门首脑位置的决策主体所受到的压力更为突出。金登也指出,行政当局首脑例如总统"在议程建立过程中居于突出的地位",尽管"总统并非完全控制政策议程,因为许多他控制不了的事件冲击着各种参与者的议程甚至冲击着总统自己的议程"。[①]

4.4.3.1 最初的动力是由谁提供的?

科布、罗斯和洛斯提出了三种议程设定模型:外部推动模式、动员模式和内部推动模式。他们将外部推动模式与自由主义的多元化社会联系在一起,

---

① [美]约翰·W.金登:《议程、备选方案与公共政策(第2版)》,丁煌,方兴译,中国人民大学出版社,2004年,第24页。

这种模式的基本假设是,首先由非政府组织提出问题,通过充分扩展之后,就成为公共(系统性)议程,最终进入制度性议程,该模式中发挥关键作用的是社会团体。当某个团体明确表达不满并向政府提出解决问题的要求时,议案就首先确立了,有共同愿景的团体会力求为他们的要求寻求更广泛的支持。在此过程中,这些不满可能在更大的团体中或在不同的团体间扩散,最终,这种支持者的团体越来越大,他们都力图将议案推广到正式议程中去,一旦拥有必要的政治资源和政治技巧,并能取得反对者或其他议案的支持者的支持,他们所主张的议程就有可能被顺利地推进正式议程。在动员模式中,政府直接将议案置于正式议程中,而不必经过公众普遍意见考验的过程,且议案在政府内不可能会有激烈的争论,公众对于政策及其制定的过程并不清楚,政策正式宣布后,政府领导会通过主持召开会议、安排部署公开活动来动员公众支持新政策,实际上这是由政治领导将议案从正式议程推广到公共议程。在内部推动模式下,政策最初由有影响力的团体提出来,由于这些团体有影响决策的专门通道,所以这些议案不需要寻求公众支持,也不需要与其他的议案竞争。这时,一方面提出和陈述问题,一方面向团体或政府机构阐述不满并提出可能的解决办法,议案的扩展范围仅限于特定的了解相关信息或有利益关系的团体或机构,议程进入完全取决于有决策愿望的组织地位的优越程度①。

尽管科布他们将三种议程设定模式与不同的政体联系在一起的观点并不一定正确,但是可以从中得到启发,即作为决策溪流最初的推动力量来源可能存在如科布他们所描述的三种情况:外部性团体推动型、内部性团体推动型和政治领导推动型。况之于当代中国的政治—行政体系,是一个什么样的情况呢?

以南通长江过江通道项目为例,1986年11月江苏省交通主管部门委托铁道部第二勘察设计院开展江苏省长江第二通道的规划研究工作,1987年6月完成了规划工作报告,提出了在南通建设长江过江通道的两个可能的桥隧位——天生港桥隧位和南通农场桥隧位;20世纪90年代初,南通市一些有识之士大胆提出建设南通越江隧道的设想,这些有识之士大都是人大代表、政协委员或者是政府部门的领导;1991年6月南通市计划委员会委托南通市科协组织本市土建、水利、交通等学会的有关科技人员着手进行南通市过江隧道建设项目调查;1992年4月南通市科协长江公路隧道调查组完成了调查报告,

① [加]迈克尔·豪特利、M.拉米什:《公共政策研究——政策循环与政策子系统》,庞诗,等译,生活·读书·新知三联书店,2006年,第194—195页。

初步论证了建设南通公路过江隧道的必要性和迫切性，并提出了从南通东方红农场到常熟浒浦的选址建议；1992 年 11 月，在中国国际工程咨询公司南通经济发展"九五"规划咨询会上，南通市政府第一次提出了过江交通规划项目；1993 年 1 月 4 日，中国共产党南通市委员会召开常委会议，市委书记陈根兴指出："南通过江隧道是事关南通发展造福子孙后代的头等大事"①，市长徐燕指出："只有解决过江交通，才能真正把南通和江南连成一片，才能切实加快发展"②，会议决定加快过江通道的筹备工作，并成立南通市过江隧道筹备处。从上述的这些推动决策溪流行进的力量来看，主要是省交通厅、南通市委市政府这些执政部门特别是其领导，再者就是科协、学会等体制内的团体组织，也就是说起主要作用的是执政部门领导及体制内团体，而且这两种力量是紧密结合在一起的，体制内团体的力量发挥亦服从于执政部门的安排。本书把这两种情况分别称为执政部门领导推动型和体制内团体推动型。

然而，是否存在由体制外团体推动的情况呢？回答这个问题，首先要回答在当代中国的政治—行政体系中，是否存在体制外团体，如果存在的话，那么体制外团体通过何种方式来实现推动决策的行为？本书考察的时间段主要集中于 1990 年代以后，1989 年和 1998 年国务院先后出台了《社会团体登记管理条例》及其修改版，其中明确规定："成立社会团体，应当经其业务主管单位审查同意"③，而且又进一步说明："国务院民政部门和县级以上地方各级人民政府民政部门是本级人民政府的社会团体登记管理机关（以下简称登记管理机关）；国务院有关部门和县级以上地方各级人民政府有关部门、国务院或者县级以上地方各级人民政府授权的组织，是有关行业、学科或者业务范围内社会团体的业务主管单位（以下简称业务主管单位）。"④由此可见，社会团体实际上附属于业务主管部门之下，当代中国的社会团体是社会组织的一种。

王颖依据中国的社会团体在民间性程度上所存在的差异，具体根据社会团体领导与人员、经费来源两个维度进行区分，分为官方主导型、半官半民型和民间主导型三种。如表 4-2 所示：

---

① 张振刚：《跨越天堑——苏通大桥立项记事》，未正式出版，2002 年，第 31 页。
② 张振刚：《跨越天堑——苏通大桥立项记事》，未正式出版，2002 年，第 31 页。
③ 《社会团体登记管理条例（1998 年修订）》，国务院令第 250 号，1998 年 10 月 25 日，来源于法律图书馆网站：http://www.law-lib.com/law/law_view.asp?id=399。
④ 《社会团体登记管理条例（1998 年修订）》，国务院令第 250 号，1998 年 10 月 25 日，来源于法律图书馆网站：http://www.law-lib.com/law/law_view.asp?id=399。

表4-2 中国的社会团体类型分类（一）

社会团体类型	领导及人员	经费来源	代表性团体
官方主导型	主要领导和工作人员均为党政部门批准和任命的在编专职人员	由国家财政划拨或由强制性会费缴纳提供	工会、妇联
半官半民型	主要领导由政府职能部门或官办性质很浓的企业组织、事业单位和官方型社会团体的主要领导兼任	由主管部门的财政和非财政经费划拨,部分由自己筹措	个协、私协
民间主导型	与挂靠或主管单位无人员交叉	经费基本自理	文、体、卫生、宗教及联谊性社会团体

资料来源：王颖：《中国的社会中间层：社团发展与组织体系重构》,《中国社会科学季刊》（香港）,1994年第6期。

黄卫平、汪永成从组织体制和与政府关系的角度把我国的社会团体分为四类：高度行政化的社会团体、相当行政化的社会团体、基本上民间化的社会团体、纯民间化的社会团体。他们考察了三个方面的区分维度,将他们的观点列表如表4-3所示：

表4-3 中国的社会团体类型分类（二）

社会团体类型	团体领导	行政级别	与党政机关的关系	代表性团体
高度行政化的	由同级党委决定,视同国家公职人员	有	直接接受各级党政机关的领导,视同党政机关	工会、共青团和妇联
相当行政化的	由各级党政部门任免,享受国家公职人员待遇	有	承担部分行政管理职能,有一定编制	工商联、足球协会等各种行业管理协会
基本民间化的	主要领导由学会自己推选产生并报经主管机关批准	极个别有	极少数也享有事业单位编制和行政级别的待遇	各种学术社会团体
纯民间化的	自主产生	无	大多数还游离于政府管理视野之外	公民自助组织、兴趣组织等

资料来源：黄卫平、汪永成：《当代中国政治研究报告Ⅱ》,社会科学文献出版社,2003年,第34页。

黄卫平的分类较之王颖的分类更详细一些,相当行政化的和基本民间化的两种类型与半官半民型比较接近。黄卫平等认为前三类均可视为体制内的社会团体,后一类可视为体制外的社会团体。

在王颖和孙炳耀2002年合著的《中国民间组织发展概况》①一书中,曾把当时中国全国性社会团体分为17类,其中只有不到5%可以列入纯民间化的社会团体。

陆明远提出,"但从总体上看,中国社会团体的社会意见表达功能还处在一个比较低的水平上,还有待于进一步加强",同时他认为"造成这一问题的根本原因就在于政府与社会团体之间的利益统合关系,即政府与社会团体在部门利益、组织结构、运作方式、管理服务手段等方面保持高度的一致性"②。实际上这也从另一角度说明了当代中国社会团体具有明显的体制内特征。

因此,当代中国的体制外团体是存在的,但是更多情况下处于一种不清晰的隐形状态,活动空间有限,更多时候的参与,是以一种比较松散的形式进行的。例如沪杭磁悬浮交通项目,上海部分市民就是通过随机性组织起来以公开的、集体性的"散步"方式表达了自己的不赞成态度。因此,说体制外团体推动的根据并不坚实,倒是可以认为是一种体制外因素影响类型。

根据迈克尔·豪特利和M.拉米什的研究,议程设定的核心问题不是有关的政体,而是解决问题的政策子系统的特征,它决定着是由政府还是由社会首先提出政策程序及解决问题的公众支持程度③。他们的这一观点促使我们从逆向进行思考,即解决问题的公众支持程度又与问题的性质密切相关,公众关注度高的问题,其解决方案同样能得到公众更高的关注,公众更有可能支持去解决这一问题。例如,在国家交通重点建设项目中,征地拆迁的补偿问题是与之相关的公众密切关注的问题,对于这一问题的解决方案,公众的参与度甚至支持度都会很高;又如,交通线路上互通枢纽的设置问题,与之相关的公众更广,公众关注度更高,他们对于解决方案充满更积极的推动意愿。这样,也许可以换一个说法,即问题的性质决定了推动力量的主要来源。

4.4.3.2 动能与势能的相互转化

最初的动力提供了决策溪流行进的初始力量,无论是政治流,还是议题流、政策流,一旦在决策渠中行进,就将面临要么逐渐加强,要么逐渐减弱或消

① 王颖、孙炳耀:《中国民间组织发展概况》,载于俞可平,等《中国公民社会的兴起与治理的变迁》,社会科学文献出版社,2002年。

② 陆明远:《利益统合到利益分离——中国社会团体意见表达功能研究》,《长白学刊》,2006年第4期。

③ [加]迈克尔·豪特利、M.拉米什:《公共政策研究——政策循环与政策子系统》,庞诗,等译,生活·读书·新知三联书店,2006年,第199页。

失的命运。如果决策溪流能够在行进过程中得到来自各方面的力量补充,那么决策动能将不断增强。如果没有决策坝的拦蓄,决策溪流将直接顺畅地奔流到其目的地。但是这种情况是不可能出现的。因为任何决策体系中均存在为决策进行"把关"的构建性要素。决策溪流行进到一处坝的位置时,它总是要暂时地或者长时间地停下行进的脚步。如此之时,决策动能就转变成决策势能了,即决策溪流在坝的位置上蓄积起来,等待合适的时机"开闸放行"。

仍以南通长江过江通道在 1990 年到 1993 年 1 月期间的决策溪流行进的情况来做具体的分析。20 世纪 90 年代初,南通市一些有识之士大胆提出了建设南通过江隧道的设想;1991 年 6 月南通市计划委员会委托南通市科协组织本市土建、水利、交通等学会的有关科技人员着手进行南通市过江隧道建设项目调查;1992 年 4 月调查组不仅论证了建设南通公路过江隧道的必要性和迫切性,而且提出了具体的选址建议;1992 年 11 月,南通市政府在中国国际工程咨询公司南通经济发展"九五"规划咨询会上第一次提出了过江交通规划项目。从这几个主要时间节点看,议题流、政策流和政治流都在行进,而行进的方向就是要到达南通地方最高执政部门这一决策坝位置。1993 年 1 月 4 日,中国共产党南通市委员会召开常委会议,充分强调建设南通过江通道的重要性和必要性,同时会议决定成立南通市过江隧道筹备处以加快过江通道的筹备工作。至此,被拦蓄于南通地方最高执政部门这一决策坝位置的决策溪流被开闸放行,使得决策溪流以更快的速度向下一个目的地前进,决策势能转化为决策动能。从这里也可以看到,议题流与政策流可能较之政治流行进的更快,但是要冲出决策坝的阻拦就必须等待政治流的到来并与之密切相伴。

本章小结

决策溪流并不是无拘无束地流淌,它总是被纳入到一个相对确定的决策渠中,以保证溪流即使偶尔溢出决策堤坝,也不至于破坏整个决策系统。由决策堤坝构成的决策渠之所以被认为是相对稳定的,那是因为构成决策堤坝的硬质要素和软质要素也会因情况而发生变化,如果决策溪流的力量足够大,决策堤坝也将做出必要的调整。

决策溪流的源头不易被辨识,例如对于问题的最初发源地,可能很难有一个确切的点,在南通与对岸间的长江上建一座桥,可以说是世世代代、无数人的想法,探究这样一个问题的源头可能比较困难。其次,决策溪流都有其行进的中心,即"裹挟"着某个议题或者是议题的解决方案而奔流向前。议题流和政策流的行进不可能离开政治流提供的基础条件,也离不开政治流提供的有效动力支持。金登可能认为政治流较之于问题流和政策流更为主动,在决策溪流中发挥着操控者的角色作用。这也许是对的。但是,政治流实际上也经常会因应议题流和政策流而做出变化。

　　溪流行进是由决策动力推动的。当决策溪流行进到决策坝处时,溪流有可能被暂时地或长时间地拦蓄下来,决策势能将在决策坝处累积。一旦诱发事件发生了,决策坝打开,势能就可以快速转化为更有力的决策动能,加速推进决策溪流行进到下一个目的地。

第5章

决策溪流中的行动角色：
国家重点基建项目的决策主体

决策溪流的行进是具体的，通过决策主体的行为表现出来。离开了决策主体的行为，就无法理解决策溪流的形成与行进。因此，欲深入探讨决策溪流的形成与行进过程，就不能不考察决策主体的构成及其行为方式。

5.1　决策主体的概念与辨析

决策主体是一个使用十分频繁的概念，对其内涵的界定存在不同的角度和认识。需要探讨的是这一概念对应于具体的决策过程，它主要包括哪些方面的角色，各方面的角色对决策溪流的形成与行进主要发挥着什么样的功能与作用。

5.1.1　决策主体的概念

主体，意指进行认识和实践活动的有意识的人，这里的"人"，既包括个体的人，也包括个体的人的集合如各类机构、组织等。因此，决策主体，一般来说，就是与某项决策密切相关的行动者。这里的"行动者"包括两个方面的含义，一是在前决策阶段中进行分析和评估行为的个体或个体的集合。二是在决策中阶段实际地参与讨论、或参与酝酿、或做出政策决定的个体或个体的集合。主体与客体是相对应的概念，有决策主体，就有对应的决策客体。决策客体一般被视作决策主体行为所针对的对象。决策客体不是本章所要讨论的重点。

论及决策主体，需要关注"公共政策主体"这个概念。陈庆云提出，公共政策主体是指直接或间接地参与公共政策全过程的个人、团体或组织；公共政策主体不仅参与和影响公共政策的制定,而且在公共政策的执行、评估和监控等环节都发挥着积极的能动作用。① 这个观点与陈振明的观点基本一致②,给我们带来两点启示:一是政策主体活动的范围涵盖了政策制定、政策执行、政策评估、政策监控等各个环节,二是政策主体发挥作用的方式既有直接的,也有间接的。

不少研究者根据具体决策类别来讨论决策主体的内涵。例如,任峰和李垣认为,"技术创新的决策主体是对特定创新方案和创新行为实施决定权并产生最终决策的行为主体"。③ 谢琳琳等指出:"公共投资建设项目决策主体有狭义与广义的角度界定,狭义而言,是指在公共投资建设项目活动中,主观意志能力的体现者、决策活动的主动发起者,它在决策活动中处于主导、控制地位,其职能和地位一般在国家的宪法和法律中予以规定,又称为决策者。"④尽管他们指出了决策主体的主观能动性特征,但是界定的范围还是狭窄的。决策并不是一次性的行为或者几个人的行为,而是一个有其始、有其终的过程现象。因此,将决策主体仅限于起决定性作用的个人和群体,并不能很好地说明决策这一现象。而且在民主决策体制下,某些并不掌握公共权力、不占有公共资源的个人或群体,也可能对某项公共决策起到决定性作用,例如决策利益相关者群体的抗议,就可能终止一项决策。在本书的研究视域内,决策主体只是政策主体的一部分,尽管在很多情况下,决策主体可能也就是政策的执行者,甚至参与政策评估和政策监控。显然,决策主体不完全等同于政策主体,因此,本书认为,决策主体与政策主体之间的关系大致相当于包含与被包含的关系。

同时,也有一些学者从分类的角度对决策主体进行更深入的分析。例如,李玲玲将公共决策主体做了区分,指出"公共决策主体应包括政府主体、准公共决策主体(即非政府公共组织、非营利组织)、社会公众"。⑤ 金利和刘建国认为,按不同的分类标准,公共政策决策主体可分为个人主体(如国家元首、公务员和公民个人等)和团体主体(如国家机关、政党、利益集团、大众传媒

---

① 陈庆云:《公共政策分析》,北京大学出版社,2006 年,第 68 页。

② 陈振明认为,政策主体可以一般地界定为直接或间接地参与政策制定、执行、评估和监控的个人、团体或组织。见陈振明主编:《政策管理科学》,中国人民大学出版社,1998 年,第 105 页。

③ 任峰、李垣:《决策主体创新策略对技术创新影响的实证分析》,《预测》,2002 年第 3 期。

④ 谢琳琳、钟小伟、杨宇:《公共投资建设项目决策主体再界定》,《建筑管理现代化》,2005 年第 5 期。

⑤ 李玲玲:《公共决策主体体系分析——基于三元整合理论的视角》,《理论探讨》,2004 年第 5 期。

等),官方决策者(如国家机关、政党等)和非官方参与者(如利益集团、公民个人等),直接决策者(如国家元首、政府首脑与各级行政首长、立法机构首脑与立法人员等)和间接参与者(如利益集团、政党、公民个人等),还有诸如国家公共法权主体、社会政治法权主体和社会非法权主体,决策制定主体、决策执行主体、决策监控主体和决策评估主体,等等。① 这种分类仍然存在一些不足,在当代中国政治—行政体系中,将政党都归为间接参与者,显然是不符合实际的。黄小军在分析工程伦理决策主体时②,将工程伦理决策主体分为个体、组织、社会三个层面来讨论,同时又特别说明,"社会层面的决策,顾名思义,就是全社会范围成员的决策,既可以是个体也可以是个体组成的群体,还可以是专门的机构"。如此说来,个体、组织、社会三个层面的区分并不严格。李雅琴认为立法决策的主体由四类构成③,包括法定主体、次级主体、辅助主体和影响主体,各类主体的具体所指是:法定主体是全国人民代表大会及其常务委员会;次级主体主要包括大会主席团和委员长会议;辅助主体主要包括全国人民代表大会各专门委员会和全国人大常委会的法制工作委员会,以及受委托起草法案的机构和个人;影响主体包括各种利益团体,如中国人民政治协商会议、工会、妇联、青联、残联,或政党、行政机关、公民个人等。她的观点很有启发性,尽管她讨论的主要是国家层面的法律的制定,但对于考察省级层面的规章制度也大体适用。乔杰、金燕基于系统理论的视角,认为我国的公共决策主体体系包括核心层、中间层、外部层决策主体,核心层决策主体包括政党和政府,中间层包括利益集团、非政府组织、社会团体,外部层包括公民、大众媒体。④ 决策主体的分析,无论是从层面上来看,还是从类别上来看,其根本的参照指标,应该集中在两个方面,一是参与还是非参与,二是决定权还是影响权。

在探讨政策议程设置问题时,约翰·W.金登提出了一个"参与者"的概念,他没有从主体的角度来考察决策过程中发挥作用的人员和组织,而是从政府内外参与到决策过程的人员和组织来进行逐一的考察分析。⑤ 他把总统本

① 金利、刘建国:《试析公共政策决策主体之间的政治互动》,《经营管理者》,2011 年第 9 期。

② 黄小军:《工程伦理决策主体的层次思考》,《湖南工业职业技术学院学报》,2011 年第 2 期,第 14 页。

③ 李雅琴:《论立法决策的主体》,《法制与社会》,2010 年第 25 期。

④ 乔杰、金燕:《我国公共决策主体多元体系的建构与完善》,《天水行政学院学报》,2008 年第 4 期,第 27 页。

⑤ [美]约翰·W.金登:《议程、备选方案与公共政策(第 2 版)》,丁煌,方兴译,中国人民大学出版社,2004 年,第 2—3 章。

人、总统的办事人员、政治任命官、文官、国会的参议员和众议员、国会的办事人员作为政府内部的参与者，把没有正式政府职务的参与者包括利益集团、研究人员、学者、咨询顾问、媒体、政党和其他选举有关的角色，以及大批民众视作政府外部的参与者。参与者的概念外延似乎更为宽泛，尽管金登对各类参与者的作用方式、可获资源，以及在建立政策议程中的重要性进行了详细考察，但他明显把政府内部的参与者作为决策的重要力量来进行论述。而且，金登将更多的注意力放在了作为个体的参与者身上，对以群体（组织）来发挥作用的参与者考察得并不充分。

王佃利、曹现强专门讨论过群体决策问题①，对群体进行了说明。他们认为，群体具有四个方面的特征：一是群体由两个及以上的个体构成，而且个体之间有互动；二是群体具有持续的结构，即使群体成员发生了变化，但群体成员之间仍具有相对持续的关系；三是群体成员具有共同的目标或兴趣，这成为凝聚群体的主要力量；四是群体成员具有本群体意识。古斯塔夫·勒庞从群体心理学的角度，认为个体群聚并不能称之为群体，"一千个人可以偶然地在公共场所汇聚，但他们没有什么明确的目的，在心理学意义上，这根本就称不上群体"②，"群体不意味着一定要有一群人同时出现在同一个地方"，如果没有集体心理，就谈不上群体。他的关于群体一般特征的观点，同样也适用于对决策群体的认知。对于称之为决策群体而言，一是组成群体的个体具有大致相同的对于特定决策问题的兴趣与关注意愿，尽管每一个体的利益可能并不完全重合；二是形成了相对一致的政策偏好，南通过江通道论证中形成的桥梁派和隧道派，基本上可以从这个角度来观察；三是决策群体的政策偏好一经形成就很难改变，无论是三峡工程的急建派、缓建派、不建派，还是京沪高铁的轮轨派、磁悬浮派，还是南通通道的桥梁派、隧道派，他们的政策主张基本贯穿于决策溪流行进的全过程。

群体作为自为的决策主体而存在并参与到决策过程中来，其成员的地位和角色功能并不完全相同。也就是说，任何一个群体都不可能是匀质的③，如果作为自为的决策主体的群体，在参与决策过程的效果是实质性的，那么，我

① 王佃利、曹现强：《公共决策导论》，中国人民大学出版社，2003 年第 12 期，第 32 页。
② [法]古斯塔夫·勒庞：《乌合之众：大众心理研究》，陈天群译，江西人民出版社，2010 年，第 14 页。
③ 古斯塔夫·勒庞认为，群体有异质群体与同质群体之分，群体成员由不同的成分组就是异质群体，如果群体成员的成分例如派系、身份等级或阶层大致相同就是同质群体，本书认为，群体之中个体的差异并不是可以忽视的，而且这种差异还是要反映到决策溪流的行进过程中来。

们可以认为,这个群体必须是有相当完备的自组织功能,即它的成员角色不仅具有相互匹配性和协同性,而且也具有成员与成员之间有效的领导性和服从性。如此,决策群体的成员具有不同程度的决策影响力,尽管作为一个整体的参与力量可以得到清晰的判别,但是群体成员的个体力量也不能不加以判别。

需要指出的是社会公众这个概念。作为决策主体来看,社会公众是一个含义比较模糊的主体。既可以在其中找到个体,又可以在其中找到群体。什么是社会公众? 钱维博士曾有过一个界定,他认为,"社会公众是指生活在一定区域内拥有公共选择权力的居民"。① 这里,他并没有区分社会公众作为决策主体,在个体意义或是群体意义上的不同内涵。也许某一个个体由于本身具有相当的社会资源,从而给其带来相比较于其他个体更大的决策影响力。同时,当社会公众作为群体意义上的决策主体看待时,我们不能忽视社会公众自我组织起来的成本和效率问题。

5.1.2 决策者

如此之多的研究者在使用"决策者"这一术语,并不表明"决策者"与"决策主体"是截然不同的概念。

当提到"决策者"这一术语时,似乎存在一个由明确的和有目的的决策者们组成的群体,由这样一个群体来决定政策。但是实际情况也许并非如此,也许很难在一个决策过程中找到最直接的决策者或者最确定的决策者,也许他们只不过是决策过程链条上的一个环节,一个节点,他们识读决策语境,感知决策势能,体认决策溪流,并通过自身传导溪流压力,或者在自身所处的节点上对决策溪流进行滤选,等等。因此,决策者在本质上类似于雾中之花,能够感知得到,但又不能确定为"就这几个"。即使是最终拍板的那一位或那几位人士,他(他们)所做的也许只不过是在决策溪流流到行程的最后关头所呈现的状态下,基于自身的岗位职责,进行一个"不得不这样做"的选择,甚或是没有选择的选择。

科尔巴奇关于政策的"垂直"和"水平"维度的阐述②有助于启发我们厘清谁是决策者。他指出,政策有两个维度,一个是"垂直"的维度,另一个是"水平"的维度。"垂直"的维度可以看成是"统治(rule)",与权威性决定的自上而下传达有关,得到批准的决策者选择那些能够使他们支持的价值得以最

---

① 钱维:《基于决策主体分析的政府投资项目制度研究》,南京理工大学博士学位论文,2007年,第43页。

② [英]H. K. 科尔巴奇:《政策》,张毅,等译,吉林人民出版社,2005年,第31页。

大化的行动路线,并且将这些政策传达到下属的公务员那里去实施。"水平"
的维度是在"行动的构建过程(structuring of action)"的意义上来理解政策,其
关注的是不同组织的政策参与者之间的关系,也就是在垂直权威之外,政策操
作既是横跨组织的界限而发生的,又是在这些界限内发生的。两个维度在实
践中并非可以互相替代,权威性决定的实施要求等级性权威序列之外的其他
相关者的合作,并且水平层面上达成的共识性谅解必须通过垂直维度才能得
以实行。科尔巴奇的观点如图 5-1 所示:

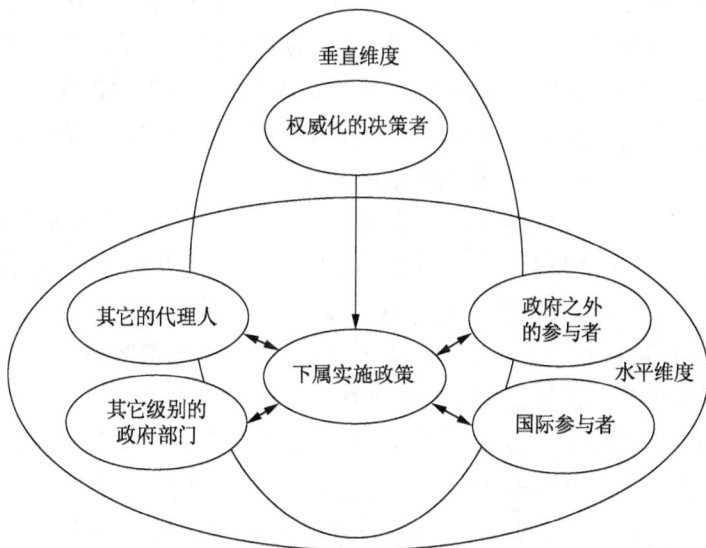

图 5-1　政策的垂直维度和水平维度

资料来源:〔英〕H. K. 科尔巴奇:《政策》,张毅,等译,吉林人民出版社,2005 年,第
32 页。

科尔巴奇认为,在垂直维度上来说,"决策者"是不存在的,只有"统治
者";但是在水平维度上,等级性权威不充分,政策过程有许多参与者,他们之
间存在意见沟通,在这一维度区分"政策制定者(policy-maker)"和"政策接受
者(policy-taker)"没有多大意义。因此,应该集中精力确认那些参与政策过程
的人们,他们如何跻身其中,又做了什么,确认的根据是权威、专业知识和
秩序。

根据科尔巴奇的观点,确认政策制定者,需要将垂直维度和水平维度结合
起来进行考察。不同的社会权威结构及不同的社会秩序结构,带来不同的政
策制定者的确认原则。例如在美国,人们倾向于把政策看成是在立法文件中

表达的东西,那么就可以认为投赞成票的立法者是"政策制定者"。在英国那样的议会体制国家中,立法者的步调是通过政党纪律来统一的,这样议会中立法者似乎就不是那种严格意义上的"政策制定者"了。在当代中国国家重点基建项目决策过程中,政策制定者的辨别也存在很大复杂性。在垂直维度的层级结构中,从行政性权力结构来看,从中央层面的国务院到国务院各组成部门,再到省级层面政府与组成部门、市级层面政府与组成部门、县级层面政府与组成部门、最后到乡镇级层面政府,由于本质上是梯级权威架构,省以下政府和部门在国家重点基建项目决策过程中更多扮演的是政策建议者、政策接受者与政策反馈者的角色。除了政府层面的垂直维度,当代中国还存在另一个公共权威的垂直架构,那就是中国共产党从中央到地方的各级委员会,这是各级政府进行决策的源发中心,直接关系着特定时期政策产出的内容及其发展走向。从决策实践来看,在水平维度上,同样一个层级的决策参与者的权威性有很大的差别,这与掌握的决策资源密切相关。例如同样的省政府的组成部门,发展和改革委员会一般就较其他的部门具有更明显的决策动议力和影响力,又如同样是科研咨询机构,隶属于政府部门(相当于事业单位编制)的那些科研咨询机构①,就较之于民间(私人公司性质)的那些科研咨询机构,具有更直接更明显的决策影响力和咨询力。

借由对决策民主化、科学化的关注,诸如政策研究室、研究院、咨询公司等体制内外的决策咨询机构和智库在决策过程中的作用越发明显,扮演着决策外脑的角色。根据江苏省 2009 年科技统计公报②,截至 2009 年,全省共有各类科技机构 6093 个,其中独立研究与开发机构 149 个,高校科技机构 448 个,规模以上工业企业技术开发机构 5094 个。据此,还有 402 个科技机构应该排除在这三类之外的,实际上有很大一部分是隶属于省、市、县三级政府或政府部门的科技机构,例如研究所、设计院、规划院,等等。参与国家重点基建项目决策咨询和项目论证的决策咨询机构也大部分隶属于政府部门或在市场化改革前隶属于政府的科研咨询机构。例如,参与苏通大桥项目研究咨询的科研机构有十余家,江苏省内的主要是江苏省交通规划设计院有限公司、江苏省交通科学研究院有限公司,这两家都是由江苏省交通主管部门直属的事业单位改制而成的民营企业,与交通运输主管部门存在着比较密切的联系。

---

① 科研咨询机构大部分实行了"事转企"改革,原来隶属于政府部门的设计院、研究院等大部分改制成了设计院(研究院)有限公司,但是与原来隶属的政府部门仍然存在比较密切的关系。为此,本书仍将这些科研咨询机构视作隶属于政府部门。

② 江苏省科技厅网站,http://www.jstd.gov.cn/zwgk/tjsj/20101215/141837500.html。

科研咨询机构的作用主要体现在议题溪流和政策溪流的建构与推进过程中,执政部门官员的作用主要体现在政治溪流的建构与推进过程中。

在执政部门这一决策主体中,存在一个很特别的主体安排,就是在政府部门或类政府部门中设立总工程师或类似于总工程师的职位,身处这个职位的人,拥有双重身份,既有技术专家的身份,又有政府官员的身份。在决策溪流行进中,他们既可以以技术专家的身份对议题溪流和政策溪流的建构与推进发挥直接的作用,又可以以政府官员的身份引导议题溪流和政策溪流沿着政治溪流设定的方向行进。例如,苏通大桥河床演变及河势分析专家审查会专家组的构成情况就体现了这一特点,如表 5-1 所示:

表 5-1　苏通大桥河床演变及河势分析专家审查会专家组构成情况

	姓名	单位	行政职务	技术职称
顾问	窦国仁	南京水利科学研究院		院士
顾问	周君亮	江苏省水利厅	总工程师	院士
顾问	邹觉新	交通部	总工程师	教授级高工
组长	薛鸿超	河海大学		教授
副组长	王　镈	水利部长江水利委员会	总工程师	教授级高工
成员	郭义浩	交通部长江航务管理局	副处长	高工
成员	胡晓晓	交通部规划研究院		高工
成员	蔺延文	中交公路规划设计院		高工
成员	胡凤彬	河海大学		教授
成员	王罗松	江苏省水利厅	副处长	高工
成员	胡建新	长江南京航道局	总工程师	高工
成员	倪　松	南通港务局	总工程师	高工

资料来源:江苏省交通厅:苏通大桥河床演变及河势分析专家审查会专家组,2000 年 4 月 22 日。

从表 5-1 可见,参加政策讨论的专家来自科研咨询机构的有 6 人,来自政府部门的有 3 人(分别来自交通部、江苏省水利厅),来自类政府部门(主要指全额拨款的事业单位)的有 4 人(分别来自水利部长江水利委员会、交通部长江航务管理局、长江南京航道局、南通港务局),来自执政部门的决策参与者占多数。而且担任专家的顾问,由于他们的学术地位很高,因此在专家组讨论中的发言分量最重,往往发挥着"一锤定音"的作用。

又如,1996 年 5 月,江苏省交通厅总工陈冠军在南通—常熟公路隧道预可工作座谈会上发言道:"最理想的是由交通部至少是由省里搞(苏通大桥的)前期工作,现只有南通一家在搞,苏州、南通还未紧密结合在一起。这么大的项目,省计经委、省建委要指导,我作为省人大代表呼吁,至少省里要统一规划协调,否则时间要大大浪费。"①陈冠军作为总工,既是技术专家,同时又是一名副厅级的政府官员,而且还是中国特色的民意代表,因此在决策溪流行进中,他发挥的作用是多角度的。

从以上的考察来看,决策者并不是独立于决策主体的概念,但是决策者这个概念更易于引导人们将其与政策制定者或者政策的直接而强有力的影响者联系起来,当追问一项政策的决策者时,实际上也是深化对该项政策的决策主体的探析。因此,尽管决策者是决策主体的一部分,但是通过对决策者的追寻,更有利于对决策主体展开进一步的辨析。

5.1.3 决策主体辨析

不同的决策主体对决策的作用是不同的,这与他们发挥作用的不同方式联系在一起。

安德森将决策主体分为官方决策者和非官方决策者。② 官方决策者包括立法者、政府首脑、行政人员和法官,他们是有法定权威参与制定公共政策的人。非官方决策者包括利益集团、政治党派、研究组织、大众传媒和公民个人,他们参与决策过程,尽管他们不具备制定公共政策的法定权威,但他们在政策制定过程中提供信息、施加压力、进行游说,等等。基于上文的分析,安德森所谓的非官方决策者,本质上并不能认为是决策者,充其量只是决策影响者。至于琼斯和马瑟斯把政策制定者(他们称之为政策提案者)区分为政府内部的和政府外部的③,即政府内部的包括行政长官、官僚、咨询者、研究机构、议员及其助手,政府外部的包括利益团体和协会、委托人团体、公民团体、政治党派、传播媒介,等等,亦可作如是观。

尽管戴伊认为"决策过程很难像过程模型那样简单",但是,他还是基于决策过程的阶段性划分来细致考察参与决策过程的主体,得出了如表 5-2 所示的分析结果:

---

① 张振刚:《跨越天堑——苏通大桥立项记事》,未正式出版,2002 年,第 50 页。
② [美]詹姆斯・E.安德森:《公共政策制定导论(第 5 版)》,谢明,等译,中国人民大学出版社,2009 年,第 45 页。
③ [美]斯图亚特・S.那格尔:《政策研究百科全书》,林明,等译,科学技术文献出版社,1990 年。

表 5-2　决策过程各阶段的活动及其参与者

过程	活动	参与者
确定问题	公布社会问题 表达对政策行为的需要	媒体 利益集团 社会组织 公共舆论
议程设置	决定就哪些事项做出决定 政府将处理哪些问题	媒体 精英集团，包括总统和国会 政党 问题处理办公室人员
政策形成	将政策建议提升为解决和改进的方案	白宫官员 国会相关委员会 利益集团 智囊团
政策合法化	选择一个方案 寻求对该方案的政治支持 将方案纳入法律 是否违宪	总统 国会 法院
政策执行	组织相应部门和机构 提供报酬和支持 征税	总统和白宫官员 执行部门和机构
政策评估	报告政府政策的结果 评价该政策对目标群体和非目标群体的影响 提议变化和"改革"	执行部门和机构 国会监察委员会 媒体 智囊团

资料来源：［美］托马斯·R.戴伊：《理解公共政策（第10版）》，彭勃译，华夏出版社，2004年，第28页。

　　戴伊的分析中特别值得关注的是关于参与者的辨别。从确定问题到政策合法化，大致相当于本书关注的决策过程，其中议程设置、政策形成、政策合法化三个环节，最主要的参与者是政府。这也说明，公共决策不仅离不开政府，而且是以政府的行为为主要参考。这个结论对于分析当代中国的国家重点基建项目决策也是适用的。例如，南通长江过江通道项目（即苏通大桥项目）在一些重要的决策节点，均可以发现，其中起主要作用的是政府官员。如表5-3所示：

表 5-3　苏通大桥若干重要决策节点主要参与人员情况

时间	工作内容	参与的执政部门主要人员	备注
1991 年 6 月	南通市着手进行南通市过江隧道建设项目调查	王瑞庭(南通市水利局总工) 许云庆(南通市建工局总工) 倪松(南通市建港指挥部高工)	
1993 年 2 月 21 日	日本国际贸易促进协会理事长森田丸考察南通过江隧道前期工作	徐燕(南通市长) 南通市委、市政府有关领导	
1993 年 4 月	赴上海考察,听取上海隧道院介绍	徐相林(南通市常务副市长,隧道处主任)	
1993 年 7 月	日本大成建设董事长岩见武夫考察南通过江隧道项目	徐燕(南通市长) 南通市委、市政府有关领导	
1994 年 12 月	国务院领导视察南通	朱镕基(国务院副总理) 江苏省委、省政府领导 陈根兴(南通市委书记)	朱镕基表示,长江越江隧道从崇明走多绕了路,还加大了上海过境交通的压力。
1995 年 8 月	会商南通过江通道出口岸线问题	南通市计委领导 秦振华(张家港市委书记)	
1995 年 11 月 28 日	会商南通过江通道出口岸线问题	鹿心社(南通市副市长) 胡正明(常熟市副市长)	
1995 年 12 月 16 日	国家科委领导视察南通	宋健(国家科委主任) 江苏省委、省政府领导 南通市委、市政府有关领导	
1996 年 1 月	向交通部汇报项目情况	黄镇东(交通部部长) 管长江(南通市政府副秘书长) 王春生(南通市交通局局长)	

续表

时间	工作内容	参与的执政部门主要人员	备注
1996 年 1 月 8 日	省交通厅听取南通过江通道前期工作汇报	周世忠（省交通厅副厅长） 张琛（南通市常务副市长）	
1996 年 1 月 15 日	国务院领导视察南通	李鹏（国务院总理） 江苏省委、省政府领导 陈根兴（南通市委书记）	李鹏听了项目汇报后，说："我听明白了。"
1996 年 1 月 26 日	请求项目建设的报告送到国务院	邹家华（国务院副总理）	邹家华批示："请交通部先研究提出意见，然后请计委一起研究，意见告我们。"
1996 年 2 月 4 日	会商南通过江通道出口岸线问题	陈根兴（南通市委书记） 唐伟萱（常熟市市长）	
1996 年 3 月	在全国两会上呼吁（提出议案）	沈启鹏等 32 名全国人大代表 郁成才等 6 名全国政协委员	
1996 年 5 月	南通—常熟公路隧道预可工作座谈会	陈冠军（省交通厅总工、省人大代表）	
1996 年 7 月 24 日	有关报告报给国务院	邹家华（国务院副总理）	邹家华批示："请交通部、上海市、江苏省联合研究，提出意见。"
1998 年 2 月 25 日	第一届中日南通过江隧道研讨会	张绪武（江苏省原副省长，张謇之孙） 吴锡军（江苏省副省长）	
1998 年 4 月 17—18 日	南通长江公路通道预可行性研究报告预审会	季允石（江苏省省长）等	
1998 年 11 月 16 日—12 月 3 日	省有关领导签发上报项目建议书请示	季允石（江苏省省长） 陈必亭（江苏省副省长）	
1999 年 4 月 13 日	交通部现场评审会现场踏勘	江苏省交通厅厅长 交通部专家若干人	
1999 年 5 月	南通市政府邀请专家现场考察	江苏省交通厅厅长等	

续表

时间	工作内容	参与的执政部门主要人员	备注
1999 年 12 月 10 日	在北京钓鱼台国宾馆召开《南通市"十五"发展思路汇报会》	北京工作的南通籍领导	
2000 年 3 月上旬	全国两会期间,江苏向国家计委汇报	张国宝(国家计委副主任) 季允石(江苏省省长)等	
2000 年 5 月 1—8 日	向中央军委首长汇报项目情况	中央军委首长 回良玉(江苏省委书记) 季允石(江苏省省长) 罗一民(南通市市长)	5 月 17 日,中央军委分管领导批示:"我完全同意江苏省委的意见。"
2000 年 5 月 1—3 日	交通部领导视察大桥项目	黄镇东(交通部部长) 凤懋润(交通部总工) 江苏省交通厅和南通市有关领导	
2001 年 4 月 30 日	国家计委主任办公会	曾培炎(国家计委主任) 张国宝(国家计委副主任)等	
2001 年 5 月 30 日	国务院第 39 次常务会议讨论苏通大桥项目建议书	朱镕基(国务院总理)以及其他国务院领导及国家发改委等有关部门负责人	
2001 年 6 月 22 日	苏通大桥前期工作情况汇报会	梁保华(省委副书记、常务副省长) 吴经起(省政府秘书长) 省交通厅、发展计划委员会、国土资源厅、水利厅、环保厅和省交通建设投资公司、省交通高速公路集团公司的有关领导	是日,国家计委正式批准了苏通大桥立项,标志着苏通大桥项目决策基本成形

资料来源:张振刚:《跨越天堑——苏通大桥立项记事》,未正式出版,2002 年。

从表 5-3 看,无论是在哪一个层级,均是由该层级的领导参与,上至国务院总理、副总理,以及执政党各级委员会的书记和副书记、地方政府的省长、副省长、市长、副市长等均对决策进程做出了关键性的推动。

当代中国的决策实践表明,越是在决策过程的后期阶段,越是接近决策溪流行进的终点,推动决策溪流行进的力量主要是层级更高的政府官员。

前文已反复使用到"执政部门"这一概念。本书认为,在当代中国的决策语境下，"执政部门"是较之"公共部门""政府部门"等更为适用的概念。"执政部门（the ruling sector）"与西方学者提出的"当局（the authorities）"概念比较接近，但是更具中性色彩。在戴维·伊斯顿关于政治系统①的阐述中，主张政治系统是由政治生活和政治过程的一系列变量组成，具体来说，政治系统由官方机构的活动和决策过程所组成，他将这些官方机构称为"当局"。约翰·W. 金登也提出了"行政当局"的概念，他指出"行政当局"实际上被界定为政府内阁部委甚至它的分支单位，具体又指出，"当人们谈到'行政当局'时，都可能会想到下列三种角色中的一种或他们的组合：总统本人、对总统负责的行政办公室办事人员以及各部、局中对总统负责的政治任命官"。② 这两位学者的研究结论，对本书的研究有所启示。为此，本书引入"执政部门"这个概念，并将其作为当代中国重点基建项目决策核心主体来进行分析。"执政部门"是一个非常适用的概念。

首先，"执政部门"与"当局"一样均含有权威之义，无论在何种政治—行政体系中，"执政部门"作为执掌和运用公共权力者，均是具有决策功能的重要主体。而且"执政部门"较之"当局"这一概念中性色彩更强。

其次，"执政部门"较之"公共部门""政府部门"的决策指向更为明确，例如临时设立的专家委员会，它不是"公共部门""政府部门"，但是它的首脑一般由政府部门首长兼任，而且组成人员也有一部分是现任政府官员兼任，如此即造成了此类决策的辅助性分析性机构尽管不是"公共部门""政府部门"，但是却有着类似政府机构的权威。苏通大桥技术专家组（如表 5-4 所示）的成立就反映了这一特点。

表 5-4　苏通大桥技术专家组人员构成情况

姓名	职务	行政职务
胡希捷	组长	交通部副部长
冯正霖	副组长	交通部副部长
凤懋润	副组长	交通部总工程师
李守善	副组长	山东省交通厅总工程师
曹右安	成员	交通部总工程师

---

① ［美］戴维·伊斯顿：《政治生活的系统分析》，王浦劬，等译，华夏出版社，1999 年。

② ［美］约翰·W. 金登：《议程、备选方案与公共政策（第 2 版）》，丁煌，方兴译，中国人民大学出版社，2004 年，第 28 页。

姓名	职务	行政职务
杨盛福	成员	交通部专家委员会副主任
邹觉新	成员	交通部专家委员会副主任
王玉	成员	交通部副总工程师
徐光	成员	交通部水运司副司长
范立础	成员	同济大学,中国工程院院士
吕志涛	成员	东南大学,中国工程院院士
谢世楞	成员	中交第一航务工程勘察设计院,中国工程院院士
郑皆连	成员	广西壮族自治区交通厅总工程师,中国工程院院士
林元培	成员	上海市政设计院,设计大师
王建瑶	成员	中交公路规划设计院,设计大师
杨进	成员	中铁大桥勘测设计院,设计大师
侯金龙	成员	中国路桥集团公路一局
周世忠	成员	江苏省交通厅原副厅长
陈明宪	成员	湖南省交通厅副厅长
万珊珊	成员	山东省交通厅总工程师
经德良	成员	湖北省交通厅总工程师
刘效尧	成员	安徽省交通厅总工程师
上官兴	成员	中交第四航务工程勘察设计院
郑明珠	成员	中交公路规划设计院
史永吉	成员	铁道部科学研究院
陈德荣	成员	交通部公路科学研究院

资料来源:江苏省人民政府和交通部:《关于成立苏通大桥技术专家组的通知》(苏政发〔2003〕99号),2003年。

在由省级执政部门与国家交通主管部门联合成立的这一临时性组织中,总共26名构成人员,其中具有官员身份的有15位,而且组长和第一副组长均为执政部门重要领导。

最后,"执政部门"这一概念具有更大的包容性。当代中国公共决策体制的最突出特征是中国共产党领导下的中国共产党各级委员会和政府、人民代表大会三位一体决策体制。使用"公共部门"和"政府"等概念并不能较好地包容这样的决策主体结构，而且"政府"这一概念又存在着广义的"政府"与狭义的"政府"。现阶段中国的其他参政政党，同样是在中国共产党的领导之下进行参政议政的，而且各民主党派中央、全国工商联机关中除工勤人员以外的工作人员，均参照试行《国家公务员暂行条例》（各民主党派中央、全国工商联内设事业单位，不列入参照试行《国家公务员暂行条例》的范围）[①]，因此从某种意义上来看，他们也属于"执政部门"的一部分。还有很多的国有企业（包括国资控股企业），例如中国国际工程咨询公司，它经常受国务院委托或者国家发展和改革委员会的委托，对重点建设项目进行决策前评估；又如，江苏省交通控股有限公司，它代表江苏省政府对交通重点建设项目如高速公路、跨长江大桥、城际铁路等重点建设项目进行投资和筹资，对于这些建设项目的决策提供资金保障方面的决策意见。这样的公司，显然也是"执政部门"的一部分。

需要特别指出的是，"执政部门"是公共权力的掌握者或使用者，但对此也需要做出区分，那些在决策过程中发挥主导作用的公共权威机构和组织如执政党、各层级行政机构等可称为主导性执政部门（简称为主政部门），其他的公共权威机构和组织可称为辅助性执政部门（简称辅政部门）。

与"执政部门"相对应的主体是社会公众。有学者认为，社会公众是指"生活在一定区域内拥有公共选择权力的居民"。[②] 这是一个外延比较宽泛的界定。在决策溪流行进中，社会公众与执政部门所能够发挥的作用非常不同。社会公众是一个相对的概念，执政部门的一分子包括执政部门的首脑在特定的决策溪流中也可能是社会公众的一分子，例如 A 省的省长在 A 省某项重点建设项目决策中扮演关键角色，但在 B 省的某项重点项目决策中很有可能只是社会公众的一分子。

社会公众是否有效参与到决策溪流中来，很大程度上依赖于本身自组织能力。社会公众是一个宽泛的概念，里面包含的个体与群体十分复杂。每一个个体或群体要有效地参与到决策溪流中，至少需要具备某一个条件，或者有很强大的自组织能力，能够形成一个统一的、明确的决策意见，或者具有直接与执政部门沟通的有效渠道，或者自身在某一方面具有明显的社会知名度。例如社会名人、专家学者、退休的高级官员等。

---

① 中共中央办公厅：《各民主党派中央、全国工商联机关参照试行〈国家公务员暂行条例〉实施方案》（中办发〔1995〕16 号），1995 年 11 月 10 日。

② 钱维：《基于决策主体分析的政府投资项目制度研究》，南京理工大学博士学位论文，2007 年，第 43 页。

在某些情况下,一些特殊身份的社会公众对推进某项决策具有独特作用。例如,1999 年 3 月,一位名叫的加滕纪生的日本友人发起了促进苏通大桥早日建设的请愿签名活动,从而动员起 16 家在南通的三资企业常驻代表签署了向江苏省委书记陈焕友、江苏省省长季允石的请愿书。这个个案非常有意思,这些人无疑是社会公众的一部分,但是他们的身份比较特殊,是三资企业的常驻代表,因为在当时改革开放、大力招商引资的政治主背景下,他们本身在执政部门的视野里处于比较重要的位置,从而使他们具有可以直接向地方执政部门首脑表达诉求的渠道和能力。

人大代表、政协委员,以及村、镇、县等级别的官员也是社会大众参与决策溪流的意见输送与反馈的渠道。人大代表、政协委员有县级的、市级的、省级的,尽管他们层级不一样,但都可以成为社会大众意见汇集和表达的渠道。村委会主任、村支部书记、乡镇长、乡镇党委书记,都是直接与当地社会大众联系沟通的基层官员,他们可以是汇集社会大众意见的渠道,但是他们向上一层级执政部门传达这些意见的能力存在局限。不少情况下,村委会主任、村支部书记等基层执政者的利益表达与当地民众的利益诉求之间存在很大的断裂。2012 年全国“两会”期间,时任中国共产党中央政治局委员、广东省委书记汪洋在接受新闻媒体采访时就广东省乌坎事件①进行了解读,以下为《京华时报》采访内容:

> 在处理乌坎事件上,汪洋指出,他们的一个重要的立足点就是判断乌坎群众所反映的诉求是不是合理合法的。我们经过初步了解以后,认为乌坎群众在土地等问题上的诉求既是合理的又是合法的,因此我们就是要代表人民群众的利益,而不是代表那个村子里面村支书所实际代表的小圈子的利益,这是我们妥善解决乌坎问题的一个立足的基本判断或者是基本点。②

这从侧面反映了社会公众的利益诉求与制度化的利益表达之间并不始终完全合拍,他们的利益诉求和行动逻辑对于决策走向也产生着重要影响。

概而言之,社会公众参与决策的有效性存在很大的不确定性,其中最为关

---

① 乌坎事件指的是 2011 年 9 月 21 日广东省陆丰市东海镇乌坎村村民因不满土地出让及村民选举等问题而引发的少数村民聚众滋事打砸事件。资料来源于网络: http: //blog. sina. cn, http: //www. lcxw. cn。

② 周逸梅:《汪洋: 改革面临主要问题是利益格局影响》,《京华时报》,2012 年 3 月 6 日,http: //news. sina. com. cn/c/2012 - 03 - 06/041424065044. shtml。

键的是来源于社会公众的决策意见必须与执政部门的决策步调能够同频共振或者能够进入决策渠而汇入决策溪流，否则社会公众参与决策可能仅具有象征性意义。这也说明，当代中国政府决策主要是以执政部门推动为主。

5.2　决策关键人

5.2.1　决策关键人的含义

公共政策是由多数人共同参与决定还是只由少数人参与决定？学者们对此得出的结论并不一致。精英决策理论认为，社会存在明显的分化，分化的结果就是少数人掌握着权力而多数人却无法掌握权力，掌握社会价值分配权的是少数人，在决定公共政策的过程中多数人很少有机会参与。冷漠的大众对精英们的直接影响相对较少，精英影响大众甚于大众影响精英。①

然而，是多数人参与决策还是少数人参与决策，只是问题的一个方面。是精英决策还是大众决策，也只是问题的一个方面。如果少数人能够集中多数人的诉求并把多数人的决策意愿体现到决策中去，那么这样的决策也就不一定是不好的决策模式。如果把制定公共政策视作生产公共物品，那么公正的高效的生产模式就应该得到鼓励。精英与大众如果不能在一个点上达致平衡，不仅决策的公正性得不到保证，决策的效率也得不到保证。在本书的研究视域中，决策溪流行进于决策渠中，无论在什么样的政治制度、社会制度、经济制度的安排下，决策渠的容量都是有限的。辨识决策渠的存在，可以观察相关的政治—行政组织架构及与其紧密联系的制度规范，这一系列制度规范明确了决策责任部门和必要的决策流程，同时也可以观察允许决策主体参与决策活动的各种行为方式建构，例如交通重点建设项目的咨询会、调研会、专家论证会、网络公示、省（市）交通运输主管部门首脑行政会议及党委（党组）会议、省（或市）长办公会及专题办公会、省（或市）党委常务会议、交通运输部（国家发展改革委员会、国土资源部、环境保护部等）的部长（主任）办公会、国务院总理办公会，等等。这些都可视为决策渠的具体表现形式，其数量是有限的，而且进入决策渠必须通过各种过滤装置，并不是任何主体都可以进入。作为本书的一个界定，凡能够进入决策渠并在影响决策溪流行进过程中发挥重要作用的决策主体，都应被视为决策关键人。例如在长江口深水航道工程前期研究决策阶段，存在若干的起伏转折，曾经的亲历者薛鸿超先生就有过一个回忆：

① ［美］托马斯·R.戴伊：《理解公共政策（第10版）》，华夏出版社，2004年，第20页。

经过几十年,1991 年 6 月,在上海樱花度假村,开会专门研究长江口问题。尽管前面一段时间已经冷掉了,但是交通部领导还是认为要支持攻关的项目。又经过几年,"八五"攻关通过了,大家认为是有希望的。20 世纪 90 年代是长江口的关键性变化期,在北京友谊宾馆,严老向时任国务院总理的李鹏同志,副总理吴邦国、邹家华同志汇报长江口工程的时候,时任全国政协副主席的钱正英同志也参加了。这次会议是个决定性的会议,李鹏同志说如果长江口深水航道要搞的话,要一百多亿元,一百三十亿到一百五十亿元。李鹏同志认为,如果长江口工程要超过一百亿,国务院没有权力批,一定要通过全国人大,但是如果把长江口工程分为三期,每期只有几十个亿,国务院就有这个权力批了。第一期工程,几十个亿。我们听到李鹏同志的意见,大家都很受鼓舞。长江口南北港分汊口工程只要五千万,水利部答应给,但国务院感觉没有把握。深水航道要几十个亿怎么得了?深水航道方案报到国务院,就批了下来,这个不简单。项目 1998 年就动工了,大家很高兴,严老也是高兴得不得了,一辈子的心愿终于在 1998 年动工了,几十年的研究没有白辛苦。①

从薛鸿超先生的回忆中,可以清楚地辨别出在长江口航道整治这一涉及中央事权的重大建设项目中决策的关键人是谁,那就是国家层面执政部门的领导。因为有了他们的一个明确的表态和决策意向的清晰说明,就使得决策溪流获得了明晰的行进方向和前进动力。

关于"重要作用"的确认,本书不仅指称那些推动决策溪流前进的主体,而且指称那些可以阻碍决策溪流前进的主体。例如,2011 年 4 月 21 日第 1 新闻视点转引《人民日报》的消息,香港 66 岁的朱绮华女士"逼停"港珠澳大桥工程,朱女士认为在建的港珠澳大桥工程没有评估臭氧、二氧化硫及悬浮微粒的影响,因而是不合理也不合法的,遂通过申请法律援助入禀香港高等法院,就大桥香港段环评报告申请司法复核。2011 年 4 月 18 日下午,香港高等法院裁定香港环保署 2009 年完成的环保报告无效,从而这项投资 700 亿元的工程将重新做环保评估。在这里,由于制度设计上的特点,香港的一位普通民众也可以阻止决策溪流的行进。那么在这种情况下,这位普通民众也应认定为决策关键人。总体而言,决策关键人在很多情况下都是制度安排的产物。

① 薛鸿超口述:《实录·在争论、分歧、矛盾中前行(长江口深水航道)》,上海文艺出版集团,2011 年,http://finance.eastday.com/economic/m1/20110704/u1a5981500.html。

在当代中国的制度架构和实际运行中,各级执政部门领导一般都处于决策渠的决策坝等重要节点上,因此他们有更多的机会扮演决策关键人的角色。

5.2.2　决策关键人的角色定位

在南通长江公路过江通道项目若干重要决策节点均离不开决策关键人发挥的作用。例如,在1993年初,决策溪流已经行进至南通地方执政部门这一决策坝位置,时任市委书记陈根兴指出:"南通过江隧道是带动南通发展造福子孙后代的头等大事,和张謇当年办工业一样,意义说得再大也不为过。"①时任市长徐燕则说:"只有解决过江交通,才能真正把南通和江南连成一片,才能切实加快发展。"②南通地方执政部门两位领导的认识既一致且深刻,终于促成了在南通地方执政部门层面成立南通市过江隧道筹备处的决策出台,从而使得决策溪流顺利地通过决策坝继续向前行进。又如,在1995年南通过江通道列入江苏省规划的五个过江通道之一后,就积极争取将之列为JICA(中国政府与日本国际协力事业团的技术合作)以解决建设资金问题(一旦申请成功,则可为该项目今后申报和争取日本海外协力基金贷款或国际金融组织贷款打下基础)。但是申请这样的项目在当时是由国家科委来负责审批的,南通过江通道项目已于1993年申报过一次但没有成功。1995年12月16日,国家科委主任宋健来南通考察工作,宋健听了南通地方执政部门汇报后提出可考虑由国家科委帮助开展项目前期论证,宋健的这番表态增强了南通地方执政部门的信心,并促使他们采取了一系列的举措。一个多月后,他们于1996年1月26日直接向时任国务院副理邹家华做出报告,1996年5月14日南通市政府向江苏省科委申报JICA项目。

从当代中国决策过程的一般逻辑来看,在每一个重要决策节点,起关键作用是各级执政部门领导,例如从较低层级到较高层级执政部门来看,有市长(副市长)、市委书记(副书记),省长(副省长)、省委书记(副书记),交通部部长(副部长)、国家计委主任(副主任)、国务院总理(副总理)、中共中央政治局委员和常委,甚至是中共中央总书记(一般兼任中央军委首长)等。在这里,都非常容易得到辨识。党政主要领导的讲话、指示、批示往往决定了决策溪流前进的方向、前进的速度,以及决策溪流能不能真正到达其预想的终点。

2000年初,苏通大桥项目立项审批条件均已具备,但是决策的窗口并没有同时打开,距离2001年5月30日国务院常务会议通过项目建议书正式立

---

① 张振刚:《跨越天堑——苏通大桥立项记事》,未正式出版,2002年,第31页。
② 张振刚:《跨越天堑——苏通大桥立项记事》,未正式出版,2002年,第31页。

项,期间有一年半的时间。在这一年半的时间里,只有决策关键人的有效互动才能将决策溪流推动向前。2000年3月上旬,全国人大九届三次会议在北京召开,这是全国人大代表共商国是的重要时刻,中央各部门的负责人差不多都在大会上。这是推动决策溪流行进的大好时机。江苏省省长季允石带领项目有关负责同志在会议期间开展了大量沟通协调汇报工作。3月9日下午国家计委副主任张国宝又专程到江苏代表团下榻的地方拜访季允石省长,季允石省长又一次出面,说明江苏省政府对苏通大桥项目的重视。全国"两会"之后不久,2000年"五一"假日期间,交通部黄镇东部长又带领交通部总工凤懋润等到江苏现场视察大桥项目。2000年10月20日下午,江苏省政府副秘书长、省交通厅厅长、省计委主任等专题向国家计委副主任张国宝就苏通大桥项目有关问题做了汇报。张国宝谨慎地指出:项目能不能批不能定,从上面的角度看,现已出现故障;长江上再修桥要谨慎,下游更要谨慎,估计90%不批准;长江江苏段上桥已不少,南通再过两年也不迟,建议慎重考虑,不能从一个行政区看这个问题,做好不批准的思想准备。显然,张国宝的谨慎态度也许是一种婉转辞令,并不一定真正反映了当时决策各方的态度,或许只是为了避免国家计委在下一步决策溪流行进中可能面临的不确定性局面,因为它也不可能完全预知在推进这股决策溪流行进的前程中会遭遇到何种力度的推动力量。实际情况也确实如此,时间仅仅过了半年左右,2001年4月30日下午召开的国家计委主任办公会通过了苏通大桥项目建设的必要性报告,随后国家计委向国务院上报了关于审批苏通大桥项目建议书的请求。在不到一年的时间里,国家计委这个层面的意见就发生了根本转变,显示出"上面的"决策关键人发挥了十分重要的作用。

为了在决策溪流的"迎门一脚"不错失最佳良机,2001年5月1日晚南通市罗一民市长决定通过省委、省政府领导向中央军委首长直接汇报。5月8日江苏省委书记回良玉、省长季允石联名给这位军委首长写信汇报。5月17日中央军委分管领导批示完全同意江苏省委的意见。在决策溪流行进的决策渠中,短时间之内,集中如此多的决策关键人开展协调推动,为决策之窗的开启提供了直接力量。2001年5月30日中午,国务院朱镕基总理主持召开国务院第39次常务会议,会议顺利通过苏通大桥项目建议书,这标志着国家最高行政决策机构正式批准了苏通大桥项目立项,这是准予项目建设的关键性决策,尽管还有后续的工程可行性研究报告需要审批决策。

从以上的分析也可发现,当决策溪流向省级执政部门行进时,市、县两级执政部门就构成了利益共同体。然而当决策溪流向中央层面执政部门行进时,此时相对于中央层面执政部门而言,省、市、县三级地方执政部门则构成了更大的利益共同体。因此,当需要中央层面执政部门做出决策时,省委书记、省长、市委书记、市长等地方执政部门的决策关键人就会采取强有力的联合行动,为决策溪流顺利通过最后的决策坝提供力量。

5.2.3　决策关键人的功能

在决策溪流行进的过程中,决策关键人发挥着十分重要的作用,有时是决定性的作用。无论是在政治溪流中,还是在议题溪流、政策溪流中,决策关键人起到的作用均是主导性的。

决策溪流行进的力量主要集中在两个方面,一是前面引领带动的力量,二是后面促进推动的力量。这两方面都集中了决策关键人发挥的作用。但无论是在前还是在后,溪流汇集的各方面的压力和推动力都要通过决策关键人来起作用。在决策溪流行进的早期阶段,南通公路过江通道还在初步的设想与调研过程中,但是一系列活动都可以看到当地执政部门领导的身影。1992年,南通市科协长江公路隧道调查组开展南通长江公路隧道调查,调查组组长就是市计委的领导;1993年1月,南通市委常委会决定,在加快宁通一级公路前期工作和南通机场建设的同时,加快过江通道的筹备工作,并成立南通市过江隧道筹备处,主任由常务副市长兼任,副主任由市外经委和计委的副主任兼任;1993年2月,接待日本国际贸易促进协会到南通考察南通过江隧道前期工作的是南通市市长徐燕;1993年4月,到上海隧道院考察并听取研究工作的是南通市常务副市长徐相林;1994年8月,南通市市长亲自将《南通长江过江通道预可行性研究报告》送到省交通厅厅长手中;等等。

如前文所述,决策关键人大多处于各层级执政部门的领导位置,本身是决策信息汇集的一个个节点,同时也在决策渠中对决策溪流实行坝闸式控制的一个个节点。政治溪流在流过这样的节点的时候,可能存在来自上层级执政部门的指令与来自下层级和所辖区域范围内各方面决策意见的交汇与转递。在当代中国的政治—行政体系中,特别是省、市两级,包括省委、省政府、省政府组成部门、市委、市政府,这一特征更加明显。而议题溪流和政策溪流在流过这样的节点的时候,尽管重点建设项目专业性强,但决策关键人对议题溪流和政策溪流进行着方向性的掌控。作为政策溪流中的两股泾渭分明的溪流,南通公路过江通道抑或采用桥梁方案,抑或采用隧道方案,两股溪流行进的顺序有先后之分,从最早的南通科协调研组开始,以南通地方执政部门主导的方案研究都是立足于隧道方案,甚至成立了南通市隧道处。但是后来随着南通公路过江通道前期工作交由省交通厅主导运作之后,政策溪流的行进方向就发生了改变,以省级交通主管部门主导的方案是桥梁方案。为什么会发生这样的改变,一个不可回避的原因就在于省级交通主管部门处于决策关键人位置的几位领导都是桥梁方面的专家,而且刚刚指挥建设了我国长江上、也是全国最长的一座桥梁——江阴大桥。江阴距离南通也不远,河势、水文、地质条件相差不大,江苏省内并没有隧道方面的专家及相应的工程实践经验,因此当政策溪流流到省级这个层面的时候,隧道方案由主导方案变为比选方案,桥梁方案由比选方案变为主导方案,似乎是很自然的结果。

当然,决策关键人在推动决策溪流行进上发挥了主要作用,但是这种作用力推动的决策后果并不一定必然是积极的、正向的。在福州长乐国际机场项目决策中,尽管以国家计委为主导的决策评估提出了"不宜上马"的意见,但是通过福建省和福州市两个层面执政部门的大力度争取工作,1992年国家层面执政部门最终还是批准项目立项,在这里,相对国家计委更高层面的决策关键人的作用得到凸显。但是从项目建成后3—4年的实际效益来看,选址不是最优、规模过度超前等问题就有所暴露了。当然,正如黄健荣、徐西光在讨论三峡工程项目决策时所说的:"三峡工程决策最终是否能被证明是成功的,还有待于实践的检验。"①长乐国际机场项目决策是否成功,也需要通过更长时间的运营实践来证明。

5.3 决策利益相关者
5.3.1 决策利益相关者的含义
作为社会价值的权威性分配方案,一项决策总是与若干特定与不特定的群体与个人的利益关联在一起。国家交通重点建设项目跨越的地域范围比较广,在这个地域范围内各种群体(当然包括组织化的群体)和个人都有可能与这个建设项目存在利益上的关联。该地域范围内的各个政府部门及社会团体、企业单位、事业单位等都属于组织化的群体,而个人则包括政府官员、各行业精英分子、基层民众等。同时,重点建设项目建成后,往往在属性上属于社会公共产品的一部分,为社会公众提供公共服务。因此,重点建设项目又与不特定的群体和个人的利益相关联。例如,跨江大桥,除了工程沿线区域内的各种群体和个人与工程项目存在利益关联,那些潜在的、今后在大桥通车后需要通过大桥过江的企业单位、政府部门、江南与江北的民众等都与工程项目存在

① 黄健荣、徐西光:《政策决策能力论析:国家重点建设工程决策之视界——以长江三峡工程决策为例》,《江苏行政学院学报》,2012年第1期。

利益关联。由于与工程项目存在利益关联，那么，这些不同的群体和个人就与项目的决策存在关联，一个项目的决策所带来的利益增长、减少或者利益分配格局的调整，都与这些群体和个人密切相关。在这个意义上，本书将这些群体和个人均确定为决策利益相关者。

5.3.2　决策利益相关者的角色定位

决策利益相关者是否必然具有决策的影响力，这需要进行深入辨识。决策影响力的形成最关键的指标是利益相关者能够把自身的利益诉求转化为决策意愿与要求，并将决策意愿和要求融入决策溪流中并在决策渠中行进。根据这一标准，本书尝试把决策利益相关者做进一步细分：第一，能够把自身利益诉求转化为决策意愿与要求，并将决策意愿和要求融入决策溪流中在决策渠中行进的，称之为决策影响者；第二，能够把自身利益诉求转化为决策意愿与要求，但无法融入决策溪流中并在决策渠中行进的，称之为决策敏感者；第三，不能够把自身利益诉求转化为决策意愿与要求的，称之为决策感知者。决策利益相关者在决策影响力上的区分如表 5-5 所示：

表 5-5　决策利益相关者在决策影响力上的区分

决策利益相关者	自身利益诉求转化为决策意愿与要求	决策意愿与要求融入决策溪流并在决策渠中行进
决策影响者	是	是
决策敏感者	是	否
决策感知者	否	否

自身利益诉求转化为决策意愿与要求，以及决策意愿与要求融入决策溪流并在决策渠中行进，这是对决策利益相关者进行进一步辨析的两个维度。然而通过这两个维度形成的辨析结果并不是绝对的。在此时此条件下是决策敏感者和决策感知者，但在彼时彼条件下则有可能可转变为决策影响者。例如，可能的条件是，当他们由于某种原因被组织起来时，他们或者参与一场辩论，或者参与一次及多次的"散步"，这时，他们尽管作为个体的决策影响力并不明显，但是，作为群体的决策影响力不能不受到执政部门的关注和重视。

工程项目地域范围内的各级执政部门及其领导，以及部分官员，他们一般均是决策影响者，项目能不能落地生根，落在自己的"地盘"上，与他们的政绩息息相关。因为，重点基建项目不仅仅是有促进所在地区的经济社会发展的作用，而且更能直接的增加地方税收收入、增加当地就业、提高当地 GDP、扩大地区影响、提升地方形象等，而这些都是纳入地方执政部门及其官员的政绩考核单的指标。因而,这也是重点工程项目对地方执政部门及其官员而言的利益所在。政绩的利益,驱动着地方执政部门及其官员的决策行为。中国社科院农村问题研究专家于建嵘提出了政绩共同体①的概念。所谓政绩共同体,就是地方执政部门中的上一级官员与下一级官员,以及同一级官员之间,为了共同的政绩,他们在决策行动上往往采取更加协调一致的步伐。

决策渠的有限性决定了决策渠不可能容纳所有的利益相关者。对于那些能够把自身的利益诉求转化为决策意愿与要求但又无法将之融入决策溪流的利益相关者,他们的决策意愿与要求必须通过代理人才能输入到决策渠中。例如地方的人大代表、政协委员、有名望的企业家、专家学者、社区精英分子等,他们对于重点基建项目的利益诉求一般能够转化为决策意愿与要求,但是他们并不处于主导性执政部门之中,决策意愿与要求并不一定能够融入决策溪流,为此,他们寻找代理人的途径一般有通过人民代表大会、政协会议或给地方执政部门领导写信,利用新闻媒体发表决策意见,等等。在这里,有必要提到当代中国特有的信访制度。② 但信访的有效性存在相当大的不确定性。由于信访工作实行"分级负责、归口办理,谁主管、谁负责,及时、就地依法解决问题与思想疏导教育相结合"原则,同时又规定以走访形式提出信访事项,且人数不得超过 5 人,这限制了民众通过信访来表达意见的途径和方式,而且信访工作机构隶属于本级执政部门,这也限制了信访工作机构向本级执政部门提出建议的内容。信访常常被执政部门视为反映"不公正待遇"的一种压力型输入方式,而总体上是不受欢迎的,"接访"在一些地方执政部门的应变下往往就成为"截访"。因此,试图以信访的方式把政策建议输入决策渠的可靠性并不能得到充分保证。

但并不是说,民众的政策建议就没有途径进入决策渠。直接向执政部门写信也是可以偶尔一试的方法。直接向明确的执政部门写信,有一个好处在于,避免了执政部门层级的多层过滤,减少决策坝的阻拦频次,政策建议输入决策渠后,政策建议所包含的各种信息在决策溪流中"瘦身"、失真的程度比较小。特别是给执政部门最高领导的信件,一般只要经过其辅助人员一次检阅就可以让执政部门领导看到。

对于决策感知者而言,他们的利益诉求往往只能停留在一般性的抱怨、牢

---

① 《社科院教授为官员授课,促其重视民权勿暴力拆迁》,《北京晚报》,2010 年 11 月 12 日,http://www.chinanews.com/fz/2010/11-12/2652713.shtml。

② 《中华人民共和国国务院信访工作条例》,国务院令第 185 号,1995 年 10 月 28 日。

骚的阶段上。这可能存在三个方面的原因，一者是他们的利益关注点在整个项目的利益考量中所占的份额微小，或者不处于中心位置。二者是他们本身的社会地位不高，处于社会基层，他们微弱的利益呼声无法传递给执政部门。三者是他们找不到利益代理人，或者对现有利益代理人不信任，等等。但是他们能够或多或少地感知到决策溪流的行进。因此，他们把利益诉求转化为决策意愿与要求的愿望很低，如果能够有"政策便车"可供搭乘，那么他们大部分都会搭乘。

这里特别要提到退休老干部这个群体，这是当代中国决策系统中非常独特的一类决策主体。他们一般都是县处级以上的干部，在退休之前一般处于重要的领导岗位，退休后，由于当代中国特有的老干部政策，他们与执政部门仍然存在经常性的有力联系，加上在岗在职之时积累的人脉资源、政治资源，他们的决策参与力量不可小视。同时，他们退休后又是"庶民"，具有普通社会大众的草根特征，他们发出的政策建议呼声更多地体现为民众的诉求，而不是执政部门的表达。例如，江西省彭泽核电站被安徽省望江县几位退休老干部"叫停"事件，就是一个代表性的个案。安徽省望江县与江西省彭泽县隔长江相望，江西拟在彭泽县马当镇建设帽子山核电站，与望江县仅隔 3.2 公里，望江县民众对此有不同意见，特别是在日本福岛核电站事故发生后，望江县民众强烈要求彭泽核电站停建。望江县四位老干部汪进舟（原县委副书记、县政协主席）、方光文（原县法院院长）、陶国祥（原县人大常委会副主任）、王念泽（原县城乡建设局局长）一道，"从 2011 年 6 月开始，以环境权益方的名义向各部门发出呼吁：要求停建江西彭泽核电厂"。[①] 他们的呼吁引起了有关方面的关注，特别是"全国的许多媒体纷纷赶赴那里"，"'影响力已经超出了预期，从中央到我们地方的各级政府及职能部门都已经非常重视这个事情了。'汪进舟对《中国经济周刊》说，安庆市方面的领导建议他们，可以缓一缓了"。[②] 这一个案也说明，退休老干部是或不是直接利益相关者，都可能发挥利益诉求者的功能，而且这种功能所起到的实质性影响非常独特。

5.3.3 决策利益相关者的功能

决策利益相关者大多处于建设项目决策影响场域之内，作为决策行为的结构性基础之一，他们在建设项目决策中必然存在并发挥出特定的功能。

① 《江西核电项目民调被指失真　村民按要求填可获奖》，《中国经济周刊》，2012 年 03 月 06 日，来源于新浪网：http：//news. sina. com. cn/c/sd/2012 - 03 - 06/003924063878. shtml。

② 《江西核电项目民调被指失真　村民按要求填可获奖》，《中国经济周刊》，2012 年 03 月 06 日，来源于新浪网：http：//news. sina. com. cn/c/sd/2012 - 03 - 06/003924063878. shtml。

第一是信息功能。决策利益相关者与决策行为之间的联系,最核心的就是对决策溪流信息的输入,什么样的信息输入决策溪流并在决策渠中行进,直接影响着什么样的决策输出。从信息的角度来看,决策利益相关者的利益诉求还只是未经编码的信息,只有当他们的利益诉求转化为决策意愿与要求之后,这些意愿与要求就可以视作编码的信息,编码的信息融入决策溪流,沿着决策渠行进后,就有可能转化为政策输出。沪杭磁悬浮高速铁路尽管在2006年就获得了国家发改委立项,但是当部分上海居民提出磁悬浮线须离居民住宅不得少于50米的安全诉求后,这种利益诉求转化为停止磁悬浮高铁建设的决策意愿,然而他们并没有身处执政部门的有利条件,决策意愿并不容易融入磁悬浮高铁项目决策溪流,但是他们采取了"群体性的散步"方式,向地方执政部门提出建议,一旦地方执政部门感知到这种压力,他们的决策意愿就会融入决策溪流之中。

第二是评估功能。由于建设项目可能实施,决策利益相关者对于自身的利益增损会做出评估,这个评估是形成利益诉求的基础,评估的利益是增加的,他们就一般会赞同项目的决策,如果是减少的或者是有损害的,他们就一般会反对项目的决策。不同的决策利益相关者还会对彼此的利益增损做出评估,以对彼此的利益得失进行比较,得益的则比较得益的高低,损益的则权衡损失的多少。无论是自评还是互评的结果,都会转化为自身的利益诉求。

第三是博弈功能。每一个决策利益相关者都尽量争取自身利益的最大化、自身损失的最小化,这是博弈的基础。建设项目决策,带来的利益损益,影响到许多特定的和不确定的个体与群体。这些不同的个体与群体在评估自身利益损益的基础上,总是要尽量通过施加对决策的影响,改变可能的利益损益格局。决策利益相关者的利益诉求并不直接反映博弈结果,而是博弈的开始。

5.4 决策主体间关系

决策溪流的行进具体的表现形式是什么? 无论是议题溪流、政策溪流还是政治溪流,它们在决策渠中的行进过程最直接的、最具体的表现形式就是身处其中的决策主体之间的互动。这种互动也是决策主体间关系的一种外化形式。

无论是组织化的主体,还是非组织化的主体,他们是一系列的选择—决定行动或事件的主角。关于人类行为的理论假设,诸如,"经济人假设",认为每个人都是以自身利益最大化为目标,当其面临若干不同的选择机会时,他总是倾向于选择能给自己带来更大利益的那种机会,即总是追求最大的利益,这是个体行为的基本动机；"社会人假设"，认为人除了物质需要外，还有社会需要，人们要从社会关系中寻找满足；"经济人假设"和"社会人假设"又分别称为 X 理论和 Y 理论。自我实现假设，即人的行为动机与需求的满足相关，需求具有多种不同层次与性质，而各种需求间有高低层次与顺序之分，满足较低层次需求在人的行为选择上具有优先性。"复杂人假设"，即认为现实的人，其心理与行为是很复杂的，人不但有各种不同的需要和潜能，而且个人的需要与潜能会发展改变，这种改变与年龄、知识能力、角色和人际关系等的变化密切相关，因此人不是"单纯的"，而是"具体的、复杂的"。这些理论假设提供了考察作为决策主体的人的行为的不同视角，也奠定了关于决策主体行为模式的相关理论的基础，例如理性选择理论、博弈理论、公共选择理论、民主协商理论，等等。但是，个体行为模式并不等同于个体间行为模式，个体间行为模式才应该被认为是决策主体行为模式的核心。本书认为，有限博弈、民主协商、利益综合这三者在关注决策主体间行为的解释上具有代表性。

有限博弈强调了博弈参与者在享有资源（包括信息等）的不足、理性判断能力的有限，博弈环境不完全的可重复性及可能存在的"非理性"因素等一系列现实因素，表明了完全的理性博弈的不可能性。有限博弈之所谓"有限"，集中体现为三个特征：一是参与者掌握的信息是有限的，不仅对自己在博弈中能够应用的信息（博弈筹码）不可能全部清楚，而且对他方能够应用的信息（博弈筹码）也知之甚少；二是不同参与者具有不同的效用函数，这跟"囚徒困境"中博弈双方的效用函数基本一致（都追求判罚轻一点）不同，例如中国大飞机项目中，参与博弈的中国政府一方与西方飞机制造公司垄断方（波音—空客）的效用函数存在很大的偏离，中国不仅仅希望减少购买大飞机的支出，而且更希望建立一个展示中国现代化发展成就的产业结构平台，彰显创新型大国战略的风采，所以倾向采取进入—坚持策略；而波音—空客方力图继续垄断世界大飞机制造市场，维护垄断利润，所以坚决采取阻碍—垄断策略。[①] 三是参与者是有限的，而且不同的参与者参与的深度也是十分不均衡的，这个不均衡表现为有重大利益关系的往往缺少参与博弈的渠道，利益诉求得不到充分表达，最后形成的博弈均衡并不能代表所有利益相关方的诉求均衡表达。例如在有的道路桥梁等重点工程建设决策前期，被征地拆迁对象与工程建设的利益关系十分紧密，但是由于被征地拆迁对象可能更加分散，或者得不到充

---

① 景崇毅、石丽娜、孙宏：《中国大飞机项目决策过程的动态博弈分析——兼论创新型国新发展战略》，《工业工程》，2009 年第 2 期。

分信息,因而不能够充分地甚至根本不能够参与到博弈中来,造成最后的决策中,这部分对象的利益关切得不到有效体现,这也是不少重点工程建设过程中引发群体性事件的一个根源。

民主协商是随着协商民主理论发展而形成的一种分析模式。作为一种新的民主理论范式,民主协商一般可理解为"在政治共同体中,自由与平等的公民,通过公共协商而赋予立法、决策以正当性,同时经由协商民主达至理性立法、参与政治和公民自治的理想"。① 而民主协商又是协商民主理论的核心概念,其内涵是:政治共同体成员参与公共讨论和批判性审视具有集体约束力的公共政策,参与者相互交流彼此的意见,相互听取和了解彼此的立场和观点,最后达成所有参与方均能接受的可行方案。民主协商也是决策主体间行为的一种模式,具有以下四个方面的内涵:(1)公众参与的广泛性,利益涉及的公众均有权利参与协商;(2)参与的平等自愿性,利益相关方参与协商是自愿的,而且在协商过程中的地位应该是平等的,没有哪一方对其他参与者拥有特权;(3)表达的自由性和判断的自主性,每一个参与者都可以自由表达自己的立场、观点,同时每一个参与者都无权干预其他参与者自由表达的权利。每一个参与者都可以立足自身的利益需要,自主做出判断;(4)共识的集体接受性,既然协商形成的共识部分反映了所有参与者的诉求,就不是少数服从多数的优势意见,而是集合所有参与者诉求的共同意见,这个共同意见自然而然地得到所有参与者的接受和认可。

利益综合与利益整合、利益聚合、意见综合、意见整合等概念大抵差别不大。利益综合指的是"决策者或政治系统把各种利益要求转变为政策选择的过程或功能"②,通过化零为整的方式,将个人或小群体的利益要求转化为整体全面(也是相对的)的利益要求,将分散的利益要求归纳提炼为集中的利益要求,"使之与集体的及社会主导性群体的利益要求紧密地结合起来,进而通过制定和实施法律或政策予以满足的过程"③。阿尔蒙德则认为利益综合是将个人或集团的政治要求整合为政策预案的活动。④ 显然,利益综合的前提包括两个方面,一是不同的个人、群体、集团、阶层、阶级均有专属于自己的利益,即存在利益差别,二是这些差别化的利益要求能够得到表达。而且,愈是

① 婴雄:《中国民主政治的理论路径》,《廉政瞭望》,2007 年第 9 期。
② 胡平仁:《政策问题与政策议程》,《湘潭大学社会科学学报》,2001 年第 2 期。
③ 胡平仁:《政策问题与政策议程》,《湘潭大学社会科学学报》,2001 年第 2 期。
④ [美]加布里埃尔·A.阿尔蒙德、小 G.宾厄姆·鲍威尔:《比较政治学:体系、过程和政策》,曹沛霖,等译,东方出版社,2007 年。

社会开放、政治开明、经济活跃、文化多元，人们的利益差别和利益要求也愈多样多元而且分散。但是，只有分散的利益表达，而没有集中的符合实际的利益综合，社会就必然会充满紧张和冲突，发展到极端就可能造成社会动乱甚至崩溃。因此，在公共政策过程中，特别是在决策环节，需要有效协调和引导对各种差别化的利益表达，合理综合各种复杂变化的利益要求，寻求各种差别化利益表达的"最大公约数"，从而最大限度地满足社会各方面的利益要求。

下面，以这三种模式作为分析视角来进一步考察国家交通重点基建项目决策主体间的关系。

5.4.1　决策主体间的有限博弈

国家重点基建项目决策，需要做出决定的问题集中在两个方面：一是项目建还是不建；二是具体建设内容，例如交通建设项目的标准、规模、路线走向、征地拆迁补偿等诸多方面。决策利益相关者的利益诉求主要是围绕这些方面进行博弈和竞争。国家重点基建项目决策主体包括个体主体和群体主体，个体主体如执政部门官员、民意代表、技术专家、主张不同政策方案的派别、社会公众、直接影响人等，群体主体如执政部门的各级各类组织、利益相关者群体等。博弈与竞争主要发生在他们之间。

政府的权力来源于人民的委托，这是现代政治理论的一个重要观点。地方各级执政部门在权力的来源上应该是受所辖区域人民的委托而获得的。正是在这样的观念下，地方各级执政部门自然地可以认为是所辖区域公众利益的代理者。同时，在当代中国政治—行政体系中，各级地方执政部门都是受上级执政部门的领导，执行上级执政部门的决策，如此，各级地方执政部门又是上级执政部门的利益派生者。因此，决策主体之间的博弈和竞争在当代中国最常表现出来的是部门之间的博弈和竞争，包括下级执政部门与上级执政部门的博弈，下级地方执政部门与上级执政部门组成机构之间、同级执政部门组成机构之间的博弈与竞争。

无论是地方执政部门还是执政部门的组成机构，都体现了作为执政部门组织的两面性，即公益性与自益性。其公益性是由组织的权力来源，以及在此基础上衍生出来的组织职责所决定的，组织的职责既是个别的，即此组织与彼组织的职责上是相互区别的，同时又是普遍的，即组织的使命是整个政治—行政体系功能的具体体现，体现了执政部门的普遍要求。组织自益性的根源在于组织是由人构成的，组织的权力由组织的领导来指挥和管理。因此，组织的职责在实践上又转变为官员的职责，这也构成官员政绩的主要组成部分，但官员的政绩并不限于此，官员的政绩与上级的要求相呼应，即上级的要求也成为官员所追求政绩的组成部分。

京沪高速铁路南京南站的选址,集中体现了地方执政部门与上级执政部门组成机构之间在自益性基础上的博弈竞争关系。按照国家铁道主管部门的意见,南京南站选址倾向于南京城北,靠近原铁路南京站的位置,之所以提出这样的主张,主要在于新线与既有线的衔接方便,当时南京的城市中心在城北,而且铁路机务段、职工宿舍等都在城北;但是南京市政府则有不同的意见,希望南京南站选址放在南京城南,即南京绕城公路(相当于南京市的二环)外围。之所以提出这样的要求,主要在于南京市政府把建设京沪高铁及南京南站视为推动城市发展的一大契机,特别是城南地区长久以来发展有所滞后,意图通过大型综合交通运输枢纽的建设,以推动南京新城战略的实施,这种想法体现了南京市政府作为地方执政部门本身的职责要求,也是其利益所在。对国家铁道主管部门而言,其职责定位在于把这条高速铁路建起来,从宏观上看,高铁经过南京,并在南京设站,具体的设站地点有利于铁路部门的管理(主要是利用原有设施设备、方便铁路部门人员上下班等)就可以了,这样也就落实了其上级执政部门(中国共产党中央、国务院)的要求,即通过铁路建设,推动国民经济和社会发展。由此,作为地方执政部门的南京市政府与作为上级执政部门组成机构的国家铁道主管部门,基于具体职责不同而产生的自益博弈无可避免。1991年南京市政府为说服国家铁道主管部门,提出了南线方案的九大优势,即将建设直接连接城市南部的大胜关过江桥梁、国务院批准的南京城市规划预示着城市向东南方向发展、南面场站位置已经预留、沿线拆迁量小、公铁空换乘便捷等。但铁道主管部门仍未同意南线方案。1995年,南京市政府为促进高铁尽快上马,提出"南北方案之争不宜过多坚持,而从规划上对北线方案提出完善意见为妥"。由于前期工作进展极为缓慢,直到2003年铁道主管部门新一任领导班子上任,提出大跨越式发展铁路,京沪高铁才被再度提上议事日程,这时铁路主管部门的积极性增强了。最后铁道主管部门考虑到城北空间确为局促、车辆准备场地和作业场地存在困难、存在1000米半径的控制线而影响车速等方面的因素,不再坚持北线方案。①

执政部门组成机构之间的博弈与竞争的情况比较复杂。交通运输基础设施建设项目涉及国土资源占用,农田占用,河流水系的变更及其跨河、临河建筑物对河流堤坝的占用,排洪排涝、施工过程中废弃物的倾倒、排放与处理,地

---

① 朱俊俊、毛丽萍、赵丹丹、孙兰兰,等:《20年坚守"守"出个南京南站》,《现代快报》,2011年6月23日。

下文物挖掘、江河动植物影响，等等。而这些方面分别由不同的执政部门主管部门负责管理，在省一级具体有国土资源厅、水利厅、海洋与渔业局、环境保护厅、文化厅等，有的地方还有流域性的管理部门如长江水利委员会、太湖流域管理局、淮河水利委员会、隶属于交通运输部的各地海事局等，在国家层面具体有国土资源部、水利部、农业部、环境保护部、国家文物局等。执政部门组成机构之间的博弈竞争往往以两种方式体现博弈竞争结果，一是作为交通项目建设单位向受到影响的部门做出经济上的补偿，这部分补偿直接列入建设成本，例如苏通大桥项目向水利部门支付江堤占用费、农田占用费，向长江航务管理局支付航道占用费，向被征地和被拆迁对象支付征地拆迁款（主要通过市、县政府），向长江海事管理部门支付安全保障费。二是通过环保评估、防洪评估等，由所涉及的部门组织本领域专家提出政策方案的优化措施，由此造成的可能是建设标准的提高，因而提高了建设费用，或者路线方向的调整，避开敏感水域、敏感地带。如青藏铁路在经过可可西里无人区时，放弃筑土路基方案，建设混凝土高架桥，以利当地珍稀保护动物黄羊的迁徙；江苏宁杭高速公路经过镇江茅山风景区时尽最大可能不开挖山体而是挖隧道或者建高架桥从山谷中穿行；苏通大桥采取建设期间分批次大量向长江投放鱼、虾、蟹等水产种苗。

中央执政部门与地方执政部门之间尽管是领导与被领导的关系，但是在中央高度集权的政治—行政体系中，中央所掌握的资源包括政策资源、财政资源等都是地方争取本地发展所必须依托的资源。在中央领导地方的关系中，仍然存在地方与中央之间的博弈与竞争。这种博弈与竞争是建立在地方听令于中央、中央调动地方积极性的基础上。任何一项国家重点基建项目最终总是要具体地落实到某个地方，即落实在某个地方执政部门的"地盘"上，这些项目对地方执政部门来说，就是利益所在，当然有积极的利益，也有消极的利益，例如交通建设项目，由于积极的方面大大高于消极的方面，因而地方都争取项目能落实到己方，或己方提出的项目能早日开工建设。但如重化工项目，由于消极的方面可能抵消积极的方面，使得地方执政部门可能在社会公众的压力下而主动回避这样的项目，例如厦门的 PX 项目就被取消而落户到其他地方。

以上都是制度化组织这类主体间博弈与竞争的情形。

技术专家是国家交通重点建设项目决策中十分值得关注的一类主体。他们在决策主体之间博弈竞争中发挥着十分独特的作用。由于交通重点建设项目的专业性、技术性非常强，在决策的议题溪流和政策溪流中，专家的意见均相当重要,这不论是议题的经济性评估还是技术性评估,不论是政策建议的强化还是调整,很多情况下,不同的技术专家往往代表着不同政策方案派别,即不同政策方案派别之间的博弈反映到技术专家之间的博弈上。例如京沪高速铁路项目决策中磁悬浮派和轮轨派之间的博弈,具体表现为两派技术专家利用各种场合发表技术论文、专著及相关论辩性言论。

在制度化组织的执政部门之间的博弈中,以及社会公众与执政部门之间的博弈中,专家的角色具有两面性,一方面这些专家都是由执政部门所邀请来参与评估和研究的,另一方面这些专家又具有中立的社会专业人士的身份。一般情况下,在应对每一个具体议题设立专家组时,专家组的组长和副组长的选择就充满了策略,能承担这个角色的专家一般都具有这样两个身份,首先他是这个领域的资深人士或专家,譬如院士、设计大师等,二是他在执政部门部门里担任比较重要的职务。例如技术顾问或总工程师,这样的安排非常有利于把握政治溪流的方向,使流淌在议题溪流和政策溪流中的论争不至于偏离执政部门认可的正确方向。

来看一例个案,1999 年 4 月中旬举行的南通长江公路通道预可评审会。

这次会议的情况是:1999 年 4 月 12—15 日,受交通部的委托,交通部规划研究院组成专家组对南通长江公路通道预可行性研究报告进行评审,会议期间听取了报告编制单位的汇报,实地勘察了通道位址,并进行了讨论,最后交通部交通规划研究院向江苏省计经委、国土局、交通厅有关部门进行了通报。江苏省副省长陈必亭在会议期间看望了与会专家,交通厅厅长参加了会议。这次会议的评审专家及其评审意见如表5-6 所示:

表 5-6　南通长江公路通道预可行性研究报告评审专家及其评审意见

姓名	职务 (职称)	单位	评审意见
孙　钧	院士 教授	同济大学	1. 隧道方案在国外有比较成熟的经验,但目前在我国困难很多,沉管控制难度大,要下决心搞这么长的隧道,需要突破禁区,但风险太大,没有大的必要; 2. 黄浦江的情况与长江不一样,南通建隧道的时机不成熟
周君亮	院士	江苏省水利厅	推荐桥位比较合适,桥孔如何布置是个大问题
许忠楠	高工	浙江省交通院	1. 隧道方案投资估算不够现实,对实际情况估计不充分,真正做下来估算将比现在增加很多,甚至可能翻一番(举例:钱塘江上的一个隧道投资规模一翻再翻); 2. 在正式上报项目建议书时桥梁投资估算也可适当增加,以便留有余地

续表

姓名	职务 （职称）	单位	评审意见
王建瑶	教授级 高工	中交公路 规划设计 院	在推荐桥位的河段，由于徐六泾节点的制约，徐六泾及以下 的河势是基本持续的，故在宏观上于本桥位处建桥是可 行的
李志军	高工	中国公路 工程咨询 监理总公 司	1. 南通过江量达 1.5—1.7 万辆／日，可改渡为桥；上海过江 量 1.8—2.0 万辆／日，可改渡为桥，分析表明先建南通通道 是合适的； 2. 渡口参与交通量分配大桥偏低

资料来源：江苏省交通厅：《南通长江公路通道预可评审会专家意见（内部资料）》，
1999 年。

　　从上表可以看到，5 位专家，3 位赞同桥梁方案，1 位不赞同隧道方案，还
有一位没表态，总的评审意见就是桥梁方案成为专家推荐意见。出现这样的
结果与这次会议的组织情况密切相关。这次会议有两个方面值得注意，一是
会议实际上是由交通部主持的，表现形式是委托交通部直属事业单位交通部
规划研究院来实施，二是参加会议的有江苏省分管交通工作的副省长及交通
主管部门的主要领导。从 1992 年南通市计委委托南通市科协开展南通过江
隧道项目调查以后，1993 年南通市政府专门成立了隧道筹备处，其后又多次
以隧道项目对外招商引资并谋求合作，到 1996 年 3 月，南通地方执政部门还
专门成立南通市过江隧道筹建指挥部，与 3 年前成立的隧道筹备处合署办公。
1996 年 5 月下旬，江苏省交通厅在南通—常熟公路通道预可行性研究工作座
谈会上提出深化研究的 8 条要求，南通地方执政部门才委请交通部所属的中
交公路规划研究院承担深化"预可"的工作，实际上这就标志着南通过江通道
项目由南通地方执政部门为主转移到由省交通主管部门为主，1997 年 10 月 6
日，江苏省交通厅在常熟市召开协调会，中交公路规划研究院倾向桥梁方案的
意见在这次会上正式提出来了。也就是说，对南通地方执政部门而言，委请中
交公路规划研究院的目的是深化隧道方案的研究，但是对上一级交通主管部
门而言，通过委请中交公路规划研究院参与决策方案的论证，正在实际地改变
了政策溪流的方向。尽管在 1998 年的预可行性研究报告预审会上，隧道方案
和桥梁方案均是作为比选方案来看待，但桥梁方案自此后获得的推动力量更
强，到 1999 年由上一层级交通主管部门组织开展"预可"的正式评审时，参加
预可评审的专家基本上都是桥梁派也就是很自然的事了，桥梁方案在政策溪
流中也自然取代此前的隧道方案而成为主导。1999 年 1 月由中央层级交通

主管部门提出的苏通长江公路大桥项目建议书审查意见①中,一方面陈述"江苏省分别就桥梁和隧道两大过江通道形式做了方案论证比较,从评价结果看,两大方案均可行"的上报意见,另一方面明确断言:"沉管隧道方案近期实施的可能性不大……盾构隧道方案实际上是不可行的……桥梁方案优于隧道方案……桥梁方案成功的把握性更大、工程投资更省、建设周期更短。因此,同意采用桥梁方案。建议下阶段只对桥梁方案进行深入研究论证工作。"同年10月由国家计委委托中国国际工程咨询公司完成的苏通长江公路大桥项目建议书的评估报告中则再一次确认:"同意《报告》推荐的桥梁方案。"至此,桥梁方案成为决策溪流中政策流的唯一方案。

5.4.2 决策主体间的民主协商

不同利益诉求的表达和利益相关者、利益代表者之间的博弈竞争,并不是决策主体间关系的全部。在任何可持续的政治—行政体系中,任何博弈竞争都将被权力控制在该政治—行政体系能够接受的范围之内。这也就表明,博弈并未造成博弈之"局"崩溃。在这样一种能够维持"局"的持续性的博弈状态中,参与的各决策主体提出自己的策略选项,实际上也是一种诉求表达。博弈之"局"也是协商之"局"。协商的本质是形成参与各方都能自愿地接受的政策意见。国家重点基建项目决策过程是否可以提供形成参与各方才能自愿地接受的政策意见的条件? 这与当代中国的政治—行政体系是密切相关的。

肖立辉提出当代中国的政治权力是"不对称的双重双轨制"②的观点。他认为,由"社会—人大—政府"形成一个完整的政权系统,同时由中国共产党的组织体系形成另一个完整的政治权力系统,这样就有了两条政治轨道。在这两条政治轨道中,执政党中国共产党的组织轨道和政治能量显得更强大。许多政权运作的规则是由中国共产党的政治规则演绎出来的。中国共产党对一些重大问题的看法改变后,会直接影响政府行政决策的改变,甚至会直接付诸实施,成为社会成员普遍遵守和践行的新规则。中国共产党的政策主张通过由中国共产党领导下的人民代表大会及人民政府转变为国家意志、国家的法律、政府的法规或者政府的决定。例如,中国共产党关于国民经济和社会发展规划的建议一般通过同级人民代表大会转变为同级政府关于国民经济和社会发展的正式规划,从而在行政权力系统中得到推进落实。"不对称的双重

---

① 中华人民共和国交通部:《关于苏通长江公路大桥项目建议书审查意见的函》(交函规划〔1999〕285号)。
② 肖立辉:《当代中国政府与政治研究》,河南人民出版社,2008年,第17页。

双轨制"，核心是中国共产党的一元化领导体制。结合胡象明关于当代中国"一与多"的一体化民主的观点，或许可以认为，当代中国的政治—行政体系特点为决策主体开展民主协商提供了基础结构，即各决策主体可以表达自身的利益诉求和政策建议，但是又可避免由于这些利益诉求和政策建议的差异度过大而可能带来协商之"局"的崩溃。

评审会是决策溪流中对反映不同利益主体利益诉求的政策建议进行协商的常用方式。下文以 1998 年 4 月南通长江公路通道预可行性研究报告预审会来分析。

1998 年 4 月 17 日至 18 日，江苏省在南通组织召开了"南通长江公路通道预可行性研究报告预审会"，江苏省委常委、常务副省长季允石与会并做了讲话，这充分表明决策溪流已经由南通地方执政部门行进到省一级地方执政部门这一层面了。此次会议由桥梁、隧道、经济、水利、航道等方面的资深专家组成专家组和省、市、县（市）有关方面及研究单位的 84 位代表参加，听取了中交公路规划设计院和上海隧道工程轨道交通设计研究院关于预可报告的介绍，踏勘了桥隧选址现场，进行了决策方案讨论评议。

在这次会议的专家中，既有桥梁派，又有隧道派，而且一并听取了倾向桥梁方案的中交公路规划研究院的报告，以及从 1993 年开始就开展隧道方案研究的上海隧道工程轨道交通设计研究院的报告。应该说，双方关于政策方案的意见均得以表达。最后形成的专家组意见基本上纳入了双方的政策意见。专家组的主要意见是：（1）"预可"报告从区域社会经济发展、过江交通需求及流量流向分布、长江公路通道的必要性和迫切性等方面进行了全面分析，论据可靠，理由充分，符合实际情况；（2）"预可"报告对桥梁和隧道过江工程方案均做了研究，选择了三个桥位进行比选，并推荐南通农场—徐六泾桥位；选择了两个大隧址进行比选，并推荐东方红农场—西周隧址。东方红农场和南通农场附近河道较顺直，河床、岸线持续，深槽窄，与现有公路网连接方便，与省路网规划一致，工程实施条件好，推荐在东方红农场和南通农场附近建设长江公路通道是可行的；（3）"预可"报告对桥、隧工程方案经济评价的方法基本正确，初步评价结果认为桥、隧工程方案在经济方面均是可行的；（4）桥、隧方案在技术方案、工程实施、经济分析等方面均是可能的和可行的。相对而言，桥梁方案投资较低，服务水平好，建成后将成为长江口壮丽雄伟的人文景观，但营运期间将受到台风等的影响，对航运、河势也有一定影响；隧道方案受气候条件的影响较小，对航运、河势影响小，但投资较大、营运费用较高，"预可"报告推荐的隧道方案技术标准偏低。为此，桥、隧方案有必要做进一步研究比较,为合理推荐选定提供充分论据;(5)"预可"报告编制达到了交通部规定的编制要求和深度,可以作为编报项目建议书的依据。

自1996年3月由中交公路规划研究院开展南通过江通道工程方案并于1997年10月通过省市协调会提出桥梁方案后,与南通地方执政部门一贯倾向的隧道方案就实际地形成了一种博弈和竞争的关系,但是当决策溪流行进到南通地方执政部门的上一级执政部门即省级执政部门这一决策坝位置时,两个方案在这一层面并不足以形成"非此即彼"的选择局面,省级地方执政部门采取协商与均衡的策略,两个方案得以一并继续行进在决策渠中。从中也表明,协商与均衡的主体间关系存在的条件是不具有压倒性优势的一方,或者存在一种不确定的决策前景。

5.4.3 利益综合:竞争均衡模式

博弈和协商作为决策主体间关系的两种模式,都是对差异化的决策主体利益的调整模式。按照现代博弈论观点,博弈必然存在一个均衡偶,即达到纳什均衡点,这就表明通过博弈,各方之间总会达成一个令各方都接受(包括主动接受和被动接受两种情况)的方案。协商是博弈的一种表现形式,且更多地指出了不同决策主体对于形成的决策方案(包括约化的决策议题)所做出的利益主张强化或弱化之不同。博弈和协商最终的成果亦可视为不同决策主体利益得到综合,即博弈和协商与利益综合存在天然的联系。

国内外不少学者均深刻地指出过利益综合在当代中国政府决策过程中发挥的重要作用。美国政治学家阿尔蒙德对此有过连续的观察,在20世纪70年代,他就认为[1],"中国的个人可以进行利益表达,但是只能在一定的限度内进行,同时民众对于政策过程的支持程度取决于执政党的动员"。这说明他注意到在利益综合活动中处于核心地位的是执政党。到2004年,阿尔蒙德仍然坚持了此前的基本判断,强调中国共产党作为执政党在决策的利益综合活动中具有主导性功能,他认为整个政府过程由中国共产党控制,"重大决策由中央政治局拍板,也有一些问题会提交党的中央委员会讨论决定。政府则负责实施由中共最高决策层发起并获得通过的各项政策"。[2] 美国学者李侃如

---

① [美]加布里埃尔·A.阿尔蒙德、小G.宾厄姆·鲍威尔:《比较政治学:体系、过程和政策》,曹沛霖,等译,东方出版社,2007年。

② [美]加布里埃尔·A.阿尔蒙德,等:《当代比较政治学:世界视野》,杨红伟,等译,上海人民出版社,2010年。

（Kenneth Lieberthal）认为①，当代中国复杂的国家结构对于政策制定过程和政策结果而言是一个至关重要的决定因素，并提出执政部门之间"讨价还价"的理论假设，认为政策是通过上一层级执政部门组成机构与下一层级地方执政部门之间"讨价还价"的结果。李侃如还形象地指出这种"讨价还价"的例行程序，即政策议题由一个或多个高层领导发起，然后发起方以自己的名义安排组织相关人员展开协调，或者是组成跨部门协调机构开展多方谈判，协调、谈判的结果最后须由高层执政部门首脑批准。美国学者谢淑丽（Susan L. Shirk）认为当代中国政府过程中的利益综合是一种"双向负责机制"②，即地方政府和各部委向中央负责，同时中央也重视地方政府和各部委的意见。我国学者张彬、朱光磊认为，当代中国政府过程利益综合活动是在中国共产党的领导下进行的，具有"多方参与、多渠道输入、多层级过滤、综合考虑平衡"③等显著特征，因此，使得利益综合成为当代中国政府过程中最具"特色"的一个环节④。

例如，长江南京以下深水航道工程关于福姜沙河段的选汊方案确定就可视为利益综合的过程。福姜沙为长江中的洲滩，与其左前方的双涧沙，在此河段形成三条主要的通航河汊，南汊（福南水道）靠近张家港市，北汊（福北水道）靠近靖江市和如皋市，中汊（福中水道）的右后方是福姜沙，左前方是双涧沙。如图 5-2 所示。

由于 12.5 米深水航道确定走哪条汊道将决定靠近该汊道的城市受益更多。又由于在 12.5 米深水航道建成之前的主航道是南汊即靠近张家港一侧的汊道，张家港市已经在沿江岸边建设了大量万吨级码头和临江工业企业，如位列全国第五的大型炼钢企业——江苏沙钢集团有限公司，如此，假如即将建设的深水航道改走北汊或中汊，对其利益可能损失大于收益。而靠近北汊的靖江市和如皋市则主张深水航道能够尽量走北汊，这样有利于其利用深水航道促进两地沿江经济的发展。

---

① ［美］李侃如（Kenneth Lieberthal）：《治理中国：从革命到改革》，胡国成，等译，中国社会科学出版社，2010 年。

② Susan Shirk. The Political Logic of Economic Reform in China, California Series on Social Choice and Political Economy, No. 24, 1993.

③ 张彬、朱光磊：《从"利益综合"环节入手深化中国政府过程研究》，《天津社会科学》，2009 年第 1 期，第 44 页。

④ 张彬、朱光磊：《从"利益综合"环节入手深化中国政府过程研究》，《天津社会科学》，2009 年第 1 期，第 44 页。

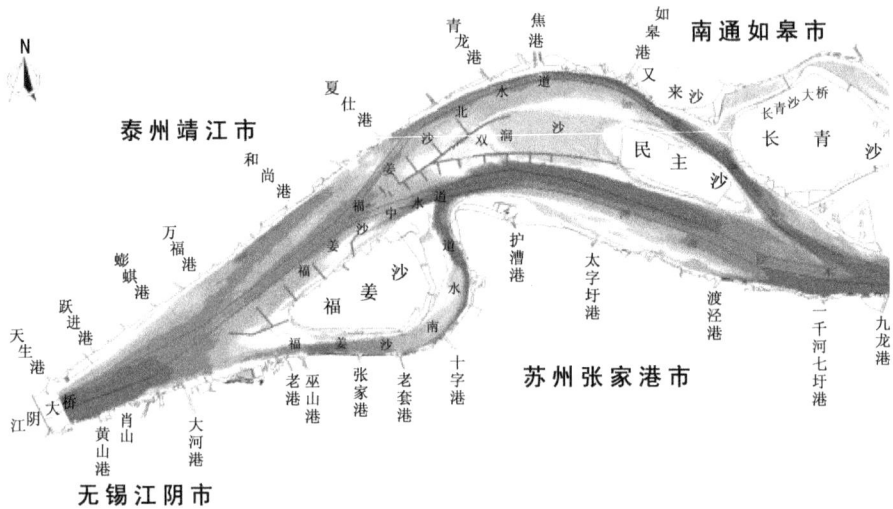

图5-2 长江福姜沙河段平面示意图

资料来源：中交上海航道勘察设计研究院有限公司等：《长江南京以下12.5米深水航道二期工程工程可行性研究报告（内审稿）》,2013年4月,第5-16页,引用时对地名标注方式进行了调整。

作为由中央部委和地方政府联合成立的组织协调推动该工程建设的机构——长江南京以下深水航道建设工程指挥部，其利益出发点就是按照长江河道的自然规律建成12.5米深水航道，既确保工程的耐久性（符合河势演变规律而不致改道），又保证工程的低成本性（建成后尽可能地降低工程维护费用），因此指挥部确立了四个选汊原则①：（1）顺应河势，符合工程河段演变规律，持续性好，年维护量少（长江航道维护是中央事务，由中央财政资金保障维护费用）；（2）满足沿江城市经济发展，考虑现在的港口布局和生产的需要；（3）符合通航安全的要求；（4）注重生态和环境保护。同时，指挥部征求沿江两市意见和通航安全主管部门江苏海事局、航道建成后承担日常维护职责的机构——长江航务管理局的意见，并组织由交通运输部总工程师为组长的专家组进行审查，形成了两个拟决策方案：中汊双向通航但保持南汊与北汊现有水深的方案及中汊和北汊分别单向通航的方案。

指挥部拟选的这两个方案于2013年1月11日由交通运输部与江苏省人民政府联合召开的协调会上提出后，引起了靠近南汊的苏州张家港市激烈反

① 长江南京以下深水航道建设工程指挥部：《长江南京以下深水航道建设工程情况汇报》,2013年1月11日。

应,同时也引起与长江事务密切相关的有关行业主管部门如长江水利委员会、江苏省水利厅、江苏省环境保护厅、江苏省海洋与渔业管理局等提出新的不同意见,因此在这一次协调会上并未就选汊方案做出初步决策。会后,1 月 25 日交通运输部专门行文工程指挥部要求继续开展选汊方案比选论证工作,并要求"重点书面征求海事、航道、水利部门的意见"①,由于海事部门是主管通航安全的机构、航道部门是主管航道建成后维护的机构、水利部门是主管防洪安全和水资源利用的机构,实际上这样的再比选认证既包括技术论证又包括部门间、地方执政部门间的利益协调。2 月 3 日,指挥部再次组织召开专家审查会进行技术论证和决策利益相关方(主要是沿江市、县地方政府及港口部门)的利益确认与协调。2 月 5 日,指挥部根据这次审查会的意见向交通运输部报送了《长江南京以下 12.5 米深水航道二期工程航道选汊专题研究报告》,关于福姜沙河段选汊的意见确定为:"从现状河势条件看,选择福中水道开通 12.5 米航道是基本可行的,福北水道是可能的,福南水道难度很大。"②这一意见可以视作通过指挥部这一协调机构的综合协调而形成的阶段性意见。

显然,上述专家审查意见表明了南汊方案有可能完全被抛弃。为此,2 月 8 日张家港市政府专门行文,向指挥部提出三条政策建议③:(1) 开通南汊 12.5 米深水航道,保持南汊主航道地位;(2) 如同时开通南汊和北汊,则明确南汊为上行主航道;(3) 如开通中汊,则继续维持南汊上行航道。2 月 20 日江苏沙钢集团有限公司向指挥部提出政策建议④,要求将南汊或中汊开通为 12.5 米深水航道,维持北汊现状并控制北汊的入水量(控制北汊入水量目的还是为了保持南汊现有通航水深,因为水量大小直接影响航道水深)。同一天,张家港市地方执政部门的上一层级地方执政部门——苏州市政府直接向交通运输部提出政策建议⑤,希望上级部门进一步研究南汊开通 12.5 米深水

---

① 交通运输部综合规划司:《关于长江南京以下 12.5 米深水航道二期工程通航设计标准和航道选汊有关问题的复函》(规水便字〔2013〕25 号),2013 年 1 月 25 日。

② 长江南京以下深水航道建设工程指挥部:《关于报送〈长江南京以下 12.5 米深水航道二期工程航道选汊专题研究报告〉的报告》(长指前〔2013〕2 号),2013 年 2 月 5 日。

③ 张家港市人民政府:《关于将福姜沙南水道开辟为 12.5 米深水航道的请示》(张政发〔2013〕14 号),2013 年 2 月 8 日。

④ 江苏沙钢集团有限公司:《关于 12.5 米深水航道福姜沙航路选择对沙钢影响事宜的紧急报告》(苏沙钢集〔2013〕39 号),2013 年 2 月 20 日。

⑤ 苏州市人民政府:《苏州市人民政府关于恳请将福姜沙南水道开通为长江 12.5 米深水航道的请示》(苏府呈〔2013〕14 号),2013 年 2 月 20 日。

航道并保持的可能性。如果开通中汊则希望保持南汊 12.5 米深水航道单向上行主航道;如果同步开通南汊和北汊则明确南汊为上行主航道。由此可见,靠近南汊的地方执政部门主张的首选政策建议均为开通南汊。而在指挥部组织的第一次协调会上及相关意见征询中,靠近北汊的南通市、泰州市及其分别所辖的如皋市、靖江市则"反对开通福中水道(即中汊)"①,建议南汊和北汊同步开通且分别为单向上行和单向下行。显然,作为南汊一侧的地方执政部门及利益相关者的政策方案意见与第二次集中的大规模的专家咨询会形成的意见存在较大的差距。

　　市、县两个层级地方执政部门的政策建议,以及利益相关者的政策建议按照决策渠的走向自然地行进到省级执政部门分管首脑这一决策坝位置即分管副省长这一层面。分管交通的副省长对于他们的政策建议非常重视,于 2013 年全国"两会"期间,与国家层面交通运输主管部门中分管水运建设的副部长进行了意见沟通,表明了应将南汊一侧地方执政部门和决策利益相关者的政策建议列入下一步议题评估的范围。全国"两会"闭幕后不久,2013 年 4 月 3 日,江苏省交通运输主管部门为落实此次部省领导沟通协商意见,专门向指挥部传达部省领导沟通协商形成的意见,即在已经确定编入工程可行性研究报告的两个政策方案的基础上,再增加一个政策方案,即南汊上行加北汊下行的方案,这也就是南汊一侧地方执政部门及决策利益相关者所优先和极力提议的政策方案。

　　此外,2013 年 3 月 21 日,交通运输部长江航务管理局再次应工程指挥部的提议,出具了关于二期工程航道选汊意见。② 提出的原则是:(1)技术可行性,要顺应自然演变规律,保证深水航道建成后的长期稳定;(2)后期的可维护性,要充分考虑长期的维护成本及维护难度问题;(3)通航的安全性,要充分考虑船舶通航密度、安全风险等;(4)两岸经济发展的需求。在这里,将两岸经济发展的需求放在最后,这也表明了作为长江主航道维护责任部门的自身利益关注点。在这份书面意见中,明确赞成中汊双向通航并维护南汊、北汊现状的方案(因为该方案维护成本最低),并指出中汊加北汊分别单向通航并维持南汊现状的方案的后期维护难度问题,但并没有反对"中汊加北汊"方案。

---

　　① 中华人民共和国江苏海事局:《江苏海事局关于长江南京以下 12.5 米深水航道建设二期工程部分航段船舶航路设置意见的函》(苏海事函〔2013〕号),2013 年 3 月 19 日。
　　② 长江航务管理局:《长航局关于长江南京以下 12.5 米深水航道二期工程航道选汊的意见》(长航函道〔2013〕34 号),2013 年 3 月 21 日。

从上述三个方案来看,(1)中汊双向方案,是技术上最有利的方案,也是最节省航道维护费用的方案;(2)中汊下行、北汊上行方案,同时保持南汊现有水深(10.8 米)及通航布局,这是技术上比较有利但航道维护费用较高的方案,同时不仅考虑到北岸一侧的利益,而且能兼顾到南岸一侧的部分利益;(3)南汊上行加北汊下行方案,这是技术上较不利且航道维护费用较高的方案,但南北两岸的利益都能同等得到考虑。鉴于此,考虑到各层级执政部门的意见及决策利益相关方的利益主张,指挥部仍然将这三个方案作为下一步的议题行进中的政策建议。指挥部的这一态度,实际上反映了各方利益诉求的"最大公约数",即南汊、北汊都要能行船,而且,只有保持南汊能够行船的情况下,开通中汊、北汊才能为南岸所接受,同样地,不开通北汊也无法得到北岸的赞成。如果放弃南汊或北汊中的一个,均可能招致其中一方的激烈反对,如此,则这个项目的决策就可能很难继续走下去。

2013 年 4 月 16 日—18 日召开长江南京以下 12.5 米深水航道二期工程工程可行性研究报告专家内审会,形成的专家审查意见①是:福南水道由于自然条件因素,作为 12.5 米深水航道主通道难度较大,但应保持 10.5 米航道地位;《长江南京以下 12.5 米深水航道二期工程可行性研究报告》(以下简称《工可报告》)提出福中双向和福中单向 + 福北单向两个选汊方案基本合理,同意将福中单向 + 福北单向方案作为推荐方案。同时,又同意进一步研究南汊加北汊的方案。5 月 11 日,南汊加北汊的方案经组织专家审查后,同意列入《工可报告》。5 月 15 日,包括这三个方面的《工可报告》由工程指挥部正式报送上级执政部门即交通运输部和江苏省人民政府。

显然,至此形成的《工可报告》报送版基本可以视作利益综合的又一阶段性成果,它不仅考虑到两岸地方执政部门的意见,而且也兼顾到代表国家层面履行长江航道维护职责的执政部门的意见。(当然,最后决定实施的方案只能有一个,可能是《工可报告》中提出的三个方案中的某一个,也可能是在这三个方案基础上的再集中,这需要国家层面执政部门做出决策。)

从上述例证来看,利益综合是国家重点基建项目决策过程中决策主体间关系的主要模式之一。但是,在利益综合的过程中同样可以看到博弈与协商的过程。由于南汊是现在的 10.8 米深水航道的主通航河汊,因此主张将 12.5 米深水航道仍沿南汊是其很自然的政策建议,但是考虑到通航安全和航道维

---

① 《长江南京以下 12.5 米深水航道二期工程工程可行性研究报告内审会专家审查意见》,2013 年 4 月 18 日。

护两个行业主管部门关于南汊不利于12.5米航道而中汊适合、北汊有其可能
性的意见后,作为地方执政部门便提出了一个主张仍选南汊的优先方案及一
个南汊和北汊同步考虑的比选方案,这表明张家港市提出政策建议时是以对
岸靖江市、如皋市提出的政策建议作为其策略性行为的前提。反过来,靖江市
和如皋市也在其提出优先方案时,考虑到由于南汊历来是该段河道主航道而
必然将得到张家港市极力主张的潜在想法,因此也提出了主张南汊和北汊同
步开通且分别为上行和下行单向的政策建议。这里面存在着明显的博弈意
味。对于张家港市和长江航务管理局来说,他们之间也存在博弈。例如,当长
江航务局提出开通中汊双向通航方案且由于南汊维护费用将加大而需要放弃
南汊作为12.5米航道单向上行通航时,张家港市则提出将全力配合做好航道
维护工作,以此换取对开通南汊航道的前提。我们还可以看,在选汊方案调研
比选论证过程中,基本上所有的决策主体都参加并提出了自己的政策主张,有
的主张得到加强,有的主张得到修改、有的主张被放弃,但是没有哪种政策建
议被置于预先确定的位置上,这是一个民主协商的过程。因此说,博弈与协商
同样构成了利益综合的过程。

由此而论,有限博弈、民主协商和利益综合,这三种主体间关系模式尽管
存在视角上的区别,但本质上是互为融通的。

从理性选择理论来看,决策主体均是能够做出有利于己的选择的理性人
(包括个体与群体),他们对于议题的讨论、政策方案的论辩、决策必要性的争
论等,都可视作理性人之间的有限博弈。如此,决策主体之间的博弈就可以视
为决策溪流行进的一种表现形式,不同决策主体的不同决策意愿和要求在决
策渠中进行竞争,形成了决策溪流的行进状态。

同时,在当代中国政治—行政体系中,如果一条决策渠中的决策溪流在经
过一道决策坝后仍然能够继续向前行进,去迎接下一道决策坝的"考验",那
么就可以断定,尽管决策主体间为了各自的决策利益进行博弈,但是博弈并没
有带来决策溪流的中断,也就是说博弈并没有带来决策主体间关系的"崩
盘",即经过博弈之后各方的利益实际上得到了综合,也许有的决策主体基于
自身的利益诉求产生的决策意愿融入到了决策溪流中,有的决策主体的决策
意愿被抛出了决策渠,但是决策溪流行进仍然能够继续保持,这样一种情况,
亦可认为是协商的结果。

利益综合首先"看到"的是不同的利益诉求,因为利益诉求都是一样的,
就无所谓综合的问题。不同的利益与不同的主体(包括个体和群体,下同)相
联系,不同的利益诉求由不同的主体所主张。利益综合的方式无外乎合作的

方式或者对抗的方式。一个持续的政治—行政体系与有效的利益综合之间存在互为前提条件的关系。持续的政治—行政体系为有效的利益综合提供前提，合作的利益综合方式与持续的政治—行政体系的要求更为契合。有效的利益综合能够更好地促进政治—行政体系的持续。因此，有效的利益综合更多地可视为持续的政治—行政体系的某种功能。

博弈是不同利益诉求的主体在决策溪流中的一种策略性行为。协商本质上也可视为博弈的一种表现形式。可能的疑问在于，博弈是参与者彼此之间以他方之策略为前提而确定己方之策略（或做出己方之行为），协商是理性思考与可能的妥协，二者之间的联系点在哪里？实质在于，博弈中参与者的策略及可获取的信息，与协商中参与者的理性思考及意见诉求，本质上是类同的。协商的制度架构为博弈提供了一种合作的、理性的"秩序安排"，同时，协商也为促进政治—行政体系持续所需要的利益综合提供了合作的、理性的"秩序安排"。

例如，博弈中常有的情形是，参与者己方之策略，往往吸收了彼方策略中"合理"的或于己方有利的部分。对此，既可以看作己方策略的胜利，也可看作己方在协商中做出的妥协，如果这是最后的决策，亦可看作是综合了所有参与者（即不同的个体和群体）的利益诉求。

有限博弈是一种策略性行为，民主协商提供了自愿、平等、自由展开策略性行为的秩序安排，利益综合则是在民主协商的秩序安排中进行有限博弈后表现出来的最终的结果。由此来看，利益综合与有限博弈和民主协商并非是孤立的、相互间没有联系的决策主体间关系模式。在这里，兰普顿的一段精彩阐述对总结上述的讨论很有启发，他以中国政府决定建一座三省交界处的水坝为例，指出水坝的高度不是取决于某位最高领导人的个人决定，而是取决于执政部门之间的协商，即"取决于三个省的领导人、中央政府的水利部、财政部等所有受益、受损和相关单位之间的协商，因为这涉及淹没农田和移民的数量、发电量、财政开支等诸因素"。① 同时，兰普顿又认为，当代中国的政策制定过程变化也非常深刻，"在一些重大政策制定过程中，已经呈现出多元博弈的特征，制度化、专业化、非中心化特征也日趋明显"。② 透过以上引述，可见兰普顿是将协商与博弈放在一起来考察的。

---

① 张彬、朱光磊：《从"利益综合"环节入手深化中国政府过程研究》，《天津社会科学》，2009 年第 1 期。

② 张彬、朱光磊：《从"利益综合"环节入手深化中国政府过程研究》，《天津社会科学》，2009 年第 1 期。

因此,总的来说,有限博弈、民主协商、利益综合三者是可以统合起来的,形成一个分析考察国家重点基建项目决策主体间关系的综合模式,本书称之为"竞争均衡"模式。具体来讲,(1)竞争均衡的基础是决策主体的策略性行为,包括博弈与协商;(2)竞争表述的是不同利益诉求的伸张状态,均衡表述的是利益诉求伸张的连续性及最终利益表达的决策系统的可接受性。需要指出的是,均衡并不指进入决策渠的所有利益均能在最终的决策中得到表达,而是指在最终的决策中所形成的利益表达得到决策主体的大多数认同,即决策能够得以合化法并执行。

"竞争均衡"模式应用于分析当代中国国家交通重点建设项目决策过程的适用性在于:(1)当代中国国家交通重点建设项目决策的社会结构基础趋于多元,这种多元性体现在当代中国整体上由非全面开放走向全面开放进程中,个体或群体的利益多样化、社会阶层分化,输入决策渠的利益诉求存在显著差异甚至冲突,利益主体(亦可视为决策溪流中的决策主体,或者博弈的参与者)在决策渠中进行博弈竞争的局面无法避免,而这也构成了决策溪流前进之必要动力。(2)当代中国的政治—行政体系本质上是协商—集中型架构,无论是人民代表大会制度,还是中国共产党领导的多党合作制度,以及中央到省市县的行政体系,协商是一种秩序安排,但集中是贯穿一切的要求。通过民主协商的秩序安排,实现利益综合的目标,正如张彬、朱光磊所主张的"从'利益综合'环节入手深化中国政府过程研究"①,在民主协商的过程中多元的利益主体展开有限博弈,有限博弈的结果是利益得到伸张,其表现形式要么是利益主体的利益均得到反映,要么是强势利益得到伸张而弱势利益暂且搁置。总之,这是符合当代中国持续的政治—行政体系要求的均衡局面要求。

本章小结

决策溪流的行进本质上是决策主体一系列作为与不作为的具体体现,决策者是决策主体的一部分,它反映了存在政策制定者或更直接的强有力的影响者的事实。在当代中国的政治—行政体系中,执政部门这个概念在反映与公共权威相联系的决策主体方面具有很强的包容性和适用性。执政部门既有垂直维度的层级区分,也有水平维度的相互关联。在决策主体中,我们可以辨别出哪些个体或群体在发挥关键性作用,但这并不是一成不变的,也就是说决

① 张彬、朱光磊:《从"利益综合"环节入手深化中国政府过程研究》,《天津社会科学》,2009年第1期,第44页。

策关键人的地位并不是绝对的。与决策关键人相对应的是决策利益相关者，尽管决策利益相关者在决策溪流的行进中可能无法产生主导性作用，但是他们中的一部分决策影响者能够将自身的利益诉求转化为决策意愿与要求并融入决策溪流中去，一旦这样的决策意愿与要求汇成了洪流，那也将改变决策溪流的速度甚至是流向。

决策主体间关系是决策溪流行进的表现形式，可以从有限博弈、民主协商与利益综合三个角度进行考察。博弈的过程也是决策溪流行进的过程。在博弈中"出牌"的过程，亦可视作表达己方决策意愿和要求的过程，如此，博弈的结果也可看作协商的结果。在持续的政治—行政体系中，通过博弈与协商，达致了决策主体利益综合的结果。在议题溪流、政策溪流、政治溪流中的博弈结果，既可以在当下反映到决策溪流的行进上，也可以作为一种能量累积在决策坝处，从而形成决策势能。

第6章

决策溪流的行进方式：
国家重点基建项目的议题构建

∽

决策以解决问题为导向。然而，特定的社会问题在进入决策渠之前与进入决策渠之后的性质是否相同？许多研究政策议程的学者均认为，政策议程总是与问题相联系的。那么，进入决策渠的问题与进入政策议程的问题存在何种联系？进入政策议程的那些问题是否还存在辨别的必要？议题流的行进过程中，议题的性质将发生何种变化，以及这种变化一般以何种方式展开？这些都是本章要讨论的问题。

6.1 议题的范畴构建

6.1.1 政策问题与议题

政策问题的生成与议题的建立作为前决策阶段的重要活动，对政府决策活动的影响是现实而具体的。在政策科学研究领域，有关问题、政策问题、公共政策问题、议题等概念的界定诸说纷纭，见仁见智。

史密斯(Smith)认为，"问题系某种状况或情境，赞成当事人提出某种要求，或因而引起损失与不满，导致采取可行措施予以解决的现象"。[①]

邓恩(William N. Dunn)指出，公共行动、需求、机会三个要素与公共政策问题密切相关，即"公共政策问题表现为通过公共行动去追求某些需求机会"。[②] 他还区分了结构良好的问题、结构适中的问题、结构不良的问题等三

---

① [美]史密斯：《科学顾问——政策过程中的科学家》，温珂，李乐旋，周华东译，上海交通大学出版社，2010年。

② [美]邓恩：《公共政策分析导论(第2版)》，谢明，等译，中国人民大学出版社，2010年。

种公共政策问题类型。

张金马认为，公共政策问题与个体和组织密切相关，与公共部门的行动密切相关，它由个体或组织向与应对解决这些问题有关的公共部门提出，而这些公共部门又确实将这些问题列入行动计划。① 他倾向于把能否进入政府议程作为辨别公共政策问题与否的前提条件。

陈潭提出，问题在向政策问题演化的过程中存在一个"公共政策问题链"②，如图 6-1 所示：

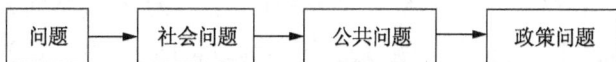

图 6-1　问题向政策问题演化的过程

对这四个概念，陈潭做了如下解释③：

问题，既指实际状态同期望状态之间的某种差距，又指需要解决的各种各样的矛盾。这种差距或矛盾引起了行为主体对应有状态的诉求，同时也可能引发某种社会紧张状态。问题有个人问题和社会问题之分。

社会问题，是指超出个人、私人的范围，个人、私人无力来解决的问题。④个人问题或私人问题只涉及一个人或几个人，主要应由个人来自行解决。当同一个问题被大部分人意识到，而且将其归因于社会规范存在问题时，这个问题就超出了个人问题的范围，而成为社会问题。

公共问题，是与更广泛的社会大众相关联的问题，与人们的价值观念、切身利益或者外部生存条件受到威胁或损害密切相关。有时它也泛指人类社会普遍存在的某种危机和困境。它与社会问题的区别是影响不再局限在某个区域或社会生活的某些领域。其标志是出现公意性诉求。从社会的特殊问题转化为公共问题有两种可能：一是原来的社会问题还处在孕育阶段，矛盾还没有充分展现出来，一旦问题充分展开，就容易被人们察觉，从而产生政策诉求；二是一些社会问题虽然一开始很严重，但在初期可能仅仅局限在一定的区域或个别区域，当问题扩散、蔓延后，就会转化为公共问题。

政策问题，是指当公共权力主体意识到公共问题已经妨碍社会发展，并已

---

① 张金马：《公共政策分析：概念·过程·方法》，人民出版社，2004 年。
② 陈潭：《公共政策学》，湖南师范大学出版社，2003 年，第 111 页。
③ 陈潭：《公共政策学》，湖南师范大学出版社，2003 年，第 111 页。
④ "个人、私人无力解决的问题"，更确切地来说，应指个人、私人解决能力不足或解决意愿不强的问题。

体会到公众的公意性且趋同于公众诉求,政府通过公共活动加以干预和实现的问题。但公共问题与政策问题并非一一对应的转化关系,有的公共问题能发展为政策问题,有的则没有这样的机会。原因在于任一公共管理机构的总体目标是特定的,能够用于解决公共问题的资源、手段和能力也是有限的,这种情形在任何一个社会任何一个发展阶段都是类似的。因此,任何一个社会的公共管理机构在一定的社会发展阶段和时期只能将一部分公共问题确定为政策问题。

对于这样的解释,显然不是从同一视角来进行的,因此从问题转变为社会问题、社会问题转变为公共问题、最后转变为政策问题,并非为必然的前后逻辑连贯地依序发展的过程。

陶学荣专门就社会问题与公共问题进行了区别性分析[1],他指出,公共性是公共问题与社会问题相区别的最本质、最为内在的特性;公共问题是指社会成员在公共生活中共同受其广泛影响,具有影响的排他性与不可分性并与公共利益密切相关的那些公共性社会问题。显然,他认为社会问题是公共问题的存在前提,社会问题可以演变为公共问题,但社会问题并不都会演变为公共问题。其实,一个社会问题是否具有公共性,做出这个判断的基础是价值,因此在更多的情况下,一个社会问题往往就是公共问题,一个公共问题往往也是社会问题,基于这个判断,本书将二者合称为社会公共问题。

什么是政策问题? 也许还可以从"政策"的认知来考察。科尔巴奇关于政策的工具性内涵的阐述非常值得关注。他指出:

> 就支配我们的方法而言,不论是在对方法的分析之中,还是在方法的实践过程中,'政策'都是一个核心概念。它为评论家和参与其中的人提供了一种手段来处理政策过程,以及一种方法来理解统治的复杂性。……对于一些参与者而言,政策不得不与控制有关。……政策可以担当一种控制工作:当选的领导人控制官僚,中央官员控制同领域内的成员,公司总部控制业务经理。……但是对于其他参与者来说,政策是角逐现在秩序和声言参与权利的工具。[2]

当我们在谈论政策问题时,也就意味着这是一个需要运用"政策"这个工

① 陶学荣:《公共政策学(第2版)》,东北财经大学出版社,2009年,第144页。
② [英]H.K.科尔巴奇:《政策》,张毅、韩志明译,吉林人民出版社,2005年,第1—4页。

具去处理的"问题"，再而言之，我们遇到的公共问题，既有需要运用"政策"工具去处理的，又有大量不需要运用"政策"工具去处理的。当公共问题转化为政策问题时，也就表明公共问题需要掌握"政策"工具的执政部门运用"政策"工具去处理它。

前文已述，决策是指一个动态的过程，表明一系列事件和行为正在发生。动态性是决策的重要内涵，而工具性是政策的重要内涵。政策问题是需要执政部门运用"政策"这一工具去应对、处理或解决的公共问题，那么，我们有理由认为，正在由执政部门试图运用"政策"这一工具去应对、处理或解决的公共问题就是决策问题。简而言之，政策问题更多的是在描述一种状态、状况、现象，而决策问题关注的更多是解决行动的必要性与紧迫性。决策问题应该是在"政策问题"的基础上进一步定义的更需要增强其行动性的问题。

政策问题是为执政部门所关注的问题，而决策问题是为执政部门所考虑并将做出某种决策的问题。一个公共问题成为政策问题，也许是刚进入了执政部门视野或者正在被执政部门所讨论。而一个公共问题成为决策问题时，则一定是已经摆上执政部门将可能做出决策的日程表上的问题。从决策溪流的视角来看，政策问题和决策问题均是纳入决策渠并融于决策溪流的问题。在本书中，议题就包括了政策问题和决策问题两种形式。

问题在进入决策渠并融于决策溪流之前，问题的表现形式是社会性的、公共性的，也可能是集中的或者分散的。一切社会公共问题在没有进入决策渠的情况下，一般不具有当下的"政策"含义，而更多地具有潜在的"政策"含义。

例如，在 1991 年 6 月南通市地方执政部门启动南通市过江隧道建设项目调查之前，人们对于南通过江到江南的那种费时漫长、充满意外风险、更受风雨所苦的诸种情况一定不会缺少牢骚、抱怨、呼吁，等等。但如果这些牢骚、抱怨、呼吁所针对的问题没有进入南通地方执政部门的视野，则这些牢骚、抱怨、呼吁及其所针对的该类问题相对于南通地方执政部门来说，只能继续以社会公共问题的形式存在，一旦这些躲藏在牢骚、抱怨、呼吁背后的问题得到执政部门严肃认真地关注，也就表明了这类问题进入了执政部门的政策编目程序，这类问题就转变为政策问题了。政策问题可能是一份"长长的菜单"（menu），但对执政部门而言，真正选择"要做的菜"（agenda）并不多，而在将来能够"端上宴席的菜"（policy）可能只是很少的一部分。

因此还需要再次强调，决策问题相较于政策问题的不同就在于它的正在行动性。但是决策问题与政策问题并不是可以割裂开来的两种性质截然不同的问题。政策问题是决策问题的前奏。政策问题转化为决策问题的时间可长可短。

问题向政策问题再向决策问题演化的先后逻辑和时序也许是概念性的,实际的情况是在任何阶段问题都可能转化为议题,也就是说这种转化是跳跃性的。

问题向决策问题的演化,我们认为更适合采用"升级"的概念来阐释,因为,一方面,问题向决策问题演化,枝节删除得越来越多,主干越来越突出,而且决策利益相关者、决策者,以及决策关键人的身影越来越清晰。另一方面,反映同一类别的问题都可能进入相对应的执政部门的决策日程,也就是说从较低层级执政部门应对的决策问题在向较高层级执政部门应对的决策问题上转化,也是一个升级过程。而且每一层级执政部门都是根据本层级的事权、职权等来定义决策问题,因而其所应对的决策问题都有与之相伴随的具体的、有针对性的、可选择的解决方案。我们来简要考察一下南通过江通道项目决策溪流中决策问题的"升级"情况,如表6-1所示:

表6-1　南通过江通道项目决策溪流中决策问题的"升级"情况

议题的表达方式	具体的、针对性的、可选择的解决方案
P1 过江渡轮与顺江行驶船只发生碰撞,造成生命财产损失	1. 加强通行船舶实时监测; 2. 建立船舶通行预告制度; 3. 实行海事、航政护航制度; 4. 建设一条陆路过江通道等
P2 大风大雾天气,渡轮停驶,旅客过不了江	1. 提高渡轮抗风能力; 2. 根据天气情况及时向社会发布停航通告; 3. 建设一条陆路过江通道等
P3 由于没有快速陆路交通过江,江北的招商引资计划完不成	1. 加快港口码头建设,进一步提高轮渡水平; 2. 降低招商引资目标; 3. 建设一条陆路过江通道等
P4 依靠轮渡过江存在很大的安全隐患	1. 加强安全隐患排查,落实安全措施; 2. 停止轮渡运营; 3. 建设一条陆路过江通道等
P5 依靠轮渡过江速度很慢	1. 设计制造速度更快的渡轮; 2. 减少渡轮等客时间及卸客时间; 3. 建设一条陆路过江通道等
P6 依靠轮渡过江实现的交通量非常有限	1. 采用一次性运输量更大的渡轮; 2. 增加渡轮数量; 3. 提高渡轮班次; 4. 建设一条陆路过江通道等
P7 过江交通需要改善	1. 进一步发展渡轮业务; 2. 建设全天候陆路过江通道(包括公路的,铁路的)等
⋮ Pm	
Pn 需要建一条公路过江通道	1. 建一座公路桥梁; 2. 修一条公路隧道

从表6-1来看,如果以决策问题 Pn 所处的决策渠而言,则由决策问题 P1 至 Pm 均可看作相对于决策问题 Pn 的前期演化阶段上的问题,从 P1 至 Pn,实际上也可视作一种"升级",因为相应的解决方案越来越需要更高层面的执政部门来决策,从而也表明,做出了解决决策问题 Pn 的决策,也就可能从根本上解决 P1 至 Pm。

此外,决策问题 P1 至 Pm 的解决方案中,都可能包括决策问题 Pn 的解决方案(以 Pna 代称),但是解决方案 Pna 与决策问题 P1 至 Pm 的直接关联性有一个由较弱至较强的"升级"过程。

6.1.2　议题与政策议程

在政策科学领域,由于众多学者从不同角度谈到议程这一概念,那么就有理由再考察一下议题与决策议程之间究竟是一种什么样的关系。

关于议程,金登做出了很清晰的表述:"所谓议程,就是对政府官员以及与其密切相关的政府外人员在任何给定时间认真关注的问题进行的编目。"[1]从他的这一判断中,可以理解到"议程"就是对一组问题的编目。

政策学界已经发表了很多关于政策议程、公众议程、政府议程、决策议程、系统化议程、制度性议程、正式议程等概念的观点。

第一,关于政策议程。

R.科布和 C.艾尔德关于政策议程的观点是:这"是一组值得政府合法关注的政治纷争;一组按计划应引起决策层积极而密切关注的事物"。[2]

莱梅·霍佩主张:"凡是那些被决策者选中或决策者感到必须对之采取行动的要求构成了政策议程。"[3]

邱昌泰认为[4],政策议程与政策制定者的行动相联系,政策制定者为因应社会的强烈需求而采取积极行动,其目的就是将解决社会的强烈需求列入政府处理公共问题的日程表,以图解决公共问题。

张金马则提出,政策议程是一个过程,它把需要政策系统处理的政策问题纳入其行动计划,"它提供了一条政策问题进入政策过程的渠道和一些需要

　①　[美]约翰·W.金登:《议程、备选方案与公共政策(第2版)》,丁煌,方兴译,中国人民大学出版社,2004年,第4页。

　②　Roger W. Cobb, Charles D. Elder. Participation in American Politics: The Dynamics of Agenda-Building. John Hopkins University Press,1972.

　③　莱梅·霍佩:《确定议程的策略:污染问题案例》,1970年9月提交给美国政治学会年会的论文(未发表)。

　④　邱昌泰:《公共政策:当代政策科学理论之研究》,台湾巨流图书公司,2001年,第124页。

给予考虑的事项"。①

这几位学者的观点只是众多学者观点中撷取的很少一部分。从他们的观点来看,政策议程与政府、决策者、政策制定者、政策机构等决策主体密切相关。

刘伟认为②,政策议程概念的界定应包含四个方面的要素:(1)对特定社会问题的认知,包括优先级别的确认;(2)特定的社会问题被决策系统吸纳并转化成政策产出的可能性;(3)需要关注政策议程创建过程中技术性的、价值性的因素带来的影响和制约;(4)需要区分公众议程与政府议程并考察二者间的互动关系。他进而认为,政策议程作为一个过程,包括两个阶段,首先是将社会问题认定为政策问题,其次是将政策问题纳入到决策机构的议事日程或行动计划。所以,创建政策议程"就是公共权威(特别是执政党)通过一定的选择与过滤机制确定社会问题的轻重缓急,并将其提上政府议事日程、纳入决策领域的过程"。③ 按照这一观点,政策议程对社会问题的处理实质上包括两个层面的内容,一是对社会问题的权威性确认,二是对政策问题的针对性行动计划。

概而言之,政策议程是一个包容性比较强的概念。

第二,关于公众议程。

公众议程又可称为系统化议程。胡平仁的观点是,公众议程主要表现为人民群众对某个问题的反应,这种反应往往采取大众传播和街谈巷议的形式,这种反应的目的就是希望执政党和政府采取措施来解决这个问题,即"公众议程实际上就是广大公众向政党、政府等政治组织或政治系统提出自己的愿望和要求(亦即进行利益表达),促使政治系统制定政策予以实现的过程"。④ 他的观点具有一定的代表性。显然,对照政策议程的观点,公众议程并不是政策议程,而更接近于某种向执政部门传导压力的机制。而且甚至可以认为其只是一种名义议程,因为议程的实质是对问题的权威性编目,即应该形成某种执政部门将要采取"政策"这一工具进行应对的日程表。因此,本书认为,公众议程是非执政部门主体对社会问题或公共问题进行的一种社

---

① 张金马:《政策科学》,中国人民大学出版社,1992年,第146页。

② 刘伟:《当代中国政策议程创建模式及其发展研究(1978—2008)》,南京大学博士学位论文,2009年。

③ 刘伟:《当代中国政策议程创建模式及其发展研究(1978—2008)》,南京大学博士学位论文,2009年。

④ 胡平仁:《政策问题与政策议题》,《湘潭大学社会科学学报》,2001年第1期。

会性、公共性编目，表明某个或某些社会问题、公共问题引起相当大范围内非执政部门主体的关注与重视，并采取行动来增强执政部门对该问题的压力反应。

第三，关于政府议程。

政府议程又可称为制度性议程、正式议程、制度议程。刘伟认为，政府议程"主要是指以政府为代表的公共权力主体正式讨论和认定公共政策问题的过程，是决策机关及其人员依据特定程序对有关问题，予以解决的实际活动过程，它本质上是一种行动议程"。① 显然，他是将问题的认定与问题的解决放在一起进行看待，因而其所谓的政府议程与金登关于政府议程的观点存在较大的差异。根据本章前文对政策问题与决策问题的辨析，政府议程与决策议程在处理应对的问题的性质上是存在差别的。正如金登所反复指出的："所谓政府议程，是对正为人们所关注的问题进行的编目，而决策议程则是指对政府议程内部的一些正在考虑就此做出某种积极决策的问题进行的编目。"②金登的强调提示我们需要特别注意的是，政府议程与决策议程区分的关键，就在于"正为人们所关注的问题"与被"正在考虑"并"就此做出某种积极决策的问题"的不同。即决策议程的"正在"行动的意味比政府议程强。因此，在讨论政府议程时，必须将决策议程与之区分开来。

究竟何谓决策议程，从议程的本义上来理解，议程（agenda）通常被理解为议事日程、待议诸事项一览表、日常工作事项等。如果说某个问题或事件进入了议程，那么可以理解其已经成为待议诸事项一览表中的一项，而且"待议"的时间并非是无限期的。从这一角度来看，决策议程就是在议题流行进到某个阶段所表现出来的状态，这个阶段主要集中于流经第一道决策坝之后到最终决策形成的这样一个时段。

上文讨论到这里，可以做出一个结论，即公众议程对应的是社会公共问题，政府议程对应的是政策问题，决策议程对应的是决策问题，政策议程包括政府议程和决策议程两个阶段，议题包括政策问题与决策问题两种表现形式。这个结论可用图 6-2 表示：

① 刘伟：《当代中国政策议程创建模式及其发展研究（1978—2008）》，南京大学博士学位论文，2009 年。

② ［美］约翰·W. 金登：《议程、备选方案与公共政策（第 2 版）》，丁煌，方兴译，中国人民大学出版社，2004 年，第 4 页。

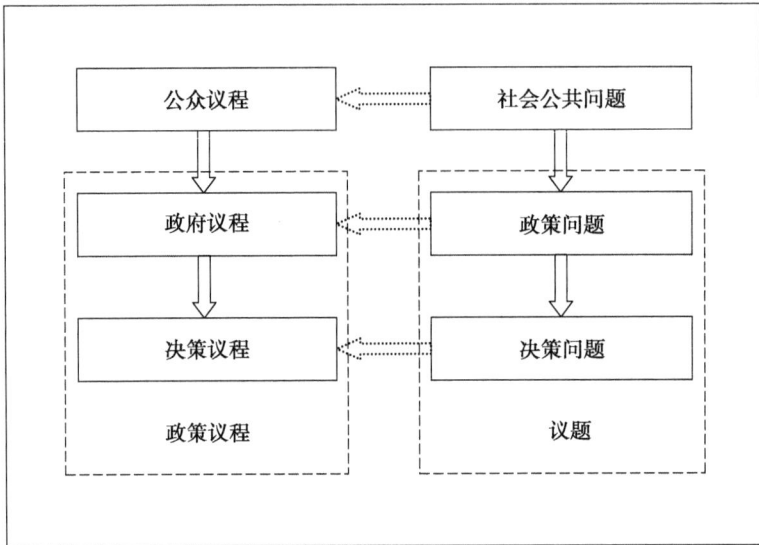

图 6-2 议题与政策议程之间的关系

前文已述,如果与某项决策相关的信息不能进入决策渠纳入溪流行进,就不具有明确的决策意义。关于政策问题和决策问题的讨论也表明,这两类问题都是进入决策渠的社会公共问题,但是政策问题是决策的拟应对的对象,决策问题是决策正在应对的对象。有一种观点认为,社会公共问题只有经过政策议程才会成为政策问题。这种观点包括了两个方面的判断,一是政策问题是政策议程的产物,二是政策议程成为社会公共问题演化到政策问题的必经程序。然而这种观点有必要进一步深化,因为社会公共问题在经由执政部门各种组织机构、各种制度规范等构成的决策渠的行进及与其他溪流汇合交流过程中,这些社会公共问题将得以被多次地重新进行"编目",每一次"编目"后的结果都可视为由这个社会公共问题转化而来的政策问题,也就是说,社会公共问题演化到政策问题既不是一次性的,也不是同一性的。例如,长江上屡次发生渡船交通事故,对于社会公众而言,这是社会公共问题,一旦这个社会公共问题为执政部门所关注并进入执政部门的"编目"程序,就可以转化为政策问题,但是每一级执政部门对此进行"编目"后的产出可能并不完全一样,县级地方执政部门可能迅速将其定性为交通意外事故,并做出马上开展交通安全执法检查的决策,而市级地方执政部门则可能就此做出需要尽快向上级执政部门呼吁建设全天候过江通道的决策,等等。这样一个过程,恰恰就是社会公共问题向政策问题再向决策问题演进的过程。决策渠是一个有限开放的结构,每个执政部门节点都是决策信息输入的节点，社会公共问题的信息既可以从低层级的执政部门输入，也可以同时从较高层级的执政部门输入。因此，在较高层级定性的政策问题既可以视作是初始社会公共问题经过执政部门的政策议程"编目"后的产物，也可以视作是结合初始社会公共问题与较低层级执政部门"编目"后提出的政策问题进行"再编目"的产物。

可以认为，政策问题是在政府议程中得以确认的，而决策问题则是在决策议程中得以深化。在大多数情况下，政策问题与决策问题并不是截然分明的两个问题，更应该看作是问题在进入决策渠后随着行进的过程而在执政部门的决策视野内被"编目"的强度不同而已。议题流的初始阶段就是政策问题在政府议程中的确认过程，而随着溪流向前行进，在经过决策渠的一步一步向上一层级执政部门行进的过程中，决策问题逐渐变得更加清晰有力。

6.1.3　议题构建

议题溪流本身也是复杂的，这种复杂性是议题被决策主体所认知的多层面性、多角度性所造成的。社会生活的子系统构成同样反映于议题溪流的认知上。国家交通重点建设项目要不要建、能不能建的讨论，直接反映了议题的不同构建路径。

任何一个议题，通常来源于某个特定的群体，同时也指向这个特定的群体。但是对同一个议题进行诠释的角度并不局限在某个特定群体中。因此，对议题的认知充满了复杂性，有时对一个议题的认知，在不同的群体之间存在显而易见的对立。

决策的过程，如果仅仅看作是对议题的被动应对，可能是不全面的。在很多情况下，决策的过程，也是控制社会公共问题演化、发酵的方向与速度的极好手段。

科尔巴奇提出了政策"社会构建"的视角，这是一个很有启发性的主张。他倾向于认为：政策离不开环境，而其中的参与者共同参与了政策的构建和维续，"在这种环境下他们可能对使用哪些解释计划，以及遵循哪种暗示做出选择"。① 科尔巴奇这个主张对我们探讨议题很有帮助。我们似乎完全有理由认为，"议题"同样存在一个"社会构建"的过程，也就是说，议题是由该问题所涉及的群体"构建"起来的，他们对"问题"做出了解释、进行了说明，而且可能更多的是选择性的说明。

――――――――――――

① ［英］H. K. 科尔巴奇：《政策》，张毅，韩志明译，吉林人民出版社，2005 年，第 6 页。

议题的构建并不仅仅由"社会"构建，而且在更多的时候是由执政部门和专业知识群体来构建。因为决策依赖于权威，也依赖于一定的专业知识。只有从这样的角度来考察，才能更深入了解到政策问题转化为决策问题的过程中，议题的范畴是如何构建起来的。

社会公共问题向议题转化的过程中，将按照决策堤坝的特征与要求进行重新定义。例如，如果减少过江交通安全事故问题进入决策渠，而此时执政党的执政理念正在向优先满足民生需要的方向提升，那么这一问题就有可能转化为执政部门需要改善民生、提高人民福祉的问题中的一部分，也就是说这一问题将有可能被重新定义为解决群众安全出行问题。因此，议题流又可以认为是对议题进行构建的过程，是对议题进行评估和定义的过程。

德博拉·斯通关于政策问题的界定对于我们讨论议题的构建亦有帮助。她提出了一个核心论题："政策问题的界定不存在普遍的、科学的或者客观的方法，政策问题是在政治中得到界定的，政治的行为者会采取不同的方法或者语言来对政策问题予以界定，这些语言中的每一种都可以成为道德冲突的处所，可以成为表达道德价值的工具，但是不存在可以产生道德上正确答案的那种具有普遍性的界定政策问题的技术语言。"①她的这一观点深刻地揭示了政策问题"构建"的内涵。她认为，涉及界定和描述政策问题的语言类型有5种，分别是象征、数字、原因、利益及决策，也就是她所主张的"城邦决策模型"中构建政策问题的5个维度。下文将对其主要观点进行引述并结合本书主旨进行延伸讨论。

首先，斯通认为，"象征地再现是政治学中界定政策问题的本质。一种象征也就是代表某种别的东西的任何东西。象征的意义有赖于人们如何解释它、使用它或者如何对其做出回应。象征可以是一个物体、一个人、一个词语、一首歌、一个事件，甚至T恤上的一个符号。象征的意义不是内在的，而是使用这种象征的人加在上面的"。② 象征通过塑造受众的知觉，从而成为一种影响和控制的手段。对于国家重点基建项目决策溪流中议题的构建而言，推动一个重点项目上马，会视作地方执政部门努力推动发展的政治象征。

---

① ［美］德博拉·斯通：《政策悖论：政治决策中的艺术（修订版）》，顾建光译，中国人民大学出版社，2006年，第133页。

② ［美］德博拉·斯通：《政策悖论：政治决策中的艺术（修订版）》，顾建光译，中国人民大学出版社，2006年，第135页。

其次是关于数字。斯通认为，测度是界定一个政策问题的常用方法，往往通过引证一些数字来表明某个政策问题是严重的或者正在变得严重，或者呈现着两者。测度的目的决定了测度方式。数字被作为政策问题界定的一种语言，关键就在于"统计本身涉及'将什么统计在内'的问题"。① 她形象地将数目的作用比作为隐喻，她认为，统计过程中的分类一般是从某类事物中挑选出一个特征，并根据挑选出来的这一特征来界定这一类事件的类属性，同时对其余的特征忽略不提；"统计也就是通过强调某种特征而非其他的特征来形成一种分类，而将那些在一些重要方面类似但却不具有这种特征的东西排除在外"。② 数字的应用在于强调政策问题的真实性和客观性。在政治中的数字就是对人的行为的测度，它是由人类制作的，也是为影响人的行为的，数字会受到正被测度的人、进行测度的人，以及对别人所做测度解释和利用的人的有意、无意的操纵。同时，这也似乎说明，用数字来界定政策问题是特定的，也是局限的，只突显了问题的某些部分的特征。

第三，关于原因。斯通指出，"当我们对一个问题的原因做出了描述也就对这个问题做出了界定。政策争议是受到这样一个概念主导的，这就是，要解决一个问题就必须找到它的根源或者原因；就事论事是不够的"。③ 这样，"原因"就成了政策争议的工具和界定政策问题的工具。她认为，"在城邦中，关于原因的故事是使用象征和数字来做战略性的加工的，然后得到政治演员的肯定。这些政治演员试图将他们的观点当作政策选择的基础。原因故事是基本的政治工具，用来构造联盟，也用来解决福利和成本的分配问题"。④ 斯通列出了一个描述政治中的因果故事的框架（如表 6-2 所示）：

---

① ［美］德博拉·斯通：《政策悖论：政治决策中的艺术（修订版）》，顾建光译，中国人民大学出版社，2006 年，第 164 页。

② ［美］德博拉·斯通：《政策悖论：政治决策中的艺术（修订版）》，顾建光译，中国人民大学出版社，2006 年，第 163 页。

③ ［美］德博拉·斯通：《政策悖论：政治决策中的艺术（修订版）》，顾建光译，中国人民大学出版社，2006 年，第 187 页。

④ 德博拉·斯通认为："政策政治学的理论必须从一种政治社会模型出发，也就是说，一个最简单的社会模型，在这个模型中包含了政治学的基本要素。城邦（polis），这是一个希腊词，指的是城市国家。看来这个词可以比较合适地代表基本的政治社会。因为它既是一个较小的包含十分简单的组织形式的实体，又能大到足以包容政治的基本要素。"因此，斯通的城邦决策模型，基本上可以看作是政治社会决策模型。

表6-2　举例的因果故事

行为	后果	
	有意图的	无意图的
无指引的	机械的原因 干预性的机构 经过洗脑的人 按照设计运转的机器,但造成了伤害	意外的原因 自然 天气 地震 失控的机器
有目的的	有意图的原因 压迫 密谋 有意采取的工作计划,但造成了伤害	非故意的原因 干预性的条件 未预见到的副作用 可以避免的忽略 疏忽

资料来源:[美]德博拉·斯通:《政策悖论:政治决策中的艺术(修订版)》,顾建光译,中国人民大学出版社,2006年,第190页。

斯通对这个框架图进行了说明,她指出,这些故事是粗糙的分类,只有模糊的界限,不存在清晰的分野。"当你懂得了这些不同类型的故事后,你就可以分析那些政治演员,如何通过将一些问题归入不同的因果故事,或者隐喻性地将它们从一个格子搬到另外一个格子,战略性地将这些问题呈示出来。"[1]

她强调,许多政策问题都需要有更加复杂的因果模型来提供令人满意的解释,这样的模式范围很广泛,她描述了三种类型:

A. 复杂系统。即解决现代问题必要的社会系统从根本上说是复杂的。在一个复杂互动的系统中是无法预测全部可能事件和后果的,因而,失败或者意外事件的发生也是不可避免的,而且失败要涉及很多要素和人,"根据我们的文化规范,对其是无法加以指责的"。

B. 制度性原因。即将社会问题看作是因一张庞大、持久、组合了各种行为方式的组织之网造成的。

C. 历史的原因。即社会的模式倾向于重复制造其本身,拥有权力和资源的人们会借助使他们保持其权力的社会组织和资源来制止问题的发生,因而需要通过控制对于精英的挑选,以及让精英和非精英的社会化过程,来使这个模式维持下去。成为某个问题牺牲者的人也不打算去做政治变革,因为他们不认为问题是可以改变的,也不相信他们有能力带来变革,还需要有现实提供

---

[1]　[美]德博拉·斯通:《政策悖论:政治决策中的艺术(修订版)》,顾建光译,中国人民大学出版社,2006年,第189页。

物质生活资源。

斯通特别提出了"在城邦中制造原因"①的这个概念。她举了好几个例子来说明"有意图地人为地'制造'出因果解释来回应需要应对的政策问题"这一论断,例如酒精与事故之间的联系、带枪与枪杀之间的联系、烟草与癌症死亡率之间的联系、不合法药物与过量用药死亡之间的联系等。它们之间的因果链条更多地是由不同群体(如烟草种植商、支持售枪的游说团体)的政治力量来决定,而不是由任何统计的证明或者因果逻辑来决定。

斯通的结论是,因果关系理论与其他界定问题的模型一样,都是为了控制对于困难的解释和形象。因果关系的故事是由政治演员创造出来的,而且因果关系的故事还具有情感上的鼓动性,因此因果关系的理论既可以成为政治组织的触媒,又可以成为政治领袖寻求创建联盟的资源。

第四,斯通认为,"利益必须被理解为来自两种意义上的代表,即艺术上的和政治上的代表,一些有时得到杰出个体领导的群体有意识地将事情描述得可以赢得广大人民的赞成,从而同意(默默地)让这些群体代表他们说话。从这个意义上说,利益的界定也就不可避免地与对于问题的界定联系起来了"。②

这也就解释了,在问题向议题上升的过程中,往往体现为某种利益比其他的利益更能凝聚积极的支持者和追随者,具有更强的推进力,因而更可能在进入决策的路途上得到表达和彰显。

那么,不同利益之间的冲突如何可以用来界定政策问题呢?

集体行动理论表明,更容易获胜的利益往往是通过个体的、分别的、物质的手段来加以实现的利益,而且那些必须由集体的、共同的、非物质的手段来实现的利益则较之要处于下风。而根据威尔生的"后果分配"理论,如果少数人的利益受到特别的强化作用,那么这些少数人的利益将会主导那些仅仅受到某种偶然影响的多数人的利益。

这里面又存在另外一个层面的问题,在社会公众的层面或者在道德的层面来看,所有的利益都是良好的吗? 肯定不是。在不少情况下,那些良好、合理和美好的利益很可能就不是强有力的利益,而很可能是弱小的利益。良好的利益需要得到保护,谁来保护良好的但又弱小的利益? 在政策竞争中,竞争

---

① [美]德博拉·斯通:《政策悖论: 政治决策中的艺术(修订版)》,顾建光译,中国人民大学出版社,2006 年,第 195 页。

② [美]德博拉·斯通:《政策悖论: 政治决策中的艺术(修订版)》,顾建光译,中国人民大学出版社,2006 年,第 214 页。

的双方都试图掌握最强大的力量。最重要的公共权威力量是执政部门,要在政策竞争中胜出,就要努力争取到强大群体的积极支持,特别是争取到执政部门的支持。这时,就有必要将议题描述成对于这些群体来说有着高度集中的代价或者利益。

不同的利益群体在界定政策问题的时候都会采取一些不同的战略。通过这些战略,它们可以将某种部门的(集中的)利益表现为一般的利益。同样的,经济利益也可以转变成为社会利益,将短期当下的利益描述成长远的利益。

因此,对于一个议题的界定也就是去确定关键之处,以及谁将会受到影响,也就是去确定利益所在和同盟者的构成。

最后,斯通认为不同的决策模型对界定政策问题也是一个变量,即不同的决策模型也是构建政策问题的一个重要维度。她对比了理性决策模型和城邦决策模型(即政治社会决策分析模型)对政策问题界定的策略区别。如表6-3所示:

表6-3　问题界定的决策分析战略

理性分析模型	城邦模型
清晰准确地陈述目标/目的	模糊地陈述目标,并可能将有些目标加以保密和隐藏
在分析和决策的过程中坚持同样的目标	根据政治形势的需要,随时准备转变、调整或重新界定目标
尽可能多地设想不同的选择	通过置之不理的办法来使那些不想要的政策选择不被提上议事日程; 将你所倾向的政策选择表现为仅有的可信、可行的选择; 只关注因果链条上的某一部分,忽略那些可能带来政治困难或高成本政策行动的选择
清晰地界定每一项选择,作为独特的行动过程	采用修辞手法来使政策选择变得圆滑,不要让人感到将做出一项会引发强烈反对的决策
尽可能精确和完备地对每一项行动过程的代价和收益加以评估	从范围无限的后果中仅仅挑出那些就其成本和收益来说将会使你所倾向的行动过程是"最佳的"后果
选择那些按照对你所界定的政策目标会产生最福利的行动过程	挑选对强大的选民伤害最小的行动过程,但是将你的决策描述成为能够为广大公众带来最大社会福利的决策

资料来源:[美]德博拉·斯通:《政策悖论:政治决策中的艺术(修订版)》,顾建光译,中国人民大学出版社,2006年,第252页。

从这张对照表中可以看到，城邦决策模型中对于政策问题的界定采取的策略，完全不同于理性分析模型中采取的策略，前者充满着灵活的权变。为什么斯通把决策模型作为界定政策问题的一种影响要素呢？这恰恰中肯地指出了决策模型与议题构建之间的深刻互动关系。从斯通所做的对比分析来看，她把理性分析基本定义为一种理想的状态，在这样一种状态下，界定政策问题完全是一类技术性、可以精确计算的活动，而与之相对应的是政治社会状态上的政策问题的界定，充满了"老到的"策略和"操弄的"手段。

斯通提出的象征、数字、原因、利益和决策这五种界定政策问题的语言类型，实际也可理解为是界定政策问题的五种策略、五种视角。这五种语言类型不仅是分析政策问题之所以被界定为此而不为彼的最好注脚，同时也是分析决策议题界定的最好视角。

从象征、数字、原因、利益和决策五种语言类型来分析议题的界定，可以带来不少启示。议题的属性，形成于这五种语言类型在议题界定过程中的叠加效应。在一个持续的政治—行政体系中，任何一项决策，都不是孤立的、单一的群体自说自话、自我主张的行动，而是多个群体且在利益不一致的情况下进行博弈竞争，并在此基础上进行协商而达致均衡的过程。因而，不同的群体会采取不同的策略，以使议题属性的界定更有利于本群体利益主张的突显和表达。也就是说，不同的群体不仅会讲出不同的故事（包含着象征、数字、原因、利益），而且会就同一个故事做出不同的解读（也包含着因果链条的分析与认定），这大致是议题属性构建的基本模式。

国家交通重点建设项目决策进入决策渠后，议题的构建基本上伴随着决策溪流的始终，因为在任何一个决策坝的滤选场合，都需要就议题属性进行一次或多次的说明，因此，议题的构建过程反映了决策溪流的行进过程。议题属性应该如何界定呢？一项重大项目的决策，往往同时具有政治的、经济的和技术的考量。因此，从议题属性界定的角度来看，必然要综合这三个方面进行评估和界定。实际上，这三个方面的评估和考量并不可能完全孤立地进行，比如国家重点基建项目决策过程中关于环境影响的评价，既可以视为技术性的、经济性的评价，更可以视为政治性的评价。但是为了更好地分析议题构建的实际过程，笔者将从议题的政治性构建、经济性构建和技术性构建三个相对独立的角度进行探讨。

6.2 议题的政治性构建

议题行进的生命不能离开决策语境提供的土壤和空气。特别是如果议题不能嵌入政治—行政体系的整体架构中,游离于政治—行政体系之外,那么议题就将被抛出决策渠。亦因此,议题的构建首先是其政治性的构建。交通重点建设项目决策是否合乎当下政治—行政体系的"口味",是否需要做出决策,是议题溪流行进所面临的第一个考验。因此,国家交通重点建设项目决策,首先需要着眼的是其政治性评估。议题溪流的行进,首先需要在议题满足当下决策语境特别是政治—行政体系的要求方面做出解释。

6.2.1 经济社会发展与项目建设必要性

发展是当代中国最大的政治,是一个图腾性的时代符号。从改革开放始流行的"不管黑猫白猫,抓到老鼠就是好猫"①,到 20 世纪末的"三个代表",再到 21 世纪的"科学发展观",毫无疑问,发展是当代中国的强有力音符及最显著而清晰的时代背景。

在当代中国的决策语境中,政府无疑是引导、推动甚至主导经济社会发展的关键性力量。特别是改革开放以来,各级政府尤其是地方政府,普遍存在"为增长而竞争"的激励,一切与推动经济发展作为最重要的政治性议题。中国共产党十一届三中全会做出的"以经济建设为中心"的战略决策,这不仅仅是单纯的发展策略,更是之后持续 30 年的一条政治纲领和政治原则。与此同时,给出当前及今后一个相当长的时期内的社会主要矛盾是"人民群众日益增长的物质文化需要同落后的生产力之间的矛盾"这样一个判断,这个关于社会主要矛盾的判断,与新中国成立后落实党"全心全意为人民服务"的执政宗旨,在不断改善民生这个问题上很好地统一起来。这就解释了,当代中国任何一项重点项目的建设,在阐述其重要意义时,着重提到的都是"有利于改善人民群众的生产生活条件",例如交通建设项目,总是要反复地阐述其"为方便群众通行""货畅其流、人便于行"所具有的重要意义。因此,从这个角度来看,首先把重点基建项目看作是政治性议题,也就是很自然的了。

交通部在报送给国家计委的关于苏通长江公路大桥项目建议书的审查意见中,提出:

> 长江南岸的苏州、常熟两市与北岸的南通市均位于长江入海口地区,毗邻上海,其经济和地理位置十分重要。但由于长江阻隔,两

① 1962 年 7 月 7 日,邓小平在接见共青团中央三届七中全会全体代表时说:"生产关系以什么形式为最好,恐怕要采取这样一种态度。就是哪种形式在哪个地方比较容易比较快地恢复和发展生产,就采取哪种形式;群众愿意采取哪种形式就应该采取哪种形式,不合法的使它合法起来。"接着他说了一句俗语:"不管白猫黑猫,抓到老鼠就是好猫。"

岸经济不能均衡发展,江北南通市的经济发展大大滞后于苏州与常
熟两市。为满足社会经济发展的需要,适应长江两岸日益增长的交
通需求,有必要在江阴以下至长江入海口建设公路过江通道。拟建
的苏通长江公路通道位于江苏省东部南通市和苏州(常熟)市之间,
西距在建的江阴长江公路大桥约 90 公里,东距长江入海口约 100 公
里,是江苏省公路网规划中赣(榆)太(仓)高速公路的重要组成部
分。从路网布局、交通流量流向、产业布局和城镇布局看,赣太高速
公路贯穿整个江苏东部沿海地区,北接山东,南接苏杭公路至浙江,
向东沿国道 204 线至上海,向西可达苏锡常地区。①

其后,中国国际工程咨询公司受国家计委委托对苏通长江公路大桥项目
建议书也进行评估。在其出具的评估意见中,首先对项目建设的必要性进行
了充分肯定:

     该项目的建设对促进地方经济均衡发展,加强南通、苏州两市的
联系,完善国、省道干线路网,改善过江设施、缓解过江交通压力,减
少对长江航道的干扰,保证航运安全等具有重要意义。②

同时又特别强调了该项目对促进江苏省南北两岸社会经济均衡发展的作
用。提出:

     长江将江苏省分为苏南和苏北两部分,改革开放以来,特别是上
海浦东经济开发区快速发展以来,苏南的经济迅猛发展,苏北的经济
由于长江的阻隔,相对比较落后。1998 年苏州市人均 GDP 为 21000
元,而一江之隔的南通市仅为 7900 元。本项目的建设将直接沟通江
苏省东部沿海及苏北与上海、苏锡常地区,发挥上海浦东的龙头作
用,带动苏北地区经济的发展,逐步缩小苏南、苏北的差距,促进江苏
省南北两岸社会经济均衡发展。③

以上意见都是在工程预可性研究期间提出来的。2002 年在工程可行性
研究期间,项目建设与社会经济发展的关系同样得到强调。2002 年 4 月 19

---

    ① 交通部:《关于苏通长江公路大桥项目建议书审查意见的函》(交函规划〔1999〕285 号),1999
年 4 月 9 日。

    ② 中国国际工程咨询公司:《关于苏通长江公路大桥项目建议书的评估报告》(咨交通〔1999〕
559 号),1999 年 10 月 29 日。

    ③ 中国国际工程咨询公司:《关于苏通长江公路大桥项目建议书的评估报告》(咨交通〔1999〕
559 号),1999 年 10 月 29 日。

日,中国国际工程咨询公司受国家计委委托开展的苏通长江公路大桥可行性研究报告的评估中,再一次明确提出,该项目是江苏沿海高速公路中的一段(江苏东北角的赣榆县至江苏东南区域江苏吴江市),属于公路主骨架之一,建设该项目在完善公路网、增强上海市的经济辐射带动作用、促进长江航运发展等方面均是十分有利的。并特别用统计数字来表明建设的紧迫性:

> 改革开放以来,江苏经济取得巨大发展,2000 年全省 GDP 达到8582.7 亿元。在 2000 年全省 GDP 中,苏州、无锡、常州等苏南三市为 3341.5 亿元,占 39.8%,人均 24674 元;南京、镇江、扬州、泰州、南通等苏中五市为 3087.1 亿元,占 36.7%,人均 12115 元;徐州、淮阴、盐城、连云港、宿迁等苏北五市为 1975.9 亿元,占 23.5%,人均 6274 元。苏南三市与苏北五市国内生产总值的绝对差达到了 1365.6 亿元,苏南、苏中、苏北的人均国内生产总值比例大致为 4:2:1。[1]
>
> 由此可见,苏南地区经济迅猛发展,而苏北地区由于长江阻隔相对比较落后。2000 年,苏州市人均 GDP 为 22297 元,而一江之隔的南通市仅为 9298 元。因此,本项目的建设将直接沟通江苏省东部沿海及苏北与上海、苏锡常地区,发挥上海浦东的龙头作用,带动苏中、苏北地区经济发展,促进江苏省南北两岸社会经济均衡发展。[2]

强调项目建设对经济社会发展具有的促进作用,是议题溪流顺利行进在决策渠中的重要前提。无论议题溪流处于哪一个阶段,都必须呼吸政治的空气才能生存。

地方政府首脑基于推动地方经济发展的考虑,并不局限于把重点基建项目的建设看作单纯的经济议题,而是更多的情况下看作是政治问题。作为政治议题来看待,就不限于按照经济议题的决策模式来审视,而是更多地采用德博拉·斯通所说的政治社会模式来审视。即使是一个在经济效益不显著的项目,或者是在技术上并不突出的项目,出于政治的考虑,地方政府也会构建(不同于虚构)出迫切需要上马这个项目的因果链条,或者是放大这样的因果链条。

决策者同时也是议题的构建者,当讨论哪些主体主导了决策过程时,实际

---

① 中国国际工程咨询公司:《关于苏通长江公路大桥项目可行性研究报告的评估报告》(咨交通〔2002〕192 号),2002 年 4 月 19 日。

② 中国国际工程咨询公司:《关于苏通长江公路大桥项目可行性研究报告的评估报告》(咨交通〔2002〕192 号),2002 年 4 月 19 日。

上也就是在探讨哪些主体主导了议题的构建过程。

6.2.2 官员压力与政府回应

"为官一任,致富一方",这是 20 世纪 80 年代末以来比较流行的政治语汇之一。推动地方经济发展,在改革开放以后成为各层级地方官员的首要职责和任务。这就带来一个很现实的问题,就是如何来评价一个地方经济发展的成效。这对地方主政官员来说,就形成了一个现实的政绩压力。

GDP 考核被引入官员政绩考核具有最直接而简捷的效果。GDP 是国内生产总值的英文缩写,尽管与此相类的指标还有国民生产总值、人均国民生产总值、财政收入,但 GDP 有着更强的评价适应性,因为比较简便易行,得到了大家的认可。但是 GDP 考核也受到批评,主要认为 GDP 可以"兑水"、可以造假,单纯的 GDP 考核漠视了其他社会和资源要素受到的损害,例如土地荒芜、水污染、空气污染、城市交通堵塞、社会贫富分化等。

但是从现实来看,GDP 考核依然是主导的政绩考核模式。甚至有论者认为,GDP 考核是中国国家管理的生命线。① 他们的观点是:中国是中央集权体制国家,政绩考核必然是以自上而下模式为主。在这种体制下,在目前中国的国情中,放松 GDP 考核,其后果可能是毁灭性的。原因在于:(1)目前没有什么指标比 GDP 更能反映一个地方的发展成效,用 GDP 考核有很强的技术可行性、现实合理性。离开 GDP,没有一种指标可以如此有力地传达自上而下的压力,可以如此让地方官员把主要的精力放在推动经济发展上,如此让地方庞大的党政机器主要围绕经济建设而运转;(2)GDP 数据的真实性可以在一定程度上得到保证。国家数据不是各省数据的简单相加,特别是在 GDP 指标外还有一个反映真实 GDP 水平的指标——财政收入,GDP 指标与财政收入指标结合起来进行考核,真实性更有保证。因此,目前考核都是 GDP 加财政收入,各地上级政府对下级政府的排名、奖惩,也很少有争议。(3)严格的 GDP 考核保证了中国各级党委、政府的主要官员绝大多数都有胜任的能力。因为 GDP 考核的强大威力,那些有关系但无能的人可以谋到肥差、捞到油水,但是不会被安排在主要领导岗位,在一定程度上减轻了腐败对经济发展的阻滞作用。中央、省、市、县、乡,五级党政机构的主要领导是中国社会的运转轴心,对当代中国近 30 年来的高速增长产生了积极作用。因此,尽管 GDP 考核受到责备,但是现实并没有被淡化,更没有被抛弃。即使是不少论者所主张的

---

① 不要盲目批评"GDP 考核",没有它中国会垮,http://www.tianya.cn/publicforum/content/news/1/138710.shtml。

"绿色GDP",其核心还是GDP。GDP政绩考核模式的延续与强化,对地方各级政府主政官员形成了主要的压力源。

跑项目、争项目、上项目被认为是一方主政官员最显眼、最可观的政绩之一。

对地方而言,项目有大型项目、中型项目、小型项目之分,更有国家项目、地方项目之分。作为地方主政官员,更注重国家项目、大型项目,最好是两者合二为一。因为,国家项目能够得到国家的政策支持、直接的资金支持,大型项目规模大、时间长,可以大规模地、持续地得到投资,国家投入的资金形成的国内生产总值都是算作地方的。对地方而言,这是一举多得的好事,一是以大型、国家项目带动地方项目和地方投资,带动地方内需增长,有利于提升地区GDP总量,二是大型项目在当地甚至在全省、全国都受到关注,能够更多地吸引眼球,往往成为地方彰显政绩的形象工程。

"跑北京""跑省城"要项目、争项目,这是地方官员回应压力的一个表现形式。在权力集中的行政管理体制上,经济发展资源更多地集中在上级执政部门。例如,财政转移支付和国家重点项目在国家部委这个层面集中审批,中央政府各部门,尤其是一些综合管理部门,掌握着项目、投资审批权,很多财政转移项目,从地方政府来讲,只有通过各种争取工作包括政策游说,才有可能得到政策优惠。每一级政府的事权与财权的配置匹配还不尽合理,不同层级政府之间的转移支付规模很大,中央政府各部门的审批范围和自由裁量权相对集中,这样跑"部""钱"进的压力就落在各级地方官员身上。在这样一个"跑"和"争"的过程中,总是尽可能地寻求各方面的支持,特别是处于决策层级更高执政部门的首脑往往发挥着重要的突出的作用。例如,原中共中央政治局常委、中共中央纪律检查委员会书记贺国强的籍贯是湖南,湖南省地方官员"跑北京"就曾经多次得到他的大力帮助,正如他自己在中国共产党第十八次全国代表大会期间看望湖南代表团代表时所说的:"这些年来,我同湖南的全国党代表、人大代表一起共商国是、共议湖南的改革发展,对一些事关湖南长远发展和群众幸福安康的资金、项目、政策、开发区建设等,尽力帮助争取、积极推动落实,这也弥补了我由于工作原因不能经常回去的遗憾。"①事实说明,一个重点建设项目议题受到越高层级执政部门领导的关注和认可,就越具有政治方向上的正确性和政治支持上的正当性和必要性。

---

① 贺国强:《在看望党的十八大湖南代表团代表时的讲话》,《湖南日报》,2012年11月14日。

6.2.3 议题的政治性评估

6.2.3.1 政治正确

政治正确，对于判断一个议题的生死，并不是可有可无的，不论这个议题归属于哪个领域。一个议题能否在决策渠中存续行进，首先需要确定它是否政治正确，一条底线，就是要符合当下的政治原则和执政部门的执政理念。当然，很多时候，这个政治正确是可以构建的，因为在很多情况下，政治正确本质上是一个态度问题和认知问题，只要希望自己主张的议题最终成熟，摆正态度也就不是问题。我们可以看到任何一个议题，都宣称完全符合中央精神，是百分之一百地在落实领导的指示（批示）精神。也许这种政治正确的论证只是一种象征，但仍然是十分重要的。例如，在长江南京以下12.5米深水航道一期工程（太仓—南通段）的预可行性研究报告中，开宗明义地指出，该项目是落实党中央、国务院的决策部署，贯彻落实国务院《关于加快长江等内河水运发展的意见》的重点建设项目，以此表明推进该项目的决策符合最高执政部门的政治要求。

对国家交通重点建设项目议题的政治性评估，最关键和最核心的是，能不能得到执政部门及其领导的支持和认可。现实的情况是，在绝大多数的项目论证阶段，无论是调研会、座谈会，还是专题评审会、方案审查会等场合，均要尽可能地邀请执政部门领导或者执政部门代表参加。如表6-4所示：

表6-4 南通过江通道项目议题溪流行进与执政部门之间的关系

时间	议题溪流行进表现形式	参加的执政部门领导或代表
1991年6月	南通市过江隧道建设项目调查	南通市水利局总工王瑞庭、建工局总工许云庆、建港指挥部倪松等
1992年11月	南通经济发展"九五"规划咨询会，会上提出了过江交通规划项目	南通市市长徐燕等
1993年1月	南通市委常委会研究加快过江通道筹备工作	南通市委书记陈根兴，南通市市长徐燕等
1993年4月	南通市隧道筹备处组织赴上海调研	南通市常务副市长徐相林
1993年8月	英国特法佳（Trafalgar House）公司来南通考察过江交通项目	南通市市长徐燕等
1993年7月和11月	日本大成建设来南通考察过江隧道项目，签署合作备忘录，敲定工程方案提交时间	南通市市长徐燕等
1994年12月	国务院领导来南通调研	国务院副总理朱镕基，江苏省委领导，南通市委领导

续表

时间	议题溪流行进表现形式	参加的执政部门首脑或代表
1995 年 11 月	南通地方执政部门与常熟地方执政部门会商隧道出口岸线预留问题	南通市副市长鹿心社,常熟开发区副书记、规划局局长等
1995 年底	中共江苏省九届三次全会讨论《关于编制江苏省国民经济和社会发展"九五"计划和 2010 年远景目标的建议》,要求做好南通过江隧道的前期工作	中共江苏省九届全会的代表
1996 年 1 月	国务院领导来南通调研	国务院总理李鹏,江苏省委领导,南通市委领导
1996 年 1 月	在省交通厅举行镇江扬州大桥和南通过江隧道前期工作汇报会	省交通厅副厅长周世忠,南通市委常委、常务副市长张琛等
1996 年 2 月	会商南通过江通道岸线预留问题	南通市市委书记陈根兴,常熟市市长唐伟萱等
1996 年 2 月	江苏省八届人大四次会议审议省"九五"计划,南通代表团提出的建设南通长江过江通道项目的建议在会议进行了审议	省八届人大代表
1996 年 5 月	南通—常熟公路隧道预可工作座谈会	江苏省交通厅副厅长周世忠、总工陈冠军,南通市副市长鹿心社等
1998 年 2 月	第一届中日南通过江隧道研讨会	江苏省科委、计经委、交通厅和南通市领导
⋮		

资料来源：张振刚：《跨越天堑——苏通大桥立项记事》,未正式出版,2002 年。

在进行项目的政治性评估中,如何切实掌握民众的意见很重要但又总是很难明晰。一项议题经常会不经意在某份报纸和杂志上试探性地"露脸",也会通过召开与此相关的技术性论坛来预先"吹风",议题信息的流露看起来是不经意的,其实也许是精心的安排。另外一种测试公众意见的方式就是正式公开议题的所有信息,以"××××方案公示"的形式征求公众的意见,尽管这种方式的有效性仍不十分肯定。因为,(1) 参与公众是分散的、缺乏足够的组织性,很难形成集中的意见;(2) 意见反馈的渠道不确定,也许提供了一条热线电话,但大多数情况能否接通也是个未知数,而且大部分公众的热情并不高,因为大型项目涉及的利益相关者十分广泛,以致大部分公众会认为自己的意见太过渺小;(3) 公众意见的反馈后处理需要制度性的安排,由于重点建设项目具体申报、推动的部门存在层级的不同、类别的不同,良好的制度性安排的要求也很高。既然测试公众的意见并不轻松，是否就可以忽略这个环节？答案是否定的。因为公众的意见不仅仅通过征询来收集，而且在一些巧妙的时刻也可以恰当地安排那些支持性的意见和赞成性意见"像雪片一样飞来"。可以组织农民写一封充满深情的信，小学的老师也可以指导某个聪明的孩子用稚嫩的字体写一封小小的"请愿书"，总的意思是盼望"传闻"中的建设项目早日开工建设。这样的公众意见非常适时，也非常适宜，有时能够为项目的政治性评估画上一个圆满的句号。

长期亲历过南通过江通道项目前期工作的张振刚先生留下深情的笔触：

> 令人感动的是小朋友们的捐款。1998 年 4 月南通过江通道召开省级评审会，新闻报道这一消息后，小朋友们寄来一封封热情洋溢的信件，把他们的压岁钱寄来。这中间有县区的、有市区的，还有苏州的。如东县景安乡烈士小学戴亚娟、戴亚静小姐妹给南通市计委丁主任写信并捐款，信中说：我爸爸办了个孵化场，每次外出都要坐轮船过长江，晴天倒还好，如果刮上大风，家人都为爸爸担心。苏州东环幼儿园大中班的一位叫石艺玮的五岁小朋友在写给南通市市长的信中说：前几天听爸爸说，南通要在长江造一座很长很长的桥，我很高兴。我去过上海的南浦大桥和杨浦大桥，它们都很高、很大，我很想早日看到在长江口上的又长又大的南通长江大桥。这样的话，我从苏州去南通看我奶奶就更方便了。我把今年的二百元压岁钱捐献出，建南通长江大桥。[1]

> 不仅仅是儿童，连南通工作的老和尚都关心苏通大桥；不仅仅是南通本地人，在南通工作的外地人甚至是外国人也都期望苏通大桥早日立项，16 家在通三资企业负责人还联名向省政府请愿，要求早日建设苏通大桥；南通市的著名企业纷纷表示，愿意为苏通大桥投资认股；出差来通的北京公路科研所的人员休息时去理发，理发师一听是为大桥来的，免费为他们理了发。北京的同志感慨地说：在南通，没有什么能比苏通大桥更有凝聚力了。[2]

重点建设项目得到了人民大众发自内心的热烈欢迎，这如何来证明？哪些群体代表了人民大众？在议题的政治性评估中，适妥的群体选择、适当的群

---

① 张振刚：《跨越天堑——苏通大桥立项记事》，未正式出版，2002 年，第 97—98 页。
② 张振刚：《跨越天堑——苏通大桥立项记事》，未正式出版，2002 年，第 97—98 页。

体意见反馈,就可能获得意料之中的效果。

6.2.3.2 社会稳定风险

在政治日益开放开明、社会利益格局加快调整、经济社会生活趋显多样、各种矛盾和利益冲突无法避免的情况下,公众对拟议中的重大项目决策的认可程度与心理准备程度是必须给予考虑的一个重要方面。对此,近些年来,社会稳定风险评估也逐渐成为议题政治性评估的重要内容。按照一般的解释,社会稳定风险评估是指与人民群众利益密切相关的重大决策、重要政策、重大改革措施、重大工程建设项目,与社会公共秩序相关的重大活动等重大事项,在制定出台、组织实施或审批审核前,对可能影响社会稳定的因素开展系统的调查,科学地预测、分析和评估,制定风险应对策略和预案,有效规避、预防、控制重大事项实施过程中可能产生的社会稳定风险,更好地确保重大事项科学实施。① 根据中央维稳办公室的统计,截至 2012 年下半年,全国所有省区市和地市州盟,以及 98.5% 的县市区旗都建立了风险评估机制,国务院有关组成机构也出台了本系统的社会稳定风险评估指导意见或实施办法;自 2011 年以来全国共评估直接关系人民群众切身利益的重大事项 51000 余件,其中经评估后顺利实施的决策事项 47000 多件,发现问题予以解决后实施的 3000 多件,做出不准实施决定的 900 多件。②

2012 年 8 月 16 日,国家发展和改革委员会颁布了《国家发展改革委重大固定资产投资项目社会稳定风险评估暂行办法》③,要求在工程可行性研究报告审查前,对由国家发改委审批、核准或者报国务院审批、核准的在中国境内的固定资产投资项目进行社会稳定风险评估。这表明国家重点基建项目自此也均需在决策过程中开展社会稳定风险评估。

在当代中国,特别是改革开放进入攻坚阶段以后,不仅"发展是执政兴国的第一要务"是大的政治主题,而且稳定也成为大的政治主题。正确处理好改革、发展、稳定三者之间的关系,是 20 世纪 90 年代以来执政部门始终强调的执政思路,这与当代中国随着改革开放深入推进、各方面矛盾凸显的现实状况密切相关。矛盾凸显又始终与利益的分配格局密切相关。尽管国家重点基

---

① 本刊记者:《事后灭火不如事前评估——风险评估打通民意与决策通道》,《半月谈》,2013 年第 8 期。

② 本刊记者:《事后灭火不如事前评估——风险评估打通民意与决策通道》,《半月谈》,2013 年第 8 期。

③ 国家发展和改革委员会:《国家发展改革委重大固定资产投资项目社会稳定风险评估暂行办法》(发改投资〔2012〕2492 号),2012 年 8 月 16 日。

建项目建设总体上一般是增加整个社会的利益和福祉，但是也涉及众多的利益主体的利益调整问题。与之相关的是，有的利益主体得益较多，有的得益较少甚至可能受到损害，如果没有预先性地对各利益主体的利益损益进行适当的评估以便在后续的项目决策与实施中采取相应的对策，就有可能不能保证项目的顺利实施，以及因项目的实施而带来社会不稳定问题。

实际上，省及省以下地方执政部门开展重大建设项目社会稳定风险评估的实践运作大大早于国家层面提出的要求。例如，2010 年 4 月 7 日江苏省就专门召开全省深入推进社会稳定风险评估工作会议，对重大建设项目和其他社会建设项目开展社会稳定风险评估提出具体要求，同时也确定该项目工作由省维稳领导小组来领导和组织实施，这也就表明重大建设项目社会稳定风险评估是适应保障和谐稳定社会状态要求的政治性评估。

保证议题的社会稳定风险评估的有效性是与评估的客观性与全面性相关联的。风险评估的等级一般分为三级，如果大部分群众对项目有意见、反应特别强烈、可能引发大规模群体性事件的就是高风险的；如果部分群众对项目有意见、反应强烈、可能引发矛盾冲突的就是中风险的；如果多数群众理解支持但少部分人对项目有意见、通过有效工作可防范和化解矛盾的就是低风险的。而只有当评估为低风险的，议题才有可能继续往目的地前进。由于推动项目决策的动力更为强大，因此，如何保证评估的有效性仍然需要探索。由于评估的基础是客观真实地获得利益相关者的意见，通过公示建设项目实施方案、问卷调查、实地走访和组织利益相关者召开座谈会等方式，在一定程度上可以收集不同的意见。但是由于能够参与这种意见征求过程的利益相关者总是非常有限的，更多地只能由各类利益主体的代表参与，而在其中又往往由基层地方执政部门代表本地所有涉及的利益主体反映对议题的建议和意见，最终形成的意见基本上都要经过基层地方执政部门的过滤。

例如，在长江南京以下 12.5 米深水航道二期工程社会稳定风险评估中，主要采取的方式是由工程所涉及地市、县级地方执政部门组织有关利益主体代表召开座谈会来征求意见，最后由地方执政部门汇总意见。其中，在靖江市召开的座谈会，参加人员主要有组织协调推动该工程项目的指挥部的有关领导，靖江市政府分管副市长，靖江市发展改革委、港口局、水利局、环保局、信访局的主要领导，沿江相关企业和码头的主要负责人员，有关乡镇代表。从这个参加会议人员的情况来看，这类评估的主导仍然是执政部门。最后靖江市政

府出具的主要意见①是：长江南京以下 12.5 米深水航道二期工程在我市范围
内存在的社会稳定风险主要体现在福姜沙整治工程，该工程的社会稳定风险
与深水航道福姜沙选汊方案密切相关，中汊加北汊的方案引起的社会稳定风
险明显小于仅走中汊的方案。而中汊加北汊的工程方案存在的主要社会稳定
风险体现在三个方面：（1）对靖江市中华绒螯蟹种质资源保护区和刀鱼等渔
业资源、渔民捕捞生产、捕捞安全产生不利影响；（2）减少了泰州港靖江海轮
锚地、泰州海轮锚地水域范围；（3）对防洪工程及北汊内的部分港口设施、码
头运营产生一定影响。而仅中汊通航的方案不仅同样具备上述风险，还将影
响靖江港区的生存和发展、冲击港口码头企业的生产运营、大量人员不能就
业、靖江经济社会发展也将受到冲击，可能引发群体性事件。最后提出实施中
汊加北汊的方案要求。而且这个方案也正是靖江市地方执政部门一直以来主
张的政策建议。

　　从这个案例可以看到，社会稳定风险评估仍然归结到地方执政部门主张
的政策建议上，比如项目是否按国家基本建设程序进行审批，是否具有经济和
技术合理性、可行性等。但是还有若干涉及项目实施过程中由各层级执政部
门的具体执行违规、违法带来的风险并没有考虑。例如，江苏省赣榆县柘汪镇
政府将应该一次性发放到失地农民手中的征地补偿款和安置费，采取每年每
亩 1000 元的形式发放给村民，由于这一行为属于严重违规，引起了村民的不
满。② 这也表明，地方执政部门在工程实施后的政策执行中可能存在的缺失
而引起的风险需要给予重视，在重大工程基建项目决策的社会稳定风险评估
中还需要将政策执行中存在的不确定性因素纳入评估范围。

　　6.2.3.3　国际因素

　　在国家间相互影响日益突显的背景下，特别是在建设项目与邻近国家具
有某种联系时，国家间关系和国际性因素也将成为议题政治性评估中不可缺
少的部分。例如，不少重点交通项目，同时也具有战略项目的性质，在对此类
项目决策进行评估时，对于国家间战争与和平的形势的考量尤为重要。又如，
在跨国河流上修建水坝的决策，往往还需要考虑他国的利益诉求。一般地，涉
及国际因素的评估可能并不会大张旗鼓地进行，一般均是由更高层级的执政
部门组织开展此类评估。由于国际因素的评估往往与国家安全和更高层面的

　　① 靖江市人民政府：《靖江市人民政府关于长江南京以下 12.5 米深水航道二期工程靖江市社
会稳定风险分析的复函》，2013 年 3 月 20 日。
　　② 《农民的补偿款成了镇政府收入（民生调查）》，《人民日报》，2013 年 4 月 8 日。

国家战略息息相关,因此在国家重点基建项目决策的政治性评估中可能居于核心地位,在很多情况下,此类评估结果往往具有"一票否决"功能。

6.3　议题的经济性构建

交通重点建设项目建设一般被作为经济领域的事件。那么,在议题的论证中,必然要讨论是否值得建设的问题,即要考虑建设的投入与建成后的收益问题。成本与收益分析是议题经济性构建的核心。

6.3.1　成本与收益

收益还是效益? 效益是重点建设项目在实施过程中及建成后引起或产生的效应,改善的就是正效应,破坏的就是负效应,正效应和负效应可能是某种效应的一体两面。例如,在长江上建设跨江大桥对环境产生的效应就可能既有正效应,也有负效应,即占地占水、泥浆可能入江,但又增加了一处人文景观而可能成为旅游资源、可能减少渡轮事故而避免燃油泄漏污染水体并影响鱼类生存等。收益是经济学上的概念,一般而言,收益被认为是经济活动取得的效益的一部分,而且主要是指正效应。但是收益这一概念在广泛使用中其内涵也得到了扩展,即从指称经济上的净盈余扩展到经济、社会、环境生态、政治等方面有形与无形的效应。考虑到"收益"概念的经济学意味,本书更乐于采用"成本"与"收益"这一对概念来考察议题的经济性构建过程。

成本(cost)与收益(profit)主要应用于微观经济活动的分析。按照爱尔文·塔克尔(Irvin Tucker)的观点①,成本包括显性成本(explicit cost)和隐性成本(implicit cost),收益也包括显性收益(explicit profit)和隐性收益(implicit profit),收益就是总收入(total revenue)减去显性成本与隐性成本的剩余。经济学上的成本与收益分析,为经营者决策提供了依据,也就是说在什么样的情况下,经营者应该决定采取什么样的行动,是进一步扩大投资,还是从现有的经营领域退出来,或者是转移投资方向,等等。

成本收益分析的目标是关注净收益的最大化。这样,就可以被移植到公共管理领域,应用于公共项目的可行性进行评估。因为任何一项公共项目,都具有两个特点,一是资源的占用,二是外部性的彰显。资源的占用,相当于公共项目作为产品所支付的成本。而外部性,包括两个方面,即积极外部性和消极外部性,积极外部性是公共项目实施的出发点,消极外部性则是决策者所不

---

① ［美］爱尔文·塔克尔:《今日微观经济学(第3版)》(影印本),北京大学出版社,2005年,第145页。

希望产生但客观上又无法消除、无法避免甚至无法预测的影响。积极外部性是收益的正值,而消极外部性是收益的负值,这个负的收益是否应该看作是成本的一部分,判断这个问题,首先需要判断负收益的产生过程,一般而言,无论是积极外部性还是消极外部性,其产生的过程有两种情况,一个是公共项目完成投入使用以后产生的,另一个是公共项目在实施建设过程中逐步产生的,甚至也有可能逐步增强。我们尝试把第一种情况称为后收益,第二种情况称为前收益。在前收益中,负的收益表现为成本的根据更充分一些,在后收益中,负的收益表现为成本的根据则相比要弱一些。因为,如果把后收益中的负收益视作成本,则这个成本是个开放的空间和时间,根本无法测度,也就失去了成本收益分析的意义所在。

詹姆斯·Q.威尔生提出了一个政策鼓动分析模型,这个模型“采用‘成本’和‘收益’这两个术语来描述好与坏的效果,并采用‘集中’与‘分散’这两个术语来把握政策效果的强度和力量”。[①] 如果效果只是分布在少数人中间,那么这样的效果就是集中的,反之效果就是分散的。威尔生认为,具有分散效果的政策更可能导致政治鼓动,而不论这些政策是会付出成本、是会获得利益还是会面对阻碍。

他绘制了如下一个矩阵图(表6-5)进行说明:

表6-5　成本与收益在分散与集中两个维度上的矩阵图

成本	收益	
	分散的	集中的
分散的	1 社会保障 住房按揭削减	2 国家规定的健康保险福利 出租车奖牌 荣誉军人福利
集中的	3 食品和药品管制 环境管制 汽车安全管制	4 工会管理争取福利 医院和健康保险公司 网络与通讯公司

资料来源:[美]德博拉·斯通:《政策悖论:政治决策中的艺术(修订版)》,顾建光译,中国人民大学出版社,2006年,第219页。

首先看“集中—集中”的情况(第4格),对于双方可能出现僵局或者轮流

---

① [美]德博拉·斯通:《政策悖论:政治决策中的艺术(修订版)》,顾建光译,中国人民大学出版社,2006年,第219页。

取胜,因为双方的任何一方都不足以强大到支配另外一方。就"分散—分散"的情况(第 1 格),有可能得到逐渐扩大,这不仅在于收益是分散的,而且成本也是分散的。

另外两组构成了不对等的竞争。集中的收益与分散的收益相比几乎总是会取胜。就第 2 格的情况来看,能获得收益的群体会形成有力的组织努力,而那些其成员将会失去利益的群体将可能保持被动和无组织的状态。就第 3 格的情况来看,反对新成本的有组织的反对派可以轻易地打败难以组织起来的潜在的获益者。威尔生举了一个例子,例如食品制造商会拒绝禁止他们使用防腐剂的新规定,因为这样的规定会大大地增加他们的生产成本,而食品的消费者也许可以因这样的规定而从更加健康的食品中受益,但是他们大概会觉得不值得为这样一件对他们的生活来说很小的方面而组织起来。这个例子也就是说,成本支出集中一方即食品制造商对收益分散一方即食品消费者而言,对决策更具影响力。

关于成本和收益的分类,由于分析的角度不同,形成的指称概念也不同。例如,有真实的(或实际的)成本与收益和货币的(或金融的)成本与收益;直接的成本与收益和间接的成本与收益;有形的成本与收益和无形的成本与收益。

以南通过江公路通道为例,直接的成本与收益和间接的成本与收益、有形的成本与收益和无形的成本与收益等可列成表 6-6：

表 6-6　南通过江通道项目的成本与收益

	直接的		间接的	
	成本	收益	成本	收益
有形的	工程投资(如人工、材料、设备、管理等费用)、土地资源占用等	通行费收入、沿线商业广告收入等	公路交通维护费用增加、交通安全投入等	外来投资增长、就业岗位增加、政府财政税收增加等
无形的	空气污染、水体污染、噪音污染、长江长江水生态环境和自然风貌改变等	降低撞船事故发生概率、缩短过江交通时间、过江旅客心情更加愉快等		区位优势增强,人居环境和商业环境改善,城市美誉度提升等

成本和收益还有一个时间的维度。即长期成本和短期成本,长期收益与短期收益。那么所谓的长期与短期是不是一个具体的时间界线呢？能不能讲少于一年就是短期,大于一年就是长期？显然,这样认定的根据并不充分。为

了说明这个问题,可以再引用爱尔文·塔克尔的观点。[①] 他从商品生产的领域中来解释"长期"和"短期"这两个概念,他认为,经济学家并不是基于日、月、年来分别做出生产的决定,长期与短期的区别在于能否改变投入量和投入生产的资源量。而投入分为两种类型,一种是固定投入,另一种是可变投入。所谓固定投入,就是在一个可预见的时期内数量不会发生变化的生产资源,如公司的厂房、重型机器的生产能力,等等;所谓可变投入,就是在一个可预见的时期内数量可发生变化的生产资源,如雇员的多少、生产材料、生产用电,等等。因此,他把短期定义为至少有一项投入为固定投入的一段时间,把长期定义为所有的投入都是变化的一段时间。根据塔克尔的这个观点,我们似乎也可以对长期和短期的成本与收益进行定义,即从成本收益分析开始之时起,在可预见的时期内,所评估的各项成本和收益是不变的,那么这个评估出的成本和收益就是短期的。反之,在一个足够长的时期内,所评估的各项成本和收益可能是变化的,那么这个评估出的成本和收益就是长期的。

6.3.2 成本收益分析的应用及其缺陷

6.3.2.1 成本收益分析应用的基本情况

应用成本收益分析来评估国家重点基建项目的社会经济价值,主要是对建设备选方案进行社会经济收益分析。建设项目社会经济收益分析反映了工程经济学、福利经济学、运筹学、系统分析等学科及其相关理论在建设项目决策过程中的应用。这种分析论证的前提是项目相同但实施方案不同,通过成本收益分析得出的结论性参考意见,为理性化决策提供支持。西方国家在政府公共投资、公用事业发展等领域应用成本收益分析开始较早,方法也日趋成熟。不少研究者都认为[②],1844 年法国工程师 J. 杜普伊发表的《公共工程的效用计量》是最早提出成本收益分析思想的文献,这一著作提出了"消费者剩余"理论,以及在此理论基础上进行成本收益分析的思想。美国政府于 1936 年制定了洪水控制法,要求在水利建设中进行成本收益分析,并提出,只有当各种可能的收益之和超过所有估算的成本之和,这样的项目才具有经济可行性。这一规定为深化建设项目经济收益分析奠定了基础。14 年后,美国河域委员会发表了《河域项目经济分析的建议》,河域委员会是美国联邦的特别机构,它在该政策建议中首次采用福利经济学方法开展实际项目分析,进一步夯

---

① [美]爱尔文·塔克尔:《今日微观经济学(第 3 版)》(影印本),北京大学出版社,2005 年,第 147 页。

② 于立深:《成本效益分析方法在行政法上的运用——以〈行政许可法〉第 20、21 条为例》,中国公法网,http://law.china.cn/features/2008-01/30/content_2957971.htm。

实了成本收益分析的理论基础。20 世纪 40 年代以后，成本收益分析开始广泛应用于水利、交通、环境、教育、国防和空间工程等重大项目决策评估过程中。与此同时，美国、英国、加拿大、法国等国政府和联合国的某些机构均编写了不少有关成本收益分析的指南性参考材料，也出现了相关的学术专著，其中联合国工业发展组织编写出版的《项目评价准则》是比较重要的资料。2008年迈克尔·A. 利夫莫尔和理查德·L. 瑞弗兹在其合著的《夺回理性：成本收益分析如何更好地保护我们的环境与健康》①一书中，集中阐述了过去 30 年中，美国如何运用成本收益分析的，并着重阐述了成本收益分析在制度分析这个领域中的运用，通过成本收益分析为规章制度的出台提供决策依据。

与此同时，成本收益分析方法在发展中国家的推广应用也逐步丰富。成本收益分析方法在当代中国的应用主要是实行改革开放政策之后，经过 30 余年的实践发展，已经在交通、水利、电力等重点工程建设项目，以及规制、行政执法、甚至司法领域得到大量应用。

6.3.2.2 议题的成本收益分析

进行成本收益分析，是基于理性的决策逻辑。这一决策思维逻辑通常包括这样四个步骤：(1) 确定目标；(2) 设想可供实现目标的手段；(3) 对可能采取的每一种行动过程的后果加以评估；(4) 做出最能够实现目标的选择。但是，一般的情况是，理性决策模型并不总是清晰地涉及第一步骤和第二步骤，而是集中关注第三步骤，即对行动过程后果的评估，也就是要采取某种标准将不同政策选择的后果排列出来，并挑选出可能产生最佳成果的政策选择。

应用成本收益分析来界定议题，就是按照设想的工程方案(一般是两个以上)对项目预期成本和预期收益(包括直接的和间接的)采取同一计量单位分别进行计量，以进行数量上的分析比较。而且通常情况下采用的计量单位就是货币。因此，针对议题的成本收益分析，实际上就是对项目实施的成本和收益进行货币化评估。

数字是一种雄辩的论证工具。作为成本收益评估的尺度，量化是一个普遍采用的方式，用精确的数字把量化的结果显示出来，成为政策分析者非常乐于采用、也可能是最方便的手段。以可量化的货币多少为标准，使用成本收益分析来决定"是否值得迁移一片村庄而投资建设一座大坝""是否值得为了修

---

① Michael A. Livermore：《成本效益分析在发展中国家的应用》，中国经济学教育科研网，http：//www. cenet. org. cn/article. asp？articleid = 39016。

一条高速公路而征用上千亩的土地""是否值得在江中建一个桥墩而改变主
航道""是否值得为建设一条新航道而迁建中华鲟的原生栖息地",等等,这也
就成为政策评估的一个最简捷的手段。

某些后果的不可触摸性,例如安全风险、政府声誉的损害、民众的愤怒和
不满、环境的污染,等等,对适用成本收益分析手段的应用提出了挑战。这种
不可触摸性带来的最直接的问题就是测度的问题,因为始终缺乏一个令人信
服的测度方式。但往往是问题不可触摸的要素硬被置于被测度、被评估的境
地。例如关于健康和安全的管制,很多情况下政策评估人士采取技术手段来
测度人的健康、生命的金钱价值,或者测度某种恒久身体伤害的金钱成本。

对于许多议题来说,也许最引人关注的后果并非是直接的效果,而可能是
未来的效果,对此我们甚至不能确定是否真的会实现。也许我们预见了这些
后果,但是什么时候会发生,或者发生的强度、频度等都难以做出更准确的测
度。这里就涉及不确定性情况的测度问题。成本收益分析就与风险收益分析
结合到一起了。风险分析假定,我们可以完全将一种期待价值当作自述运算
中的某个值来加以处理。

这里有一个特别重要的概念"期待价值",这是评估的核心。当行动后果
有着极大的不确定性时,当在同一行动的不同后果之间有着权衡的时候,这一
概念就可用于构造问题的框架。这种价值及其概率本质上来源于一种主观性
的估计。

计算成本的方式在控制决策的过程中是重要的。但是,更加关键的是,要
能够或者尽量确定,在分析中应包括什么后果。就相反的过程来看,找到一项
行动的后果就好比是去寻找原因。每一项行动都有其无限的后果,所以就不
可能划出一条自然的或者正确的界线来规定将要评估的内容。对于将什么作
为评估的内容既是随意的又是具有策略性的。即如德博拉·斯通所言:"关
键就在于将什么统计在内。"对于决策积极分子来说,他们更乐意地尽量展示
议题的积极后果,而对消极后果给予"故意的"淡化。这也就解释了为什么在
重点基建项目前期工作阶段主要开展可行性研究而很少开展不可行性研究。

成本收益分析,有时会成为一种看起来更像是数字论证的单一过程。这
样,对决策项目的成本收益分析,实际上就有可能变为主导者对数字的控制。
控制数字和所考虑选择的种类就是决策竞争的本质。不把一些事情作为议案
提出来就是与将它们提出来一样重要的一种权力形式。假如一项选择没有浮
出水面,而只是出现在可能性的菜单上,那么,将其压着不让它浮出水面就是
挫败它的最为有效的手段。事实上,让一种选择远离被考虑甚至要比挫败它

更加有利。

货币化评估也会失灵，其原因在于：

（1）是否所有的成本和效益都可以用货币来衡量？答案是否定的。在评估一个项目或方案时，习惯于设计或沿用一套可以货币化的指标，主要分为两大类：一个是成本类的，另一个是效益类的。成本可理解为需要投入的全部资源，即机会成本。有论者认为，在一个市场环境中，任何资源都是可以货币测度的，他们提出了用支付意愿来进行测度。然而，尽管投入的资源可以用支付意愿来测度，可是相当一部分效益是很难用货币单位来测度的，一般地说，可以用货币单位计量的收益指标就视作可计量的指标，反之则视作不可计量的指标。建设项目的成本一般由基本费用、辅助费用、无形费用等三部分构成，效益由基本效益、派生效益、无形效益等三部分构成，在实践中，很难用货币来计量无形费用和无形效益。

（2）成本收益分析是否能够独立于决策利益主体的偏见？答案是否定的。任何项目总是有受益多的一方，也有受益少甚至利益受侵害的一方，如果缺乏有效的良好的博弈与协商机制，受益多的一方，更多的时候是利益集团，往往有更强的力量控制成本收益分析的主导权。而且，通常并不能保证所有的利益主体都能够参与到成本收益分析中来，更多的不同意见往往被屏蔽和过滤掉了。

（3）成本收益分析是否能够包括所有的成本和收益？答案是否定的。前文已经对成本和收益的类型进行阐述。成本和效益有直接的、有形的、积极的、前期的、短期的，也有间接的、无形的、消极的、后期的、长期的。成本和效益分析的基础是预测，预测是建立在现有的参照系之上，如此，参照系作为既成的事实和事例，对未来的预测仅仅是参照的作用。那些间接的、无形的、后期的、长期的成本和效益，很难甚至不可能得到满意的测度。在此种情况下，以货币化来评估间接的、无形的、后期的、长期的成本和效益就显得比较勉强了。

6.3.3 议题的经济性评估

议题的经济性评估，就是应用成本收益分析来界定议题，推动议题溪流的行进。

建设项目本身的财务生存能力，是议题讨论中必须面对的问题。这也就是表明如何对一个议题的经济性进行评估。如前文所述，成本收益分析是确定净收益一个比较好的工具，因此，成本收益分析很自然地成了议题的经济性评估的核心，即集中于关注项目实施后是否能够盈利，财务上能否获得足够的盈余,以及经济上的效益与财务上的投入相比较后的结果是否处于一个可以接受的水平,等等。

财务评价和国民经济评价是建设项目经济性评估的主要内容。财务评价是依据国家现行财税制度和现在的价格,对建设项目的财务可行性进行分析。国民经济评价着重分析评价建设项目对国民经济发展的贡献,主要从综合平衡角度来判断建设项目是否经济合理。如果两方面的评价结果都是可行的,那么就可以判断该项目具有经济上的可行性。

1993 年国家计委、建设部《关于印发建设项目经济评价方法和参数的通知》(计投资〔1993〕530 号)发布了《关于建设项目经济评价工作的若干规定》《建设项目经济评价方法》《建设项目经济评价参数》和《中外合资经营项目经济评价方法》等文件。2006 年国家发展和改革委员会又对上述文件进行了修订,对建设项目经济性评估进行了具体规定。水运、公路运输主管部门颁布了《水运、公路建设项目可行性研究报告编制办法》,铁路运输主管部门出台了《铁路建设项目预可行性研究、可行性研究和设计文件编制办法》,民用航空运输主管部门制定了《民用运输机场建设工程项目(预)可行性研究报告编制办法》,等等。上述文件原则上明确了交通重点建设项目经济性评估的主要内容。

经济性评估的两个重要因素是指标(参数)和方法。

(1)指标(参数)。成本收益分析能够汇总决策中可以获得的大量信息,并将所有的信息输入一个选择程序,从而据此来识别最优的决策。这些信息在输入选择程序时,如果是杂乱的,就不可能得到有效的编码。这时就必须依赖一项可以描述的指标,实际也就是不同信息的类别指称。众多的指标形成了评估分析的指标体系。然而,需要关注的问题是,哪些信息能够被输入选择程序,哪些指标得以建立起来?而且参与建设项目决策过程的各个团体进一步关注的是哪些指标,反映了"我们的"识别需求。因此,指标的竞争也是利益的竞争。这也正如金登所言,指标并不只是对事实的直接识别,恰恰因为指标具有这么重大的意义,所以搜集事实的方法论和对这些事实的解释就成为激烈争论的重要项目。搜集到的数据也并不是不证自明的。对这些数据的解释往往把这些数据从对状况的陈述变成对政策问题的陈述。

作为公路交通重点建设项目的桥梁工程,经济性评估的最重要指标是交通量,因为桥梁道路修好后的基本功能是满足车辆的通行,一个公路桥梁项目自身的财务生存能力主要基于所能够及所需要满足的交通流量,尽管国家重点建设项目可以在考虑国民经济连带效益和社会功能正效应的基础上,由国家或省、市政府在财政转移支付上给予补贴，但是最关键的还是交通流量。这样，围绕公路桥梁项目有限期间内所需要满足的交通量进行预测和评估，就成了项目经济性评估的一个焦点，也成为决策各方博弈的关注点。

我们来看南通过江公路通道项目在议题溪流行进阶段各方对交通量的预测情况（如表6-7所示）：

表6-7　南通过江公路通道项目交通量预测情况

交通量单位：万辆/日

日 期	议题行进阶段	项目估算总投资	交通量预测			轮渡过江交通量预测	
			2005	2015	2025	2005	2015
1998.04	江苏省政府组织对项目建议书（预可报告）进行专家审查	55.3075亿元（含建设期间贷款利息）	1.5～2.8	2.3～3.5	3.6～4.8	2.5	
1999.03	交通部向国家计委报送的项目建议书	54亿元（不含建设期贷款利息）	1.6～2.0	2.3～3.5	3.6～4.8	5.1～6.2	8.8～12
2002.04	交通部向国家计委报送的工可报告	62.12亿元（含建设期贷款利息）		5.8924	7.7149	2.7	1.7500

资料来源：江苏省苏通大桥建设指挥部：《苏通大桥项目基本建设程序审批函文汇编》，2007年。

从表6-7可以看到，随着项目估算总投资的增加，交通量预测也在增加。这里暗含两个重要的评估要素，即成本和收益，项目估算总投资是成本的货币表现结果，交通量带来的是通行费，这是收益的货币表现结果。要论证议题的经济可行性，就意味着要论证收益可能等于或大于成本。因此，交通量预测就成为议题成本收益评估的重要指标。

建设项目经济评价参数的测定是成本收益分析的重要前提。在经济评价中常使用到的参数如社会折现率、影子汇率换算系数和政府投资项目财务评价中使用的财务基准收益率，一般都是由国家有关行政机构测定、发布并定期调整。但是真正影响经济性评估的指标，由于具有行业性、地域性，不同的项目实际采用的评估指标可能存在差异，而且不同的评估主体对同一个项目进行评估所采用的指标可能也不一致。

（2）方法。苏通大桥项目要求统一经济评价的问题,反映了经济性评估的方法本身也是利益博弈的一个表现形式。苏通大桥项目（未定名前称之为南通过江通道项目）,从 1993 年南通市隧道筹备处委托上海市隧道工程设计研究院开始。1996 年南通市人民政府和省交通厅联合委托中交公规院会同上海隧道院共同完成"预可研"报告和"预可"总报告编制,其中上海隧道院负责隧道工程方案分报告,参与报告经济评价分析。由于在"预可"研究中中交公规院和上海隧道院所采用的标准,前者是交通部的,后者是建设部的,这两者在项目投资估算取费标准和项目评价计算方法上存在显著的差异,前者的评价更多倾向于桥梁方案,后者的评价更多地倾向于隧道方案。因此,经济性评估方法上的差异又间接地表现为桥梁派与隧道派的博弈。显然,由于方法的不同导致的评估结果的差异,并不能保证议题溪流随着政治溪流所行进的方向协同行进。因此,对主导决策溪流行进的执政部门来说,适时地统一评估方法就显得尤为必要。为此,产生了如何从经济上统一评价桥梁方案和隧道方案报告的问题。1998 年 6 月,主导隧道方案评估的南通市执政部门和主导桥梁方案评估的省级交通主管部门进行会商后,形成一致意见,即通过比选后,委托中咨佳永投资咨询有限责任公司根据执政部门提供的工程方案、交通量预测、投资估算等资料,对南通过江通道项目桥梁和隧道两个方案进行统一的经济评价,中咨佳永公司确定的方法就是"四个一致":满足需求一致、效益与费用对应一致、对比项基本一致和基础参考一致。从这"四个一致"逆向分析来看,不同的评估方法、不同的评估指标和评估参数,根源在于不同的评估需求与不同的议题构建导向。

6.4 议题的技术性构建

交通重点建设项目可不可以建、能不能建,除了要考虑政治上是否允许、经济上是否可行之外,还要考虑技术上是否可靠。当需要建设一座桥梁、一条铁路或者一座机场等之类的公共问题纳入决策渠后转化为议题并往前行进的时候,技术上的考量就与之相伴了。

6.4.1 决策中议题的技术性

交通重点建设项目涉及大量需要依靠专业知识来解决的问题,例如工程相关的水文、地质、气象、气候、地震、通航、岸线、环境保护与生态重建,以及工程本身的技术要求如桥梁结构、道路结构、线路线形、荷载等级、通信系统、监控系统、工程设备、工程安全、工程质量标准,等等。这些都需要运用专业化的知识来进行研究。因此,项目决策溪流必须在回答这些方面问题的基础上才能得以行进。

前文已述，进入决策溪流的问题已经不是单纯的"问题"，而是伴随着针对该问题的初始方案一起进入到决策溪流中来，因此，这些技术问题突显了议题的技术性。

议题是否是纯粹技术性的？交通重点建设项目建设的根本目的在于满足通行的需要，而通行的需要又与执政部门关于经济社会发展的整体观念密切相关。例如，是否在甲乙两地间建设高速公路抑或是普通干线公路，就在于甲地或乙地对两地通行时间的期待，如果希望以最顺畅、最短的时间通行于两地之间，那么建设高速公路就会摆在第一位，如果仅仅希望两地之间有较为顺畅的道路可以通达并且沿线的村镇都能便捷地利用这条公路，那么建设普通干线公路就可能成为首选。因此，拟建设的公路究竟采用何种技术等级并不是仅仅依靠专业知识来进行选择。

然而问题还在于，即使甲乙两地间建设一条高速公路的愿景比较强烈，但是甲乙两地之间从自然条件上看是否适合建设高速公路，因为如果地质上比较脆弱，或者处于地震多发区域，等等。就可能不符合建设高速公路的地质要求，在此条件下，做出这个判断的基础又转化为技术性的评估了。

因此，尽管决策中技术问题也许并不能完全视为纯粹技术性问题，但是在议题的深化中，技术上的研究讨论并做出技术性的评估将占有不可替代的位置，在这个位置上，专业性的知识及其权威将发挥重要作用。

6.4.2 议题的技术性与技术专家

对专业知识及其权威的依赖，是国家交通重点建设项目决策的重要特征。

专家在议题的技术性构建中发挥的作用取决于技术专家在何种程度上享有决策影响权。尽管在交通重点项目决策中，"把技术问题交给专家"，这是相当部分执政部门的主张，但是技术专家的决策影响权需要由制度规范来保障，以及由可接受的实践来落实。为此，需要关注技术专家在解决技术问题方面能够承担什么样的角色。

回答这个问题，我们可以从有关学者的研究中得到启示。王锡锌认为，在公共决策中专家承担着"理性强化"[①]的角色，主要原因在于专家更为"中立"，可免于行政绩效与目标的驱使，从而能够在纯粹技术性知识方面发挥自身的优势，因此在公共决策中，"通过专家自身特殊的知识，为行政决策提供

---

① 王锡锌：《我国公共决策专家咨询制度的悖论及其克服——以美国〈联邦咨询委员会法〉为借鉴》，《法商研究》，2007 年第 2 期。

更多的理性化支持"。①

对议题的技术性构建,专家的作用是既有理性的支持又有理性的强化,最重要的是专家的选择。下面详细考察一下交通部(交通运输部)第二届及第三届专家委员会人员构成情况(如表6-8所示)。

交通部专家委员会第二届人员名单总共66人②,包括交通发展战略组、公路工程组和水运工程组,交通运输部专家委员会③第三届人员名单总共97人④,包括公路组、水运组、民航组和邮政组,为了方便比较,仅列出公路及水运方面的进行比较(如表6-8所示):

表6-8 交通运输部(交通部)两届专家委员会公路及水运工程专家构成情况

交通部专家委员会(第二届)公路工程组及水运工程组专家名单(43人)	交通运输部专家委员会(第三届)公路组及水运组专家名单(63人)
一、公路工程组 组长:凤懋润(兼) 副组长:杨盛福,交通部原总工程师 成员: 王玉(兼) 沙庆林,交通部公路科学研究所,中国工程院院士 郑皆连,广西壮族自治区交通厅,中国工程院院士 刘小明,北京市交通委员会 王树森,吉林省交通厅 陈明宪,湖南省交通厅 周世忠,江苏省交通厅 李守善,山东省交通厅 沈金安,交通部公路科学研究所 付智,交通部公路科学研究所 潘玉利,交通部公路科学研究所 王秉纲,长安大学 侯金龙,路桥集团第一公路工程局 彭宝华,中交公路规划设计院 余定成,中交第一公路勘察设计研究院 缪怀甫,中交第一公路勘察设计研究院	一、公路组(38人) 组长:周海涛,交通运输部总工程师 副组长:凤懋润,原交通部总工程师 成员: 杨盛福,原交通部总工程师 王玉,原交通部副总工程师 沙庆林,交通运输部公路科学研究院,中国工程院院士 郑皆连,广西壮族自治区交通运输厅,中国工程院院士 陈乐生,四川省交通厅总工程师 李志农,新疆维吾尔自治区交通厅总工程师 李守善,原山东省交通厅总工程师 周世忠,原江苏省交通厅副厅长 钟建驰,江苏长江公路大桥指挥部副总指挥 吴德兴,浙江省交通规划设计研究院院长 吕忠达,宁波市高等级公路建设指挥部总指挥 石宝林,交通运输部科学研究院副院长 张劲泉,交通运输部公路科学研究院副院长 王笑京,交通运输部公路科学研究院总工程师

① 王锡锌:《我国公共决策专家咨询制度的悖论及其克服——以美国〈联邦咨询委员会法〉为借鉴》,《法商研究》,2007年第2期。
② 交通部:《交通部第二届专家委员会委员名单》,2004年6月。
③ 2008年国务院机构改革后,国家民航局和国家邮政局均调整为交通运输部部管局。
④ 交通运输部:《交通运输部第三届专家委员会人员名单》(交人劳发〔2009〕781号),2009年12月31日。

续表

交通部专家委员会(第二届)公路工程组及水运工程组专家名单(43人)	交通运输部专家委员会(第三届)公路组及水运组专家名单(63人)
陈永耀,中交第一公路勘察设计研究院 赵喜安,中交第二公路勘察设计研究院 廖朝华,中交第二公路勘察设计研究院 蒋树屏,重庆交通科研设计院 姚为民,中国公路勘察设计协会 二、水运工程组 组长:曹右安(兼) 副组长:邹觉新,交通部原总工程师 成员: 梁应辰,交通部,中国工程院院士 刘济舟,交通部,中国工程院院士 谢世楞,中交第一航务工程勘察设计院,中国工程院院士 李悟洲,交通部水运司原巡视员 张振莺,交通部规划司原助理巡视员 蒋千,交通部规划研究院 张福然,交通部科学研究院上海河口海岸科研中心 李积平,中国港湾建设集团总公司 林风,中港上海航道局 徐元锡,中港第一航务工程局 左明福,中港第二航务工程局 周国然,上海第三航务工程局科学研究所 麦远俭,中港第四航务工程局 吴澎,中交水运规划设计院 程泽坤,中交第三航务工程勘察设计院 王志民,中交第四航务工程勘察设计院 范期锦,长江口航道建设有限公司 吴裕昆,广州港集团有限公司	付 智,交通运输部公路科学研究院公路工程研究中心主任工程师 潘玉利,交通运输部公路科学研究院公路养护管理研究中心副主任 李亚茹,交通运输部公路科学研究院公路交通发展研究中心主任 杨东援,同济大学副校长 陈荫三,长安大学原校长 谢永利,长安大学公路学院院长 蒋树屏,招商局重庆交通科研设计院有限公司总经理 侯金龙,中国交通建设股份有限公司副总裁 林 鸣,中国交通建设股份有限公司总工程师 霍 明,中交第一公路勘察设计研究院有限公司董事长、总经理 汪双杰,中交第一公路勘察设计研究院有限公司副总经理 王华牢,中交第一公路勘察设计研究院有限公司副总工程师 余 波,中交第一公路勘察设计研究院有限公司教授级高级工程师 赵喜安,中交第二公路勘察设计研究院有限公司总经理 廖朝华,中交第二公路勘察设计研究院有限公司副总经理、总工程师,全国勘察设计大师 姚为民,中国公路勘察设计协会副秘书长 刘子剑,中国公路工程咨询集团有限公司副总经理 薛光雄,中交第二公路工程局有限公司总工程师 张喜刚,中交公路规划设计院有限公司董事长、总经理 孟凡超,中交公路规划设计院有限公司副总经理,全国勘察设计大师 刘伯莹,中交路桥技术有限公司董事长 鲍卫刚,中交路桥技术有限公司总工程师 二、水运组(25人) 组 长:徐 光,交通运输部总工程师 副组长:蒋 千,交通运输部原总工程师 成 员: 梁应辰,交通运输部,中国工程院院士 刘济舟,交通运输部,中国工程院院士

续表

交通部专家委员会(第二届)公路工程组及水运工程组专家名单(43人)	交通运输部专家委员会(第三届)公路组及水运组专家名单(63人)
	谢世楞,中交第一航务工程勘察设计院有限公司,中国工程院院士
	刘功臣,交通运输部安全总监
	曹右安,原交通部总工程师
	张振鸾,原交通部规划司副巡视员
	李悟洲,中国水运建设行业协会理事长
	陈映秋,中国船级社总工程师
	王 旺,交通运输部规划研究院院长助理
	张华庆,交通运输部天津水运工程科学研究院副院长、总工程师
	蒋 岩,交通运输部上海打捞局副局长、总工程师
	陶维功,中华人民共和国深圳海事局通航管理处处长
	范期锦,交通运输部长江口航道管理局原总工程师
	刘怀汉,长江航道规划设计研究院院长
	张国发,中国海运(集团)总公司副总裁
	吴今权,中交第一航务工程勘察设计院有限公司副总经理
	李一勇,中交第一航务工程局有限公司副总经理、总工程师
	程泽坤,中交第三航务工程勘察设计院有限公司总工程师
	曹根祥,中交第三航务工程局有限公司总工程师
	卢永昌,中交第四航务工程勘察设计院有限公司总工程师
	吴 澎,中交水运规划设计院有限公司副总经理,全国勘察设计大师
	顾 明,中交天津航道局有限公司总工程师
	包起帆,上海国际港务(集团)股份有限公司副总裁
其中:执政部门领导及其代表有15人,占34.9%,来自事业单位性质(含改制前为事业单位的企业)科研咨询机构的专家有10人,占23.3%,来自企业的专家17人,占39.5%,来自院校的专家1人,占2.3%	其中:执政部门领导及其代表有20人,占31.7%,来自事业单位性质(含改制前为事业单位的企业)科研咨询机构的专家有17人,占27%,来自企业的专家有23人,占36.5%,来自院校的专家3人,占4.8%

资料来源:交通部:《交通部第二届专家委员会委员名单》,2004年6月8日;交通运输部:《交通运输部第三届专家委员会人员名单》(交人劳发〔2009〕781号),2009年12月31日。

从上表来看，执政部门领导及其代表在专家库的构成中基本在三成以上，来自辅助执政部门（事业单位）的专家占到 20% 左右，这两者相加就接近 60% 了，处于主导地位，来自院校的专家极少。这种情况与朱旭峰问卷调查的情况较为吻合。

根据朱旭峰对天津市政府 344 名局处级领导干部所做的问卷分析，"在一些专业性、技术性较强的重大工程和项目决策事项方面，执政部门更倾向于向半官方专家和高校专家寻求咨询"①，在他收集的 344 个样本中（允许多项选择），认为本机构内政策研究部门专家参与的有 85 人，占 24.7%；认为事业单位研究机构专家参与的有 186 人，占 54.1%；认为民间咨询机构专家参与的有 51 人，占 14.8%；认为高校专家参与的有 159 人②，占 46.2%。同时，他也指出，"政府决策者往往更倾向于向政府内部的专家寻求决策咨询意见，而较少主动关注政府外专家的决策咨询意见；政府决策的可行性研究也多为政府内部人员进行论证"。③

人们也一直很关注专家的可信度问题。王锡锌认为，在公共决策咨询中专家的角色具有两面性，一方面承担"理性强化"的角色，另一方面又往往发生角色错位。他指出，专家的"理性强化"角色的功能，是有一定范围的，原因在于专家所具有的知识是有限度的，"特别是在'价值问题'上并不具有任何知识优势可言，而且在'事实问题'或者技术问题上，他们也可能陷入进退两难的处境"④；由于呈现在专家面前的事实和价值问题并没有一个明确的边界，如果专家对本身所掌握的专业知识"过度自信"，就可能会产生某种"越界"想法，因此就有可能"导致他们在不具备知识优势的问题上做出判断，从而导致'决策失败'的发生"⑤，这就是一种"角色错位"现象。由于"角色错位"，专家做出的判断有可能就会偏离事实或者带有明显的偏见。

专家的可信度问题也与内部专家、外部专家存在某种关联。朱旭峰提到

① 朱旭峰：《专家决策咨询在中国地方政府中的实践——对天津市政府 344 名局处级领导干部的问卷分析》，《中国科技论坛》，2008 年第 10 期。
② 朱旭峰：《专家决策咨询在中国地方政府中的实践——对天津市政府 344 名局处级领导干部的问卷分析》，《中国科技论坛》，2008 年第 10 期。
③ 朱旭峰：《专家决策咨询在中国地方政府中的实践——对天津市政府 344 名局处级领导干部的问卷分析》，《中国科技论坛》，2008 年第 10 期。
④ 王锡锌：《我国公共决策专家咨询制度的悖论及其克服——以美国〈联邦咨询委员会法〉为借鉴》，《法商研究》，2007 年第 2 期。
⑤ 王锡锌：《我国公共决策专家咨询制度的悖论及其克服——以美国〈联邦咨询委员会法〉为借鉴》，《法商研究》，2007 年第 2 期。

了政府内部专家和政府外部专家的概念。邹红在研究江苏省专家决策咨询机制时,提出存在"官办"决策咨询机构一枝独大的现象①,主要指的是这类专家决策咨询机构为体制内设置,"官办"色彩浓,与执政部门往往存在上下级关系,以致这类机构要在决策咨询中保持中立立场具有不确定性。"官办"决策咨询机构的专家基本上都属于内部专家。

再以交通运输部(交通部)两届专家委员会公路及水运方面专家构成情况看,一般地可以把执政部门领导及其代表,以及来自事业单位性质(含改制前为事业单位的企业)科研咨询机构的专家视为内部专家,因为后者从历史渊源上与执政部门有着密切联系,在一定程度上看亦属于辅助执政部门,两者相加接近60%。来自企业和院校的专家可视为外部专家,他们加起来为40%左右。这样的比例结构关系也是符合当代中国的政治—行政体系特点的。由于专家的这种构成特点,给议题的技术性构建带来的影响就是,它必然要符合政治溪流行进的要求,从而使得整个决策溪流的行进具有执政部门内运行的特点。

每一层级的执政部门都有相应的隶属的专家库,即国家和省、市层面,以及政府组成部门的行业主管部门如交通、铁路、水利、建设等部门均有隶属于自己的专家库。为此,由各层级执政部门组织开展的技术方案论证及评审一般地主要是从隶属于本级执政部门的专家库中选择专家参与,因此,专家的执政部门化是一个必须关注的现象。专家执政部门化带给决策过程的最显著影响就是专家参与有变成专家虚证的风险,即专家的决策咨询意见往往一边倒地倾向于执政部门的决策主张,缺少从执政部门决策主张的对立面进行的驳证。

6.4.3 议题的技术性评估

议题的技术性评估是议题溪流行进的一个重要方式,这也是基于技术视角对议题的构建过程。讨论议题的技术性评估,应该关注的是评估方式及其对专家的选择,以及评估中决策主体间的互动关系。

6.4.3.1 评估方式

通常先由一家或几家科研咨询机构联合就某方面的技术问题进行研究,初步研究成果形成后由执政部门组织专家进行评审或审查。这种研究是执政部门与科研承担机构之间的委托——代理的关系。

这种通过委托开展的课题研究,也可以看作是议题构建的基础阶段。在

① 邹红:《江苏省专家决策咨询机制研究》,《科技与经济》,2008年第4期。

这个阶段的议题构建应该认为是执政部门主导的构建。

例如,1999 年 12 月,苏通长江公路大桥项目决策的省级交通主管部门与科研咨询机构中交公路规划研究院及同济大学桥梁工程系签订了有关苏通大桥工可阶段桥梁关键技术研究的合同。按照 5 类桥型方案所相关的 35 个课题开展研究。如表6-9 所示：

表6-9　苏通大桥工可阶段关键技术研究题目

序号	桥型方案	研究题目	承担单位	备注
1	主跨在 850～1000 米的混合式双塔斜拉桥	1. 深水基础型式及施工方法	公规院、同济	桥型方案总体布置由公规院负责
		2. 桥墩防撞措施	公规院	
		3. 主梁钢与混凝土断面接合部的构造型式及受力性能分析	公规院	
		4. 施工阶段结构稳定性分析及控制措施	同济	
		5. 结构力学性能分析	同济	
		6. 主梁断面的气动选型及结构抗风性能分析	公规院、同济	
		7. 结构抗震性能分析	同济	
		8. 超长斜拉索网的风雨振性能及减振技术	同济	
		9. 高强度钢材的应用研究	公规院	
		10. 斜拉索防腐技术的研究	公规院	
2	主跨在 500～600 米的三塔斜拉桥	1. 深水基础型式及施工方法	公规院、同济	桥型方案总体布置由公规院负责
		2. 桥墩防撞措施	公规院	
		3. 中塔塔、梁、墩固结处的合理结构型式及受力性能分析	公规院	
		4. 三塔体系总体静力特性及结构刚度性能分析	公规院、同济	
		5. 主梁断面的气动选型及结构抗风性能分析	公规院、同济	
		6. 结构抗震性能分析	同济	
		7. 高强度钢材的应用研究	公规院	
		8. 斜拉索防腐技术的研究	公规院	

续表

序号	桥型方案	研究题目	承担单位	备注
3	大跨度斜拉—悬吊混合体系桥	1. 深水基础型式及施工方法	公规院、同济	桥型方案总体布置由公规院、同济共同负责
		2. 桥墩防撞措施	公规院	
		3. 施工阶段结构稳定性分析及控制措施	同济	
		4. 协作体系受力性能分析及斜拉、悬吊结合区的合理结构型式	同济	
		5. 协作体系吊索抗疲劳技术	同济	
		6. 主梁断面的气动选型及结构抗风性能分析	公规院、同济	
		7. 结构抗震性能分析	同济	
		8. 高强度钢材的应用研究	公规院	
		9. 斜拉索防腐技术的研究	公规院	
4	主跨大于1500米的悬索桥	1. 厚覆盖层地质情况下大型锚碇基础型式及施工方法	公规院、同济	桥型方案总体布置由公规院负责
		2. 主梁断面的气动选型及结构抗风性能分析	公规院、同济	
		3. 结构抗震性能分析	同济	
		4. 高强度钢材的应用研究	公规院	
5	不同跨径及结构型式的引桥	1. 轻质高强混凝土的应用研究	公规院	桥型方案总体布置由公规院负责
		2. 高强度钢材的应用研究	公规院	
		3. 体外预应力技术的应用研究	公规院、同济	
		4. 经济跨径、合理结构型式及施工方法研究	公规院、同济	

资料来源:江苏省交通厅:《苏通大桥工可阶段桥梁关键技术研究大纲》,1999年12月。

由委托科研形成的关于议题的技术性意见可以视作委托方即执政部门的意见。这个意见在议题溪流的行进中,还需要与其他不同的意见进行博弈,或者论争,或者综合。

议题的技术性评估最常采用的形式就是评审会(审查会)的形式。

6.4.3.2 专家选择

专家的选择是由执政部门组织开展议题技术性评估的重要一环。这既要考虑专家代表的全面合理性,又要考虑议题评估符合执政部门的意图。以中

国国际工程咨询公司关于苏通大桥工程可行性研究报告的评估为例，其专家
构成情况如表6-10所示：

表6-10　苏通大桥工程可行性研究报告评估专家组成员

专家	技术等级	所属类别
庞俊达	教授级高级工程师	道路工程
陈新	中国工程院院士	桥梁工程
王寿菊	教授级高级工程师	投资估算
刘政奎	教授级高级工程师	交通量预测
王用中	设计大师	桥梁工程
赵世华	高级工程师	水利
翁振松	高级工程师	铁路工程
胡建新	高级工程师	航道工程
姜友生	高级工程师	桥梁工程
姜育春	工程师	投资估算

资料来源：中国国际工程咨询公司：《关于苏通长江公路大桥可行性研究报告的评估
报告》(咨交通〔2002〕192号)，2002年。

由于这种评估需尽可能地体现全面性，因此从专家的选择上来看，10
位专家中，桥梁工程的有3位，投资估算的有2位，其他5位分属5个门类，此
种安排在议题的评估中可能形成政策的博弈和竞争的动力并不足，尽管这些
专家是受国家发展改革委员会委托并代表其提出评估意见，但是他们面对的
是由主推项目的执政部门包括南通地方执政部门、江苏省交通主管部门，以及
国家交通主管部门提出的主张。

关于苏通长江公路大桥桥梁通航净空尺度和技术要求这一议题的评估，
可作为一个完整的案例进行剖析。

2001年3月31日至4月1日，交通部长江航务管理局应苏通大桥项目决
策省级交通主管部门(江苏省交通厅)之请，组织专家组对《苏通长江公路大
桥桥梁通航净空尺度和技术要求论证研究报告》(以下简称《论证报告》)进行
评审。

此前，江苏省交通厅已委托科研咨询机构南京水利科学院(隶属于交通
部和水利部管理的事业单位)等单位开展了苏通大桥"定床模型试验研究"
"通航数值模拟计算""表流迹线试验"和桥位航迹线测量，并形成了中间成

果。2000 年 10 月,江苏省交通厅组织召开了苏通大桥通航净空尺度和技术
要求专题研讨会,会后,又组织对"定床模型试验中间成果""通航数值模拟计
算中间成果""表流迹线试验报告"和桥位航迹线测量报告等进行评审。这几
个方面的成果构成了《论证报告》的支撑性内容,也是这一议题深化的启动阶
段的内容。

《论证报告》的形成,反映了该项目决策的省级交通主管部门的意见。交
通部长江航务管理局是苏通大桥项目的决策利益相关方,因为苏通大桥即将
横跨长江之上,桥墩将矗立于长江干流之中,对长江通航的影响十分明显,而
交通部长江航务管理局是受交通部委托主管长江航务管理的机构,负有保障
长江通航安全与顺畅的重要职责,因此将科研咨询机构代表项目决策的省级
行政主管部门提出的通航净空尺度和技术要求交由交通部长江航务管理局来
审查,目的是听取项目决策利益相关方的意见。

此次审查的专家组由交通部长江航务管理局负责成立,包括 21 名专家,
具体如表 6-11 所示:

表 6-11   苏通大桥桥梁通航净空尺度和技术要求论证研究报告评审专家组成员

	姓名	单位	职称/职务
组长	金宏达	交通部长江航务管理局	教授级高级工程师
成员	纪汝民	交通部水运司	高级工程师
	徐峰	交通部水运司	工程师
	陈国藩	交通部长江航务管理局	高级工程师
	郭义浩	交通部长江航务管理局	高级工程师
	李建君	交通部长江航务管理局	高级工程师
	鲁木华	交通部长江航道局	高级工程师
	傅钢	交通部长江航道局	科长
	胡建新	长江南京航道局	高级工程师
	张同斌	交通部江苏海事局	高级工程师
	周建华	交通部南通海事局	高级工程师
	周世忠	江苏省交通厅	教授级高级工程师
	蒋富国	长江引航中心	高级引航员
	陈三财	长江航运(集团)总公司	高级工程师
	卞潮平	中国海运集团总公司	高级船长

续表

	姓名	单位	职称/职务
成员	蔡贤池	武汉轮船公司	指导船长
	施关全	南京长江油运公司	高级工程师
	顾沛文	南通港务局	工程师
	王翼	常熟港务管理局	工程师
	张喜刚	中交公路规划研究院	总工程师
	陈明栋	重庆西南水运工程科研所	高级工程师

资料来源：江苏省交通厅：《苏通大桥桥梁通航净空尺度和技术要求论证研究报告评审会会务指南》，2001 年 3 月 30 日。

　　针对这份名单，首先需要指出的是，交通部长江航道局是交通部长江航务管理局的直属单位，长江南京航道局则是交通部长江航道局的直属单位，长江引航中心是长江海事局的下属单位，而长江海事局则是交通部长江航务管理局的直属单位，因此，可以确定，21 名专家有 8 名来自交通部长江航务管理局。交通部水运司是国家层面主管内河航道、航运等水运相关事务的执政部门中的直接对口部门，交通部南通海事局直接隶属交通部江苏海事局管理，而交通部江苏海事局又隶属于交通部海事局，为水上交通安全的主管部门，因此，我们可以进一步确定，21 名评审专家有 12 人来自交通部与长江航务相关的主管部门。此外，长江航运（集团）总公司、中国海运集团总公司、武汉轮船公司、南京长江油运公司、南通港务局、常熟港务管理局等亦为项目决策利益相关方。而中交公路规划研究院、重庆西南水运工程科研所，以及参加这次会议但未列入专家组成员的南京水利科学研究院、长江口水文水资源勘测局、中交水运规划设计院均为论证报告的研究编制单位。因此，此次评审亦可视作决策利益相关方参与议题讨论的一个平台，但是此次讨论的主导力量是交通部长江航务管理的主管部门。

　　此次专家组的评审意见分为两个方面：一方面，肯定了《论证报告》有关通航净空尺度论证能满足设计代表船型通航要求，推荐的东线和中线桥位均具备建桥条件，推荐东线桥位是适当的，同意东线桥位采用单孔双向的主通航孔（包括专用通航孔）布置方案，边孔通航净宽应不小于 220 米，同意推荐的设计最高、最低通航水位及主通航孔净空高度不低于 62 米，专用通航孔不低于 39 米的方案。另一方面，特别从有利于今后长江航运发展、有利于通航水域的利用，以及今后船舶大型化通航和便于通航管理的需要出发，提出两条建议,即适当增加通航净空高度,主通航孔净空宽度891米范围内的净空高度均应不低于62米。"有利于今后长江航运发展、有利于通航水域的利用以及今后船舶大型化通航和便于通航管理",这体现了与长江航道、航运密切相关的各主管部门的利益关切。

但是专家组的意见并没有直接反馈给江苏省交通厅,只是构成了长江航务管理局提供给江苏省交通厅意见的主体部分。

2001年4月4日,江苏省交通厅向长江航运主管部门提出请求①,由长江航务管理局出具该项目通航净空尺度和技术要求的意见。2001年6月20日,长江航务管理局回复了江苏省交通厅的请求。② 在回复意见中,长江航务管理局在综合3月31日至4月1日专家评审意见的基础上,提出:

> a. 东线桥位和中线桥位均满足通航河流建桥选址要求,**但从河床深槽的稳定性看,东线桥位要优于中线桥位,从通航条件看,东线桥位相对比中线桥位复杂,桥区航道维护管理难度较大,综合考虑多种因素,我局原则同意东线桥位作为推荐桥位**;
>
> b. 从有利通航出发,同意东线、中线桥位选用的双塔斜拉桥主通航孔跨度为1088米、三塔斜拉桥两主通航孔为650米的桥梁方案。……为充分利用水深资源和有利航运发展,**建议将两边孔的通航净空宽度适当加大,以满足较大型内河船队上水航行需要,其余可通航水域处的桥墩应考虑防撞,桥孔宽度适当加大,以扩大通航桥孔覆盖水域,增加备用通航桥孔**;
>
> c. 同意大桥内河船舶通行航道按I-(1)级航道标准,海轮通航航道按《通航海轮桥梁通航标准》(JTJ311-97)计算;同意净空高度代表船型为5万吨级集装箱船,主通航孔净空高度不低于62米,专用通航孔不低于39米,**但其上游振华港机厂生产的大型集装箱桥吊,有些品种船运利用潮差后仍无法通过,应了解其规划搬迁或调整生产的可能性**;
>
> d. **同意设计最高通航水位东线桥位为4.30米,中线桥位为4.54米;设计最低通航水位东线桥位为 - 1.46米,中线桥位为**

---

① 江苏省交通厅:《关于出具苏通长江公路大桥桥梁通航净空尺度和技术要求意见的函》(苏交计〔2001〕40号),2001年4月4日。

② 交通部长江航务管理局:《关于对苏通长江公路大桥桥梁通航净空尺度和技术要求意见的函》(长航函安〔2001〕54号),2001年6月20日。

−1.26 米；

　　e. 大桥建设（管理）单位应承担桥区通航水域相应的航标设置、维护及通航安全责任。桥区应按有关规定设置航标和进行水上航行安全的维护，并配套建设相应的设施，配套设施及水上安全、航道维护费用应纳入建桥总概算内。为保障大桥施工期和建成后的通航安全，大桥建设（管理）单位应提前落实相关措施；

　　f. 建议下阶段补充做桥区船模正态航行试验、模拟实船过桥航行操作试验或代表船型（船队）在几种典型情况下的实船航行试验；

　　g. 东线桥位处除通航江轮和进江海轮的主航道外，还有进出常熟港的进港航道，通航桥孔的布置必须同时满足上述两方面的要求，桥区航线的规划、助航标志的设置、维护管理难度较大，**建议在初步设计之前，对桥区航线的规划和航道维护管理等工作进行专题研究**；

　　h. **请贵厅按有关要求，将大桥的有关资料按程序报交通部审批。**

　　上述引文中加粗的部分就是长江航务管理局在专家组评审意见的基础上提出补充意见。有的利益关切点得到了细化和具体化，特别是明确提出了桥区通航安全设施及航道维护费用由大桥建设（管理）单位承担，可以说，这个意见更加明确地体现了作为长江航务主管部门的利益主张。但是按照程序，长江航务管理局的这些意见必须得到其上一级执政部门即国家交通部的审核同意，因为交通部不仅是国家层面的交通主管部门，而且是长江航务管理局和交通部海事局的直接管理和领导机关，管理长江事务亦是中央事权，交通部代表中央政府履行管理长江事务的职权。

　　2001 年 7 月 7 日，江苏省交通厅将长江航务管理局提出的意见，以及《论证报告》、上海振华港机股份有限公司"关于苏通公路大桥通航论证回函"一同上报给交通部。国家层面的交通主管部门与省级层面的交通主管部门之间是指导与被指导的关系，但在实践中也体现出指导向领导关系的过渡特征。经过部、省之间和交通部内各单位（部门）之间的协商，直到 2001 年 12 月 20 日，交通部正式向江苏省交通厅批复了苏通长江公路大桥通航净空尺度和技术要求。① 主要内容如下：

a. 从水上通航角度，同意东线桥位（徐六泾桥位）作为苏通长江公路大桥的拟建桥位。鉴于苏通大桥所处河段水路运输的重要性，桥梁建成后须充分保障通航孔与河道深槽一致，今后在研究长江江阴以下至徐六泾河段河道治理规划及治理方案时，应充分考虑桥区深槽变动、水流流态变化对苏通大桥水上通航的影响，并应征求交通部门意见，请你厅向江苏省人民政府报告上述意见，取得支持。我部在向国家有关综合部门报送苏通大桥行业审查意见时，将一并说明。

b. 同意《论证报告》提出的设计最高通航水位 4.30 米，最低通航水位 −1.46 米。

c. 同意《论证报告》提出的设置一个主通航孔、两个边通航孔、一个专用通航孔及一个洪季通航孔。请建设单位在进行船舶模拟试验基础上，优化桥墩布置方案，通航孔尽可能覆盖可航水域，并在桥梁建设期内组织实船试验加以验证。

d. 同意主通航孔按通航 5 万吨级集装箱船及 5 万吨级内河船队单孔双向通航标准进行设计，通航净空宽度不小于 891 米，该有效宽度内相应通航净空高度不小于 62 米；主通航孔两侧边孔按通航万吨级船队单孔单向通航标准进行设计，通航净空宽度不小于 220 米，通航净空高度不小于 24 米；专用通航孔按万吨级杂货船单孔双向通航标准进行设计，通航净空宽度不小于 220 米，通航净空高度不小于 39 米；洪水期上行通航孔按通航千吨级船舶进行设计，通航净空宽度不小于 70 米，通航净空高度不小于 15 米。

e. 因建桥而涉及的桥涵标、桥柱灯、桥区航标及配套设施的设置、管理维护费用问题，按我部《关于长江干流桥区航标设置及维护管理规定》执行；为确保桥梁施工期及桥梁建成后的船舶航行安全，属于建桥而增加的安全配套设施的建设、维护管理费及施工安全监督费，由桥梁建设单位承担。上述两项费用纳入大桥初步设计总概算，由长江航道、江苏海事与桥梁建设或管理单位具体商定，报长江航务管理局和部海事局核备。

f. 桥梁建设与设计部门，应根据桥区航道、航行特点，认真研究

---

① 交通部：《关于苏通长江公路大桥通航净空尺度和技术要求的批复》（交水发〔2001〕763号），2001 年 12 月 20 日。

桥墩的防撞问题并设置防撞设施；为确保桥区安全通航，建桥单位应尽早委托有关专业单位，对桥区水域的航标配布、航行规则等进行专题研究，并提出具体方案，分别由长江航务管理局、江苏海事局审定并报部备案。

从上述意见可以看出，关于苏通大桥通航净空尺度和技术要求这个议题的讨论中，当议题溪流行进到国家层面的交通主管部门这个决策坝的位置时，有关该议题的意见得到了比较全面的综合，一方面吸收了代表省级层面执政部门意见的《论证报告》的主要意见。例如，同意东线桥位，主通航孔通航净空宽度不小于891米、净空高度不小于62米，专用通航孔净空宽度不小于220米、净空高度不小于39米，设计最高通航水位4.30米、最低通航水位−1.46米，等等。另一方面，又吸收了与长江航道、航运密切相关的各决策利益相关者，特别是长江航务主管部门和长江水上安全主管部门的意见，总体观点就是确保通航安全、顺畅，因建桥而实施的安全配套设施建设、维护费用均纳入建设概算，等等。这充分体现了议题的技术性构建过程，也是决策利益相关方博弈和协商并达致利益综合的过程。

本章小结

议题是进入决策渠的社会公共问题。由问题、社会公共问题、政策问题转变为决策问题并不必然地遵行此先彼后的逻辑顺序，因为决策语境中的各种活跃因素都有可能促使问题或者社会公共问题快速地进入决策渠。议题包括了政策问题和决策问题两种形式，这也是议题演进的两个阶段。

议题是构建的。执政部门和专业知识群体在议题构建中发挥着重要作用。比如以国家交通重点建设项目而论，议题是从政治的、经济的、技术的三个角度进行构建，但是，需要始终强调的是，议题的政治性、经济性和技术性构建三个方面并不是割裂的、孤立的。议题构建的过程本质上就是决策溪流行进的过程，议题构建也是决策溪流行进的一种重要方式，不仅仅是因为在议题的构建中决策主体之间有博弈与竞争、协商与均衡和在此基础上达致利益的综合，而且因为这种决策主体之间的互动，为决策之窗的开启准备了条件。

第 7 章

决策溪流行进的关键节点：
国家重点基建项目的决策时机

有的政策在千呼万唤中才得以出台，有的政策则轻而易举就能得人所愿。关注决策在什么样的时点做出，实质上就是关注达致"做出决定"这种状态所需具备的条件。决策并非一次性的行动，而是一系列的行动。政府大型项目决策是由决策溪流行进中产生的一系列的"决定"所组成的。探讨决策的时机问题，确应立足于这样的前提来讨论。

7.1 决策时机的形成
7.1.1 决策时机的概念

当前，学界还未形成对决策时机有广泛共识的定义。但是，使用"决策时机"这一概念却不时出现在学者们的研究中，有的还对此概念的内涵进行了一定的探讨。例如，尹柳营认为，"所谓决策时机，简单地说，就是能使此时此刻推出的某项决策充分地实现预期目的的时刻"。[①]《统计大辞典》称，决策时机是"决策者应及时把握的机会。把握决策时机亦称决策的及时性或时效性，……失去时机的决策，不论其本身的内容多么合理，也将失去意义"。[②] 从这两组概念的界定可以看出，都是把关注点放在决策做出的某个时点上，虽不无道理，但并没有完全揭示决策时机的决策学内涵。

约翰·W.金登关于"政策之窗"的阐述，有助于启发我们深化决策时机的讨论。金登在研究政策议程设置的过程中把公共问题引起决策者注意、并

---

① 尹柳营：《决策时机效应》，《武汉钢铁学院学报》，1989 年第 4 期。
② 郑家亨、莫曰达、铁大章、蒋光远：《统计大辞典》，中国统计出版社，1995 年。

进入政策议程的机会称为"政策之窗"。他认为，"流经政策制定系统的一些分离的问题溪流、政策溪流以及政治溪流，这些溪流都具有自己的特性，而且它们各自在向前流动的过程中都不太关注其他溪流中发生了什么事情"①，"我仍然认为这些溪流主要都是独立地向前流动的，它们各自都是按照与其他溪流没有太多关系的动态向前流动的"②。"如果所有三条溪流——问题溪流、政策溪流以及政治溪流——都汇合在一起的话，那么一个项目进入决策议程的可能性就会明显增强。"③可见，金登的研究主要是从动态的视角考察政策议程设置的影响因素，进而来界定特定决策活动实现的"时机"。

据金登的见解，政策之窗是决策过程中三条溪流耦合的结果。本书认为，要形成三条溪流耦合的局面，则三条溪流本身的行进均已到达某一阶段。当然，无论是政治溪流、还是政策溪流、议题溪流的行进，均是决策主体行动的结果，一旦三条溪流行进至某一阶段，只要决策主体再做出某种努力，耦合的局面就可能形成，从而实现某种决策活动目标。美国政策学家琼斯和马休斯在分析公共政策问题的主体状况时，认为存在政府和私人两种主体，他们在公共政策活动中的行动表现都存在主动与不主动的状态，因此，对于一项公共政策而言，主体的行动状态就可能存在四种情况，即私人主动、政府主动、两者都主动、两者都不主动。如果将他们的观点放到决策溪流中来讨论的话，还可以更进一步拓展，那就是在三股不同的溪流里，均存在私人和政府（本书用"执政部门"涵盖）两类主体的主动作为与不主动作为的状态，如表7-1所示：

表7-1　决策主体在决策溪流中的作为情况

	决策主体（私人）		决策主体（执政部门）	
议题溪流	主动	不主动	主动	不主动
政治溪流	主动	不主动	主动	不主动
政策溪流	主动	不主动	主动	不主动

基于以上分析，我们可以将决策时机视为决策溪流的行进状态与决策主体主动作为相互契合的一种特殊状态。如果无论是哪一条决策溪流，虽然已

---

① ［美］约翰·W.金登：《议程、备选方案与公共政策》，丁煌，方兴译，中国人民大学出版社，2004年，第285页。

② ［美］约翰·W.金登：《议程、备选方案与公共政策》，丁煌，方兴译，中国人民大学出版社，2004年，第286页。

③ ［美］约翰·W.金登：《议程、备选方案与公共政策》，丁煌，方兴译，中国人民大学出版社，2004年，第224页。

经进入某种"成熟"的状态,但是没有决策主体对溪流行进状态的体认并主动作为,那么,金登所谓的"三流耦合"的机会就不可能到来。决策主体对溪流行进状态的体认,以及在此基础上的主动作为,往往具备"关钥"的功能。俗语所谓"饭熟差一把火",决策能否做出,就看最后"一把火"有没有继续燃烧或点着。因此,决策时机不是一种理论状态,它应该是标志决策过程的变化维度与时间维度相结合的节点。

决策时机并不仅仅指称导致最终决策形成(做出)的整个决策溪流行进状态与决策主体主动作为相契合的状态,而且无论是议题溪流,还是政治溪流、政策溪流,均存在溪流行进状态与决策主体主动作为相契合的状态,这种相契合的状态在大多数情况下成为溪流向下一个阶段行进的直接推动力量。

7.1.2 决策时机的形成

决策时机的形成是否需要三条溪流均到达相同的阶段,以及分布于三条溪流中的决策主体均采取主动的作为? 对这个问题的探讨有助于我们更好地解释议题具备什么样的条件才能形成有效的政策产出。

从决策溪流的组成及其运行机理来说,议题溪流往往先于政策溪流行进在决策渠中,因为政策溪流本身是针对议题溪流而形成的,议题溪流是政策溪流形成的前奏,同时议题溪流一旦编码进入政治—行政体系,就可以带动形成政治溪流,政策溪流也是通过这样的途径推动政治溪流的形成和行进。议题的出现标志着特定的社会问题已经进入决策利益相关者的视野。"在南通至苏州段长江上应该建设全天候的公路过江通道",这既是议题溪流的一个表达方式,又是政策溪流的一个表达方式。但是当出现"在南通至苏州段长江上应该建设桥梁,而不应该建设隧道"的讨论时,这也许是与"在南通至苏州段长江上应该建设全天候的公路过江通道"相伴产生的议题溪流和政策溪流的表达方式,但更应该认为是在"南通至苏州段长江上应该建设全天候的公路过江通道"基础上,议题溪流和政策溪流向前行进所到达的新的阶段,这既可以看作是针对"在南通至苏州段长江上应该建设全天候的公路过江通道"这个议题而产生的政策建议,又可以看作是议题讨论的深化。因此,议题溪流与政策溪流的行进或者是同步的,或者是非同步的。当诸如"在南通至苏州段长江上应该建设全天候的公路过江通道"之类的表达形式被编码进入政治—行政体系时,例如"在南通至苏州段长江上建设全天候的公路过江通道,是加快苏北地区融入苏南、接轨上海的一个重要举措,也是进一步完善区域交通路网体系,方便人民群众过江往来的迫切需要"等,那么政治溪流就可以认为已经形成并启动了前进之旅。议题溪流和政策溪流既是政治溪流的前奏,也是政治溪流的派生。虽然三条溪流汇合以后，才能形成最终的决策。但是议题溪流、政策溪流与政治溪流既有同步的时候，也有不同步的时候。因此，当三条溪流发生耦合的时候，三条溪流行进的阶段也许并不完全相同。

从现实层面来看，政治溪流行进的表现形式主要有两种：一是政治溪流在决策渠中由低层级执政部门向高层级执政部门行进，同时高层级执政部门的意见、表态、指令等又向低层级执政部门传达；二是政治溪流在决策渠中由执政部门向围绕在执政部门周围的决策利益相关者（包括个体的和群体的）扩散。建一条全天候的过江公路通道，对南通来说是十分必要的，这一观点最积极、最直接、最早的提倡者是南通市委、市政府等南通地方执政部门（这里主要是从制度化的层面来说的，当然在省级层面甚或国家级层面可能有个别的个体和群体更早地秉持此论，但并不能直接地最早地输入决策渠，可见，高层级执政部门中的个别个体或群体会对低层级执政部门说："你们可以先打个报告来"），同时，南通市委、市政府等南通地方执政部门通过委托开展课题研究、调查研究、对外接待、到区县等下一级地方执政部门调研等方式，把"南通要建一条全天候公路过江通道"这一政治溪流信息进行传布扩散，从而在所辖区域内形成更强大的政治溪流，同时也启发和推进了相关的议题溪流和政策溪流的行进。这也就表明，执政部门的主动作为是政治溪流行进的主要推动力量。如果处于三条溪流耦合的条件比较成熟的阶段，执政部门的主动作为就能够推开决策之窗，形成决策时机。例如，当苏通大桥的预可行性研究已经通过江苏省内预审，以及国家计委委托中国国际工程咨询公司组织的专家评审时，也就是政策溪流行进到比较成熟的阶段的时候，促成项目立项的关键动力将来自于政治溪流的推动。我们可以来看一个时间序列①：

> 1998 年 4 月 17 日至 18 日，江苏省计经委会同江苏省交通厅在南通大饭店召开南通长江公路通道预可行性研究报告预审会；
> 1998 年 5 月南通计委委托中咨佳永公司对预可行性研究提出的桥隧工程方案进行统一经济评价；
> 1998 年 12 月 3 日苏通长江公路大桥项目建议书正式上报国家计委；
> 1998 年 12 月 9 日国家计委委托审查和评估的函件分别发给交通部和中咨公司；

---

① 张振刚：《跨越天堑——苏通大桥立项记事》，未正式出版，2002 年。

1998 年 12 月 17 日新华日报头版发表新闻《苏通长江大桥前期工作进展顺利》,同日扬子晚报报导苏通长江公路大桥方案敲定。与此相应南通新闻媒体也进行了宣传报导;

1999 年 4 月,交通部规划研究院在南京召开代部(交通部)审查会;

1999 年 9 月份交通部向国家计委报送《关于苏通长江公路大桥项目建议书的审查意见》;

1999 年 9 月 2 日至 4 日,中咨公司在南通召开江苏苏通长江公路大桥项目建议书评估现场调研会;

1999 年 10 月底中咨公司在通过内部二审后向国家计委报送了《关于苏通长江公路大桥项目建议书的评估报告》;

2000 年 3 月上旬,全国人大九届三次会议在北京召开。3 月 9 日下午,江苏省省长季允石和国家计委副主任张国宝在江苏代表团下榻的奥林匹克宾馆晤谈;

2000 年"五一"假日期间,交通部黄镇东部长偕部总工凤懋润等来江苏视察大桥项目;

2001 年 5 月 1 日晚南通市罗一民市长决定通过有关领导向中央军委首长直接汇报。5 月 8 日江苏省委书记回良玉、省长季允石联名给这位军委负责人写信汇报。5 月 17 日中央军委分管领导同志批示:我完全同意江苏省委的意见;

2001 年 5 月 30 日中午,在朱镕基总理主持的国务院第 39 次常务会议上顺利通过了苏通大桥项目建议书。

从上述的时间序列来看,项目建议书通过国家计委的评估之后,从政策溪流的行进来说,无论是政策建议的成熟程度,还是政策溪流中决策主体的认知与共识,均已经具备了决策条件。但是,项目能不能立项,必须有待于与政治溪流的行进,特别是与政治溪流中决策主体的主动作为高度契合。在短短的一个月时间里,政治溪流中最高决策主体对决策情势的体认与共识迅速达成,并积极主动作为,最终促成了决策时机的形成,围绕这一议题的决策活动也随即展开,并最终形成了政策产出。

由于议题溪流、政策溪流与政治溪流存在相互转化的关系,议题溪流和政策溪流的信息被编码进入政治—行政体系后,就可以转化为政治溪流信息的基础部分或者核心部分。首先,议题溪流中决策主体的主动作为一般是贯穿于项目决策过程始终的,只要议题没有立项,决策利益相关者对于议题的关注,以及决策者对于议题的讨论就不会停止。其次,政策溪流中决策主体的主动作为从总体看往往综合了执政部门和政策专家的意图。从两方面来看,一是关于政策方案研究讨论的一系列调研会、研讨会、评估会、评审会等,均有执政部门最高领导参与,并对外传达执政部门的意向和态度(如表7-2所示):

表7-2　南通长江公路通道预可预审中执政部门参与情况

时间	政策方案讨论内容	参与会议的执政部门领导
1998.04.17 – 04.18	南通长江公路通道预可行性研究报告预审,包括项目的必要性、迫切性、可能性、可行性等方面	江苏省省委常委、常务副省长季允石做讲话;南通市委书记周福元、市长程亚民、副市长张琛、宋家新、潘宝才、袁瑞良,苏州市委常委、副市长沈长全等参加
1999.04	南通长江公路通道预可性研究评审,包括项目经济评价、推荐方案、桥隧比选等	交通部领导和江苏省政府副秘书长,江苏省交通厅厅长

资料来源:江苏省苏通大桥建设指挥部:《苏通大桥工程前期工作文件汇编》,2007年。

这两次审查会议,执政部门首脑都参加并做会前讲话,对于议题评估所要达到的目的发挥了导向功能。

二是这一系列研究讨论的专家组组长往往具有执政部门外专家与执政部门内领导者的双重身份。因而,我们完全有理由认为,政策溪流中决策主体的主动作为实际上也可以视作政治溪流中决策主体主动作为的一个表现形式。由此,当决策溪流与决策主体行为相互契合时,三条溪流中决策主体均处于主动作为状态。

那么,当具备什么条件时决策溪流的行进状态与决策主体主动作为相互契合的状态才会出现?抑或在什么样的状态下才具备这种契合的可能?我们认为,"扣动扳机"、催动决策溪流跨越一座座决策坝或者达致最终决策目标的是决策诱因。

7.1.3　决策时机与决策窗口

大型项目决策是一个系统工程,议题溪流、政策溪流和政治溪流相互之间有关联地而又可能相对独立地向着决策目标行进。三条溪流推动的主体并不完全同一,既然如此,那么每一条溪流的行进状态与决策主体的主动作为之间契合状态的出现并不一致,即可能议题溪流行进得更远一些,或者其他溪流行进得更远一些。每一次的契合均是决策溪流向前迈进的机会和窗口。

金登认为,"政策之窗是政策建议的倡导者提出其最得意的解决办法的机会,或者是他们促使其特殊问题受到关注的机会"。① 同时,他又指出,政策之窗的形成既有客观的原因,如政府变更、一次重建或一个重要经济部门的急剧衰退,又依赖于参与者的主观认知,通过参与者对政策之窗出现的可能性进行评估,当然这种评估对于不同的参与者而言可能存在分歧。这也表明,金登清楚地认识到这种三条溪流汇合的"机会"是客观与主观相结合的产物。

金登区分了两种政策窗口:问题之窗和政治之窗。按照他的观点,问题之窗和政治之窗都是与政策溪流结合在一起的,即"如果决策者相信一个问题迫在眉睫,那么他们就会进入政策溪流中寻找可以被合理地视为解决办法的备选方案;如果政治家把某一给定的主题作为其行政当局的主题,或者开始千方百计寻找有助于他们连任或者其他目的的政策建议,那么他们就会进入政策溪流中寻找政策建议"。② 而且"问题之窗与政治之窗是相互关联的。当一扇窗户因为某一问题迫在眉睫而被打开时,如果作为问题的解决办法而被提出的备选方案也符合政治可接受性的检验标准,那么它们就会进展得更加顺利"③;"与此类似,当一个政治事件打开了一扇窗户时,参与者就会力图找到一个可以把他们所提出的政策建议附加在其上的问题。政治事件甚至还会增强人们对某一问题的关注程度"。④

"问题或者政治本身就可以建构政府议程。然而,如果所有三条溪流——问题溪流、政策溪流和政治溪流——都汇合在一起的话,那么一个项目进入决策议程的可能性就会明显增强。"⑤如果三条溪流没有汇合在一起,那么这个决策项目就有可能从视野中快速消失。结合此前金登关于政策窗口的观点,显然三条溪流汇合的情况与任两条汇合的情况是不同的,前者是可能进入决策议程,而后者则只进入政府议程,如此,也就区分出决策窗口与政策窗口。决策窗口的形成一定是三条溪流汇合的结果,而政策窗口例如问题之窗、政治之窗则可能只是问题溪流与政策溪流的结合或者政治溪流与政策溪流的

---

① [美]约翰·W.金登:《议程、备选方案与公共政策》,丁煌,方兴译,中国人民大学出版社,2004年,第209页。

② [美]约翰·W.金登:《议程、备选方案与公共政策》,丁煌,方兴译,中国人民大学出版社,2004年,第219页。

③ [美]约翰·W.金登:《议程、备选方案与公共政策》,丁煌,方兴译,中国人民大学出版社,2004年,第220页。

④ [美]约翰·W.金登:《议程、备选方案与公共政策》,丁煌,方兴译,中国人民大学出版社,2004年,第220页。

⑤ [美]约翰·W.金登:《议程、备选方案与公共政策》,丁煌,方兴译,中国人民大学出版社,2004年,第224页。

结合。这也就表明，除非是三条溪流汇合在一起，否则决策之窗就不可能打开。

决策时机包括了这两种状态，即三条溪流汇合及任两条溪流汇合的情况。前文已述，决策并不是孤立地仅看作是最终的政策形成的那一刻。政策的形成是一个过程，它在形成的过程中赢得过、抓住过很多的决策时机。例如，当1992年南通市委召开常委会议，讨论建设南通过江公路通道问题时，会议做出成立南通过江隧道筹备处的决议就是这一议题获得向前迈进的重要机会，这也是这一议题溪流在长途跋涉过程中获得的一次重要机会。

7.2 决策诱因与决策事件

7.2.1 决策诱因的概念

决策溪流的行进状态与决策主体的主动作为相互契合，需要具备适当的主客观条件。换言之，即决策时机的形成既是决策溪流行进的结果，又是决策主体主动作为的结果。如前文所述，决策溪流的行进既有内因，又有外因。而决策主体之所以主动作为，也有内因和外因两个层面的推动。

诱因一语，已广泛应用于自然科学和社会科学学术研究中。例如，李志敏的《亚健康状态的几种诱因》①、张涛的《危机凸现，诱因审视——基于当前青年道德信仰问题的思考》②、刘瑞宝的《中国本轮通货膨胀的市场结构诱因——基于对中国国有垄断企业行为的分析》③、谭庆辉和曾湘衡的《三十年代初社会主义思潮兴起的直接诱因》④、李文艳和陈通的《腐败行为的经济诱因研究》⑤、穆方平的《公共政策的经济诱因与地方发展》⑥，等等。尽管大部分文章没有对诱因一词做出直接的解释，但基本上侧重于指称事物发展变化的外因，而外因又引发了事物的内因发挥作用。

什么是诱因？诱因，英文为 incentive，一般而言，意指促使事物产生某种变化或者有机体做出某种行为的外部因素。与它相对应的概念是内驱力，意指促使事物产生某种变化或者有机体做出某种行为的内部因素。诱因促使事物产生变化或者有机体做出行为的方向存在不同，有的诱因是促使事物朝着

---

① 载《中国水电医学》，2006年第5期。
② 载《滨州职业学院学报》，2008年第1期。
③ 载《中南财经政法大学研究生学报》，2008年第5期。
④ 载《湖南涉外经济学院学报》，2007年第2期。
⑤ 载《西安电子科技大学学报（社会科学版）》，2005年第1期。
⑥ 载《河南社会科学》，2006年第4期。

前进、加速的方向变化或者有机体做出趋向性、认同性行为,有的诱因则是促使事物朝着后退、停滞的方向变化或者有机体做出逃离性、否定性行为,本书将前者视为正诱因,将后者视为负诱因。

在本书的研究视域中,决策诱因是指促使决策溪流行进加速或者导致决策溪流停滞、中断、消失的外部因素,前者为决策正诱因,后者为决策负诱因。1995 年至 1996 年初是各层级执政部门编制"九五"计划的时期,南通过江通道列入了南通市地方的发展规划,在 1996 年南通市十届人大四次会议通过的《南通市国民经济和社会发展第九个"五年计划"和 2010 年远景目标纲要》中指出:积极做好过江隧道项目的前期工作,力争省公路主骨架赣太线南通段开工建设,以干线公路的建设和公路渡口统一运筹,吸引国内外投资者,力争"九五"开工建设。在省级"五年"计划编制层面,也把该项目列入其中,在1995 年底中共江苏省九届三次全会通过的《关于编制江苏省国民经济和社会发展第九个"五年计划"和 2010 年远景目标纲要的建议》中,明确要求:"九五"期内开工建设南京二桥、做好镇扬长江公路大桥和南通过江隧道的前期工作。1996 年 2 月江苏省八届人大四次会议批准通过省"九五"计划,明确公路方面主要建设任务是:完成"八五"延续的六大公路骨干工程,建设沂淮、淮江、靖锡、徐连、盐靖等高速公路,建成江阴长江公路大桥,做好南通过江隧道的前期工作,力争开工建设。而且就在这次会议上,有代表专题汇报了南通过江通道项目,并通过大组审议,南通市代表团提出了建设南通长江过江通道项目的建议。前文已述,编制"五年"计划是当代中国政治经济社会决策中的大事件,每在一个"五年"计划之末、下一个"五年"之始编制新的"五年"计划就成为了这个阶段自中央至省、市、县各级执政部门的工作重点。利用编制"五年"计划之机,推动重点建设项目决策溪流的行进,成为最好的时机。

诱因的本质是要么促使内驱力形成或者加强的外部因素,要么促使内驱力消减或者削弱的外部因素。因此,决策诱因在决策溪流行进中就具备了动力特征,即决策诱因是决策溪流行进的某种动力因素或者构成动力机制,决策正诱因形成促使决策溪流向前行进甚至加速的动力,决策负诱因形成阻碍决策溪流向前行进甚至停滞的力量。在这样的推动力作用下,决策溪流行进状态与决策主体主动作为之间就可能出现相互契合的状态或者相互背离的状态。正诱因促进相互契合状态的出现,负诱因导致相互背离状态产生。

决策诱因与决策动力的关系主要表现在以下几个方面:

首先,决策诱因推动形成或者加强决策溪流行进的动力。这也是决策正诱因的作用。1997 年爆发了影响全世界的东南亚金融危机,是时泰国、马来西亚、韩国等国货币急剧贬值，这场金融危机卷走中国周边国家大量外汇资产，金融信用危机四处弥漫。面对突如其来的这场危机，中国政府积极应对，一方面加大国内金融业整顿和人民币的宏观调控力度，另一方面采取了扩大内需的战略方针，中央决策采用积极的财政政策，发行国债，加快基础设施建设，加大固定资产投资力度，拉动国内经济持续增长。为此于1998年初中共中央出台了当年第3号文件，即加强基础设施建设，扩大固定资产投资规模的意见。这样一份中央文件，对于处于竭力推进决策进程的南通长江公路过江通道项目来说，无疑是一声春雷。因为，在过去相当长的时间内，中央大都强调控制基本建设规模，松动的年份很少，而此时中央要求加大基础设施投入，扩大基本建设规模，这被广泛视作重大建设项目的春天来临了。因为南通长江公路过江通道从1991年南通市计委批文开展调研算起，通过交通部、江苏省、南通市、苏州市，以及相关科研、设计单位和大量专家学者的努力，经过近8年的筹划、准备、推进，形成了项目预可性研究报告。中央出台3号文件，这是推动项目预可性研究报告进入国家审查与得到国家批复的大好机遇。

1998年6月18日，亚洲开发与产业银行协会（ADIBA）第四届年会暨国际研讨会在北京召开，年会的主题是"当前亚洲金融形势及成员行的对策"；与年会同时举行的国际研讨会的主题为"亚洲基础设施融资多样化"。中国国家开发银行行长陈元在大会发言中总结了从亚洲金融危机中应吸取的四条深刻教训，并向大会来宾介绍了国家开发银行在中国金融体系中的作用和今后的发展目标，副行长姚中民在国际研讨会上做了题为《中国基础设施和基础产业发展与融资多元化》的发言。在如此重要的政策对外宣示场合做出当下中国国家重要政策的解读，这也就表明，中国政府确实是把加大基础设施投入作为应对亚洲金融危机的一个重要策略。这就提供了推动各项基础设施、特别是国家交通重点建设项目决策的重要的正诱因。

1998年3月上旬，南通市计委向江苏省交通厅和计经委等部门汇报项目预可性研究报告报省审查工作。1998年4月17—18日，江苏省计经委会同交通厅召开"南通长江公路通道预可性研究报告预审会"，会后，很短的时间内即将项目预可性研究报告报交通部审查。1999年4月，交通部规划研究院在南京召开代部审查会。1999年9月份，交通部向国家计委报送了《关于苏通长江公路大桥项目建议书的审查意见》。从这样一个时间序列来看，1998年中央3号文件的出台，推动了南通长江公路通道项目决策的进程。

其次，决策诱因导致决策溪流行进乏力或者行进停滞。这也是决策负诱因的作用。决策溪流在决策渠中行进，由于制度设计，各层级执政部门均具有

"坝闸"功能,即在决策溪流通过执政部门时,既需要通过组织化的过滤,又需要通过人格化的过滤。如果决策诱因能够对执政部门产生影响,则决策溪流的行进必将受到影响。当朱绮华女士提请香港高等法院就港珠澳大桥香港接线环评报告进行司法复核时,港珠澳大桥香港接线的政策方案就面临着"非常危险"的不确定状态。此种情况要求对该项目的议题评估返回到先前的某处出发点重新进行。决策渠并不仅仅由执政部门构成,民意代表(个人或组织),以及决策利益相关者同样能够对决策诱因做出反应。

无论决策正诱因,还是决策负诱因,对决策溪流发挥的动力性作用,仍然可以具体到三条溪流的行进上去。决策正诱因,可能激发公众参与议题的讨论,或者促进政策方案更加清晰,或者增强政治上的迫切性;而决策负诱因,则可能引致公众重新回到原点去评估议题的适当性,或者否决所有已经通过若干次过滤的政策方案,或者让该议题在决策议程上消失甚至成为某一阶段政治话语中的忌语。

7.2.2　决策诱因的类型

社会亚形态理论和社会子系统理论为辨别不同性质的决策诱因提供了启发性思路。

马克思基于生产力与生产关系之关系,以及经济基础与上层建筑之关系的深刻阐述,提出了人类社会从原始社会阶段开始,经过奴隶社会、封建社会、资本主义社会和社会主义社会等阶段,最后发展至共产主义社会阶段的这样一个社会形态发展更替序列。原始社会、奴隶社会、封建社会、资本主义社会、社会主义社会、共产主义社会,这些都是从整体性角度对某一社会形态的描述,如果从现实的社会生活的变化出发,任何一社会形态内部均存在着各种要素构成的亚形态结构,套用马克思给出的概念,可以大致地归结为经济基础的、上层建筑的、意识形态的等类别的亚形态结构。也就可以这样认为,经济、政治、意识形态作为社会形态的三个基本组成部门,应该说符合马克思的理论逻辑。葛兰西认为人类社会结构包括经济基础、政治社会和市民社会三个领域[①],这三个领域是社会形态的亚形态。任一社会形态是由无数的相互影响和作用的要素构成的,在经济基础、政治社会、市民社会三类亚形态之下又可辨别出下一层次的亚形态,以此可以类推。例如技术这个要素,可以认为是经济这一社会亚形态的亚形态;例如文化这个要素,亦可认为是市民社会这一社会亚形态的亚形态;又如制度规范这一要素,一般可认为是政治这一社会亚形

① [意]安东尼奥·葛兰西:《狱中书简》,田时纲译,人民出版社,2007年。

态的亚形态。但其中的交易规则则可视为经济这一社会亚形态的亚形态，其中的习俗又可视为市民社会这一社会亚形态的亚形态。如果联系塔尔科特·帕森斯关于把社会看作是具有不同基本功能的多层面的次系统所形成的一个总系统的观点①来看，经济、政治、意识形态又可以视为社会大系统的子系统，这三大子系统又由下一层次的子系统构成。从对应的社会生活领域来看，亚形态基本可视为子系统，子系统也可视为亚形态。社会子系统发展变化的信息，如果对决策溪流的行进或者决策主体行为发生显著的影响，那么，这些信息就可以视作是相应子系统的决策诱因，即可称之为经济诱因、政治诱因、文化诱因、技术诱因，等等。

政治诱因是政治系统发展变化的信息，这些信息对决策溪流或者决策主体行为发生显著影响，即要么推动决策溪流的前进，要么阻碍决策溪流的前进。政治系统发展变化的信息，主要包括与公共权力运作的有关事件或发展变化的情况，诸如政治—行政领导人的在任与更替情况、政治话语和某一阶段关注的政治主题、公共权力的制度建构等。邹家华担任国务院副总理（1991年4月—1998年3月）时，提供了南通过江通道项目决策溪流中政治溪流跨越若干层级的动力。因为邹家华的父亲邹韬奋先生是中国现代著名的文化人士，曾在南通地区战斗过，对当时隶属苏中九分区的南通人民怀有深厚的感情。南通地方执政部门考虑到这一情况，于1996年1月26日将《南通市人民政府关于请求同意建设南通过江隧道的报告》径直报给时任国务院副总理的邹家华，南通地方执政部门的这一行为，突破了决策渠中的若干个决策坝控制节点。例如，报告的上报并未经过江苏省省级层面执政部门、国家计委等国家层面执政部门，而且突破了政策溪流当时所处的阶段，即建设过江隧道这一政策方案尚处于论证的初级阶段，是一个远未成熟的方案。由于这一政治诱因的鼓舞，南通地方执政部门有了推动决策溪流行进的冲动，实现了"把项目捅了上去"的目的。邹家华副总理在收到报告后做出批示：请交通部先研究提出意见，然后请计委一起研究，意见告诉我们。② 这样，在决策渠前方预先进行的疏通，对后方产生了强有力的诱导作用。同年7月24日国家计委根据与交通部和江苏省计经委研究的意见以《国家计委关于南通过江隧道有关问题的报告》上报邹家华副总理。这份报告指出，在南通市附近建设过江通道是需要的，同时除了南通市提出的在南通至常熟之间的过江隧道方案，上海也在

① 侯钧生：《西方社会学理论教程》，南开大学出版社，2006年。
② 张振刚：《跨越天堑——苏通大桥立项记事》，未正式出版，2002年，第60页。

酝酿崇明过江通道规划,提出上海经崇明至南通的桥隧结合方案,建议江苏省和上海市组织力量进一步统筹规划,深入论证。面对这样一份报告,同年 8 月 11 日,邹家华副总理做出批示：请交通部、上海市、江苏省联合研究,提出意见。[①] 显然这一批示再一次推动了决策溪流的行进。三个月后,交通部拟定了关于长江口过江通道研究工作方案,并委托交通部公路规划研究院开展专题研究。通过这一连串的推动,由南通地方执政部门启动的决策溪流终于得以行进到决策渠的更高层级。

经济诱因是经济系统发展变化的信息(包括事件、新的经济政策、新的经济目标等),这些信息对决策溪流或者决策主体行为发生显著影响,即要么推动决策溪流的前进,要么阻碍决策溪流的前进。金融危机是突发事件,同时也是经济系统发展变化的信息,例如 1997 年至 1998 年的亚洲金融危机,核心的因素是东南国家货币与美元之间汇率的急剧变化。亚洲金融危机对当时中国导致的直接后果就是,中央出台了扩大内需的政策,加大固定资产投资力度,相应的,货币政策和财政政策都处于较之过去更为宽松,这样为解决重点建设项目"钱从何处来"的问题提供了重要契机。资金筹措是政策方案讨论的焦点之一,在南通长江公路通道前期工作中,开始时首先考虑的是 BOT 方案(即由投资方建设并运营,按合约收回投资后,由投资方移交给公共部门)和合资方案。其后又尝试推动申请为 JICA 项目("JICA"是日本国际协力事业团的英文缩写,JICA 项目指中国政府与日本国际协力事业团的技术合作项目,包括开发调查项目)。2001 年 6 月下旬,国家计委在批复苏通大桥(即南通过江公路通道)项目建议书中就已明确,同意安排利用日本政府特别日元贷款 2 亿美元。但是这一初步定型的政策方案,在工程可行性研究期间被放弃了,原因就在于因应亚洲金融危机的扩大内需政策提供了比较充足的国内资金,各大国内银行都有很高的放贷积极性。

文化诱因是无形的,在本书关于软质堤坝的讨论中,特别引述了美国学者克罗伯等关于文化的定义,即"文化的基本要素是传统思想观念和价值,其中尤以价值观最为重要"。[②] 这里的"价值观"着眼点更多在于群体性的价值观而非个体性的价值观。群体性的价值观对于决策过程的影响需要通过决策主体这一中介来实现,即群体性价值观影响决策主体的思想情感,通过决策主体的思想上、情感上的变化反映到决策溪流中关于议题的讨论上来、关于政策方

---

① 张振刚：《跨越天堑——苏通大桥立项记事》,未正式出版,2002 年,第 60 页。
② 《中国大百科全书(社会学卷)》,中国大百科全书出版社,1991 年,第 409 页。

案的抉择上来，以及关于决策是否值得推动的考量上来。中国的桥梁专家曾经说过，20 世纪 80 年代及以前建设特大型桥梁看欧美，90 年代看日本，进入 21 世纪看中国。其表达的主要观点之一就是 21 世纪初是中国特大桥梁大建设、大发展的一个时期。当代中国是从近现代落后挨打、积贫积弱的中国的基础上凤凰涅槃而发展起来的，在国家的各个方面争取最好的发展已经成为这一代人普遍性的群体价值观。对参与桥梁工程决策主体来说，通过自己的努力，争取当代中国从桥梁大国向桥梁强国的跨越，自然地成为 20 世纪 90 年代末至 21 世纪初这一时期桥梁建设项目决策主体的一个重要的理想追求。这样一种理想追求本质上来看并不仅仅是单一决策主体内在的认识，也是外在的群体的共识，因此，对桥梁工程决策过程而言，这一价值观可以视作一种文化诱因。在规模上争第一、在技术上争一流，成为主导重大桥梁建设项目决策的一个重要考量因素。在苏通大桥项目决策之前，中国国内已经建成了当时中国第一大跨径的悬索桥江阴大桥（主跨 1386 米），正在建设中国第一的悬索桥润扬大桥（主跨 1490 米），以及世界第一的斜拉桥香港昂船洲大桥（主跨 1018 米）。当初步确定苏通大桥为斜拉桥方案时，建设世界第一的斜拉桥就成了大部分决策主体的共识，尽管也有反对的意见，但是最终的方案是建设主跨 1088 米的斜拉桥，一举超过昂船洲大桥，确实做到了当时的"世界第一"。

技术诱因从更大的范围来说，仍然是属于经济诱因的范畴，但是相对于重大建设项目决策来看，具有更独立的决策诱因功能。当新的技术出现或者新的技术结出了成熟的应用成果时，就必然对即将展开的项目决策产生路径示范作用。南通过江通道项目政策溪流的最早的一脉溪流就是来源于隧道技术的激发。在 1991 年以前，世界各国已建、在建的沉管隧道近 110 条。最长的是美国旧金山海湾隧道，全长 5825 米；最宽的是瑞典利尔杰霍尔姆斯维肯隧道，宽达 53.1 米。盾构隧道，此时英吉利海峡海底隧道已推进了 48 公里，在日本东京湾海底隧道直径达到 14.4 米。在当时中国上海也已建成两条黄浦江过江盾构隧道，以及即将建成通车的长 1238 米的广州珠江公铁合用沉管隧道，长 1020 米的宁波甬江沉管双车道公路隧道也已开始动工建设。对南通地方执政部门及相关的决策主体而言，长江南通段江面宽数公里，两岸为冲积平原，与已建、在建隧道工程区域的地理、地质条件相似处更多，因此，他们最早的政策设想是建设南通越江隧道。1991 年南通市科协受南通市计委委托，专题展开了南通建设长江公路隧道的调研工作。1992 年 4 月，南通市科协正式提出了《南通长江公路隧道调查报告》，在最初的政策溪流中引入了第一脉溪流。同时，政治溪流的行进也得以有力推动，1993 年 1 月 4 日，南通市委常委会决定成立南通市过江隧道筹备处。1994 年春,英吉利海峡海底隧道投入营运。这条海底隧道埋深 100 米,全长 50 公里,其中海底段长 38 公里,双向电气机车运行,汽车开上火车,每列车可载 240 辆小车,时速达到 165 公里/小时。这标志着长大水底隧道技术是可行的、是成熟的。这一消息令世人瞩目,特别是工程界为之振奋,也为此时正积极推动决策溪流的决策主体带来了信心。

7.2.3　决策事件

金登特别关注了焦点事件的决策价值,他指出,"飞机坠毁促进了人们对空中安全的关注;宾夕法尼亚中心铁路的损坏促使政府在铁路资金方面采取了行动;桥梁的坍塌使人们集中关注公路结构内部的退化"。[①] 他的基本结论是,问题通常需要一些推动力来引起政府内部及其周围人们的关注。"这一些推动力有时是由像开始引起人们关注这个问题的一次危机、一种变得流行的符号或政策制定者的个人经历这样的一个焦点事件所提供的。"[②]他的观点提醒我们,讨论决策过程时,关注事件是很有必要的。

世界纷繁复杂,事件时刻都在发生。诸如"911 事件""维基解密事件""朝韩延坪岛炮击事件""氯气泄漏事件""高楼火灾事件"等,既有大事件,也有小事件;既有常态事件,又有突发事件;既有国际事件,又有国内事件;既有外交事件,又有民生事件,等等。事件具有这样几个特点:(1) 发生在特定的时空范围内,事件总是在某个特定的时间、特定的地点发生,这个地点既可以是地理上的概念,也可以是网络上的概念,因此,也可能由于信息技术和传媒的助推力,使事件发生的时空迅速得到前所未有的扩展;(2) 影响到特定范围内的人,可以是一个国家的全体民众,也可以是一个市、一个县,甚至是一个偏远山村的民众,或是一个家庭的成员,也可以是特定层级的执政部门及利益相关者;(3) 突发事件可能对既有的秩序带来突然性的中断,既有社会管理秩序,又有民众生活秩序、自然生态秩序。更多的时候,对既有秩序的中断往往是综合性的、连锁性的。例如,墨西哥湾泄油事件,不仅对墨西哥湾海域的自然生态造成巨大的负面影响,而且由于海洋生物突然的减少,对依靠捕采海洋生物为生的当地居民的生活带来了负面影响,进而也对政府管理带来应急挑战,而且在一段时间内提高了全球关于生态保护问题讨论和争议的强度。

---

① [美]约翰·W.金登:《议程、备选方案与公共政策(第2版)》,丁煌,方兴译,中国人民大学出版社,2004 年,第 119 页。

② [美]约翰·W.金登:《议程、备选方案与公共政策(第2版)》,丁煌,方兴译,中国人民大学出版社,2004 年,第 119 页。

　　需要强调的是,事件不等于事实。任何对事件的解读或者描述,都可以宣称在寻找事实。按照德博拉·斯通的主张,事实是不可能在不带任何解释透镜的情况下独立存在的。① 因此,事件也就不可能是一个中性的概念。所谓中性,就是不带任何人的利益色彩,不提倡任何价值性判断,也不施加除了它们本身所具有的正确性的分量以外的任何说服力量。事件本质上是一个构建。也就是说,事件的构建属性决定了事件可以为决策主体所利用,从而可以为推动决策进程服务。

　　从一般意义上来讲,任何事件都可以推动决策,但在本书所讨论的视域内,决策主要指公共决策,这样,能推动这一层面决策的事件,并不包括一般意义的所有的事件,而是只指向其中的一部分事件,在本书中,把这一部分能够影响并推动公共决策进程的事件,称为决策事件。

　　决策事件包括哪些方面呢?

　　既然决策事件也是决策诱因的一个组成部分,那么,决策事件也可根据其所属的社会子系统的类别,大致对决策事件的类别做出区分,例如政治事件、经济事件、社会事件、民族事件、宗教事件等。在一定的条件下,经济事件、社会事件都可能转化为政治事件。民族事件、宗教事件本质上也属于更宽泛意义上的政治事件,而这里所讲的政治事件,主要指称那些涉及政权、政党、公共权威组织、政治人物等的事件。

　　此外,根据事件发生后的影响范围,可以分类为国内事件和国际事件,大事件和小事件。事件通过一定的转化机制,小事件可以转化为大事件,大事件也能分化为小事件。国内事件可以扩展为国际事件,反过来,国际事件也可能引发新的国内事件,形成国内事件与国际事件的联动状态。关于国内事件与国际事件,格斯顿的观点是,国内的重要事件主要有自然、经济、技术、生态环境和社会等方面出现的激烈变化,国外的重要事件主要有战争行动、间接冲突、经济对抗和军备增长。②

　　还可根据事件发生中人的主观能动性发挥的作用有无,可以分类为人为事件和自然事件,根据人的主观能动性发挥的作用大小,人为事件又可分类为

---

　　① [美]德博拉·斯通:《政策悖论:政治决策中的艺术(修订版)》,顾建光译,中国人民大学出版社,2006 年,第 304 页。

　　② 格斯顿认为,触发机制产生于内部(国内)和外部(国外)两种不同环境。内部触发机制有五个重要的来源:自然灾祸、经济灾难、技术突破、生态迁移和社会演变。外部触发机制主要有四种:战争行动、间接冲突、经济对抗和军备增长。前文已述,格斯顿所谓的触发机制就是重要事件的代称。因此可知其认为的重要事件可从国内和国外的两个方面进行具体考察。

故意事件和非故意事件;根据事件发生对应急需求的程度高低,可以分类为危机事件、突发事件和常规事件;据事件对决策产生的作用是积极的还是消极的,可以分类为积极事件和负面事件,等等。总之,决策事件的分类因不同的视角而有不同的表达。

对决策事件的认定是后馈式的。一个事件的发生,只有当此事件实际地与某一项决策联系起来了,才可能被认定为是决策事件。无论这种联系是处于决策哪一个阶段或哪一条决策溪流中。

格斯顿从范围、强度(重复)和时间三个维度之间的相互关联对重要事件进行了分析。他指出:范围是重要事件影响到个人或群体的数量;强度是受影响者对该重要事件严重性的感知程度以及关注程度;时间是重要事件从发生到扩展再到消解的持续时间,这是一个时间段的概念。"这三种因素可能在各种力量中相互作用;所牵涉的问题的总量对于政治行为多少会产生有力的诱因。"①由此引申而来,即决策事件对决策进程的作用是由决策事件范围、强度(重复)和时间三种因素相互关联中形成的合力所发挥出来的。即如图7-1 所示:

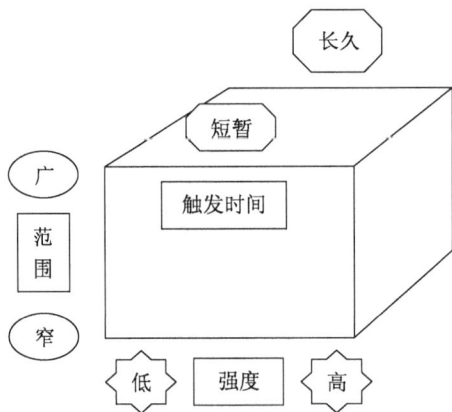

图 7-1　事件之范围、强度、时间等三个维度示意图

前文已述,决策诱因是指促使决策溪流的行进加速、增强或者导致决策溪流停滞、中断、消失的外部因素。显然决策事件是这类外部因素的一部分,即决策事件是决策诱因的一部分。如此,我们可以把格斯顿关于重要事件的三个维度的分析模式扩展到关于决策诱因的分析上去,即决策诱因也可从强度、范围、时间三个维度进行分析。例如,作为决策的政治诱因之一的执政部门首

---

① 拉雷·N.格斯顿:《公共政策的制定:程序和原理》,朱子文译,重庆出版社,2001 年。

脑,如果层级越高(即"强度"这一维度),对决策溪流行进的影响力更大,如果
任期(即"时间"这一维度)不止一届,这样也可以持续地关注或者推动决策溪
流的行进,或者阻拦决策溪流的前进;反之,如果任期很短,一级执政部门首脑
频繁更替,就可能不利于原来溪流行进方向的保持,或者带来新的机遇。由于
执政部门首脑的更替,而可能对决策溪流的行进带来显著的影响。

7.3 触发机制

7.3.1 触发机制的概念

决策时机是决策溪流的行进状态与决策主体主动作为相互契合的一种状
态。如上文所述,决策诱因主要通过决策主体的主动作为从而影响决策溪流
的行进状态。那么有必要探讨决策诱因是如何诱导决策主体做出主动作为来
影响决策溪流的行进,即此间存在的触发机制问题。

按照约翰·W.金登关于"政策之窗"的观点,政策之窗就好比是航天发
射的窗口,它是政策建议的"倡议者提出其最得意的解决办法的机会或促使
人们更加关注其特殊问题的一种机会"。[①] 显然,政策之窗既存在于政策溪流
之中,又存在于议题溪流之中。金登又指出,如果参与者不能利用或者没有利
用这些机会的话。那么他们就必须等待时机,直到下一次机会的降临。[②] 这
又说明,政策之窗的开启关键在于决策主体的主动作为,如果没有主动作为
("不能利用或者没有利用这些机会"),政策之窗的开启就可能比较困难。在
这里,金登的阐述已经涉及触发机制,但是他着重分析的是触发机制发生的
条件。

关于触发机制的研究。科布与埃尔德(Cobb and Elder)认为,政策问题的
倡议者(initiators)与触发器(triggering devices)是系统议程开始形成之时推动
议题的两个主要因素。他们将引起公共问题的偶发事件视作问题的触发器。
把偶发事件视作触发器,这确实是一个很有意思的观点。而且他们区分了内
在的触发器(intemal triggers)和外在的触发器(extemal triggers),意即偶发事
件还有内在与外在之分。由于偶发事件,"使得某个问题引起关注,从而具备
了从系统议程进入政府议程的条件"。[③] 他们的这个分析还仅停留在了决策

① ［美］约翰·W.金登:《议程、备选方案与公共政策(第 2 版)》,丁煌,方兴译,中国人民大学
出版社,2004 年,第 256 页。
② ［美］约翰·W.金登:《议程、备选方案与公共政策(第 2 版)》,丁煌,方兴译,中国人民大学
出版社,2004 年,第 257 页。
③ 李庆钧:《论公共政策创新的触发机制》,《行政与法》,2008 年第 3 期。

溪流行进的早期阶段。尽管问题因偶发事件的触发而成为公共问题,但距离进入政府议程还有很长的路要走。而且他们仅关注到偶发事件在议题溪流行进中的作用,但并没有将注意力放在偶发事件究竟是怎样引发了问题向公共问题的转化。

尽管拉雷·N.格斯顿将触发机制等同于重要事件,但是他在关于重要事件范围、强度、时间三个维度的阐释中,确实指出了触发机制的部分内涵。他指出,由于重要事件的触发,将那些"例行的日常问题转化成一种普遍共有的、消极的公众反应"①,如此,公众反应成为了政策问题的基础,并将解决政策问题的要求转化为政治压力。格斯顿又指出,诸如自然灾害、经济萧条、军事侵略等重要事件,由于具有明显的破坏性,它们对公共政策过程的影响都是通过决策者对这些事件做出的反应而实现的,这一反应过程一般是在事后得以观察和确认。这也就表明,重要事件对于公共政策过程的触发作用是一种后馈式的认知。辨认触发机制的前提是,"如果一种进步或一种行动引起公众的明显关注和公众对变革的普遍要求,那么它就被认为是一种触发机制。而如果一种过程未引起显著反应,则不是触发机制"。②

科布与埃尔德把偶然事件视作问题向公共问题转化的触发器,格斯顿将重要的事件看作例行的日常问题向普遍共有消极的公共反应转化的触发机制。显然他们关注的重点并不是触发机制本身,而是触发机制中的一个关键因素——事件。事件本身并不是机制的全部,也不等于机制本身。

格斯顿提出了一个十分重要的概念:"反应"。反应显然是决策主体的反应,事件提供了促使决策主体反应的诱因,但是事件在什么情况下能促使决策主体做出反应?如果决策溪流没有行进到某一个阶段,无论什么样的事件,都不可能刺激决策主体做出"这样"的反应。在这里,格斯顿提出的另外一个概念"势能"可以给我们很好的启发。他指出:"触发机制(重要的事件),……其势能的形成隐藏在较容易观察的日常事件后面。"对此,也可以这样理解,即重要事件要发挥作用,其前提是已经形成了一定的决策势能。决策溪流在决策渠中行进,会不时获得推动溪流行进的力量(当然也可能获得阻止溪流行进的力量,例如由于征地拆迁问题没有得到满意的解决,可能从征地拆迁中获得更多补偿或收益的利益相关方就可能想方设法要阻止决策溪流的行

---

① [美]拉雷·N.格斯顿:《公共政策的制定:程序和原理》,朱子文译,重庆出版社,2001,第23页。

② [美]拉雷·N.格斯顿:《公共政策的制定:程序和原理》,朱子文译,重庆出版社,2001,第25页。

进），在到达下一个节点（决策坝）时，必然累积一定的决策势能，这种势能是决策溪流继续前行的基础和前提。

综合起来看，决策触发机制应该包括三个要素：决策事件、决策主体反应和决策势能。决策主体反应是触发机制的核心要素，决策事件通过引发决策主体做出反应，决策主体反应促使决策势能转化为决策动能，从而决策溪流通过决策渠的一个节点向下一个节点行进。

不仅仅是决策事件能够触发决策主体的反应，社会子系统的决策诱因均可能诱发决策主体的反应，例如一种新的价值观念的流行，执政部门执政理念的变革（如"发展是硬道理"、科学发展观等执政理念的推行），都对参与到重点基建项目决策进程中的决策主体提出了做出具体反应的迫切要求，这些反应对议题溪流、政策溪流和政治溪流的行进形成了推动力。这样，我们可以把上文关于决策触发机制的初步界定作进一步的扩展，即决策触发机制包括三个要素：决策诱因、决策主体反应和决策势能。以既有决策势能为前提，决策诱因引发决策主体的反应，决策主体的反应促使决策势能快速地转化为决策动能，决策动能直接推动决策溪流的前进。

可以用图 7-2 进行示意：

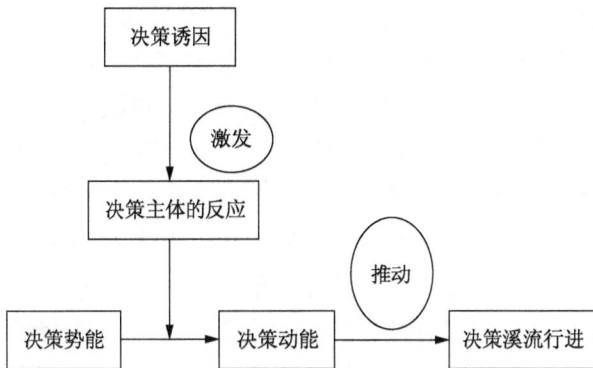

图 7-2　决策触发机制示意图

在这里，需要再次说明的是，触发机制并不是决策诱因本身，也不是科布与埃尔德所谓的"偶然事件"或者格斯顿所谓的"重要事件"，而是一个"刺激—反应—行动"的过程。

7.3.2　触发机制与决策时机

决策诱因激发决策主体做出反应，此类反应也就是决策主体需要做出主动作为，决策主体的反应触发了决策势能加速转化为决策动能，即决策溪流的行进将进入一个新的状态，此时，决策主体的主动作为与决策溪流行进状态之间大致呈现一种相互契合的状态,决策时机也就顺理成章地形成了。

下面,我们来具体地分析一下"五·八"沉船事故①是如何促成决策时机的形成。

1987年5月8日上午,晴到多云,长江南通段船只往来如织,在通沙汽渡航段,南通市轮船运输公司江苏0130号木质客轮满载旅客从南通码头起航,跨长江向江南的十一圩码头(沙洲镇)驶去,11时6分,在24号航标与25号航标之间的江面上,江苏0130号客轮与武汉长江22031号顶推船队前端发生碰撞,江苏0130号客轮顷刻间沉没。此次事故除7人获救外,遇难者105人、失踪者9人,属于重特大事故。尽管当年8月22日,交通部、江苏省委、江苏省政府和湖北省纪委调查了"五·八"沉船事故的责任,逮捕了相关责任人员,并对这次事故中负有领导责任的8名局处级干部、5名科级干部,分别给予了党纪、政纪处分(可见他们首先把这一事件认知为安全责任事故),但是这个事件还有别的解读,那就是由于没有一个全天候过江通道,造成了过江渡船每天只能冒着风险来回摆渡,这样,这一事件又可认知为交通基础设施不完善事件。

长江天堑阻隔了大江南北交通,千百年来,人们只能以船代步,乘船渡江。自1883年英商祥茂公司在南通芦泾港设"洋棚"从事申通客运,百余年来穿江客轮和长江航行船舶碰撞事故不断。通沙汽渡是1986年开通的,开通不到一年就发生"五·八"沉船事故,这对社会民众及各级执政部门产生了巨大的思想震动。而且其后还将紧接着建设开通通常(南通至常熟,1996年开通)、海太(海门至太仓,1995年开通)、崇海(崇明岛至海门,1998年开通)的汽车轮渡航线,届时江上横渡交通与顺江交通相互混杂,轮船往来交叉通行十分繁忙,这种预想中的状况不能不令决策主体警醒和深思。这一事件促使每一个关心长江航行安全、关注长江两岸交通的社会民众、公共政策热心者,以及各级执政部门领导思考一个问题:"如果南通有一座桥或者一条隧道通向江南,过江的旅客就不用再冒船舶相撞的风险乘船,顺江而行的巨轮也就可以畅行无阻。"

那么在"五·八"沉船事故发生之时,关于在长江上建设江苏第二条过江通道的议题溪流行进到什么状态呢?长江江苏段第一座过江通道是建成于1968年的南京长江大桥,这座公铁两用大桥沟通了京福(北京至福州)公路和京沪铁路,不仅使过江交通更为便捷,而且使中国南北经济联系进一步密切。

---

① 张振刚:《跨越天堑——苏通大桥项目立项记事》,未正式出版,2002年,第17页。

随着我国经济的发展,特别是1978年中国共产党十一届三中全会以后,江苏经济大幅提速,过江交通量猛增,南京长江大桥已不能适应需要。同时,随着对交通重要性的认识逐步深入,根据交通部提出的"三主一支持"规划①和江苏省委、省政府提出的"积极提高苏南,加快发展苏北"的战略方针,针对江苏省境内410公里长江河段仅有南京长江大桥一座公铁两用大桥,其余靠七个汽渡承担南北过江交通的极不满足情况,江苏省交通主管部门把建设江苏省长江第二公路通道提上了议事日程。

"五·八"沉船事故的发生,对于主管江苏全省交通的执政部门而言,必须迅速做出某种反应,宣示一种"姿态"。决策主体的这种反应与"把建设江苏省长江第二公路通道提上了议事日程"的决策溪流状态正好相互契合。当年11月,江苏省交通主管部门就委托咨询机构——铁道部第二勘察设计院,会同交通、水利、地质等10多个设计、科研部门开展江苏省长江第二公路通道规划调研工作。次年6月份,正式提交了规划工作报告,报告中提出了12个通道位置、25个桥梁方案和24个隧道方案,南通段列入其中的有两个桥隧位,分别是南通天生港桥隧位和南通农场桥隧位(大致就是后来实施的苏通长江大桥桥位)。紧接着,在规划工作的基础上,又召开了专家现场评估会,通过现场踏勘、调查、征集意见和综合研究,以铁道部第二勘察设计院李昌瑛为首的专家们又从12个通道位置中选出了5个较好的通道位置,其中就有连接南通农场至常熟赵家桥的通道位置(大致就是后来实施的苏通长江大桥桥位)。这次报告中明确提出了南通通道位置,以及桥梁为三联双塔斜拉桥,按一级公路标准设计,双向四车道日通过能力2.5万辆,桥下可通航2.5万吨级海轮;隧道为6100米长的双向四车道沉管隧道方案。这是关于南通过江公路通道项目决策溪流中最初正式汇入的政策溪流。这股政策溪流进一步激发了关于这个项目的议题溪流和政治溪流的行进,点燃了南通人民建设长江通道的希望之火。

决策诱因促使决策主体做出反应,还可以从以下两个角度来分析,一是决策诱因可能给予决策主体特别是执政部门领导以某种压力,"五·八"沉船事故首先是安全责任事故,在当代中国的政治—行政体系中,安全管理实行首长负责制,哪个地方哪个行业出了安全事故,一般地就可能要向当地执政部门问

①　"三主一支持"是1989年2月27日在全国交通工作会议上正式提出的,从"八五"开始用几个五年计划实施的交通基础设施建设长远规划。所谓"三主",就是公路主骨架、水运主通道、港站主枢纽;"一支持"就是交通支持保障系统。

责,舆论的矛头和焦点往往会指向执政部门,可能会指责执政部门疏于职守,没有预见性地及时地做出某种决策,所以才导致不应该发生的,或者具有严重负面影响的事件发生,从而认为,也许由于早决策就可以避免损害的实际发生。而且重大事件发生后,如果执政部门没有适当的反应,还可能引起公众对执政部门是否政治正确的质疑。二是决策诱因更能激发起决策倡导者的热情,"五·八"沉船事故实际上不仅事发次日当地及其他各类媒体都有报道,而且由于遇难者家属每年都在 5 月 8 日这天开展祭祀活动,从而使这一事件得以不停地发酵并始终萦绕在议题溪流的行进中,事件的发酵期很长,又如同一座悬于决策主体头上的警钟,不到项目决策确定之日就敲钟不止,在增强决策溪流势能的过程中发挥着独特的作用。

"五·八"沉船事故一是由于造成民众巨大的生命财产损失,人员伤亡十分惨重,其中死亡 105 人,影响非常大;二是由于该事件涉及湖北省和江苏省的船只,长江航道的主管部门又是国家交通部,这是一件跨省、跨部省的重大事件;三是直接指挥事故抢险的领导层级比较高。省、部的主要领导,甚至包括南京军区司令都在事故发生后发出了指令。因此,这一决策诱因的强度很高。而且无论是从长期还是短期来看,该事件都对决策溪流的行进产生很大的影响。应该说这样一个事件的发生尽管是任何人都是不愿意看到的,但是既然发生了,那么对于南通过江通道建设项目决策的积极分子来说,就必须充分"利用"这一事件的超乎一般事件的对决策溪流行进的推动作用。

格斯顿认为,"触发机制(重要事件)在问题感知和政治行动的要求之间构成联系。当'是什么'和'应该是什么'的弹性回复到其常态形状时,触发机制(重要事件)就在一个点上出现了"。[1] 这表明,决策诱因导致了决策主体提高对现实状态与决策追求状态之间差距的敏感性并使之进行更深入的考量,反过来,一旦这种差距得到确认,决策诱因也得以确认。罗伯特·林伯雷(Robert Linbery)把这种联结点称之为这样的时刻。[2] 如此,我们也完全有理由认为,"这样的时刻"也就是决策时机。

7.3.3 决策中断

决策溪流的行进并不是只有一个前进方向,无论是议题溪流、政策溪流还是政治溪流,都会有中道停滞、消失或者逆转的可能。三峡工程 1989 年已经

[1] [美]拉雷·N.格斯顿:《公共政策的制定:程序和原理》,朱子文译,重庆出版社,2001 年,第 28 页。
[2] [美]拉雷·N.格斯顿:《公共政策的制定:程序和原理》,朱子文译,重庆出版社,2001 年,第 29 页。

得到工程可行性批复，按照当代中国国家重点建设项目决策程序要求，决策得以最终形成，并完全具备了正式开工建设的条件，但是并没有在当年开工建设。这是由于有新的一股政策溪流挤入决策渠中来，致使正在顺利地跑向终点的决策溪流突然中断，并似乎彻底停下来了。直到 1991 年在九届全国人大四次会议上以 67% 的赞成票通过全体代表表决，决策溪流才行进到了它的目标点。

若干学者关于政策终结的观点可以对界定决策中断有所启发。

拉斯维尔（Harold D. Lasswell）提出："政策终结是关于取消政策方案，以及研究有关相信某种政策必须继续而采取某种行动或因政策终结而丧失价值的人们之主张的活动。"①他强调的是政策方案的取消。

布鲁尔（Garry D. Brewer）将政策终结定义为："政府对那些已经存在功能障碍，并且是多余的、过时的以及不必要的政策和项目的调整"②，这似乎表明"调整"的前提就是不再延续已经感觉到"多余""过时""不必要"的现有政策，即改变现有的政策图景、改变现行的规则和惯例等，或者裁撤负责该项政策活动的当局组织机构等，但同时又隐含着"新期望的提出，新规则、惯例的建立，崭新活动的展开，机关组织的更新与发展"③。因此，政策终结既可认为是结束旧的政策，又可以认为是开始新的政策。

德利翁认为，"政策终结是有意识地终止特定部门的功能、项目、政策及组织的活动"④，强调的是不仅终止政策方案，而且终止政策方案实施的支撑因素。

陈庆云认为，公共政策终止对政策评估后做出的行为，其目的是避免错误的、过时、多余、无效的政策继续存在并发挥作用。他指出，"政策终止不仅是指取消原有的政策，而且还意味着制定新的政策"⑤。

张国庆认为："政策终结是与政策评估相联系的一种政策现象。从政策过程来分析，政策终结发生在政策评估之后，是政策运行的最终阶段。政策决策者在获知政策结果的信息后，面临着对政策去向的判断和选择：是应该终止该政策，还是继续执行，或是加以调整和革新。作为政策运行过程的最后一

① ［韩］吴锡泓、金荣枰：《政策学的主要理论》，金东日译，复旦大学出版社，2004 年，第 492 页。

② Garry D. Brewer. The Policy Science Emerge: To Nature and Structure a Discipline. Policy Science,1974(5): 3.

③ Garry D. Brewer. The Policy Science Emerge: To Nature and Structure a Discipline. Policy Science,1974(5): 3.

④ 阮蓁蓁：《西方公共政策终结理论研究综述》，《辽宁行政学院学报》，2009 年第 12 期。

⑤ 陈庆云：《公共政策分析》，中国经济出版社，2000 年。

环,及时终止一项多余的、无效的或完成使命的政策,有利于优化政策资源的配置。"①

与上述相类的研究不少,总的来看,他们都是把政策终止与政策评估联系起来,即政策终结是在政策评估的基础上,由政策主体有意识地将过时的、无效的或多余的政策、计划、功能或组织予以终止的活动。

如果将政策评估与整个政策过程包括政策形成过程、而不是仅限于政策执行联系起来,那么政策终止也理所当然地包括了决策过程中政策方案的终止。在决策过程中,政策溪流行进的过程,很大程度上也是对拟议中的政策方案进行评估的过程,当然,这个评估过程充满了决策主体间的博弈和协商,以形成决策主体利益综合后的一个决策者和决策利益相关者都能接受的方案。

间断—平衡理论同样可以给予下面的讨论带来启发。间断—平衡理论关注政策过程中停滞和剧烈变化两方面的情况。鲍姆加特纳和琼斯在大量的实证研究后发现,政策制定同时存在跳跃和几乎停滞的时期,就如在公众议程中问题的出现和消失一样。从决策角度看,或者是源于偏好的改变,或者是源于注意力的改变,造成了政策中大规模间断。② 实际上这也是决策中止的一种情况。

决策溪流在决策渠中行进,需要通过由下而上的若干执政部门节点构成的控制阀(决策坝),如果没有持续的动力推进或者受到阻力,那么溪流就有可能停下前进的脚步。这样一种状态,本书称之为决策中止。决策中止并不等同于决策终止。第一,中止意味着决策溪流是在行进的途中停止了,但是如果冲破了阻力或者得到新的推动力,决策溪流又会重新迈出前进的脚步。第二,决策中止也是决策溪流行进的某种状态,中止的可能是议题溪流、政策溪流、政治溪流一起中止,但更多的情况下是某一股溪流中止了,其他溪流仍然在尽力前进。第三,决策溪流重新出发与中止时一样,往往是决策诱因发挥作用的结果。

分析决策中止时应当考虑三个方面:(1)政策方案的价值合理性是否在决策溪流中始终存在;(2)与政策方案终止时,是否议题溪流和政治溪流也终止了;(3)旧的政策方案终止后是否有新的政策方案产生。

在寻求南通过江通道建设资金的政策方案中,引入外部资金与地方执政

① 张国庆:《公共行政学》,北京大学出版社,2007年。
② [美]保罗·A.萨巴蒂尔:《政策过程理论》,彭宗超,钟开斌,等译,生活·读书·新知三联书店,2004年。

部门进行合资建设的方案一度得到了大力推动。1993 年 5 月上旬，在江苏省举办了香港经贸洽谈会，南通地方执政部门发布了《长江第一隧道投资指南》，公布地方执政部门希望引入外部资金合作建设南通过江通道的意向。有一位香港商人闵某对此表示了兴趣。闵某曾在"文革"中在南通市通州区插队，改革开放后到香港继承祖业，在香港注册了三江（国际）发展有限公司，在深圳、上海、成都进行了较大规模的房地产开发投资。1992 年邓小平同志发表"南方谈话"之后，随着新一轮改革开放大潮的掀起，他又在通州开发区投资开发了三江工业园区。正是基于这样一种与南通的特殊关系，闵某在经贸洽谈会上当即和南通市过江隧道筹备处代表签署了合作意向书，初步提出了成立南通过江隧道项目合资公司，总投资 4.5 亿美元，港方控股 51%，并先期注册前期开发公司，注册资金 100 万美元。

1993 年 11 月 15 日中港合资南通长江隧道发展有限公司合同和章程签字。公司注册资本 100 万美元，中方为南通市建设投资公司，占股 30%；港方为三江（国际）发展有限公司，占股 70%；公司董事会 7 人，港方 4 人，中方 3 人，闵某为董事长。当月，南通市外经委批复了南通长江隧道发展有限公司合同、章程及首届董事会组成人员。批复公司的经营范围为：开展隧道工程前期工作，综合经营，工程立项后公司增资作为项目的业主。这就表明成立合资公司，不仅是项目前期工作即推动项目立项决策的方案，还是项目实施建设，以及建成后如何营运的方案。1993 年 12 月 4 日，南通长江隧道发展有限公司领取了江苏省政府的批准证书，其工商营业执照中的经营范围为：开展南通长江过江隧道的前期工作、实业投资、技术咨询服务、新技术新产品开发、隧道工程出口处的房地产开发及餐饮服务。此后，合资公司一期出资 50%，港方 35 万美元和中方 105 万元人民币现金到账。合资公司即着手过江隧道前期工作，并由南通市隧道处委托上海隧道研究院开展《南通长江过江通道预可行性研究》，费用由隧道公司支付。1994 年 4 月下旬，闵某赴新加坡参加新加坡中华总商会主持的中国南通投资情况介绍会，会前闵某接受新加坡联合早报等媒体记者采访，推介南通长江过江隧道项目，意图进一步引入其他投资者。至此，合资建设南通过江通道的政策方案不仅在决策渠中迅速通过了，而且事实上已经开始执行了。

但是这种方案逐渐就遇到了困难。由于合资公司控股方三江（国际）发展有限公司在大陆投资扩张太快，以及香港房地产市场和大陆房地产市场行情的突然变化，三江公司大量投资资金不断沉淀，银行还债负担日益繁重。1995 年合资公司第二次董事会后，闵某都已很难通过电话找到，这就造成了合资公司根本无法正常运转。继续通过合资公司推动项目前期工作的方案实际上已不可行,也就表明,这一股行进了两年多时间的政策溪流到此已由于经济诱因的作用而中止了。鉴于此种情况,1996 年 3 月 6 日南通市委成立了南通市越江隧道筹建指挥部,并明确指挥部办公室与 1993 年成立的南通市过江隧道筹备处以"一套班子、两块牌子"的方式合署办公,明确合资公司在指挥部办公室协调下开展项目前期工作。通过南通地方执政部门的主导调整,原来的合资公司推动项目前期工作的方案,已经实际地调整为重新由南通地方执政部门为主推动项目前期工作的方案。

到 1997 年三江公司已潦倒。1997 年 12 月 9 日,南通市计委联合南通市工商局、外经委就隧道公司未按期完成二期出资、公司经营不善、资不抵债等问题进行会商,同意合资公司保留,待港方董事能够出席董事会再研究合资公司的清盘问题。合资公司这一方案正式终止了。

实际上,上述这种前期工作进展不快的情况,省级交通行政主管部门已经注意到了。1996 年 5 月在南通—常熟公路隧道"预可"工作座谈会上,江苏省交通厅总工程师明确提出:"南通过江通道非常重要,最理想的是由交通部至少是由省里搞前期工作,现只有南通一家在搞,苏州、南通还未紧密结合在一起⋯⋯这么大的项目,省计经委、省建委要指导。我作为省人大代表呼吁,至少省要统一规划协调,否则时间要大大浪费。"①

这允分表明,某一股政策溪流的中止,也是另一股政策溪流注入决策渠并启动行进的契机。原因就在于,某一股政策溪流的中止,不仅原来所要推动解决的议题没有解决,而且由于政治溪流的继续推动,以及议题溪流的继续发酵,决策势能在这股政策溪流中止之处更快地累积,这种累积的状态对决策主体是一个巨大的压力,对决策主体而言,快速地寻找一个代替已中止的政策方案的新方案,就成为首要任务。

是什么原因造成了决策溪流中止? 概而言之,大致有以下几种情况:

(1) 对政策图景的质疑。议题构建实际上也是在构建一种与决策目标相符合的政策图景。例如,建设一座水坝,总是与其建成后可能提供大量电力、可以拦蓄洪水以治理水旱灾害、可以促进当地民众就业、促进地方经济发展等联系在一起,着力在议题构建中描绘一幅对民众、对官员、对发展都是有百利而无一害的美好图景。然而当溪流中汇入了一股对业已构建或正在构建的政策图景构成相反景象的意见,就可能让政策图景崩溃。例如,港珠澳大桥由于

---

① 　张振刚:《跨越天堑——苏通大桥项目立项记事》,未正式出版,2002 年,第 50 页。

有市民提出其没有评估臭氧、二氧化硫及悬浮微粒的影响,有可能带来生态上的潜在危险时,原来在该项目前期决策溪流行进中竭力构建的正面图景受到了质疑。决策溪流至此被迫暂停下来。鲍姆加特纳和琼斯从政策图景与制度之间的互动来解释政策间断,他们认为,"当一个获得一致赞同的图景变得有争议时,政策垄断通常受到攻击,一个新动议把问题提到宏观政治议程中的可能性就增加了"。① 当然并不是说任何质疑的意见都会造成决策溪流中某一股溪流或全部溪流停滞下来,也许由于质疑的意见更加突显了原来着力构建的政策图景的正向性,在推进决策中具有逆向激励功能。

(2)政策偏好的改变。这与对政策图景的质疑是不相同的。例如在长江两岸之间建设公路过江通道,对于采取桥梁方案和隧道方案来说,结果都是一样的,即满足了决策的总体目标,在隔江相望的两座城市之间建设公路过江通道。但是作为政策溪流本身来说,桥梁方案与隧道方案仍然存在很大的区别。由于政策偏好的改变,原有政策偏好的主导执政部门与新的政策偏好的主导执政部门并不一定是同一的,如果是不同的主导执政部门,那么决策溪流就有可能中断下来,尽管这样的中断可能是一个过渡阶段。造成政策偏好改变的可能来自于政治溪流中新的变化的产生,例如执政部门首脑的更替、出现有力的"非支持者"联盟、政治价值的改变等。

(3)决策事件的发生。包括政治、经济、社会、文化、技术等方面的决策事件及决策诱因的产生。决策溪流的行进并不可能给出很满意的预测,因为没有人能准确地预测到诸如洪水、地震、民众的"散步"等的发生时间和规模,诸如此类的突发事件,对于决策溪流的冲击也是突发性的。

正如特鲁、琼斯和鲍姆加特纳他们所指出的,"稳定性和间断是许多政府政策制定的特点"②,稳定性和间断性也是决策溪流行进的一个考察维度。由于持续的政治—行政体系及其相互联系着的制度规范的支撑,一旦决策溪流进入了决策渠,决策溪流将按照决策渠的规定性行进,直至行进到溪流的终点(决策的形成),这就是决策溪流的稳定性。但是稳定性并不是绝对的,而是相对的,这种相对性是由决策溪流的间断性特征所决定的,特别是由于国家重点建设项目决策涉及与影响范围的广泛性、过程的长周期性,因而在决策过程中遭遇突发事件的发生、政策偏好的变化、支持或强化政策图景的条件发生改

① [美]保罗·A.萨巴蒂尔:《政策过程理论》,彭宗超,钟开斌,等译,生活·读书·新知三联书店,2004 年,第 134 页。
② [美]保罗·A.萨巴蒂尔:《政策过程理论》,彭宗超,钟开斌,等译,生活·读书·新知三联书店,2004 年,第 148 页。

变等都是大概率的情形,这些均可能造成决策溪流的中止。决策溪流中止的表现集中体现在议题流和政策流的中止上,如果期望决策溪流继续前进,那么就需要提供新的动力。

7.3.4 决策"冬眠"

中止的决策溪流(或者是政治溪流,或者是政策溪流,或者是议题溪流)有两种可能的结局,一种就是中止了一段时间之后,由于恢复其行进的条件不再存在,中止的这一条决策溪流就可能终止;另一种是中止了一段时间之后,由于恢复了其行进的条件,被中止的这一条决策溪流得以再度启步。后一种情况即如同进入冬眠的动物一样,一待冬天过去,春天一到,就恢复了生机与活力。这样一种情况的决策中止可以喻为决策"冬眠"。

决策"冬眠",大多数情况下,进入"冬眠"状态的并是决策溪流的全部,一般只是决策溪流中三条溪流的某一股。沪杭磁悬浮交通项目建议书于2006年3月13日就获得了国务院批准,按照重点建设项目决策通常的程序来看,这就表明沪杭磁悬浮交通项目正式立项了,下一步主要就是开展工程可行性研究,主要是围绕项目建议书中提出的政策方案进行深化和细化,这个时间一般耗时不长,但是这个项目"沉寂了2年……恐怕就要被人们遗忘了"。① 那么,究竟什么"沉寂"了呢?

沪杭磁悬浮交通项目大事记如表7-3所示:

表7-3　沪杭磁悬浮交通项目大事记(2006—2010)

时间	事件
2006年5月	中德高技术论坛会上中方透露出关于兴建上海至杭州磁悬浮铁路,中方已经同德国相关公司洽谈过,并就具体实施的有关内容形成了一致意见
2006年3月13日	沪杭磁悬浮交通项目建议书获批,其后浙江省立即专门成立项目筹建办公室,负责土地、选址和环评等事宜
2007年5月24日	上海市相关区政府方面证实,沪杭磁悬浮交通项目已暂停
2007年12月29日	上海城市规划网站出现沪杭磁悬浮交通项目上海段规划公示
2008年8月18日	浙江省发布重大项目建设行动计划(2008—2012),该文件中再次提到沪杭磁悬浮交通项目,建设时段自2010至2014年
2008年1月6日开始	沪杭磁悬浮交通项目上海段规划沿线有居民高喊"反对磁悬浮,保卫家园"的口号,之后出现持续一段时间的晚上"散步"游行活动

① 刘刚:《沪杭磁悬浮:漫长的博弈》,《中国新闻周刊》,2010年第12期。

续表

时间	事件
2008 年 1 月 12 和 13 日	上海人民广场出现数千民众聚集并进行游行
2008 年 1 月	鉴于数千人的"散步"抗议,上海执政部门领导做出"冷处理,徐图之"的批示
2008 年 3 月 6 日 全国"两会"期间	上海市市长答记者问时说,沪杭磁悬浮上海机场联络线工程目前仍在论证过程中,不在上海确定的 2008 年全市重大工程之列
2009 年 3 月 全国"两会"期间	杭州市市长公开回应,(沪杭)磁悬浮还是要建的,但时间不在近两年之内
2010 年 3 月 全国"两会"期间	铁道部总规划师公开沪杭磁悬浮交通项目的立项已获批复

资料来源：刘刚：《沪杭磁悬浮：漫长的博弈》,《中国新闻周刊》,2010 年 4 月 1 日。

从表 7-3 列出的这个约略的大事记来看,(其实,该项目决策的议题溪流与政治溪流行进的信息十分丰富),自从项目建设议书获批后,关于沪杭磁悬浮项目决策的议题溪流和政治溪流始终在行进途中,但是行进的方向是与执政部门推动决策溪流行进的愿景方向相反的。

2010 年 3 月下旬,浙江省发改委发表了关于沪杭磁悬浮项目进展的新闻通稿,其大意为,该项目的项目建议书获得了国家发改委批复,但还在做深化研究工作,开工时间未定。与此同时,上海市政府新闻发布机构也向社会发布了相似信息,并称"现在是铁道部在对此进行统筹规划,上海市政府只是在配合铁道部的工作"。[①] 而根据与浙江省沪杭磁悬浮交通项目筹建办关系密切人士提供的信息,"工程可行性报告还没有落地"。[②] 由此清楚表明,沪杭磁悬浮项目的政策溪流没有明显进展,基本上原地踏步。

从直接的因果关系来看,我们可以认为,正是由于议题溪流与政治溪流转为逆向行进,造成了政策溪流在中途停了下来。导致议题溪流与政治溪流逆向行进的诱因既有社会性的,又有经济性的,即关于该项目的争议很大。第一个方面是辐射风险问题,由于规划线路与居民区的间隔距离仅 22.5 米,大大小于磁悬浮技术转让方(德国方面)规定的 200 米,沿线居民甚为担心磁悬浮对身体带来的危害,但由于这些可能受到影响的民众没有其他更加有效的方

---

① 刘刚：《沪杭磁悬浮：漫长的博弈》,《中国新闻周刊》,2010 年第 12 期,第 48—51 页。
② 刘刚：《沪杭磁悬浮：漫长的博弈》,《中国新闻周刊》,2010 年第 12 期,第 48—51 页。

式向决策渠输入自身的利益诉求,因此采取大楼外悬挂标语、上访等各种方式表达反对的意见。第二个方面是安全性能问题,由于已经在德国的试验路线和浦东的示范运营线上发生过事故,促使人们对长距离的商业化磁悬浮线路的安全运营问题更加慎重地思考。第三个方面是经济效益问题,磁悬浮从上海到杭州仅比高速铁路快10分钟左右,但是投资成本却超过一倍,且与现有轮轨铁道系统无法衔接。因此,从这里可以看出,社会诱因和经济诱因同样是导致政策溪流中止的原因

前文已述,如果决策溪流中止后并没有恢复,那么就等同于决策溪流终止,而不能确认为决策"冬眠"。实际上,沪杭磁悬浮项目决策的政治溪流后退得并不多,采取"冷处理"之后,还将"徐图之",政治溪流的继续前进,为政策溪流的苏醒提供了有力的可能。

决策"冬眠"的复苏是需要诱因的,从某种意义上来看,决策"冬眠"复苏也是决策时机的一种表现形式。

本章小结

决策溪流能不能顺利地迈过决策坝,通过决策渠诸多控制阀,关键在于能不能在行进中形成决策时机,即溪流的行进状态与决策主体主动作为相互契合。三条溪流既相互依存,又相对独立,每条溪流都有属于自己的"决策时机"在前进的方向上等待。决策时机的形成有赖于决策诱因,决策诱因激发了决策主体的反应,决策主体的反应导致了决策势能快速地转化为决策动能,决策动能的表现形式既可能是决策溪流按照其愿景方向行进,也可能逆愿景方向行进。如果决策溪流顺愿景方向行进,那么决策溪流行进状态与决策主体主动作为相互契合的概率很高,反之,如果是逆愿景方向行进,那么就可能出现决策中止的状态。如果决策中止后无法恢复,那么就可以确定为决策终止了,反之,如果决策中止一段时间后又在决策诱因的作用下恢复行进,那么就应确定这种中止状态为决策"冬眠"状态。由于国家重点基建项目决策过程的特点,在决策过程中遭遇突发事件的发生、政策偏好的变化、政策图景受到质疑等都是大概率的情形,因此出现决策溪流中止的情况也是很难避免的。

第 8 章

结论与前瞻

前文从决策语境、决策主体、决策要素、议题构建、决策时机等方面对当代中国国家重点基建项目决策过程进行分析考察,其中始终贯穿着努力探讨建立决策溪流分析框架的可能性。本章将对此进行总结,并进一步讨论建立执政部门主导的决策溪流分析框架的可能性,以及该分析框架的适用性问题,并在此基础上探讨改善当代中国国家重点基建项目决策过程应该重视的问题。

8.1 执政部门主导的决策溪流分析框架及其适用性

研究公共政策的理论家已经构建起众多的理论分析模型以思考和理解公共政策的制定过程,如理性主义与渐进主义、多元主义与精英主义、社团模式、过程溪流模式、政治社会决策模型,等等。这些理论分析模型均能在适当的范围得到可证的应用,但每一种模型承担理论分析的特殊性并没有清晰地指出。面对复杂的、系统的、持续的国家重点基建项目决策和日常的、临机的政府事务管理型决策,这些理论模型是否具有同样的理论解释力? 这也是本书讨论的起点之一。

埃里诺·奥斯特罗姆(Elinor Ostrom)对概念性框架(conceptual framework)、理论(theory)和模型(model)进行辨析。他的观点是:"概念性框架确定一系列变量以及变量之间的相互关系,这些变量被假定能用来解释一系列现象,这个框架能提供从适当的变量到像范式那样范围较广的任何东西,而不需要确定各种关系之间的走向,尽管后来发展的框架肯定会详细说明其中的一些假设;理论提供更'密集'、逻辑上更有连贯性的一系列关系,同时把价值附加于其中的一些变量,通常还说明关系如何会随着重要变量的价值变化而变化;模型是对特定情形的陈述,与既有理论相比,模型通常在范围上要狭小些,而在假设上则更为精细,而且理想状态下的模型是可以被量化的"。①
奥斯特罗姆的辨析似乎表明,概念性框架相较于理论及模型而言,其关于变量
的描述更为宽泛,以及变量间的关系具有较强的解释弹性,而理论与模型对变
量及变量间的关系的描述则更为精细。因此,企图构建一个理论或一个模型
需要更精确的变量界定及更精细的变量间关系的考察与阐述。

时间与变化是标志国家重点基建项目之类的政府大型项目决策过程特征
的鲜明维度。那些以片段式、静态化方法对决策过程的考察所存在的局限,提
示我们确应考虑探索运用总体式的决策过程考察视角。金登在关于前决策阶
段如议程建立过程和备选方案的阐明的探讨中,所提出的"溪流"这一比喻性
概念,内在地包含了总体式的决策过程考察视角。但是他的研究仍然存在需
要补充完善之处。本书将国家交通重点建设项目决策过程视作一条持续流淌
的溪流,正是在金登的思想启发下所做的拓展性构建,不同于金登所考察的议
程建立过程和备选方案的阐明过程,本书将考察的着眼点置于从议题形成至
决策形成的全过程,是谓"决策溪流"。在当代中国国家重点基建项目决策过
程这一"溪流"中,可以识别出议题溪流、政策溪流、政治溪流等三条溪流,三
条溪流并不是孤立的;溪流的形成与行进由决策语境提供背景条件和支持条
件,它限制了溪流运行的随机性;决策溪流在决策动力的推动下顺着决策渠行
进,决策动力内在地包含于决策主体主动行为之中,触发决策主体做出行动反
应的是决策诱因,一旦决策主体主动作为状态与决策溪流的行进状态相契合,
即标志着决策时机形成。这就是本书在讨论国家重点基建项目决策过程时所
采取的分析逻辑。

这一分析逻辑的展开是与决策语境、决策要素、决策主体、决策议题、决策
时机等概念(本书亦将之视为变量)的界定与阐述结合在一起的。在金登的
著作中,集中讨论了问题、政治和可见的参与者等变量及其相互间关系,他将
自己所做的工作视为建立了一个模型,即如他所言:"结果证明在书中提出的
模型对我们理解这些事件很有帮助,因为它强调问题、政策和政治这些分离的
溪流在关键结合处的汇合,而一些很警觉的政策企业家则有助于实现这种不
同溪流的汇合。这种模型也的确明显地要比其他几个看似合理的备选模型更
好。"②然而况之于本书所做的探讨,决策语境、决策要素、决策主体、决策议

① [美]保罗·A.萨巴蒂尔:《政策过程理论》,彭宗超,钟开斌,等译,生活·读书·新知三联书
店,2004年,第7页。
② [美]约翰·W.金登:《议程、备选方案与公共政策(第2版)》,丁煌,方兴译,中国人民大学
出版社,2004年,第272页。

题、决策时机等概念(变量)的界定与阐述更接近于奥斯特罗姆关于概念性框架所提出的要求,因此,通过本书的分析,似乎关于决策溪流的分析框架可以建立起来。尽管一个概念性框架的普遍性越强,其适用范围逾广,但是指出了特定性的概念性框架可能具有更强的适用针对性,而且可以避免不必要的麻烦。本书所考察的对象处于当代中国这一特定时空条件中,在此基础上构建的概念性框架应该具有什么样的指标性特征?

前文分析表明,作为决策主体之一的执政部门在当代中国国家重点基建项目决策过程中处于主导地位,主要体现在以下几个方面:

(1)从决策语境的构成来看,无论是结构性力量还是局势性力量,一方面表现为执政部门本身,另一方面又是由执政部门主导构建的。当代中国的政治—行政体系实质上是议行一体体制,执政党在议与行两方面均处于支配的、主导的地位,政治—行政体系的权力结构,以及支撑这一权力结构的制度结构,均给予国家重点基建项目决策过程以基础性、前置性影响,成为国家重点基建项目决策溪流形成与行进的结构性基础。当代中国的时代主题——现代化与发展——构成了局势性力量的主轴,而且当代中国的现代化与发展是执政部门主导的现代化与发展。诸如事件等偶然性力量对于决策过程的影响一般地通过内化为决策主体——主要是执政部门——的行为而发生作用。

(2)执政部门包括一系列公共权威机构,各级执政部门及其所属的机构,以及界定其职责与权力运行的制度规范是决策渠硬质堤坝的重要构成要素,且每一层级执政部门一般处于决策坝的位置,对决策溪流起到阻滞与疏导的功能,对进入决策渠的溪流信息进行甄别和控制。执政部门官员特别是执政部门领导在决策溪流的行进中发挥的作用更加突出。可以反复地观察到,在国家重点基建项目决策溪流行进的关键时刻,例如愈是临近决策时机形成的时刻,执政部门首脑的作用愈为明显。

(3)在议题构建中,议题的经济性评估和技术性评估尽管引入了专家审查制度,但是专家的执政部门化现象无可漠视。由于专家的执政部门化,使得执政部门能够有力地控制议题溪流的行进进程。决策势能转化为决策动能,很大程度上是由于决策诱因对决策主体的影响,其中主要是对执政部门的影响,一旦执政部门及其领导感受到决策诱因带来的压力或者动力,决策时机就可能形成,蓄积于决策坝位置的决策势能就有可能转化为决策动能,推动决策溪流迅速地向下一个目的地前进。

由此而言,执政部门在决策溪流形成与行进中的主导地位首先应该得到充分关注。当然,尽管本书并不否认社会大众在国家重点基建项目决策中的重要作用,但是从实际决策过程来看,这种作用仍然不应高估。基于此,运用于当代中国国家重点基建项目决策过程考察的决策溪流分析框架可以更适当地称之为执政部门主导的决策溪流分析框架。

执政部门主导的决策溪流分析框架对于国家重点基建项目决策过程的适用性在于:

(1)这一分析框架兼及决策主体行为作为个体行为的维度和作为组织行为的维度。如已经指出的,以个体行为的角度分析决策过程是不够的,因为这不能充分把握决策过程的本质。决策的参与者是具有完整个体意义的人,但是在决策过程中首先需要关注的是,这些参与者是所在组织的人、是决策系统的人,他们在决策过程中的所作所为首先应该理解为系统行为和组织行为的一部分。正是在这一基本判断的基础上,将决策主体的行为纳入到决策溪流的框架中来分析,更有助于把握决策主体行为的决策含义。

(2)这一分析框架有助于解释"有组织的无序"状态下的国家重点基建项目决策实然性问题。模糊性不仅是大型组织的特性,同时也是政府决策过程的基本特征。菲尔德曼(Feldman)认为模糊性是"对于同样的环境或现象有着多种思考方式的状态"。① 模糊性体现为这样几个特点②:一是参与决策的人员是流动的,包括决策关键人和利益相关者,如执政部门首脑的更替,或者从一个公共部门转到另一个公共部门;二是决策目标的多样性,也即政策目标的差异性,一项决策具体针对的问题也是多样的,建一条跨江公路通道,可能针对的问题包括解决两岸民众过江难问题、避免轮渡的安全风险、完善道路网络体系、促进外来投资增长、推动实施区域发展战略等若干方面,不同的决策参与者对决策目标的关注重点不可能完全一致;三是决策所依赖的技术并不清晰,例如执政部门之间的管理权限可能存在重叠、交叉等情形,执政部门成员对于个体之责任与组织之责任的认知可能存在冲突,等等。决策溪流分析框架能够有效容纳政府决策过程这种模糊性特征,体现出对决策过程宏观的总体性的认知。决策溪流分析框架以动态的视角来考察动态的过程,而决策主体间关系,以及决策主体的策略性行为等只是动态过程的一个组成要素。

(3)这一分析框架还兼及时间的维度,既有断面的分析,又有纵向的考察,任何决策过程都是沿着时间的纵向维度而展开,而国家重点基建项目决策

---

① [美]保罗·A.萨巴蒂尔:《政策过程理论》,彭宗超,钟开斌,等译,生活·读书·新知三联书店,2004年,第94页。

② 本书第2章引述过科恩-马奇-奥尔森的"垃圾桶"决策理论中关于"有组织的无序"状态特征,即目标模糊、达成目标的方法亦不甚清楚及参与的流动性等。

过程的时间跨度一般均比较长,少则一两年,多的长达五年、十年、甚至几十年,据此,决策溪流分析框架更适合于长周期的政府大型项目决策过程的考察。

因此,本书认为,执政部门主导的决策溪流分析框架是考察当代中国国家重点基建项目决策过程的合适的概念性框架。

8.2　决策渠的开放性与决策的公众接受度

决策过程之优劣反映政府决策能力之高低。政策是通过决策过程而产生的。决策过程之优不能保证政策之优,但决策过程不优则断难保证政策之优。因此,对国家重点基建项目决策的评判应首先着眼决策过程。关于决策过程之优劣论断,需要回答这样三个问题:第一,是否有助于确保最终形成并实施的政策能够实现规划的政策图景?第二,是否有助于保证决策的效率即决策的及时性?如果一项决策迁延时日,在最需要做出决策的时候始终无法形成,就可能失去决策的本意。第三,是否有助于降低决策的成本?这几个问题与人们长期以来关注的决策的正确性、民主性和科学性是有联系的。然而将正确性、民主性和科学性这几个传统标尺运用于评判国家重点基建项目决策上仍然存在很大的局限性。

8.2.1　决策的正确性、民主性、科学性三个标尺的局限性

人们之所以普遍地关注决策的正确性问题,这是因为,国家重点基建项目决策一旦做出,项目就将进入实质性的实施阶段,大量的财、物等资源都将大规模地投入到项目中去。如果这些投入带来的不是设想中的政策图景,甚或产生非常严重的负面影响,一旦需要重新决策,那么已经发生的投入将无可挽回,甚至暂时的执行停止都可能造成无可挽回的损失。然而如何来评判其正确性?判断国家重点基建项目决策正确与否,从根本上来说必须依赖于历史的、实践的检验。三门峡水坝工程在决策之初并没有"确定地"预见工程实施后带来的巨大的负面效应,人们将之视作失败的工程也是工程运营以后的事情。[①] 福建长乐国际机场尽管在决策论证之初有不少反对建设的意见,但当时的评估报告和执政部门同意建设的意见都是鼓舞人心的,经过三四年的运营后,由于亏损严重,经过国家审计部门的调查审计,才将其定性为失败的工程。[②] 但是短时段的实践检验也许仍然存有局限。萨巴蒂尔等提到:"有关

---

① 张伟,等:《三门峡工程决策失败之教训》,《决策与信息》,2009 年第 7 期。
② 钟岷源:《福州长乐机场决策失误调查》,《中国商界》,2004 年第 2 期。

政策执行的文献也指出,需要利用 10 年或更长的一段时间才能完成至少一个'制定—执行—重新制定'的循环,才能获得一个关于成功和失败的较为合理而精确的描述,才能意识到行动者采用的不同策略的价值。"① 亦如唐朝诗人皮日休关于隋末开凿通济渠连通京杭大运河工程的评价一样:"尽道隋亡为此河,至今千里赖通波。若无水殿龙舟事,共禹论功不较多。"由此而论,正确性是一个相对的概念,是一个需要时间来验证的价值取向。因此,从决策的正确性角度来讨论国家重点基建项目决策过程是存在困境的。

决策的民主性问题在很大范围内深受关注与重视,无论是政府决策的实践者还是公共政策的研究者,他们都提出了很多相关的观点。例如,有的认为,"改革和完善党委决策机制,实现党委决策科学化民主化,关键在于充分发扬民主,发扬决策民主是实行科学决策的重要前提"②;有的认为,与选举民主关注于静态的权力赋予不同,决策民主更关注动态的权力运行——更注重公民在决策过程中的参与及其对政策结果的影响③;有的认为,"决策民主是公共政策程序正义的制度保障"④;有的提出"重大工程决策,民主不能缺席"⑤;等等。从这样一些观点看,决策的民主性关注的主要是决策主体的参与状况,而且认为,参与决策的主体多寡同决策的民主性高低密切相关,更多的决策主体能够参与到某项决策中来,则表明该项决策的民主性较高。然而对国家重点基建项目决策而言,并非是一个更高参与率的问题,而是应该解决参与决策的主体的意见能否实质性地融入决策进程的问题。然而民主性这一概念很难承担起这样的责任。"民主"已不是一个技术性的概念,而已经演变为带有强烈政治意味的价值取向,不仅在于人们关于实质民主与程序民主上存在的明显歧见,而且在于对民主的评判存在利益上的牵绊,甚至无法避免假借民主之名而行非民主之实。到底某项决策中多少决策主体参与了就算是民主的? 抑或哪些主体未参与就算不上民主? 这些都影响到民主性这一概念作为评判决策过程的可靠、有力的标尺的基础。

很多学者均主张决策要讲科学,认为只有科学的决策才是优的,"决策科

① [美]保罗·A. 萨巴蒂尔:《政策过程理论》,彭宗超,钟开斌,等译,生活·读书·新知三联书店,2004 年,第 153 页。
② 徐文龙:《充分发扬决策民主》,《党建研究》,2004 年第 1 期。
③ 卢建华:《决策民主与当代中国决策权力结构的变革》,中国知网,http://www.cnki.net/KCMS/detail/detail.aspx? QueryID = 4&CurRec = 2&recid = &filename = 1012358759. nh&dbname = CMFD2012&dbcode = CMFD&pr = &urlid = &yx = 。
④ 谢金林:《决策民主:公共政策程序正义的制度保障》,《理论学刊》,2009 年第 6 期。
⑤ 阿计:《重大工程决策,民主不能缺席》,《群言》,2011 年第 9 期。

学化是最大的节约"。① 一般而言,追求决策的科学性是与理性主义的决策思
想相联系的。完全的理性主义决策,要求决策者从若干备选方案中选择一个
能够获得完美结果的方案。为此,首先需要明确所有可供选择的方案,其次是
对每一方案可能产生的所有后果进行分析,最后在此基础上对这一系列后果
与预期的决策目标进行比照性评估和判断。由于这一决策模式所依赖的条件
相当苛刻,在西蒙后来提出的有限理性模式中,确认了决策信息的不完备性和
决策所需要资源的局限性,因此决策者所寻求的决策方案不是要能使其价值
最大化而是达到令人满意或足够好的目标。理性的限度实际上也就是科学性
的限度。对专业知识及其权威的依赖,是国家重点基建项目决策的一个重要
特征,因而追求决策的科学性往往表现为对专家的依赖上。然而,专家的选择
及专家意见的采纳仍然存在很大的不确定性。问题在于,项目评估的技术专
家团队的规模总是有限的,而一个项目涉及的学科门类众多,专家的人数更
广,选择哪些专家才能表明具有了可靠的科学性? 是否特定的专家不在评估
团队之列,就是不科学的? 抑或将特定的专家纳入评估团队就一定是科学的?
对于专家意见采取多数服从少数的原则是否可行? 是否按照少数服从多数的
原则进行决策就是科学的? 如果按照少数服从多数的原则进行决策,那么可
能少数所代表的那部分真知灼见就会被排除,但是不按照少数服从多数,是否
多数服从少数反而是科学的? 这些问题是现实的困扰,充分说明评判决策的
科学性也存在相当大的局限。

　　指出正确性、民主性、科学性三个标尺的局限性,并非完全否定这三个标
尺在评判决策过程上的适用性,而是意在表明对这三个标尺在应用于决策评
估时可能存在的局限性需要保持警惕。

8.2.2　决策的公众接受度

　　任何一项决策都是历史地发生的,在历史的具体的决策时空背景下通过
推动决策进程而形成。尽管国家重点基建项目决策在根本上是要接受历史的
和实践的检验,但在当时的特定的决策时空背景下,就是尽可能依靠充分的技
术性信息的支撑,尽量避免不利后果的决策,争取最大多数决策主体满意的决
策。因此,决策主体对决策的接受程度、决策利益相关者对决策的接受程度,
以及推而广之社会公众对决策的接受程度,应首先得到重视。决策的公众接
受度应该作为评判决策过程的一个可行的重要标尺,即得到最大多数公众认
可和接受的决策就是当时现实的历史条件下最优的决策。公众对决策的接受

————————

　　① 陈凌孚:《决策科学化是最大的节约》,《光明日报》,2008 年 1 月 31 日。

既包括对决策过程的接受,又包括对政策的接受。同时,对决策过程的接受有利于转变为对政策的接受,反之,对决策过程的不接受则将严重削弱对政策的接受。

公众接受度是一个包容性更高的评判标尺。就国家重点基建项目决策而言,公众接受的决策尽管不一定就是理论上最优的决策,但肯定不可能是理论上最劣的决策;公众能够顺畅参与且政策建议能够在决策过程中得到反馈和吸收的决策一般也是公众乐于接受的决策,反之,公众不能充分参与或者参与概率很少的决策断不能成为公众接受度较高的决策,甚至有可能成为公众极力反对的决策。例如,2012 年发生的江苏王子制纸有限公司(南通)尾水排海工程事件,尽管这个项目实质上已经开工了,但由于公众不接受而被迫永远取消。① 可以说,公众接受度这一概念包容了正确、民主、科学等在决策评判上的内涵,将这一概念运用于国家重点基建项目决策评判具有很强的适用性。

公众接受度也是一个可操作性更强的评判标尺。可度量性是一个评判标尺是否适用和可行的前提条件。依靠现代社会学调查统计方法和手段,基本上可以比较准确地获知公众对一项国家重点基建项目决策的接受程度。这与正确性、民主性和科学性比较起来,能够避免抽象的讨论和争论,而且既能做出定性的判断,又能提供定量的比较。

8.2.3 提高公众接受度的可行路径

决策过程是在决策语境所支持的决策渠中形成与行进的。决策渠实质上也是容纳各种决策主体的可以发表决策意见的空间,决策渠类同于决策的公共领域。哈贝马斯关于"公共领域"的观点值得关注。他在不同的场合对"公共领域"的所指并不完全相同,在《公共领域的结构转型》中认为:"公共领域首先可理解为一个由私人集合而成的公众领域;但私人随即就要求这一受上层控制的公共领域反对公共权力机关自身,以便就基本上已经属于私人、但仍然具有公共性质的商品交换和社会劳动领域中的一般交换规则等问题同公共权力机关展开讨论。"②由此可见,哈贝马斯提出的"公共领域",是市民社会中的私人领域与国家权利领域之间的领域,个体公民在此领域一起讨论所关注的公共事务,并形成一致意见,这种意见与公众舆论比较接近。在其另一著作中,哈贝马斯又将公共领域描述为一个交往网络,在此网络中允许各种内

① 江苏南通宣布取消日本王子造纸厂排海工程项目,新华网,2012 年 7 月 28 日,http://www.shxb.net/html/20120728/20120728_321910.shtml.

② [德]哈贝马斯:《公共领域的结构转型》,曹卫东,等译,学林出版社,1999 年,第 32 页。

容、观点、意见进行沟通交流,交往成为一种主要方式,使得有关特定议题的观点、意见聚集为公共意见或舆论。他认为,"公共领域(像整个生活世界一样)也是通过交往行动——对于这种行动来说,掌握自然语言就足够了,从而得到再生产的。它是适合于日常交往语言所具有的普遍可理解性的"。① 一般理解,公共领域的基本特征包括:普遍的接近性、公共议题、体制化的空间和法律保障、展开公共辩论的空间、理性的非支配性的辩论。

哈贝马斯关于公共领域的阐述,对于理解决策渠作为公共决策主体间行为的有效空间具有启发意义。决策渠具有三个方面的显著特性:一是决策渠是体制化的空间,在任一政治—行政体系中,决策渠既由组织机构、制度规范来进行构建,又由存在于这一体系中的意识形态、价值观念、文化传统、个体认知与情感等来进行构建,前者是制度性因素,后者是非制度性因素。二是决策渠是由公共权力(主要是政府)主导的,如果公共权力不给予公共领域体制化的空间和法律保障,那么,这样的公共领域是无法存续的,这在任何政治—行政体系下的情况都是类似的。而且,如果企望在公共领域中关于公共政策的理性交流、自由辩论等能对公共政策产生应有的作用,却在这一公共领域中抽离公共权力,那么,这种公共领域的交流、辩论等就可能成为空谈。三是决策渠是不同利益主体均可理性参与的空间,没有不同利益主体的参与,这样的决策渠也就是一种封闭的空间,也就不可能产生不同的政策主张的互动与竞争。

国家重点基建项目决策既是一种制度性行动,又是参与其中的决策主体的个体性行动。决策渠类同于公共权力领域与私人领域在有关公共决策这一事务上存在的交集,其内涵与"公共领域"有关理性交流、自由辩论等内涵相通,同时包含了公共决策中政府与其他参与主体间关系的内在逻辑与客观现实。

决策渠的构建与完善,是决策主体间行为的重要基石,它为决策过程中的理性交流、商讨等提供可以依凭的空间。决策渠的开放性对于博弈之进行、协商之开展具有基础性保障功能。基于决策渠的特性,提高国家重点基建项目决策的公众接受度,必然要在扩大决策渠的开放性方面进行主动作为。

第一,应对组织机构与制度规范进行优化调整,进一步增强决策渠这一体制性空间的弹性。对于体制化的空间而言,增强其弹性是提高决策渠开放性的重要途径。构成决策渠的组织机构及规定其运行的制度规范对决策进程发

① [德]哈贝马斯:《在事实与规范之间》,童世骏译,生活·读书·新知三联书店,1999年,第446页。

挥着空间内外信息交流的功能,它规定了哪些决策信息被允许进入决策渠,哪些信息不被允许进入。由于组织机构层级过多、制度规范过于繁复,决策进程需要从低层级的组织机构开始,一步一步地,才能行进到高层级的组织机构,旷费时日,而且每一层级组织机构本身是一个信息过滤阀,决策信息每通过一个层级组织机构就可能遭受损失或导致失真。特别是处于边缘状态的、非强势地位的决策利益相关者,他们的利益诉求难以进入决策渠,更难以转换为政策建议,它们很有可能在第一层级组织机构前就被拦住。因此,需要不断完善每一层级公共权力部门对公众利益诉求的接纳与反馈机制,拓展决策渠中留给决策利益相关者的空间,从而促使更多的决策利益相关者的关切能够进入决策渠并不至于如昙花一现般很快便消失。为什么规划的沪杭磁悬浮上海段沿线居民要从自家楼上张挂标语、口号来抗议,要参与晚饭后的"散步"?① 原因可能很大程度上就是这些决策利益相关者按照既有决策渠架构,他们的利益诉求很难得到反映,因为承担重点项目决策进程的载体例如调研会、评审会、咨询会等,他们既非政府成员,又非专业知识人士(专家),他们如要进入并非易事。尽管诸如工程规划、工程方案等可以在社会媒体、互联网络、社区公告栏等载体上进行公示,但是这些载体的可方便地获致程度,以及公共权力决策部门接受反馈机制的灵活高效透明程度,对大多数的决策利益相关者而言可能具有很大的限制,因而,决策利益相关者的利益诉求和决策意见往往可能被"有关部门"所屏蔽、削弱或消解。

第二,应努力将非制度性因素纳入制度化运行轨道,尽量避免其不利影响。非制度性因素的一个集中表现形式是执政部门权力的人格化运作,具体的表现就是执政部门的某些决策关键人,他们的个人认知、价值观念、个人好恶,以及他们之间非结构化的权力关系直接影响到决策问题的界定和政策方案的选择。胡伟的研究表明,当代中国国家的重大决策权一般由执政党的领袖及其核心领导层所掌握,更有影响力量的是公共权力部门中的权力精英,社会力量的决策影响力比较起来相当弱,并将这种情况界定为典型的精英决策。他进而认为:"决策过程基本取决于权力精英的作用,特别是深受人格化权力结构的影响。"②胡伟进行观察的时间跨度主要集中于中国共产党执政之后到"十一届三中全会"实行改革开放政策前后的一个时间段。但是人格化权力始终在当代中国政治—行政体系的决策过程中发挥着主导作用。实际上,人

① 刘刚:《沪杭磁悬浮:漫长的博弈》,《中国新闻周刊》,2010 年第 12 期。
② 胡伟:《当代中国政府过程》,浙江人民出版社,1998 年,第 254 页。

格化权力结构也是所有政治社会决策中发挥重要影响的非制度性因素。金登在分析政府内部的参与者时,也以描述性的笔调写道:"政治任命官发现,精明的做法是应该跟着总统的风向走,而且总统也发现,被描绘成为与其重要顾问处于交战状态则是一件很麻烦的事情。有时,内阁部长们和其他的总统任命官试图通过投其所好,明确提出一个将会赢得总统赞成和感谢的建议来拍总统的马屁。"[①]无论人格化权力是否利弊参半,其与制度化权力结构之间的张力依然促使我们期盼在公共决策上人格化权力结构发挥作用越小越好,尽管人格化权力结构也许永远无法从人类社会的"城邦"生活中抹去,但是有必要让这些在公共决策上发挥作用的非制度化因素变得透明起来。特别是要积极建立完善执政部门决策关键人的决策权力监督约束机制、决策利益回避机制、决策责任追究机制,进一步规范公共权力部门决策关键人的决策行为。例如,在国家重点基建项目决策中,执政部门的领导可以不参加技术性问题的评审会,或者即使参加也不做结论性、定调性的讲话,真正交由技术专家去讨论并做出决定。

第三,应努力拓展公共交流空间。随着当代以信息技术飞速发展为动力推动的政治社会系统的开放性增加,人格化权力结构与多利益主体结构之间的张力更为突出和敏感。以互联网论坛、微博为代表的公共交流空间是与决策渠密切联系的公共领域。公众议程在公共交流空间能够得到更好的发育,这为政府议程在决策渠的确立创造了条件。张云龙认为,互联网公共论坛作为新型的"公共领域",为构建商谈式的工程伦理带来了新的空间和机会。[②]社会公众包括决策者和决策利益相关者都可以根据自身的生活经历、利益诉求在公共交流空间自由地讨论和评估政策问题。对于执政部门来说,要积极支持公共交流空间的拓展,充分重视公共交流空间流淌的利益诉求和政策建议,并将之吸纳到决策进程中,才可能使最终形成的决策为更多的公众所接受。正如殷瑞钰等学者所指出的,工程建设与公众利益和社会福祉紧密相关,既要求得公众理解,又要争取公众参与,因为公众是重大工程的利益相关者。[③]

---

① [美]约翰·W.金登:《议程、备选方案与公共政策(第2版)》,丁煌,方兴译,中国人民大学出版社,2004年,第36页。

② 张云龙:《交往与协商:工程伦理的一个新向度》,《浙江社会科学》,2008年第3期。

③ 殷瑞钰、汪应洛、李伯聪:《工程哲学》,高等教育出版社,2007年。

8.3 非支持联盟与决策的公众接受度

一个总体的判断是,持续的政治—行政体系应视为具有保证其持续性的合法性基础,由该政治—行政体系处理的决策问题所依托的决策渠亦保持相对稳定,而且无论是执政部门还是决策利益相关者关于决策结果——政策图景——的认知也相对成熟。但是一个持续的政治—行政体系是否就能确保执政部门和决策利益相关者的利益诉求均能在最后的利益综合中得到体现吗?答案并不确定。

决策溪流由执政部门主导,但并不是说执政部门一手就能"包办"整个决策过程,决策过程如果离开了公众的参与及公众的接受,最终的政策要么无法形成要么因闭门造车而无法得到执行。因此在主导决策溪流行进的过程中,执政部门也需要寻求同盟者。同时由于围绕任何一项国家重点基建项目决策产生的政策思想并不是单一的而是多元的,如此,执政部门的使命除了寻求同盟者外,可能还需要向不同的政策思想做出反应甚至"反击"。

萨巴蒂尔和简金斯—史密斯等学者认为[①],在政策过程中行动者倾向于组合成一个或多个支持联盟,这样通常包括立法者、行政机构领导人、研究人员、利益集团领导人和新闻工作者,而且这样的支持联盟一经形成就能够保持相对的稳定,因为他们在形成的过程中也形成了联盟的"信仰",这个信仰实际上是一个有着层级结构的三维结构:即深层内核包括实体性和规范性的信仰,如对于个人自由与平等的相关评价;下一个层面贯穿于整个政策子系统中联盟的基本行为规范和因果认知即政策的核心信仰,如基本的价值偏好、对于问题总体严重的基本感知,以及它的主要原因、认识子系统中核心价值的策略、适于处理问题的最佳政府层级,以及要使用的最基本的政策工具,这些是联盟的基本黏合剂;第三个层面包括一组范围较窄的信仰,如关于合适的规则或预算分配的政策优先考虑、具体制度的设计、各种行动者表现的评价等。由此看来,支持联盟是政策过程积极的参与者,同时也有可能是强有力的推动者。

支持联盟的概念与金登提出的政策共同体概念存在共通之处。金登认为政策共同体是由某一特定政策领域的专业人员组成,这些专业人员分散在政府内外,诸如有些人在国会的一些委员会供职,或者在国会办事机构供职,另一些人在像规划与评估办公室和预算办公室等地方工作,还有一些人是学者、

---

① [美]保罗·A.萨巴蒂尔:《政策过程理论》,彭宗超,钟开斌,等译,生活·读书·新知三联书店,2004 年。

咨询顾问人员或利益集团的分析人员,这些专业人员共同关注某一个领域的政策问题。由于政策领域不同,不同政策领域的政策共同体内部的分裂程度存在很大的差别,而一个更加紧密结合的共同体常常产生一些共同的视野、取向和思维方式。由于政策共同体共同分享一些政策建议,以及政策共同体具有结构上的特点,使得政策共同体成为政策建议的热情推销者。

执政部门主导的决策溪流,必然要将认同执政部门主导的政策建议的决策主体纳入到决策渠中。例如前文讨论的关于议题的技术性评估中,专家的执政部门化也从一个方面反映了执政部门构建支持联盟的倾向。正如黄健荣、徐西光所观察到的①,在三峡工程项目决策过程中,组织三峡工程论证的行政机构为主张三峡工程上马的水电部,参加三峡工程论证的 412 位专家中三分之二以上是由原水电部领导指定,只邀请倾向赞同工程的专家参加工程咨询论证,赞成派的观点在《人民日报》《光明日报》等重要报纸上大量刊载以形成赞成意见一边倒的舆论态势,等等。从中可以明显地看到,执政部门在积极地建构一个有利于推动工程上马的支持联盟。甚至可以说,在执政部门主导的决策溪流中,执政部门也主导着支持联盟的建构。

问题是,在日益多元化的当代社会结构中,既然有不同的政策思想和观点存在,对于一项影响广泛的大型项目决策,就一定会有支持的意见和有保留地支持的意见以及不支持的意见。以执政部门为主导建构支持执政部门主导的政策建议的支持联盟,同时那些不支持或反对执政部门主导的政策建议的决策主体或者利益相关者也会尽力建构支持自身主张的政策建议的支持联盟。要提高决策的公众接受度,就应该既尊重和重视支持联盟,又应该尊重和重视非支持联盟。

如果不同的利益诉求不能有效地参与到决策渠中的博弈与协商,那么决策溪流的行进就有可能不会那么顺利,甚至最后达成的政策可能并不符合整体的或者长远的期待。更常见的情况是,执政部门为促成议题溪流、政策溪流按照预想的目标行进,更乐意采取一些积极的办法。例如为了充分地论证"依靠渡轮过江是危险的",可能会很认真地统计这种方式在一段时间内因各种事故的发生而带来的生命财产损失,但与此同时,却几乎没有任何人关注假如这些交通量发生在公路上,发生生命财产损失的概率有多大。而实际上,每年道路交通事故死亡人数都远超水上交通,如自 2001 年至 2006 年,中国每年

---

① 黄健荣、徐西光:《政府决策能力论析:国家重点建设工程决策之视界——以长江三峡工程决策为例》,《江苏行政学院学报》,2012 年第 1 期。

道路交通事故死亡人数均在 10 万人左右①,在 2009 年,道路交通事故死亡人数为 67759 人②,而因运输船舶交通事故死亡人数为 336 人③,这种损失的概率显然要大于水上交通意外事故造成的损失。这也再次说明了德博拉·斯通关于政策问题构建的观点,人们习惯于控制统计的方面从而影响问题的构建。其实,这样的情况也存在于其他地方,例如,近 50 年来美国拆除了上千座水坝,原因是"过去,专家和政府论证水坝建设时,在个人利益、部门及地区利益的驱使下,对'利'无限夸大,对'弊'却轻描淡写,甚至避而不谈"。④

提高决策渠的开放性和包容性是扩大决策主体参与的一个重要途径,但是这只是一个方面。如果决策堤坝只有允许"可行性"论证、赞同性论证的支持条件,而没有允许和鼓励"不可行性"论证、不赞同性论证的支持条件,那么即使扩大了决策主体参与,但是利益综合的最后结果可能还不能很好地符合整体的或者长远的期待。重点基建项目是百年大计,在议题构建的政治、经济、技术三个层面上,应该坚持"可行性"与"不可行性"的双重讨论。

决策主体是理性的,尽管只能做出有限理性的选择,但是在决策溪流的行进中,他们都会为了自身的利益而竞争,这样说,并没有排除有关"公共利益"的信仰。关于议题溪流的争论,关于政策溪流的争论,关于政治溪流的争论,这些都是决策主体关于自身主张利益的博弈竞争。在决策溪流向最终目标行进途中,有些利益放弃了或者被放弃了,有些被整合为新的利益表达方式。例如,南通与常熟之间应该建设一条公路隧道或者应该建设一座公路桥梁,最终的政策方案也许只能是一个,要么建隧道,要么建桥梁,假如最终建的是隧道,对于主张建桥梁的决策主体而言,是否意味着自身的利益没有得到表达。实则不然,因为从议题溪流和政治溪流行进来看,"南通与常熟之间应该建设公路过江通道"是议题溪流"是建隧道还是建桥梁"的前一阶段表达,只要最终的结果是建了,也相当于实现了"主建派"决策主体的利益诉求。因此,决策溪流行进中的利益博弈和竞争并不可怕,如果能够构建一个有利于博弈竞争的民主协商式的决策渠架构,那么通过博弈竞争,更能充分地获致利益真正得以综合的结果。这是提高国家重点基建项目决策的公众接受度的又一个重要

① 中国历年交通事故死亡人数官方统计,http://wenku.baidu.com/view/60eef0651ed9ad51f01df2d9.html。

② 中国历年交通事故死亡人数官方统计,http://wenku.baidu.com/view/60eef0651ed9ad51f01df2d9.html。

③ http://news.sina.com.cn/o/2010-01-21/160516970835s.shtml。

④ 《50 年来美国为何拆水坝上千座?》,《羊城晚报》,2012 年 6 月 16 日,http://www.ycwb.com/ePaper/ycwb/html/2012-06/16/content_1416793.htm。

方面。

8.4 研究的局限性及需要进一步讨论的问题

本书研究的目的是如何理解当代中国国家重点基建项目决策过程,并以20世纪90年代以来当代中国国家交通重点基建项目决策为例,基于决策溪流的分析框架构想展开考察旅程的。作为研究结论,尝试性地提出执政部门主导的决策溪流分析框架是适用于理解当代中国国家重点基建项目决策过程的概念性框架。然而本研究存在的局限仍是明显的,主要表现在以下几个方面:

一是案例选择上的局限性。例证研究关键在于案例选择。针对国家重点基建项目决策过程分析,可以选择的案例数量很多。而且只有更多的案例分析,才能得出更合理的结论。但是案例的可获致性受到了很多条件的制约,即使是缩小案例选择范围,局限在交通类的国家重点基建项目上,可以得到的可用的案例也很有限。通过有限的案例来形成理论概括,其基础尚不够坚实。

二是变量分析上的局限性。本书将决策语境、决策要素、决策主体、议题、决策时机作为决策溪流分析框架的几个主要概念(变量),来考察国家重点基建项目决策过程。总体而言,确定研究变量基本上就能够确定研究的主要方面,但是本书在上述几个主要变量的论述上存在着详略的差异,有的变量如决策溪流中的政治溪流、政策溪流的分析就未做更深层次的展开。

三是研究方法上的局限性。本书采取先提出理论预设然后进行例证分析的方法,对当代中国重点基建项目决策过程进行分析考察,这一研究方法有利于保证逻辑上的连贯性,但不可避免地受到预设的研究立场的限制,在研究内容和思路上的空间可能未有较好地拓展。

四是适用范围上的局限性。本书着眼于理解当代中国国家重点基建项目决策过程并在理解的过程中提出一个解释的概念性框架,这一概念性框架能否成立还需要进一步的研究来证明。其适用的空间和对象可能都是特定的,可能更适用于国家层面的大型基础设施建设项目决策过程研究,但对于国家其他类别的大型项目决策过程研究可能还需进一步检验。

解决这些局限应是下一步拓展的空间,需要进一步讨论的问题包括:

(1)变量的完善。变量的设定对于研究的可靠性具有基础性作用。由于变量来源于两个方面的结合,一是决策过程的实然性考察,另一个是理论上的构想,由于理论构想的局限性和变量的抽象性,可能使得变量的设置并不完善。无论是变量的设置还是变量的界定都应更为精细,进一步深化变量间关系的考察,从而夯实决策溪流分析框架的理论解释基础。

（2）案例的扩充。本书研究主要以国家交通重点建设项目为例,然而这些案例的代表性仍然是具有局限性。国家重点基建项目包括的类别众多,除了交通项目还有水利、农业等项目,而且项目规模上、涉及地域上、工程技术要求上均差异很大。要提出一个更具一般性意义的决策溪流分析框架需要以各个类别的项目的决策过程案例作为考察资料。

（3）理论的提升。按照奥斯特罗姆关于概念性框架、理论和模型三者的阐释,从概念性框架发展到理论、再提炼出模型,实际上反映了研究深刻程度上的差异。本书提出的决策溪流分析框架还是一个粗略的解释性框架,鉴于政府大型项目决策过程的独特性,在此基础上将决策溪流分析框架发展为某种理论、提出某个模型是有前景的。

参考文献

一、外文译著

1. ［英］米切尔·黑尧：《现代国家的政策过程》，赵成根译，中国青年出版社，2004年。

2. ［美］托马斯·R.戴伊：《理解公共政策（第10版）》，彭勃，等译，华夏出版社，2004年。

3. ［美］詹姆斯·E.安德森：《公共决策》，谢明译，华夏出版社，1990年。

4. ［美］约翰·W.金登：《议程、备选方案与公共政策（第2版）》，丁煌，方兴译，中国人民大学出版社，2004年。

5. ［美］德博拉·斯通：《政策悖论：政治决策中的艺术（修订版）》，顾建光译，中国人民大学出版社，2006年。

6. ［美］拉雷·N.格斯顿：《公共政策的制定：程序和原理》，朱子文译，重庆出版社，2001年。

7. ［美］保罗·A.萨巴蒂尔：《政策过程理论》，彭宗超，钟开斌，等译，生活·读书·新知三联书店，2004年。

8. ［美］杰克·普拉诺，等：《政治学分析辞典》，胡杰译，张宝训校，中国社会科学出版社，1986年。

9. ［美］梅里亚姆：《美国政治学说史——从殖民时期到内战结束》，朱曾汶译，商务印书馆，1988年。

10. ［美］哈罗德·D.拉斯韦尔：《政治学：谁得到什么？何时和如何得到？》，商务印书馆，1999年。

11. ［美］戴维·杜鲁门：《政治过程：政治利益与公共舆论》，陈尧译，天津人民出版社，2005年。

12. ［美］加布里埃尔·A.阿尔蒙德、小G.宾厄姆鲍威尔：《比较政治学：体系、过程和政策》，曹沛霖，等译，东方出版社，2007年。

13. ［加］迈克尔·豪特利、M.拉米什：《公共政策研究——政策循环与政策子系统》，庞诗，等译，生活·读书·新知三联书店，2006年。

14. ［瑞典］冈纳·缪尔达尔：《亚洲的戏剧：对一些国家贫困问题的研

究》,北京经济学院出版社,1992 年。

15. [法]费尔南・布罗代尔:《论历史》,刘北成,周立红译,北京大学出版社,2008 年。

16. [美]詹姆斯・M. 布坎南:《自由、市场与国家:80 年代的政治经济学(第 1 版)》,平新乔,莫扶民,等译,生活・读书・新知三联书店,1989 年。

17. [美]肯尼斯・约瑟夫・阿罗:《社会选择与个人价值》,丁建峰译,上海人民出版社,2010 年。

18. [法]费尔南・布罗代尔:《菲利普二世时代的地中海和地中海世界》,唐家龙,等译,商务印书馆,1996 年。

19. [美]弗里蒙特・卡斯特、詹姆斯・罗森茨韦克:《组织与管理》,中国社会科学出版社,1985 年。

20. [美]詹姆斯・R. 汤森、布兰特利・沃马克:《中国政治》,江苏人民出版社,2003 年。

21. [英]埃里克・罗尔:《经济思想史》,陆元诚译,商务印书馆,1981 年。

22. [英]迈克尔・希尔、[荷]彼特・休普:《执行公共政策》,黄健荣,等译,商务印书馆,2011 年。

23. [美]德鲁克:《卓有成效的管理者》,许是祥译,机械工业出版社,2009 年。

24. [美]西蒙:《管理行为》,詹正茂译,机械工业出版社,2007 年。

25. [美]约瑟夫・奈:《硬权力与软权力》,门洪华译,北京大学出版社,2005 年。

26. [美]詹姆斯・多尔蒂、小罗伯特・普法尔茨格拉夫:《争论中的国际关系理论》,阎学通,陈寒溪,等译,世界知识出版社,1987 年。

27. [法]古斯塔夫・勒庞:《乌合之众:大众心理研究(第 1 版)》,陈天群译,江西人民出版社,2010 年。

28. [英]沃尔特・白芝浩:《英国宪法》,夏彦才译,商务印书馆,2010 年。

29. [英]詹姆斯・布赖斯:《现代民治政体(上下册)》,张慰慈译,吉林人民出版社,2001 年。

30. [英]H. K. 科尔巴奇:《政策(第 1 版)》,张毅,韩志明译,吉林人民出版社,2005 年。

31. [美]詹姆斯・E. 安德森:《公共政策制定导论(第 5 版)》,谢明,等译,中国人民大学出版社,2009 年。

32. ［美］斯图亚特·S.那格尔:《政策研究百科全书》,林明,等译,科学技术文献出版社,1990 年。

33. ［美］伊斯顿:《政治生活的系统分析》,王浦劬,等译,华夏出版社,1999 年。

34. ［美］加布里埃尔·A.阿尔蒙德,等:《当代比较政治学:世界视野》,杨红伟,等译,上海人民出版社,2010 年。

35. ［美］李侃如:《治理中国:从革命到改革》,胡国成,赵梅译,中国社会科学出版社,2010 年。

36. ［美］史密斯:《科学顾问——政策过程中的科学家》,温珂,等译,上海交通大学出版社,2010 年。

37. ［美］邓恩:《公共政策分析导论(第 2 版)》,谢明,等译,中国人民大学出版社,2010 年。

38. ［美］莱梅·霍佩:《确定议程的策略:污染问题案例》,1970 年。

39. ［美］爱尔文·塔克尔:《今日微观经济学(第 3 版)》,北京大学出版社,2005 年。

40. ［韩］吴锡泓、金荣枰:《政策学的主要理论》,复旦大学出版社,2004 年。

41. ［意］安东尼奥·葛兰西:《狱中书简》,田时纲译,人民出版社,2007 年。

42. ［德］哈贝马斯:《公共领域的结构转型》,曹卫东,等译,学林出版社,1999 年。

43. ［德］哈贝马斯:《在事实与规范之间》,童世骏译,生活·读书·新知三联书店,1999 年。

二、中文著作

1.《中国共产党第十七次全国代表大会文件汇编》,人民出版社,2007 年。

2. 陈振明:《政策科学》,中国人民大学出版社,1998 年。

3.《中国金融年鉴(2002)》,人民出版社,2002 年。

4. 张金马:《公共政策分析:概念·过程·方法》,人民出版社,2004 年。

5. 谢明:《公共政策导论》,中国人民大学出版社,2002 年。

6. 伍启元:《公共政策(上下册)》,香港商务印书馆,1989 年。

7. 陶学荣:《公共政策概论(第 2 版)》,东北财经大学出版社,2009 年。

8. 王佃利、曹现强：《公共决策导论》，中国人民大学出版社，2003 年。

9. 朱光磊：《当代中国政府过程（第 3 版）》，天津人民出版社，2008 年。

10. 胡伟：《政府过程》，浙江人民出版社，1998 年。

11. 刘伯龙、竺乾威：《当代中国公共政策》，复旦大学出版社，2004 年。

12. 李鹏：《众志绘宏图——李鹏三峡日记》，中国三峡出版社，2003 年。

13. 戴晴：《长江，长江——三峡工程论争》，贵州人民出版社，1989 年。

14. 苏向荣：《三峡决策论辩：政策论辩的价值探寻》，中央编译出版社，2007 年。

15. 高登亮、钟焜茂、詹仁美：《语境学概论》，中国电力出版社，2006 年。

16. 陈庆云：《公共政策分析（第 1 版）》，北京大学出版社，2006 年。

17. 张永桃：《当代中国政治制度》，南京大学出版社，2004 年。

18. 《周恩来选集（下卷）》，人民出版社，1984 年。

19. 《毛泽东选集（第 5 卷）》，人民出版社，1977 年。

20. 《邓小平文选（第 2 卷）》，人民出版社，1993 年。

21. 《三中全会以来重要文献选编》，人民出版社，1982 年。

22. 《邓小平文选（第 3 卷）》，人民出版社，1993 年。

23. 唐存标：《现代领导学原理》，上海科学普及出版社，1992 年。

24. 谢家平：《管理运筹学——管理科学方法》，中国人民大学出版社，2010 年。

25. 陈振明：《公共管理学》，中国人民大学出版社，2005 年。

26. 黄卫平、汪永成：《当代中国政治研究报告 II》，社会科学文献出版社，2003 年。

27. 王颖、孙炳耀：《中国民间组织发展概况》，载于俞可平，等《中国公民社会的兴起与治理的变迁》，社会科学文献出版社，2002 年。

28. 肖立辉：《当代中国政府与政治研究》，河南人民出版社，2008 年。

29. 张金马：《政策科学导论》，中国人民大学出版社，1992 年。

30. 陈潭：《公共政策学》，湖南师范大学出版社，2003 年。

31. 黄健荣，等：《公共管理新论》，社会科学文献出版社，2005 年。

32. 邱昌泰：《公共政策：当代政策科学理论之研究》，台湾巨流图书公司，2001 年。

33. 郑家亨，等：《统计大辞典》，中国统计出版社，1995 年。

34. 侯钧生：《西方社会学理论教程》，南开大学出版社，2006 年。

35. 《中国大百科全书（社会学卷）》，中国大百科全书出版社，1991 年。

36. 陈庆云：《公共政策分析》，中国经济出版社，2000年。

37. 张国庆：《公共行政学》，北京大学出版社，2007年。

38. 殷瑞钰、汪应洛、李伯聪：《工程哲学·前言》，高等教育出版社，2007年。

三、中文报刊文章

1. 黄健荣、钟裕民：《中国政府决策能力评价及其优化研究——以医疗卫生体制改革决策为例》，《社会科学》，2011年第11期。

2. 高梁、刘洁：《国家重大工程与国家创新能力》，《中国软科学》，2005年第4期。

3. 黄健荣、徐西光：《政府决策能力论析：国家重点建设工程决策之视界——以长江三峡工程决策为例》，《江苏行政学院学报》，2012年第1期。

4. 黄健荣：《政策、决策及其研究》，《理论探讨》，2001年第1期。

5. 黄健荣：《政府决策注意力资源论析》，《江苏行政学院学报》，2010年第6期。

6. 陈建国：《金登"多源流分析框架"述评》，《理论探讨》，2008年第1期。

7. 柏必成：《改革开放以来我国住房政策变迁的动力分析——以多源流理论为视角》，《公共管理学报》，2010年第10期。

8. 李建华、谢敏：《金登多源流模式理论及其启示——评述多源流模式理论》，《湖南工业大学学报（社会科学版）》，2010年第10期。

9. 黄健荣：《决策理论中的理性主义与渐进主义及其适用性，南京大学学报（哲学·人文科学·社会科学）》，2002年第1期。

10. 卢迈：《中国农村改革的决策过程》，《二十一世纪》，1998年第12期。

11. 崔之元：《"混合宪法"与对中国政治的三层分析》，《战略与管理》，1998年第3期。

12. 王强：《中央、地方、民众：村民自治决策过程的三层分析》，《开放时代》，2000年第1期。

13. 杨建科、王宏波、屈旻：《从工程社会学的视角看工程决策的双重逻辑》，《自然辩证法研究》，2009年第1期。

14. 安维复：《工程决策：一个值得关注的哲学问题》，《自然辩证法研究》，2007年第8期。

15. 李伯聪：《工程伦理学的若干理论问题——兼论为"实践伦理学"正

名》,《哲学研究》,2006 年第 4 期。

16．董水平、樊勇：《工程决策主体伦理责任的缺失及其规避策略——以职业经理人为视角》,《昆明理工大学学报(社会科学版)》,2010 年第 8 期。

17．雷丽彩、周晶、何洁：《大型工程项目决策复杂性分析与决策过程研究》,《项目管理技术》,2011 年第 1 期。

18．徐唐龄：《大型项目效益评估的杰出案例——谈长江三峡工程论证的合理性》,《财经理论与实践》,1992 年第 3 期。

19．唐代望：《全球超级的三峡工程决策历程》,《广东行政学院学报》,1998 年第 2 期。

20．陈丽华：《三峡工程决策的科学性与民主性》,《党政干部学刊》,1998 年第 1 期。

21．卢广彦,等：《重大工程决策过程与决策特征研究——以三峡工程为例》,《中国科技论坛》,2008 年第 8 期 。

22．孙越崎：《关于三峡工程论证的意见和建议》,《群言》,1989 年第 4 期。

23．潘家铮：《三峡工程论证始末》,《中国水利》,1989 年第 1 期。

24．王安：《三峡工程决策内情》,《南风窗》,1992 年第 6 期。

25．李锐：《对历史负责到底：忆三峡工程上马过程的始末》,《当代中国研究》,1999 年第 3 期。

26．童怀平,等：《邓小平说：三峡工程是政治问题》,《书摘》,2002 年第 11 期。

27．陈红其,等：《三峡工程论证决策始末》,《党史天地》,2006 年第 2 期。

28．钱正英：《三峡工程的决策》,《水利学报》,2006 年第 12 期。

29．中共国务院三峡办党组：《三峡工程的改革开放之路》,《求是》,2009 年第 3 期。

30．魏廷玲：《三峡工程的提出和决策》,《百年潮》,2009 年第 11 期。

31．汤耀国：《三峡论战风云录》,《瞭望》,2009 年第 49 期。

32．熊坤静：《三峡工程决策始末》,《党史文苑》,2010 年第 19 期。

33．吴光祥：《三代领导人与"三峡工程"决策》,《领导文萃》,2010 年第 8 期。

34．王新民：《聚焦三门峡水库——50 年后的反思》,《西部大开发》,2004 年第 3 期。

35. 包和平,等:《"规划"的失误及其对三门峡工程的影响》,《自然辩证法研究》,2005 年第 9 期。

36. 王俊玲:《从"三门峡水库的废与留"谈决策的科学化与民主化》,《西北水力发电》,2005 年第 12 期。

37. 张伟,等:《三门峡工程决策失败之教训》,《决策与信息》,2009 年第 7 期。

38. 周海,等:《创新设计、资源节约、环境友好和低碳发展的长江口深水航道治理工程》,《水运工程》,2012 年第 12 期。

39. 钟岷源:《福州长乐机场决策失误调查》,《中国商界》,2004 年第 2 期。

40. [美]布坎南:《宪法经济学》,《经济学动态》,1992 年第 4 期。

41. 赵定涛、扶元广:《社会选择理论的新进展》,《经济理论与经济管理》,2005 年第 2 期。

42. 顾建光:《一部关于公共政策的智慧之作——评德博拉·斯通的〈政策悖论〉》,《中国行政管理》,2007 年第 6 期。

43. 龚虹波:《"垃圾桶"模型述评——兼谈其对公共政策研究的启示》,《理论探讨》,2005 年第 6 期。

44. 张芝联:《费尔南·布罗代尔的史学方法》,《历史研究》,1986 年第 2 期。

45. 俞思念:《现代化理论与现代化中国》,《河南司法警官职业学院学报》,2003 年第 1 期。

46. 潘锐、娄亚萍:《影响美国对外援助政策决策的三个要素》,《和平与发展》,2008 年第 3 期。

47. 罗峰:《当代中国行政决策的要素分析:一项过程研究》,《理论文萃》,2001 年第 6 期。

48. 邢悦:《美国对外政策中的文化规范功能》,《现代国际关系》,2003 年第 11 期。

49. 王银芹、汤丹:《文化势能对跨文化传播的影响》,《新闻前哨》,2011 年第 8 期。

50. 丁东铭、罗公利:《生态文明社会内涵在公共政策导向中的制度性势能》,《青岛科技大学学报(社会科学版)》,2012 年第 1 期。

51. 王颖:《中国的社会中间层:社团发展与组织体系重构》,《中国社会科学季刊》(香港),1994 年第 6 期。

52. 陆明远:《利益统合到利益分离——中国社会团体意见表达功能研究》,《长白学刊》,2006 年第 4 期。

53. 任峰、李垣:《决策主体、创新策略对技术创新影响的实证分析》,《预测》,2003 年第 3 期。

54. 谢琳琳、钟小伟、杨宇:《公共投资建设项目决策主体再界定》,《建筑管理现代化》,2005 年第 5 期。

55. 李玲玲:《公共决策主体体系分析——基于三元整合理论的视角》,《理论探讨》,2004 年第 5 期。

56. 金利、刘建国:《试析公共政策决策主体之间的政治互动》,《经营管理者》,2011 年第 9 期。

57. 黄小军:《工程伦理决策主体的层次思考》,《湖南工业职业技术学院学报》,2011 年第 2 期。

58. 李雅琴:《论立法决策的主体》,《法制与社会》,2010 年第 25 期。

59. 乔杰、金燕:《我国公共决策主体多元体系的建构与完善》,《天水行政学院学报》,2008 年第 4 期。

60. 景崇毅、石丽娜、孙宏:《中国大飞机项目决策过程的动态博弈分析》,《工业工程》,2009 年第 2 期。

61. 婴雄:《中国民主政治的理论路径》,《廉政瞭望》,2007 年第 9 期。

62. 张彬、朱光磊:《从"利益综合"环节入手深化中国政府过程研究——对近三十年中国政治发展的一个技术性分析》,《天津社会科学》,2009 年第 1 期。

63. 胡平仁:《政策问题与政策议程》,《湘潭大学学报(哲学社会科学版)》,2001 年第 1 期。

64. 王绍光:《中国公共政策议程设置的模式》,《中国社会科学》,2006 年第 9 期。

65. 章绍甫、邱新有:《农村社会情绪难以进入政策议程的原因分析》,《国家行政学院学报》,2007 年第 2 期。

66. 田家华、龙朝双:《政策议程创立中的舆论"虚拟"》,《江汉论坛》,2004 年第 11 期。

67. 刘桂玲、杨晓明:《影响教育政策议程建立的因素分析》,《北京联合大学学报》,2006 年第 3 期。

68. 郭涛、杨莹:《封闭性与开放性公共政策制定——两种公共政策制定模式的比较》,《社会科学论坛》,2005 年第 4 期。

69. 杨占营：《隐蔽议程问题的理论与启示》，《广东行政学院学报》，2005年第2期。

70. 曾令发：《政策溪流：议程设立的多源流分析——约翰·W.金登的政策理论述评》，《理论探讨》，2007年第3期。

71. 李杰、杨荣军：《我国公共政策输入机制探析》，《社会科学研究》，2005年第5期。

72. 王锡锌：《我国公共决策专家咨询制度的悖论及其克服——以美国〈联邦咨询委员会法〉为借鉴》，《法商研究》，2007年第2期。

73. 朱旭峰：《专家决策咨询在中国地方政府中的实践：对天津市政府344名局处级领导干部的问卷分析》，《中国科技论坛》，2008年第10期。

74. 邹红：《江苏省专家决策咨询机制研究》，《科技与经济》，2008年第4期。

75. 尹柳营：《决策时机效应》，《武汉钢铁学院学报》，1989年第12期。

76. 李志敏：《亚健康状态的几种诱因》，《中国水电医学》，2006年第5期。

77. 张涛：《危机凸现，诱因审视——基于当前青年道德信仰问题的思考》，《滨州职业学院学报》，2008年第1期。

78. 刘瑞宝：《中国本轮通货膨胀的市场结构诱因——基于对中国国有垄断企业行为的分析》，《中南财经政法大学研究生学报》，2008年第5期。

79. 谭庆辉、曾湘衡：《三十年代初社会主义思潮兴起的直接诱因》，《湖南涉外经济学院学报》，2007年第2期。

80. 李文艳、陈通：《腐败行为的经济诱因研究》，《西安电子科技大学学报（社会科学版）》，2005年第1期。

81. 穆方平：《公共政策的经济诱因与地方发展》，《河南社会科学》，2006年第4期。

82. 李庆钧：《论公共政策创新的触发机制》，《行政与法》，2008年第3期。

83. 阮蓁蓁：《西方公共政策终结理论研究综述》，《辽宁行政学院学报》，2009年第12期。

84. 张伟，等：《三门峡工程决策失败之教训》，《决策与信息》，2009年第7期。

85. 徐文龙：《充分发扬决策民主》，《党建研究》，2004年第1期。

86. 谢金林：《决策民主：公共政策程序正义的制度保障》，《理论学刊》，

2009 年第 6 期。

87. 阿计:《重大工程决策,民主不能缺席》,《群言》,2011 年第 9 期。

88. 张云龙:《交往与协商:工程伦理的一个新向度》,《浙江社会科学》,2008 年第 3 期。

89. 包雅钧:《政治过程研究的兴起及分析视角》,《东方论坛·青岛大学学报》,2006 年第 1 期。

90. 许超:《政府过程理论研究述评》,《湖北社会科学》,2010 年第 1 期。

91. 刘艺:《当代中国政府过程研究综述》,《法制与社会》,2007 年第 2 期。

92. 韩长仁:《对专家决策信度的研究》,《价值工程》,2007 年第 8 期。

93. 史富强:《关于完善专家决策咨询制度的思考》,《领导科学》,2007 年第 11 期。

94. 蔡海榕、杨廷忠:《技术专家治国论话语和学术失范》,《自然辩证法通讯》,2003 年第 2 期。

95. 王雄军:《焦点事件与政策间断——以〈人民日报〉的公共卫生政策议题变迁为例》,《社会科学》,2009 年第 1 期。

96. 《江西核电项目民调被指失真 村民按要求填可获奖》,《中国经济周刊》,2012 年 3 月 6 日。

97. 《河北省国民经济和社会发展第十一个五年规划纲要》,《河北日报》,2006 年 4 月 11 日。

98. 周逸梅,等:《汪洋:改革面临主要问题是利益格局影响》,《京华时报》,2012 年 3 月 6 日。

99. 《社科院教授为官员授课 促其重视民权勿暴力拆迁》,《北京晚报》,2010 年 11 月 12 日。

100. 朱俊俊、毛丽萍、赵丹丹、孙兰兰,等:《20 年坚守"守"出个南京南站》,《现代快报》,2011 年 6 月 23 日。

101. 贺国强:《在看望党的十八大湖南代表团代表时的讲话》,《湖南日报》,2012 年 11 月 14 日。

102. 《农民的补偿款成了镇政府收入(民生调查)》,《人民日报》,2013 年 4 月 8 日。

103. 刘刚:《沪杭磁悬浮:漫长的博弈》,《中国新闻周刊》,2010 年 4 月 1 日。

四、英文论著

1. H. D. Lasswell and A. Kaplan. Power and Society. Yale University Press, 1970.

2. M. Valliant Higginson. Management Policies I: Their Development as Corporate Guides. Research Study 76(The Amercian Management Association), 1996.

3. Heclo H. Review article: Policy analysis. British Jounal of Political Science, 1972, 2.

4. Ira Sharkansky. Public Administration: Policy-Making in Government Agencies, 3rd ed. Rand McNally Co. , 1975.

5. Carl J. Friedrich. Man and His Government. McGraw-Hill Co. , 1963.

6. Yehezkel Dror. Public Policymaking Reexamined. Chadler Publishing Company, 1968.

7. Harold D. Lasswell. The Decision Process. College Park, Md. : Bureau of Governmental Research. University of Maryland, 1956.

8. Charles O. Jones. An Introductionto the Study of Public Policy(3rd Ed.). Brooks/Cole Publishing Company, 1984.

9. David M. Lanpton. "A plum for a peach: Bargaining, Interest, and Bureaucratic Politics in China", Kenneth G. Lieherthal & David M. Lanpton(Ed), Bureaucracy, Politics and Decision Making in Post-Mao China. University of California Press, 1992.

10. C. E. Lindblom. The Intelligence of Democracy. The Free Press, 1965.

11. Y. Dror. Muddling Through: " Science " or " Inertia "? Public Administration Review, 1964.

12. Susan Shirk. The Political Logic of Economic Reform in China. California Series on Social Choice and Political Economy, No. 24, 1993.

13. Garry D. Brewer. The Policy Science Emerge: To Nature and Structure a Discipline. Policy Science, 1974(5): 3.

14. Roger W. Cobb, Charles D. Elder. Participation in American Politics: The Dynamics of Agenda-Building. John Hopkins University Press, 1972.

15. Alana Boland. The Three Gorges Debate and Scientific Decision-Making in China. China Information, Vol XIII, No. 1(Summer 1998), PP. 25 – 42.

五、政府及企业的文件资料

1. 国家计划委员会：《国家重点建设项目管理办法》（计建设〔1996〕1105号），1996年。

2. 国家计划委员会：《基本建设计划草案编制办法》，1962年。

3. 国家计划委员会、国家建设委员会：《关于基本建设程序的若干规定》，1978年。

4. 《中华人民共和国宪法（2004年修正）》。

5. 《中华人民共和国全国人民代表大会组织法》，1982年12月10日第五届全国人民代表大会第五次会议通过。

6. 《第九届全国人民代表大会财经委员会工作报告》，2003年2月19日第九届全国人民代表大会财经委员会第115次会议通过。

7. 《全国人民代表大会常务委员会专题调研组关于部分重大公共投资项目实施情况的调研报告》，2009年10月28日在第十一届全国人民代表大会常务委员会第十一次会议上通过。

8. 江苏省人民政府：《省政府关于印发〈江苏省人民政府工作规则〉的通知》，《江苏政报》，2003年第5期。

9. 国务院：《国务院关于机构设置的通知》（国发〔2008〕11号），2008年3月21日。

10. 国家发展计划委员会：《建设项目可行性研究报告增加招标内容以及核准招标事项暂行规定》，中华人民共和国国家发展计划委员会令第9号，2001年6月18日。

11. 交通运输部长江口航道局：《交通运输部长江口航道局介绍（图册）》，2011年3月。

12. 《中华人民共和国国务院组织法（1982年通过）》。

13. 《社会团体登记管理条例（1998年修订）》，国务院令第250号，1998年10月25日。

14. 中共中央办公厅：《各民主党派中央、全国工商联机关参照试行〈国家公务员暂行条例〉实施方案》（中办发〔1995〕16号），1995年11月10日。

15. 国务院：《中华人民共和国国务院信访工作条例》（国务院令第185号），1995年10月28日。

16. 中华人民共和国交通部：《关于苏通长江公路大桥项目建议书审查意见的函》，交函规划〔1999〕285号。

17. 胡锦涛：《在中国共产党第十七次全国代表大会上的报告》，2007年。

18. 长江南京以下深水航道建设工程指挥部：《长江南京以下深水航道建设工程情况汇报》，2013年1月11日。

19. 交通运输部综合规划司：《关于长江南京以下12.5米深水航道二期工程通航设计标准和航道选汊有关问题的复函》（规水便字〔2013〕25号），2013年1月25日。

20. 长江南京以下深水航道建设工程指挥部：《关于报送〈长江南京以下12.5米深水航道二期工程航道选汊专题研究报告〉的报告》，2013年2月5日。

21. 张家港市人民政府：《关于将福姜沙南水道开辟为12.5米深水航道的请示》（张政发〔2013〕14号），2013年2月8日。

22. 江苏沙钢集团有限公司：《关于12.5米深水航道福姜沙航路选择对沙钢影响事宜的紧急报告》（苏沙钢集〔2013〕39号），2013年2月20日。

23. 苏州市人民政府：《苏州市人民政府关于恳请将福姜沙南水道开通为长江12.5米深水航道的请示》（苏府呈〔2013〕14号），2013年2月20日。

24. 中华人民共和国江苏海事局：《江苏海事局关于长江南京以下12.5米深水航道建设二期工程部分航段船舶航路设置意见的函》（苏海事函〔2013〕94号），2013年3月19日。

25. 长江航务管理局：《长航局关于长江南京以下12.5米深水航道二期工程航道选汊的意见》（长航函道〔2013〕34号），2013年3月21日。

26. 《长江南京以下12.5米深水航道二期工程工程可行性研究报告内审会专家审查意见》，2013年4月18日。

27. 长江航道规划设计研究院，等：《长江南京以下12.5米深水航道建设工程一期工程（太仓—南通段）工程可行性研究报告》，2012年3月。

28. 交通部长江口航道局：《长江口深水航道治理工程》，2006年10月。

29. 长江口深水航道治理三期工程立功竞赛领导小组：《打开长江口——长江口深水航道治理三期工程纪实（第3集）》，2012年4月。

30. 江苏省计划委员会：《关于上报"苏通长江公路大桥项目建议书"的请示》（苏计经交发〔1998〕2366号），1998年11月11日。

31. 江苏省计划委员会：《关于苏通长江公路大桥项目申请利用日元贷款计划的请示》（苏计经外发〔1999〕285号），1999年3月5日。

32. 交通部：《关于苏通长江公路大桥项目建议书审查意见的函》（交函规划〔1999〕285号），1999年4月9日。

33. 中国国际工程咨询公司：《关于江苏苏通长江公路大桥项目建议书

的评估报告》(咨交通〔1999〕559 号),1999 年 10 月 29 日。

34. 国家计划委员会:《国家计委关于审批江苏省苏通长江公路大桥项目建议书的请示》(计基础〔2001〕848 号),2001 年 5 月 24 日。

35. 中国国际工程咨询公司:《关于苏通长江公路大桥可行性研究报告的评估报告》(咨交通〔2002〕192 号),2002 年 4 月 19 日。

36. 交通部:《交通部第二届专家委员会委员名单》,2004 年 6 月。

37. 交通运输部:《交通运输部第三届专家委员会人员名单》(交人劳发〔2009〕781 号),2009 年 12 月 31 日。

38. 国家计划委员会:《印发国家计委关于审批江苏省苏通长江公路大桥项目建议书的请示的通知》(计基础〔2001〕1089 号),2001 年 6 月 22 日。

39. 江苏省计划委员会:《关于上报苏通长江公路大桥项目可行性研究报告的请示》(苏计基础发〔2001〕904 号),2001 年 9 月 26 日。

40. 交通部:《关于苏通长江公路大桥项目可行性研究报告审查意见的函》(交函规划〔2002〕4 号),2002 年 1 月 10 日。

41. 国家计划委员会:《国家计委关于审批江苏省苏通长江公路大桥可行性研究报告的请示》(计基础〔2002〕1740 号),2002 年 9 月 27 日。

42. 国家计划委员会:《印发国家计委关于审批江苏省苏通长江公路大桥可行性研究报告的请示的通知》(计基础〔2002〕2330 号),2002 年 11 月 5 日。

43. 江苏省交通厅:《关于出具苏通长江公路大桥桥梁通航净空尺度和技术要求意见的函》(苏交计〔2001〕40 号),2001 年 4 月 4 日。

44. 交通部长江航务管理局:《关于对苏通长江公路大桥通航净空尺度和技术要求意见的函》(长航函安〔2001〕54 号),2001 年 6 月 20 日。

45. 江苏省交通厅:《关于上报"苏通长江公路大桥通航净空尺度和技术要求论证研究报告"的请示》(苏交计〔2001〕90 号),2001 年 7 月 7 日。

46. 交通部:《关于苏通长江公路大桥通航净空尺度和技术要求的批复》(交水发〔2001〕763 号),2001 年 12 月 20 日。

47. 江苏交通厅:《关于建设苏通大桥涉及长江航道方面有关问题的函》(苏交计〔2002〕130 号),2002 年 7 月 20 日。

48. 交通部长江航务管理局:《关于对苏通长江公路大桥通航有关问题意见的函》(长航函安〔2002〕75 号),2002 年 8 月 13 日。

49. 江苏省交通厅:《关于苏通长江公路大桥桥轴线使用岸线和水域的函》(苏交计〔2001〕200 号),2001 年 10 月 11 日。

50. 江苏省水利厅：《关于苏通长江公路大桥建设利用长江岸线水域的请示》（苏水管〔2001〕136号），2001年11月21日。

51. 水利部长江水利委员会：《关于苏通长江公路大桥建设利用长江岸线水域的批复》（长江务〔2001〕568号），2001年12月20日。

52. 江苏省水利厅：《关于转发〈关于苏通长江公路大桥建设利用长江岸线水域的批复〉意见的函》（苏水管〔2002〕24号），2002年3月1日。

53. 江苏省国土资源厅：《关于苏通长江公路大桥主桥及接线用地压覆矿产资源情况的批复》（苏国土资函〔2001〕359号），2001年12月28日。

54. 国家环保总局：《关于苏通长江公路大桥工程环境影响报告书报批事宜请示的复函》（环监函〔2001〕29号），2001年8月30日。

55. 国家环保总局环境评估中心：《关于苏通长江公路大桥工程环境影响评价大纲的评估意见》（国环评估纲〔2001〕298号），2001年12月10日。

56. 江苏省人民政府办公厅：《江苏省人民政府专题会议纪要第23号》，2002年3月25日。

57. 南通市人民政府：《南通市人民政府关于承担苏通长江公路大桥项目资本金的函》（通政函〔2001〕11号），2001年9月3日。

58. 苏州市人民政府：《苏州市政府关于承担苏通长江公路大桥项目资本金的函》（苏府函〔2001〕4号），2001年9月6日。

59. 江苏省交通厅：《关于苏通长江公路大桥项目资本金的函》（苏交计〔2001〕176号），2001年9月10日。

60. 中国工商银行：《关于同意为苏通长江公路大桥项目出具有条件贷款承诺的函》（工银项信函〔2000〕60号），2000年4月3日。

61. 中国建设银行：《中国建设银行贷款承诺书》，2001年11月6日。

六、学位论文及未正式出版资料

1. 陈伟：《重大工程项目决策机制研究》，武汉理工大学博士学位论文，2005年。

2. 钱维：《基于决策主体分析的政府投资项目制度研究》，南京理工大学博士学位论文，2007年。

3. 刘伟：《当代中国政策议程创建模式及其发展研究（1978—2008）》，南京大学博士学位论文，2009年。

4. 张振刚：《跨越天堑——苏通大桥立项记事》，未正式出版，2002年。

七、网络资源

1. 胡象明：《论一体化民主决策模式》，http://www.lunwen86.com/

lunwen/minzhuzhidu/3220. htm。

2.《苏通大桥 2011 年度第一期短期融资券募集说明书》,http：//bond. jrj. com. cn/bv/2011/0331/000000000000041rxh. shtml。

3.《苏通大桥单日车流量再创新高》,http：//www. zgnt. net/content/2011 - 10/03/content_1925795. htm。

4. 交通运输部谈长江口深水航道治理:中国水运史上最大工程,http：//kcsj. nhri. cn/。

5. 人民网社会观察,长江口深水航道治理全面竣工,http：//society. people. com. cn/GB/1063/14674438. html。

6. 交通运输部网站 2010 年在线访谈,长江口深水航道治理三期工程情况介绍——访交通运输部长江口航道管理局局长冯俊,http：//www. moc. gov. cn/zhuzhan/ft2010/shenshuisanqi/。

7. 网络资源,公共选择理论,http：//blog. sina. com。

8. 转引自新浪财经/经济学人,公共选择理论:个人为一切问题的始点,http：//finance. sina. com. cn/economist/jingjixueren/20060805/03042794705. shtml。

9. 2012 年 12 月 3 日,习近平在广东考察时曾说,"改革开放是当代中国发展进步的活力之源,是我们党和人民大踏步赶上时代前进步伐的重要法宝,是坚持和发展中国特色社会主义的必由之路"。引自新华网,http：//news. xinhuanet. com/politics/2012 - 12/13/c_114020157. htm。

10. http：//www. jiangsu. gov. cn/tmzf/szfxxgk/szfxxgkml/szfzyhy/szfcwhy/。

11. http：//news. qq. com/a/20070817/000778. htm。

12. 国家发展改革委员会职责,国务院关于机构设置的通知(国发〔2008〕11 号),http：//www. sdpc. gov. cn/jj/default. htm。

13. 国策解读:国家发改委要摆脱"小国务院"之名,http：//hkstock. cnfol. com/111229/132,2113,11464275,00. shtml。

14. 中华人民共和国财政部主要职能,财政部网站,http：//www. mof. gov. cn/zhengwuxinxi/benbugaikuang/。

15. 交通运输部主要职责,交通运输部网站,http：//www. moc. gov. cn/zhuzhan/zuzhijigou/zhuyaozhize。

16. 引自新华网,http：//news. xinhuanet. com/2013lh/2013 - 03/10/c_114968104. htm。

17. 铁道部简介,中华人民共和国中央人民政府网站,http：//www. gov.

cn/banshi/2005 - 09/21/content_65406. htm。

18. 国土资源部主要职能,国土资源部网站,http：//www. mlr. gov. cn/bbgk/zyzn/201009/t20100908_762243. htm。

19. 环境保护部主要职责,环境保护部网站,http：//www. mep. gov. cn/zhxx/jgzn/。

20. 水利部主要职能,水利部网站,http：//www. mwr. gov. cn/zwzc/jgjs/zyzn/。

21. 毛泽东在中共七届二中全会讲话(全稿)中提出,"中国的工业和农业在国民经济中的比重,就全国范围来说,在抗日战争以前,大约是现代性的工业占百分之十左右,农业和手工业占百分之九十左右"。http：//ce. sysu. edu. cn/ChemParty/Theory/classicaltheory/13599. html。

22. 毛泽东在中共七届二中全会讲话(全稿),http：//ce. sysu. edu. cn/ChemParty/Theory/classicaltheory/13599. html。

23. 江泽民在中国共产党第十六次全国代表大会上的报告,中华人民共和国中央人民政府网站,http：//www. gov. cn/test/2008 - 08/01/content_1061490_4. htm。

24. 江泽民在中国共产党第十六次全国代表大会上的报告,中华人民共和国中央人民政府网站,http：//www. gov. cn/test/2008 - 08/01/content_1061490_4. htm。

25. 胡锦涛在中国共产党第十七次全国代表大会上的报告,中国共产党新闻网,http：//cpc. people. com. cn/GB/104019/104099/6429414. html。

26. 发展是党执政兴国第一要务,光明网,http：//www. gmw. cn/content/2004 -09/27/content_113749. htm。

27. 2003 年 11 月 18 日,中共中央在中南海召开党外人士座谈会,会上胡锦涛强调,把经济建设搞上去,实现全面、协调、可持续发展,是全面建设小康社会的必然要求,是解决中国一切问题的基础,也是当代中国最大的政治。http：//news. sina. com. cn/w/2003 - 11 - 19/13301146673s. shtml。

28. 中共中央关于制定国民经济和社会发展第十个五年计划的建议,http：//cpc. people. com. cn/GB/64162/71380/71382/71386/4837946. html。

29. 刘湘安:《尼克森政府与中共和解政策之研究》,文章摘要见 http：//ndltd. ncl. edu. tw/cgi - bin/gs32/gsweb. cgi/login？o = dnclcdr&s = id = %22076TKU02232002%22. &searchmode = basic。

30. 国家硬实力与软实力的关系, http：//wenku. baidu. com/view/

debe7cc68bd63186bcebbc7a. html。

31. ［法］J. 杜普伊:《公共工程的效用计量》,http：∥www. docin. com/p -419951603. html。

32.《长江口深水航道治理全面竣工》,http：∥society. people. com. cn/GB/1063/14674438. html。

33.《长江口深水航道治理三期工程情况介绍——访交通运输部长江口航道管理局局长冯俊》,http：∥www. moc. gov. cn/zhuzhan/ft2010/shenshuisanqi/。

34.《公共选择理论：个人为一切问题的始点》,http：∥finance. sina. com. cn/economist/jingjixueren/20060805/03042794705. shtml。

35.《大力推进重点项目建设,罗保铭主持省长办公会》,http：∥news. qq. com/a/20070817/000778. htm。

36. 国策解读：国家发改委要摆脱"小国务院"之名,http：∥hkstock. cnfol. com/111229/132,2113,11464275,00. shtml。

37. 江苏省科技厅网站：http：∥www. jstd. gov. cn/zwgk/tjsj/20101215/141837500. html。

38. 薛鸿超口述:《实录·在争论、分歧、矛盾中前行(长江口深水航道)》,http：∥finance. eastday. com/economic/m1/20110704/u1a5981500. html。

39.《不要盲目批评"GDP 考核",没有它中国会垮》http：∥www. tianya. cn/publicforum/content/news/1/138710. shtml。

40.《中国历年交通事故死亡人数官方统计》,http：∥wenku. baidu. com/view/60eef0651ed9ad51f01df2d9. html。

41.《50 年来美国为何拆水坝上千座?》,http：∥www. ycwb. com/ePaper/ycwb/html/2012 - 06/16/content_1416793. htm。